汉语辞书理论史系列丛书

主编 郑振峰

汉语辞书理论专题史研究

王东海 袁世旭 王晓 姜丽◎著

商务印书馆
The Commercial Press

本书为国家社科基金重大项目"基于辞书信息数据库的中国汉语辞书理论史研究"（18ZDA302）成果

总　序

先秦至今，中华民族编纂出近千种优秀辞书，拥有丰富的辞书编纂经验。尤其是 20 世纪至今，我国汉语辞书理论研究迅速发展，辞书文本编纂的数量也快速增加，汉语辞书理论研究和辞书编纂工作取得了较大的成绩。但同时，我们还面临着一些问题。例如，辞书理论和辞书编纂存在着一些脱节；辞书数量虽然快速增加，但在世界辞书之林有较大影响的不多；与其他研究方向相比，从事辞书研究的学者数量不多，年轻的后继力量比较缺乏。从辞书大国到辞书强国，在辞书理论研究、辞书文本编纂、辞书人才培养等方面要做的工作还不少。

有感于辞书研究事业的紧迫性，我们想要为辞书强国梦的实现做一些具体工作。2018 年 10 月，我们获批了国家社科基金重大项目"基于辞书信息数据库的中国汉语辞书理论史研究"。课题以数量浩大、类型丰富的古今辞书文本和辞书理论研究为对象，以辞书学、词汇学、语义学、文字学、训诂学、音韵学、文献学等相关理论为指导，通过对辞书文本和辞书理论的搜集、整理和分类，依托数字化信息技术，建立汉语辞书信息数据库，搭建信息共享平台，探讨影响辞书编纂以及辞书理论发展演变的辞书内、外因素，阐述辞书学家的辞书学贡献和辞书学思想，系统研究汉语辞书理论史。课题在全面整理古人关于辞书的零散观点，梳理辞书编纂经验，尤其是在提炼辞书文本中蕴含的辞书理论的基础上，在数字化信息手段的支持下，开展我国汉语辞书理论通史研究，整合并提升出汉语辞书的独特理念，进而服务于今天的辞书编纂，服务于辞书强国梦的实现，服务于本土汉语辞书理论的对外输出。

河北师范大学和鲁东大学是高校中研究辞书学、词汇学的重要阵地。河北师范大学文学院有悠久的辞书学、词汇学研究传统，齐佩瑢、朱星、孙崇义、王学奇、苏宝荣等著名辞书学家、词汇学家为我们奠定了坚实的基础，积淀了深厚的学术底蕴。齐佩瑢先生的《训诂学概论》在学界有较大影响，朱星先生的《汉语词义简析》是词汇学、语义学研究者的重要参考书，孙崇义先生（师从黎锦熙先生）先后参加了《国语辞典》和《现代汉语词典》（试印本）的编纂工作，王学奇先生的《元曲释词》（与顾学颉合著）、《宋金元明清曲辞通释》（与王静竹合著）获得学界好评，其中《宋金元明清曲辞通释》荣获国家辞书奖一等奖（2003年）。苏宝荣先生曾担任中国辞书学会副会长兼学术委员会主任、中国社会科学院辞书编纂研究中心学术咨询委员会委员、中国训诂学研究会副会长，为《现代汉语词典》（第6版、第7版）审订委员会委员，专著《古汉语词义简论》（与宋永培先生合著）、《词义研究与辞书释义》《词汇学与辞书学研究》《词的结构、功能与语文辞书释义》等常被辞书学、词汇学学者及硕博士研究生引用。鲁东大学与国家语委共建汉语辞书研究中心，培养了众多的辞书学人才。鲁东大学张志毅先生不仅与张庆云先生合著有《词汇语义学》《词汇语义学与词典编纂》《理论词典学》等理论专著，还编写了《简明同义词典》《反义词词林》《反义词大词典》《新华同义词典》《新华反义词词典》《当代汉语学习词典》等辞书，参与编写了《汉语大词典》，为《现代汉语词典》（第6版、第7版）审订委员会委员，商务印书馆辞书研究中心的特约研究员，获得第二届"中国辞书事业终身成就奖"。为把这项工作做好，我们整合了河北师范大学和鲁东大学的学术力量。

感谢北京师范大学资深教授王宁先生，中国社会科学院语言研究所词典编辑室李志江研究员，国务院学位委员会中文学科评议组成员、河北大学杨宝忠教授，教育部长江学者、北京语言大学华学诚教授，教育部长江学者、吉林大学徐正考教授和教育部长江学者、北京师范大学王立军教授在课题开题时为我们提出的宝贵建议。感谢商务印书馆，感谢编辑张鹏女士的辛苦校对、修改。同时，也感谢学界众多师友对我们长期以来的支持和帮助。

郑振峰

2021 年 12 月

目　录

前　言

一、解题

本书的研究对象是汉语辞书理论史。辞书包括字典、词典和百科全书。辞书学属于语言学的分支学科，与词汇学等学科并立，本书侧重古今语文性辞书理论。"辞书理论史""辞书史""辞书学史"在学界都有使用，但并没有得到深入的厘析，三个术语大多情况下混用。

在我们看来，"辞书学史"是上位概念，是"辞书学"（或称"广义词典学"）小学科的学术发展史，包含了对辞书产品、辞书元理论、编纂理论、辞书学者、辞书工作、辞书与社会文化关系等方面发展演变的综合研究。

"辞书史"概念侧重于辞书产品的研究，本质是辞书文献史和辞书编纂史的结合。如对《说文解字》《玉篇》《康熙字典》《国语辞典》《现代汉语词典》等经典辞书样本的解剖，对其编纂技术进行梳理和发明，对其在学术史上的地位进行评判，是以文献学为中心的研究范式。

近些年的"辞书学史"方面的研究，主要有两个分支：一是侧重辞书产品经典样本解剖的"辞书史"研究范式，有的是夹杂在文献史的梳理中；二是将辞书学作为应用词汇学的分支，夹杂在语言学史、小学史等中，作为一个学术点进行梳理。这两种范式都缺少对辞书的体例、收词立目、释义（含例证）、修订、评论、辞书工作等辞书本体理论要素发展的专门的梳理、整合和研究，这些宝贵的辞书元理论、编纂理论要素散见于各辞书史、文献史、语言学史论著中对辞书学者（本身多兼语言学家或语文学家）、辞书产品的剖析点评中。

辞书学科既然要独立为一个小的学科，必须有自己的理论体系，这样才能避免被诟病为"术科"的问题。我们提出"辞书理论史"的概念，重点整理已有辞书理论，研究汉语辞书理论本体要素的发展演变，理清学科的理论家底和理论资源，然后为新时期的辞书编纂创新（如学习词典理论、融媒体辞书等）奠定理论基础。这样就可以区别于以文献为中心的"辞书史"的研究思路。

辞书理论史分为指导与交叉理论、本体理论和工作理论的发展演变：指导与交叉理论包括古代的小学理论、现当代的词汇学理论、当代的认知语言学理论等；本体理论包括辞书的编纂宗旨、凡例、体例、选词立目、释义、设例等原理与方法；工作理论包括辞书组织、辞书出版、辞书评论、辞书修订、辞书使用等原理与方法。

但"辞书学史""辞书史"和"辞书理论史"三个概念没有根本的区别，只是研究的出发点和侧重点不同。"辞书史"的研究在介绍文献时离不开辞书本体理论要素，"辞书理论史"梳理辞书理论要素的发展时也离不开对辞书经典文献样本的解剖。只是前者把辞书文献、经典样本作为研究中心，而后者只是将其作为辞书本体理论要素发展进程中对相关理论进行支撑的例证，来演示和证明辞书理论的演变、突破与创新。"辞书学史"则可看作二者的研究综合。

综上，汉语辞书学科的理论体系当以"辞书学史"为上位概念，以"辞书史""辞书理论史"为各有区别点和侧重点的下位概念，共同构成辞书学科"一体两翼"的理论模型。

二、研究背景

1. 从研究定位看，需要提升把辞书理论史看作重要的语言文化资源的意识

近些年，整个社会都把文化当作国家的"软实力"，当作战略资源。语言资源是文化资源的重要组成部分，而辞书是各种语言资源的集大成者和重要载体。探讨辞书载体运行机制的理论研究也变得日益重要。要研究辞书理论，首先要从学术史的角度，建构汉语辞书理论史，这也是语言资源的重要组成部分。当前辞书理论界最需要汉语辞书理论资源的集中、全面、深度的整理、描写与研究，这是辞书学科建设的基础性工作。目前辞书理论史的研究还缺少这种文化和资源意识。此项工作不到位，继承和发展汉语辞书理论就缺少理论基础，也无法准确跟踪和预测辞书理论研究的动态趋势。

2. 在辞书学科从其他学科中独立出来的过程中，有必要将本土特色的汉语辞书理论史梳理作为研究重点

多年来，辞书学的学科地位一直没有得到明确的确立。汉语辞书在古代时期依附于小学，早期辞书（如字书、韵书、雅书等）往往是文字、训诂、音韵研究成果的载体。1898年《马氏文通》出版，标志着现代汉语语言学的开始，现代词汇学、词汇语义学的发展带动古代辞书向现代辞书转型，辞书学科体现出一定的独立性，但并未完全从词汇学中独立出来，很多学者仍将其视为应用词汇学分支。

当前，辞书编纂与辞书研究的发展日新月异，在操作理论、编纂实践等方面都已经呈现出明显的学科独立性。但要成为一门独立学

科，需要有系统的理论研究。如果缺少足够的理论高度、深度和广度的研究，只有大量的辞书编纂实践经验的汇集，很难说是一门独立的学科。学界越来越关注汉语辞书理论的研究。张志毅认为：我国要从辞书大国走向辞书强国，不但要有创新理论，还要能输出理论。① "所谓理论，不是一般的理论，而是有世界影响的创新理论。要能整合出汉语辞书的独特理念，在世界辞书理论中至少拥有被广泛接受的一派学说，这样才能输出原创理论。"②

因此，有学科独立性质、符合汉语汉字本土特色的汉语辞书理论史研究具有重要的探索价值和实践指导价值。

3.要继续加强从历史继承、海外借鉴、现实需求三维度结合出发，对汉语辞书理论史进行深度、综合的研究

仅从辞书出版的品种、辞书发行数量等方面来说，中国可以称得上是"辞书大国"，但从辞书编写的质量、辞书理论研究、辞书市场的成熟程度等指标来看，中国还算不上"辞书强国"。很多有识之士呼吁我国要从辞书大国走向辞书强国，但由于汉语汉字的特点，汉语辞书具有不同于西方词典的特性，光靠引进西方先进的辞书编纂理论远远不够，还需要先了解我国辞书理论的历史与现状，总结我国辞书编纂传统及理论特色，在继承的基础上，借鉴国外经验，结合现当代辞书编纂需求和实践，才能产生本土化、创新性的辞书理论成果。

汉语辞书理论的研究主要集中在国内出版的一些辞书学、词典学专著中，主要有胡明扬等的《词典学概论》（1982）、黄建华的《词典论》（1987）、林玉山（1995）、李开（1990）、陈炳迢（1991）、李尔

---

① 张志毅:《"辞书强国"究竟有多远》,《人民日报》,2010 年 10 月 12 日。
② 王东海、张晖、张志毅:《辞书强国梦正圆——谈新辞书规划的推进措施》,《中国编辑》,2014 年第 5 期。

钢（2006）、赵彦春（2003）、章宜华等的《当代词典学》（2007）等
的辞书学、词典学概论类研究。另外，还有一些子域研究，如杨祖希
等的《专科辞典学》（1991）、章宜华的《计算词典学》（2013）等，
这些研究多属通论性质，侧重探讨辞书的特点、学科体系、编纂过
程、编纂各环节的具体技法等内容。也有专题式辞书理论研究，如
苏宝荣（2000）、陶原珂（2004）、章宜华（2002，2013）、于屏方
（2007）、冯海霞（2018）等的词典释义研究等。近期的词典学理论
创新之作当推张志毅与张庆云合著的《理论词典学》（2015）。在译
介引进西方理论和编纂技术方面代表性的有拉迪斯拉夫·兹古斯塔
的《词典学概论》（1983）、兰多的《词典编纂的艺术与技巧》（2005）、
贝朗的《现代词典学入门》（2002）、阿普列相的《语言整合性描写与
体系性词典学》（2011）、B. T. 休·阿特金斯等的《牛津词典编纂指南》
（2021）等。

辞书史的研究主要有邹酆（2006）、钱剑夫（1986）、刘叶秋
（2003）、雍和明等（2006）的成果，近年的则有徐时仪的《汉语语文
辞书发展史》（2016）。引进西方的词典编纂史的研究，如亨利·贝戎
的《英语词典编纂史》（2016）、约翰·辛普森的《词语侦探:〈牛津英
语词典〉编纂回忆录》（2020）等。

由于研究目的不同，这些研究大多侧重编纂史、出版史、文献
史的梳理，并不专门针对汉语辞书理论史进行梳理和研究。近些年以
《辞书研究》为主要发表阵地，涌现了一些辞书理论热点的研究文章，
但限于论文的篇幅，大多只是研究辞书理论中的一个学术点，在线和
面的梳理与描写方面还未得到系统展开。

以上研究表现出两种主流的研究方法：一是对汉语辞书编纂实
践经验的总结与提炼，体现的是归纳的思路；二是译介西方语言
学理论，寻找与汉语辞书编纂相结合的契合点，体现的是演绎的

思路。

这两种研究思路各有优缺点：前者符合辞书理论的经验性、实践性特点，但有时表现出理论提炼不够的弱点，导致汉语辞书理论与国外辞书理论有着一定差距。后者具有理论上的新颖性和前瞻性，但也有实验性和不确定性的弱点。因为辞书理论主要是操作理论，一套成熟的理论的形成需要较长时间的积累，要求有一定的稳定性，因此单维度地从西方繁多的语言学理论中形成汉语辞书理论有一定局限性，很难在短时间内被接受或应用到编纂实践中。另外，汉语辞书不同于西方词典，光靠引进西方的辞书编纂理论往往难以切中肯綮。此外，"当前中国文化发展正经历着由侧重学习、借鉴异域向发掘本土、重视传统的转型"①。不建议过份套用西方理论剪裁中国独有的本土文化资源。

因此，要在继承的基础上，借鉴国外经验，重点结合现当代辞书编纂需求和实践，从三个维度来展开汉语辞书理论史的综合研究。沿着这个思路做出一些探索的成果，主要有王东海等的《汉语辞书理论史热点研究》（商务印书馆，2013）。但囿于汉语辞书理论史历史跨度大，学术资源庞杂，还有很多复杂的辞书理论问题值得我们去深耕，还有很多"蓝海"子研究领域值得我们去发掘。

本研究就是对一些复杂而核心的辞书理论点进行的深耕探索。

三、研究内容、研究目标及其他相关说明

本书先进行汉语辞书理论史的分期研究，概述各期辞书理论要素的基本发展演变和标志成果，以期概览汉语辞书理论的总体面貌；再从辞书理论中选择四大代表性的决定性要素——收词立目、排检体例、义项设置、释义方法，选择代表性的非决定性要素——辞书评

---

① 龙其林：《不套用西方理论剪裁中国人的审美》，《光明日报》，2021 年 8 月 11 日。

论，展开细化的专题史研究。我们力求能理清这些理论要素的发展脉络，服务于本土汉语辞书理论整理、重构与创新，服务于国家新的辞书规划以及辞书政策的施行。需要说明的是，本书的"汉语辞书研究专题史"研究主要针对的是古今汉语语文辞书要素。

本书作者来自鲁东大学、河北师范大学、曲阜师范大学、国家语委汉语辞书中心等，基本内容框架及撰写分工如下：

前　言　王东海

第一章　汉语辞书理论史的分期及各期理论要素的发展概述　王东海

第二章　汉语辞书收字收词的发展　姜丽

第三章　汉语辞书排检体例的发展　袁世旭

第四章　汉语辞书多义词义项处理的发展　王东海

第五章　汉语辞书释义方法的发展　王东海

第六章　汉语辞书评论的发展　王晓

在写作体例方面，没有采用常规的按历史朝代编排的架构，而是采用点线面结合的、宜于细究深究的专题史模式，很多章节结合案例剖析，将历史的线性梳理、现实的面上描写与个案的焦点剖析相结合展开研究。这一方式易于细致、集中、深入地观察汉语辞书核心理论要素的发展演变。

需要说明的是：限于篇幅和重要程度，对于例证、语用信息、括注、辞书符号等本体理论小要素的发展演变，辞书修订、辞书出版、辞书调查等辞书工作要素的发展不单设章节，一些相关内容融合在各专题史中，一些集中的内容会在郑振峰教授主持的国家社科重大课题"基于辞书信息数据库的中国汉语辞书理论史研究"（18ZDA302）的

后续成果中出现。另外,本书研究时间跨度比较长(2008—2021 年),
所用《现代汉语词典》中的语料,以第 5 版、第 6 版、第 7 版为主,
兼及其他版本。

第一章　汉语辞书理论史的分期及各期理论要素的发展概述

梳理汉语辞书理论发展史，首先要对辞书理论史进行分期。学术界已经有多部汉语辞书史的著作。汉语辞书史的分期一般是按编纂史、出版史分期，多与时代分期相结合，然后总结每一时期辞书编纂与出版的标志性成果。辞书史与辞书理论史的分期有一致之处，因为一定的辞书理论指导下的编纂实践必然体现在相应时代的代表性辞书中，而相应的经典辞书也必然反映着一定时期理论的创新。但也有不一致的地方：辞书理论史包括了指导与交叉理论、本体理论和工作理论的发展，范围广，辞书文献只是理论发展史中的例证。

辞书本体要素和辞书工作是辞书理论发展的两翼，我们以汉语辞书的核心类型——语文性辞书为封闭域，依辞书理论发展的特点进行分期，并梳理辞书本体各核心要素、辞书工作的标志性成果在各时期的发展。[①]

第一节　汉语辞书理论史的分期结果

在谈到汉语史分期标准时，吕叔湘先生认为："一种语言在某一个

---

① 本章的分期是以汉语语文辞书为例，对汉语辞书理论史进行的总体分期。在后续辞书本体要素发展的专题史章节中，因为要素的个性差异，其发展分期会有一些相应的变化，也兼顾按朝代分期的思路。

比较短的时间内发生比较大的变化，就可以把这以前和以后分为两个时期。"① 蒋绍愚先生认为，要仔细观察汉语在某一时期中出现原来没有的新质，往往就是分期的标志。② 这一分期原则有利于观察汉语辞书理论史的分期。

汉语辞书近几十年才有从语言学中独立出来的趋势和呼声，在以往几千年的发展中，它一直隶属于其他学科。隶属的指导理论的变化，带来本体理论的跟进，同时影响到编纂操作理论，最后反映在辞书中。汉语辞书理论史的分期当以语文辞书为核心，以指导理论的根本转变为标志，兼顾同期语言文字应用需求，细察本体及操作理论是否联动出现新的创造性变革，从而界定分期。

这样看来，汉语辞书理论史的时间分期比较清晰，大体可分为古代期、现代期和当代期。如果从理论发展本体看，可分为五期：萌芽奠定期（下限为两汉）、发展完善期（下限为《马氏文通》的出版）、转型期（下限为 1975 年全国第一次辞书规划、1978 年《现代汉语词典》出版）、成熟期（主要时间段为改革开放 30 年）、二次转型期（当前期及未来发展期）。每两期之间都有一段过渡时间。萌芽奠定期、发展完善期为古代辞书理论期，体现为传统辞书理论框架的完善；转型期、繁荣期为现代辞书理论期，体现为基于继承传统辞书理论的转型成型与大发展；二次转型期为当代辞书时期，辞书理论带有一定的探索性和实验性，体现为意义中心向用法中心的转变。

---

① 吕叔湘著，江蓝生补：《近代汉语指代词》（序），上海：学林出版社，1985 年，第 1 页。

② 原文："什么时候汉语中出现了较多古代汉语所无、现代汉语所有的语法、语音、词汇的新要素，这就是近代汉语的上限。什么时候汉语的语法、语音、词汇系统开始变得和现代汉语基本一致了，这就是近代汉语的下限。"蒋绍愚：《关于汉语史研究的几个问题》，《汉语史学报》（第五辑），上海：上海教育出版社，2005 年。

第二节　指导理论、应用需求的发展与辞书理论的共变

一、萌芽奠定期（四类主流辞书体例的奠定）

萌芽奠定期大约可以先秦的《史籀篇》字表为萌芽标志，以战国末年编定[①]的第一部类义词典、百科词典《尔雅》，再到两汉时第一部方言词典《方言》、第一部释本义的字书《说文解字》、第一部语源学辞书《释名》为标志性成果。这一时期奠定了汉语辞书本体的基本原理和宗旨、核心类型、基本体例以及核心释义原则和方法，其勾勒的汉语辞书理论模型至今仍然保持着惊人的稳定性，当然也有着一定的消极性，当代辞书学要实现带有创新性的二次转型时，要突破几千年前奠定的辞书编纂和使用的传统以及思维定式，难度很大。

从理论上看，奠基期的指导理论是先秦诸子的名实之学。这时期出现了荀子的"约定俗成"说、"循旧作新"说，墨子关于名的"达、类、私"分类说等。这些理论都被引进辞书的编纂，先秦两汉的辞书如《释名》要论述"日称"常用词的"指归"，就是以先秦语言哲学的名实论为宗的；《尔雅》以类分篇，《说文解字》用"始一终亥"的540部首暗含义类分部，也与先秦名实哲学中的义类观相关，荀子的"雅方沟通"观[②]也对《方言》的编纂有重要指导作用。这是语言学理论与研究成果在辞书中的落实和体现。

荀子极力反对"析辞擅作名"，这是一种语言哲学中的语言文字规范理论，"擅作名"的后果是"使民疑惑，人多辩讼"（《荀子·正

[①]　何九盈:《中国古代语言学史》，广州：广东教育出版社，1995 年，第 38—40 页。

[②]　《荀子·正名篇》:"散名之加于万物者，则从诸夏之成俗曲期。远方异俗之乡则因之而为通。"意即赋予万物的各种名称，则是依照中原各国的约定俗成，远方习俗不同的地方则凭借这些名称进行沟通。

名》），引起社会混乱。秦统一天下文字，用字表的方式推广小篆就已经表现出这一理论在辞书中的应用萌芽。而《说文解字·叙》中表明，编纂此字典的目的就是要针砭今文经学派乱解字形的现象，撰书欲"达神恉"（即造字的神恉），还原汉字的造意与本义。这一点与荀子的语言规范观也是一脉相承的，作为古文经大家的许慎是不可能不受先贤荀子思想影响的。

在辞书理论的萌芽奠定期，另一种重要的指导理论是小学，辞书奠基理论与小学奠基理论具有共变性、一体性。语言学史中一般认为：《尔雅》代表着训诂学、《说文解字》代表着文字学、《释名》代表着词源学、《方言》代表着方言学科的开创，而这四部书本身也是汉语四大核心辞书类型的开创。我们找不到专门的辞书理论的论述，只在这几部书的序跋类材料中看到只言片语，但这四部书中对字、词、语的搜集、编排、释义等集中体现了辞书本体的理论素养及材料特点。所以在奠定期，从某种角度可以说，辞书只是被作为小学材料研究成果的载体，以一种有序整理后的形式呈现。

总之，萌芽奠定期中，辞书本体理论虽然已经形成了义类体例（以《尔雅》为代表）、部首体例（以《说文解字》为代表）、释义原则等基本模式，但独立意识还不强，只能算是训诂学的一种成果形式。

二、发展完善期（辞书类型的两次突破）

发展完善期从中古开始，汉语辞书沿着雅书系、说文系、字书系、韵书系四个方向发展，并各自出现一系列标志性辞书，如《广雅》《六书故》《玉篇》《广韵》等，至《康熙字典》达到了完善期的高峰。

这一时期的指导理论仍然是小学理论，并体现出与文献学、考证学、文学等学科的交叉性，对辞书理论发展影响最大的就是查考理解型字书的出现及字书类型的多样化。

　　训诂学一直重视经籍文献词语的考释，但最早出现的、具有现代普通语文辞书体例特点的是以析形体、解本义为目的的《说文解字》。"《说文解字》是我国第一部字典，和后来的字典所不同的是：它不是一般备查检用的字典，而是以研究字的形体结构和字的本义为目的的字典"①，虽然谁都不能否认《说文解字》的 540 部部首奠定了辞书查考功能的基础，但何九盈的观点告诉我们，《说文解字》不是以查考为宗旨的字典，而是一部"用来读"的"专著"型字典。因为训诂学界材料考证结果的编排一直是以辞书索引的方式存在，所以《说文解字》本质还是一部整理好的训诂材料集。

　　真正"用来查"的字典当推《玉篇》。它是从"说文系"字书中脱颖而出，从注重查考功能的角度萌蘖出来的。"大广益会玉篇"收字达 22000 个左右，两倍于《说文解字》，部首 542 部，与《说文解字》相类，但相比后者有一个根本的转变，那就是一改《说文解字》的以六书析形解本义的原则，而是以大量经籍书证语例为基础，标注反切，说明古今词义，体现了查考型字书的核心特点。《玉篇》为代表的古今意义兼收的查考型字书系的出现，使传统字典产生了分野："说文"系辞书，后来逐渐发展到"六书类"辞书（如《六书故》等），成为专门性的释形义的字典。而"玉篇"系辞书沿《字汇》《正字通》《康熙字典》等路子发展，成为今天普通语文辞书的典型。这是辞书理论突破、完善的一个标志。

　　语言文字规范理论也在不断发展。在中古及近代的发展完善期内，语言文字的规范理论越来越得到重视，直接产生了唐朝的"字样"类字书以及《佩觿》等专门的辨析型字书，而达到高峰的则是《康熙字典》。康熙帝认为这部书"善美兼备"，可奉为"典常"，因此

---

① 何九盈：《中国古代语言学史》（新增订本），北京：北京大学出版社，2006 年，第67 页。

命名为"字典"。字书类型的多样化也是辞书理论突破、完善的一个标志。

查考型字典的独立与相关学科（如文献学、考证学）的影响是分不开的，这从"玉篇"系字书到"康熙字典"系字书中罗列的大量书证就可以看出。另外，小学中音韵学的产生与发展，与文学创作中作诗、作词押韵相关，于是产生了按韵编排字头的音序体例，自此，形、音、义"三序"基本体例已经完成。指导理论和交叉理论的这些发展完善，使辞书本体理论也产生了以上两个大的突破。

古代期的辞书在《康熙字典》达到最高峰，成为古代辞书编纂理论的集中、成熟的体现者，但由于没有引进革新性的指导理论，所以本质上属于古代辞书理论的发展完善的高峰。对比《康熙字典》与《说文解字》，虽然前者加注反切标音、字头字体变楷、增加各种词汇意义、广列书证，但在宏观形序体例、微观释义体例等方面没有本质的突破，与《玉篇》相比，也很难拉开足够的区别度。

古代期的辞书理论体现了四大传统：共时、历时字词属性混收的泛时编纂观；多义词内部历时引申义序；文献考证型释义方法；以《康熙字典》为代表的刚性规定主义编纂思路。

三、转型期（含低谷期）（四大现代辞书理论传统的建立）

转型期是从 1898 年《马氏文通》的出版，一直延续到 20 世纪 70 年代末，以《现代汉语词典》的正式出版为下限。从辞书的代表性成果来看，可分为两期，一是转型期，二是转型后的萧条期，基本以 1949 年新中国成立为界。

在民国辞书本体理论转型的前期，辞书编纂的指导理论首先实现转型。在这方面有两个标志：一是传承改造方面，章太炎先生在 1906 年把"小学"重新命名为"中国语言文字之学"，实现了传统语文学向现代语言学转向；二是引进方面，1898 年《马氏文通》出版。这是一部语法书，与辞书无关，且对词仍然用"字"的概念，如把实字分为名字、代字、动字、静字、状字五类，把虚字分为介字、连字、助字、叹字四类，但其字、词内涵外延二分的理念已经完成，这直接导致了字典与词典在民国时成功实现了二分。这两方面理论的转型标志着辞书指导理论已经由小学理论转变到了现代语言学理论，而汉语辞书的本体理论也由古代向现代转变。

自《马氏文通》始，大量西方的语言学理论特别是词汇学理论被引进国内，在赵元任、黎锦熙、王力、吕叔湘等大家的消化改造下，形成了鲜明的词义观和词类观。这些理论直接反映在辞书编纂的释义上，民国时的辞书释义已经自觉照顾到每个词的词性以及语法功能和搭配特点，例如第一部采用现代汉语语法体系为字词标注词性的白话词典《王云五大辞典》（1930）。

另外，切音字运动、国语运动、白话文运动三大语文现代化运动，对现代辞书编纂理论的转型起到了重要的推动作用。例如切音字运动后，经过大量理论和实践准备，最终产生了注音字母，为辞书音序体例由古代的韵部体例向现代标音转型奠定了基础。白话文运动倡导"我手写我口"的"言文一致"，再加上国音审音运动、简化字运动，不但实现了注音标准的转型，也辅助国语字汇、常用词汇研究理论的推进，出现了以《辞源》为代表的古今兼收的泛时性词典与以《标准语大辞典》《国语辞典》为代表的共时性、描写性、规定性词典的明确分野，实现了辞书类型的最重要的转型。以《国语辞典》为例，虽然其从例证到释义未完全摆脱文白夹杂的羁绊，但学术界都将其视为现当代共时描写、规范词典的滥觞之作。陈庆武、林玉山认为："《国语辞典》……注意注音和定词，重视现代口语，是我国第一部现代语言描写性规范性辞书。"[1] 王宁认为："《国语辞典》……以现代汉

① 陈庆武、林玉山：《20 世纪的中国辞书》，《辞书研究》，2001 年第 1 期。

语正在使用的动态词为主要描写对象，开启了现代汉语描写性语文辞书编纂的先河。"①

在辞书的微观结构上，现代词汇学、语义学理论中关于理性义与附加义、基本字汇词汇与一般字汇词汇、词汇使用语境等理论的探讨，使辞书编纂者对辞书义项的类型、成分、结构以及意义之间的关系有了更深入的认识。索绪尔《普通语言学教程》中共时与历时、语言与言语、能指与所指等划时代的语言学范畴的引入，为现代辞书释义时较好处理历时义与共时义、多音字的设置（多能指与同一所指）、同形词分立（同能指、多所指）等问题提供了更科学的指导。

另外，语言的语用交际理论越来越受到重视，义项的概括由广泛从古籍用例中归纳的方式，转变到根据实际交际用途设立义项、描写义项，例证也由书证转向带有生成模仿功能的自编例。这些转变特点都体现在民国时商务印书馆出版的《新字典》及黎锦熙、汪怡等主导编纂的《国语辞典》中。

因此，民国时是汉语辞书理论发展的重要转型期，这一时期古代四大辞书编纂传统最终转向了以共时描写为主、注重共时词义和用法、重视自编例、体现引导性规范主义为核心的四大现代辞书编纂传统上来。

从新中国建立到 20 世纪 70 年代后期的第一次辞书规划（1975年），辞书的编纂实践以及理论探讨进入一个特殊时期。1949 年到"文革"开始前，可称为小调整期。"文革"十年可称为萧条期。

在小调整期，辞书编纂的导向发生了变化，其主要目的是满足民众扫盲及初级文化程度的人提高文化水平的需求。这一政治目的虽有其先进性和迫切性，但毕竟不是辞书编纂的专业指导理论。指导理论的错位，导致这一期的辞书产品简单化、单一化、无序化，数量上大

---

① 王宁：《论辞书的原创性及其认定原则》，《辞书研究》，2008 年第 1 期。

大萎缩，面临着"大国小字典"（全国性辞书只有一部《新华字典》）的尴尬局面。

"文革"十年间甚至出现了"辞书荒漠化"现象，辞书出版主阵地——商务印书馆的"百年大事记"①中，"文革"十年一片空白，《现代汉语词典》也是由于"文革"，一直拖到1978年才正式推出第一版走向社会。另外，辞书的编者是有立场的，因此辞书释义的政治性是不可回避的，但学术问题以政治理论挂帅，政治观念扭曲了辞书内容，影响辞书释义的客观性追求，导致这一时期的辞书内容"左倾"化色彩明显。

"辞书荒漠化"的另外一个后果是出现了以刚性语言文字规范代替辞书的问题。新中国成立后我们进行文字改革，推出了《简化字总表》《第一批异形词整理表》等重要的划时代的语言文字规范，但这些规范是刚性的，完全采用强制性手段推广，有损于语文生活的多样化特点。辞书是引导性的准规范，在贯彻这些刚性规范方面具有重要的推行工具价值，它可以很好地调和语言文字的科学性与社会性的矛盾。但这一时期对这个问题的认识不到位，在很多领域是以刚性的规范取代了辞书的编纂。

这一时期指导理论错位，辞书本体理论也无进展可言，可视为汉语辞书理论转型发展过程中的一种特殊时期，是民国辞书转型后遇到的挫折。

四、成熟期（三个标志事件）

成熟期的开始有三个标志性的事件：

第一个标志是两次成功的辞书规划，这是辞书规划理论的成功应用。

---

① 商务印书馆：《商务印书馆百年大事记（1897—1997）》，北京：商务印书馆，1997年。

新中国成立后相当一段时间内辞书事业的萧条，使相关政府部门看到：必须以政府行为整合出版社、编者等力量，重振辞书事业。1975年，中外语文词典编写出版规划座谈会在广州召开，会议讨论拟定了1975—1985年编写出版160种中外语文词典的规划（草案），获批准后马上进入具体实施。这次辞书规划非常成功，在短短10年时间内，集中出版了《汉语大字典》《汉语大词典》等语文辞书中的扛鼎之作，正式出版了影响面最大的《现代汉语词典》，还有一大批填补类型空白的语文辞书，同时成功实现了经典辞书的更新换代，满足了广大群众利用辞书学习文化知识的需要，一改我国"辞书荒漠"的局面。1988年，相关部门又组织了第二次辞书规划，以专科（社会学专科辞典、科技辞典）和少数民族词典为主，兼顾中外语文辞书、百科全书，编纂了大量新类型的辞书。自此，辞书类型空前繁荣。

第二个标志是《现代汉语词典》的出版，这是成熟的现代语言学理论在辞书编纂中成熟应用的里程碑。

1978年，在成熟的词汇学、语义学、词法等理论指导下编纂的中型规范性语文词典《现代汉语词典》出版了，这是一部带有共时、描写、规定、教学色彩的，服务于普通话词汇的创新之作，是新时期汉语辞书最典型的代表。

此时的编纂指导理论已经完全转到现代语言学理论，以语义场的关系分析、义素分析为代表的结构语言学理论和描写语言学理论、规定语言学理论都在《现代汉语词典》中得到很好的贯彻，有很多创新之处，成为汉语规范词典，到目前都是难以超越的高峰。在它的带动下，此类辞书得到大力发展，如《新华词典》的编纂出版也是以描写性、规定性为特色，全面服务于普通话词汇规范化。另外同类型的《新华字典》也不断修订再版，与《现代汉语词典》一起成为20世纪80年代以来字典、词典领域的两大高峰。

继而，以这两部规范辞书为中心，全国掀起了编纂和出版语文辞书的热潮。但在这一时期，辞书编纂全面繁荣的局面中也存在粗制滥造、抄袭拼凑等问题，这主要是因为：虽然这一时期语言学理论引进和创新颇多，但被辞书学界重视的甚少，导致指导理论与辞书编纂"两层皮"，缺乏创新理论指导的辞书编纂，本体理论的进展必然受到阻遏，辞书创新性也相应受到削弱。因此，出现因循抄袭的问题在所难免。

第三个标志是以《辞书研究》等期刊为中心的辞书理论发表及研讨阵地的形成。

20 世纪 80 年代以来，汉语辞书理论发表及研讨主要有三个阵地：一是《词典研究丛刊》阵地，出版 12 期后停刊；二是以《中国语文》为代表的支持辞书理论成果刊发的语言文字学核心期刊；三是《辞书研究》期刊，该刊自 1979 年创刊后，已经被打造成中国辞书学科最重要、最集中的理论研究专业平台。

在这些平台上发表的丰富的辞书本体理论、交叉理论的研究成果，直接促成了"辞书学"学科的独立，可以说近几十年辞书编纂的飞速发展得益于这些平台上辞书理论研究的推动力，以《辞书研究》为代表的期刊平台就是当代汉语辞书理论发展史的描摹本。

五、二次转型期（五大转向）

大约在 20 世纪末，国内语言学理论的引进与改造应用已经逐渐由过去的描写语言学、结构语言学两大范式发展到形式语言学与功能语言学两大范式。而功能语言学相对于传统的两大范式体现着一种更高层面的转型，更注重认知、社会、文化等语境因素对语言的影响，更关注言语层面的交际功能的实现。20 世纪 80 年代后，以功能语言学、认知语言学等为代表的先进语言学理论及交叉学科理论引进国内，这是继清末《马氏文通》肇始至民国时达到顶峰的第一次理论大引进之后的第二次大引进，很多专家学者结合汉语特点对这些新理论进行了消化和吸收。这一语言学研究思路的转型对辞书编纂本体理论的发展也提供了二次转型的可能。

从辞书应用的角度看，20世纪末，国外六大英语词典家族（牛津、剑桥、朗文、柯林斯、韦伯斯特、麦克米伦等出版社）基于ESL（English as a Second Language，英语作为第二语言的教学）的学习词典也逐渐引进国内，先进的生成型词典的编纂理念吸引着国内编者重新思考汉语辞书的发展走向。同时，随着对外汉语教学、华文教学、国际中文教学（汉语作为第二语言的教学）在全世界的兴盛，学习词典成为推广汉语最有效也是最直接的工具。这成为汉语辞书编纂由意义重心向用法重心二次转向的最直接的推动力。

其实，在民国辞书理论的第一次转型期，教学型辞书——学生词典就得到重视，但它与传统词典以及同期的普通语文词典的区别并不大，主要是在收词范畴和义项、例证设置方面体现出围绕着教学内容选材的特点。而现代学习型词典则是择取最新的、最适用于教学的功能语言学、认知语言学、语用学等指导理论，兼及文化学、社会学、传播学、信息科学等交叉学科的适用理论点，将其应用于辞书编纂，创造出如词汇控制、释义元语言、词类标注、用法说明、文化标注、整句释义、融媒体辅助等以用法为中心的当代辞书编纂理论。

当代辞书理论二次转型具有五大新转向：

一是辞书类型由被动查考型向主动生成型转型，由释义中心向释用中心转向；二是由描写主义向认知功能主义、用法描写主义、语言知识规定主义并重转向；三是由文献义项及书证为标志的文献主义向以符合认知心理的用法描写、自编例的语用主义转向；四是编纂技术从传统的勾乙式、卡片载体向语料库、数据仓库与信息挖掘、全文检索、语义网络、融媒集成等以信息化为代表的新兴技术转向；五是辞书编纂由传统和现代的主观内省思路逐渐向经验与客观化、量化并重的思路转型，植根于大规模的真实文本语料的检索与统计，当前辞书

编纂的收词范畴设定、词语使用语境类型提取、义项归纳、例证设置
都能体现出最大程度的客观性和全面化特点。

目前，我国的辞书理论正处于二次转型期，但这次转型能否成
功，能否缩小和国外的差距甚至能领先发展，还有待观察。我们认
为，主要突破口有两个：

一是服务于对外汉语教学的学习型词典理论的创新。汉语有着不
同于英语的特点，必然会有不同于英语的汉语教学理论，也定会产生
有创新性的汉语学习词典本体编纂理论。要特别关注面向留学生的对
外汉语教学、海外从事汉语教学的汉语国际教学、面向海外华裔的华
文教育、国内面向民族地区的汉语作为第二语言的教学这四大领域对
学习词典提出的有针对性的需求，这将会带来学习词典的分类、分层
化研究，这将是当代汉语辞典编纂、出版和学术研究的"蓝海"。

二是电子词典、网络词典、融媒词典的编纂与体例创新。在这方
面，我们与国外在同一起跑线，易实现"弯道超车"。目前，App 版
的《新华字典》《现代汉语词典》《汉语大词典》《辞海》《辞源》等的
成功研制和推广，已经让我们看到汉语辞书界在融媒体辞书理论与实
践方面表现出来的创新。但在新自然语言处理技术的应用、融媒技术
创新、传播推广手段的突破等方面，还有很多工作要做。

当然，这两个重点的有效突破依赖于国家相关部门的再次规划与
引导。目前，国家相关部门正在实施第三次辞书规划，如果重视上面
所述的五大转变、两大突破口，将促进汉语辞书编纂与辞书理论发展
二次转型的顺利完成。

第三节　辞书核心理论要素在各分期中的发展概览

有些辞书本体要素对辞书的类型、辞书理论发展起决定性作

用，主要包括收词、立目、释义、参见、多义词义项设置、例证等，我们称其为决定性要素。辞书本体因素还有其他要素，如词性、语体、义域、陪义等附加信息标注，这些要素的完备与否，只起到丰富、完善、提高释文信息的作用，并不影响辞书的类型划分与分期界定。另外，辞书本体之外还有辞书评论与辞书修订，这些在辞书编纂中也是边缘要素。我们称这些要素为非决定性本体要素。在此不述，辞书评论的发展将在第六章专门讨论。

在此我们以语文辞书为例，讨论辞书本体决定性要素的发展演变。

一、汉语语文辞书的收录内容、辞书类型

汉语辞书所收录的语言单位可以包括汉字、单音词、复音词、固定语、辞藻、语块等。其中在辞书理论史中，一直贯穿收字与收词的区分问题，这个问题的解决表现为字典与词典在类型上的二分。

辞书理论的萌芽状态是字表阶段，关注的对象主要是字。在《马氏文通》之前，"词"的概念一般是专指虚词，现代"词"的观念尚未形成。汉字是"语素－音节"文字，[①]其中义符部分与语素义必然产生或多或少、或深或浅的联系。这一文字上的特点使汉字字义与语素义一直难以区分，使普通语文性字典和词典在古代辞书中一直无法分立。

其实汉语单音词居多的说法主要体现在上古时期。两汉时，汉语就已经基本抛弃了以造字方式造词的形式，而采用合成方式造词，复音词的数量得到了极大的膨胀。理论上讲，两汉辞书理论奠定期就已经具备了编写普通语文词典的词语内容基础。可能由于语言学理论上没有提供字与词区分的理念，所以，古代的汉语词典采取了雅书的类义词典体例，按义类收录"词"这一级单位。专门性词典《方言》《释

---

① 裘锡圭：《文字学概要》，北京：商务印书馆，1988 年，第 16—19 页。

名》等无疑是收录"词语"的，但体例也多用雅书的义类体例，都没有走到普通语文词典的路上。因此，古代的字书一直是字典与词典的合一，体现着辞书理论初级阶段的混沌特点。

雅书从《尔雅》开始，到《广雅》完善成系列，字书从《说文解字》开始，历《玉篇》，再到《康熙字典》达到完善，同时字书中还分出同音字典性的韵书。在整个古代辞书理论史中，都体现着类义词典与普通字典的二分，却没有普通词典与普通字典之分。

在发展完善期，《佩文韵府》等辞藻类类书出现，大量收录复音辞藻。但其收录的辞藻主要是语藻和典故，并非普通语文词典所关注的基于普通交际的语文性复音词。但这种以单字立目、下列复音辞藻的体例，体现出对复音词及复音结构的全面、集中的关注，启发了后来的辞书编纂者，而且基本奠定了普通语文词典的编纂体例。

在转型期的民国版《辞源》《辞海》中，专门收录词语，这使词典与偏重解释汉字的形、音、义、用等属性的字典截然分开了。但这些词典对词语的收录多古今兼收，还没有历时与共时的时间层次。后期《国语辞典》（1937—1945年，商务印书馆）主要是以共时层面仍在使用的词汇和词义为收录宗旨，收词原则体现出词典对共时词汇与历时词汇的分别。

《国语辞典》虽然重视共时性，但由于处于文言向白话过渡的时期，文白分立并不彻底，所以其收词释义仍有一定的历时性因素。在新中国成立后的汉语辞书理论繁荣期，《现代汉语词典》在现代词汇学理论的指导下，全面关注词汇的共时性和规范性。这部词典直接针对的是普通话词汇，对普通话词汇的构成进行了全面摸查，详细研究了方言词、书面语词、口语词、科技名词、新词语等收词策略，力求收录的词在现代汉语中都有使用，从而保证了《现代汉语词典》比较纯正的共时性特点。随着辞书规划工作的展开，除了《现代汉语词典》类的共时语文词典，各种收录现代汉语词汇系统中不同小类的词典呈现多样化局面，如各种反义词典、同义词典、书面语词典、借代义词典、成语词典、典故词典、俗语词典等。

二次转型期的辞书收词有一个分化：大型理解型辞书的收词以资源存储检索功能为主，收词全面，各级词汇单位、各种不同角度的词汇类聚都有关照；生成性的学习辞书以基本词和通用词为主，特别考虑到收词范围与教学词汇、水平考试等级词汇保持基本一致。

二、宏观体例、排检体例

"分别部居"的分类编排体例是由先秦时的字表确定的。字表的分类是义类体例。对义序体例的完善起最大作用的除了雅书系外，主要是类书。类书不是严格的词典，但其大多是按主题义类来进行编排的。后期辞藻类类书逐渐向普通语文词典的体例靠拢。现当代的类义词典（如梅家驹的《同义词词林》）等，收词更多，分类更细，体现出词汇更严密的系统性，但按主题分类的总体思路几千年未变。

奠定期晚期的《说文解字》开创了部首体例。但这一部首体例是形义学的，而非检字体例。在发展完善期，从《字汇》《正字通》一直到《康熙字典》，已经从《说文解字》的540部部首演化到214部部首，完成了形义部首向检字部首的初步转化，形成完善、全面的检索体系。部首体例在现当代期无根本改变，虽然《现代汉语词典》等辞书将其调整到202部，而且采用对多部首的字分见于不同部的方法，但都只有小的调整，没有根本性变化。至于古代《字汇》中出现的笔画检字法、民国时流行的纯形序的四角号码检字法等，只能是形序检字法的一个个附类和变体，对辞书体例的发展并不起革命性的作用。

在辞书理论奠定期并没有形成音序体例，这一体例是在中古随着音韵学兴盛而发展起来的，典型的就是《广韵》，它奠定了依韵编排汉字的音序体例。这种体例虽有查找之便，但韵部较为难记，后来经过精减合并，由《切韵》的193韵、《广韵》的206韵减少到106平水韵，但仍需要一定的专业知识，才能依韵检字。

民国转型期的国语罗马字和注音字母、新中国成立后的《汉语拼音方案》都用于辞书，形成了新型的音序体例，由于其字母量少，先依字母分大部，再依此字母为首字母构成的音节分小部，小部下依四声再细分子类。这一新兴的音序体例与国外辞书体现出一致性，以其作为音序体例编排辞书，检索方便，学习成本低，不但全面取代了传统韵书的音序原则，而且目前已经取代形序，成为辞书最核心、最通用的宏观体例、排检体例。在这方面，《国语辞典》"所采用的编排方式开创了现代汉语辞书真正意义上的音序排列法"[①]。而《汉语拼音方案》推行后，《新华字典》《现代汉语词典》真正奠定了现当代音序法在辞书体例中的基础和核心地位。

在现代辞书理论繁荣期，宏观体例的发展主要体现为对形、音、义序体例的整合。形、音、义三序中，形序和音序越来越多地综合在一部辞书的检索体系中。如《现代汉语词典》等共时词典，由于主要收录的是普通话词汇，语音知晓度高，就以音序为主索引，以部首形序为副索引，以方便由音查字头或由形查字头。而现当代编纂的古代汉语类词典或古今兼收的大型辞书，由于生僻字多，语音的通晓度弱一些，且存在古今音的争议，所以多是以部首、笔画等形序作主索引，音序为次索引。一些生僻字字典，由于有时难以准确确定其部首，所以多以笔画序为主。义序使用面比较窄，多用于类义词典中，偶与音序排检体例相结合。

在当代二次转型期，辞书编纂已经进入电子词典、网络词典、融媒体词典时代，在这些词典中，增加了更为先进的全文检索功能，可在字头、词头以及释文中进行全文检索，更好地提高了词典的查全率和查准率。另外，还可以实现自动关联，如可以迅速检索出一个语素

---

① 王宁：《论辞书的原创性及其认定原则》，《辞书研究》，2008 年第 1 期。

分别充当复音词第一语素、中间语素、尾语素时构成的词群，将正序、逆序合为一体，体现了强大的综合检索功能。App 版的《现代汉语词典》还可以根据释义、例句中的词关联立目词检索。这是辞书宏观排检体例的一次大变革。但电子词典也有不足，那就是摆脱不了对计算机、网络、手机等物理终端设备的依赖。

三、立目

汉语辞书的立目分为两类：一是类义词典以主题类立目，二是普通字词典以字头立目。

字表的"分别部居"原则其实就是同义或同类字聚为一组，构成一条韵语。类义词典中主要采用萌芽于《尸子》等文献成熟于《尔雅》的"集类成条"体例，也就是选取有共同训释词的被释词，集为一个条目。当然，《尔雅》中也有很多被释词只包含一个词，特别是《释言》中的重言词。但从整体体例上看，这些条目只是找不到更多的同训词，并非有意识、有目的地单立一个词目为一条，这一点从我们对比《尔雅》《广雅》《叠雅》中重言词的情况就可以看出。《尔雅》中的单词条重言词，多在后两部辞书中完善为多词同条。[①]
现当代的类义词典多是依小语义场进行小类类聚，如果不加释义，那么小类标题词或上位词、同词群中的第一个通用词往往就暗含释义的信息。

普通型辞书以字头立目的体例奠定于《说文解字》。《说文解字》是以形索义之书，以小篆单字立字头。这一体例发展到后来，就是现、当代普通字词典普遍采用的字头立目、下列正序或逆序复音词的立目体例。

---

① 王东海：《汉语辞书辅助表达功能的发展演变研究》，《励耘语言学刊》，2014 年第1 期。

以字头来立目还存在字形上的正体、异体问题。在奠定期,《说文解字》已经在 9535 个正体小篆字形下列出古文、籀文、篆文、或体、秦石刻、今文奇字、俗字等重文 1163 个,这些重文当为异体字。在辞书理论发展期的唐朝,正字用的字样类辞书,还有《佩觿》《龙龛手鉴》等辨析类字书,都在主字形字头下,大量搜集罗列或体、俗体等异体字,以辅字头之形;到《字汇》《正字通》《康熙字典》等辞书,这种字形的胪列体例已经发展得非常成熟。现当代的辞书基本确定了正体字立目、括注异体字的模式,只是异体字标注数量的多少会随辞书的编纂宗旨或辞书规模的不同而有所不同。另外,不同时代,正字体的字形标准有所不同,例如新中国成立后,大陆的共时辞书都以简化字为正体立目,括注繁体,而港澳台地区的辞书仍以繁体汉字为正体立目。

另外,对于多音字词、同形字词是处理为一个语言单位综合立目,还是分为不同的词汇单位分别立目,这在民国的《国语辞典》中还没有厘清。《国语辞典》的单音节多音词的处理还没有分为不同的词汇单位,仍作为一个词进行立目,但在由该单音词构成的复音词注音中,标明是采用哪个读音。例如《国语辞典》中:

【落】㊀ ㄌㄨㄛ luoh　1.木叶脱落。2.下坠,降低。3.衰败。4.脱漏。5.稀疏……
　　㊁ ㄌㄜ leh　㊂ ㄌㄠ law　㊃ ㄌㄚ lah
【落空】㊀ㄌㄨㄛㄎㄨㄥ luohkong 无着落。
　　㊁ ㄌㄚㄎㄨㄥ lahkonq

这种处理方法对于多音词的查检非常不便。另外,从释义的角度看,很难将同形异音词或同形同音词在一个词汇单位中加以解释,因为它们在现时层面,各个义项之间是看不出联系的。

而新中国成立后的《新华字典》《现代汉语词典》等辞书，创新性地解决了这一问题。它们将多音词和同形词分立为不同的语言单位分别立目，同形同音字词用肩码标记为不同的词，如"花¹""花²"等。虽然同音同形词与多义词两个范畴的区分存在着模糊地带，有时使辞书的这种处理方式陷入两难境地，但总体来讲，这一体例是对民国《国语辞典》的一个突破，从此奠定了普通共时性语文词典对同音字词或多音字词立目的基本模式。

四、参见

辞书中的参见分为显性参见与隐性参见。显性参见体例是在人们对汉字系统、语音系统、词汇系统及语义系统等有比较全面的了解后，发展出关联性系统意识才产生的。较早自觉使用显性参见表明字词属性联系的是古代的《正字通》。对于多音但义同或义通的字，《正字通》采用一字下详细释义，并辨析二字的不同，而另一字下说明"详见某字注"的方式，这种处理方式不但加强了字词属性的关联性，也使辞书内容的冗余度降低，更加紧凑。

隐性的参见多是释文中字词语言文字属性之间的关联，如异体字最常用的"通""同"参见用语。虽然在古代多不出示相关页码，但这种标注暗示着字词之间的关联性。有些异称词、同指词也多用训诂术语"犹""谓""为"等进行隐性体现。

到民国时的转型期，参见已经发展得比较完善。如《国语辞典》中，"戮"条语素义3的参见对象"戮力"已经立目，语素义3则不释义，标明"见戮力条"。

【戮】为ㄨ luh 1. 杀。2. 辱。3. 见戮力条。

成系统、规范化的参见体例体现在《现代汉语词典》中。在其

《编写细则》①中，每条参见用语都被明确地规定了所指和用途，体现着严密的字际、词际以及字词语言学属性之间的联系性。显性参见用语不确定，多用"见""另见""参见"等，并且参见字词均标明其在词典中的页码位置。另外，显性参见中被参见的对象多采用立目的方式，而隐性参见用释义用语（如"即、同、称、叫、也说、相同、相对、相反"等）体现出来，被系联的对象可能立目，也可能不立目（如异形词、异读词等，它们属于词的同一性问题，都是一个词，不立目）。

到了当代的电子时代、网络时代、融媒体时代，参见被电子词典、网络词典、融媒词典中的超文本链接取代了，更加方便快捷。

五、释义

训诂释义的萌芽在上古文献中很多，但多用来表明自己的主张，如《论语》中"政者，正也"的声训运用即是如此。

释义要素在上古字表中没有出现。从现在能看到的最早出土的字表《仓颉篇》残简中可以看出，其内容当为西汉时的训纂，不是原字表。字表加上释义或训释后，就是辞书释义的萌芽。

另外，在没有出现专门释义的辞书之前，就已经有大量的训诂实践工作，积累了丰富的训释材料，就有了相关的初步整理工作，如《尔雅》采用的聚类成条体例，就是训释材料的初步类聚，这一体例可在《尔雅》之前的《尸子》等著作中发现。这些零星的训释材料积累到一定时间，就出现了全面整理这些材料的第一部词典《尔雅》。两汉训诂学大家的风起云涌，训释古文经活动的空前繁荣，在训诂实践中大量训释材料的汇编也孕育了字典释义的萌芽，如《毛诗诂训传》等，这些都为辞书释义的方式、原则的奠定提供了成

---

① 中国社会科学院语言研究所词典编辑室编：《现代汉语词典五十年》，北京：商务印书馆，2004 年。

熟的思路。

在奠定期，训诂与辞书是一体的，二者所用的释义方法与模式是一致的。在两汉四部著名辞书中，都可以看到训诂学中的义训、形训、声训以及单训、互训、递训、义界等释义方式稳定成熟的使用。这些释义方式一直在古代辞书理论中完善与发展，鲜有大的根本性改变。

在现代辞书理论的转型期直至成熟期，随着科学精神的张扬，百科词越来越受到辞书的重视。此时释义方式有两个大的转型：

一是传统的经验性的义界式向科学的逻辑定义式靠拢。训诂中的义界更注重经验释义，将种差视为区别性特征，只要能将同语场的词区别开即可，数量上控制非常严，所以释义简洁，但提供的内涵信息并不丰富。基于逻辑学的定义法非常重视科学的属概念和种差内涵的揭示，重视外延的确定，种差内涵的描写越来越细致，语义知识信息越来越丰富。

二是受到现代词汇学、语义学理论的影响，现代释义方式越来越呈现出多样化趋势，最有代表性的就是基于语义关系分析与成分分析的释义方式的完善。例如《现代汉语词典》中，"远：……（跟'近'相对）"的"相对"例的使用；"来不及：跟'来得及'相反"的"相反"例的使用等，都体现了鲜明的根据语义关系关联释义的思路。

在当代词典的二次转型期，辞书释义高度重视用法信息，实现了由释义中心向用法中心的转化。一些新的释义方式多结合新兴的语言学理论，例如框架语义学的框架元素与动词释义、原型范畴理论与名词释义、情感评价理论与词的附加色彩、功能语言学理论与释义的语域标记、语法理论与词的词类标注、文化语言学与词的跨文化交际特点等。

汉语辞书的基本释义方法与释义结构多年来并没有根本性变化，主要还是"对释"与"说明"（或称"义界"）两大范式，现当代辞书的义项结构也与古代训诂传统无根本区别，一些引进后加以改造的新的释义方式（如整句释义等）也没有得到广泛认可，带有一定的实验性。但同时我们必须承认，现当代辞书释义中语义信息的概括方式、语义细节的组配方式还是有着与传统辞书明显的差异。

另外，字词典的释义体例在二次转型期也出现一定的分野：字典更注重汉字各种客观属性描写的规范化，更具统一性；而词典更注重描写词语用法的多样性，体现词义、语法、语用、文化等多层面的用法信息。

六、多义词义项处理

在辞书理论奠定期，《尔雅》采用一义释数词的模式，无所谓义项的排列；《释名》释语源义，也很少存在多义词问题；《方言》释一个词在不同方言区的意义，虽有些条目在形式上有多义项的特点，但它们不是共时层面的通用语使用义，而是各地方言义；《说文解字》初步有了义项分列的要求，如本义有多解，则用"一曰"等术语列关于本义的多个解释（如"魅，鬼服也。一曰小儿鬼。从鬼，支声"），但这种多义项体现的是对字本义的不同解释，也不是现代意义的多义词的义项。

在发展完善期，《玉篇》确立了词汇意义的多个义项之分。《字汇》则开创根据一个词的不同音义而分列义项的体例，并采用了"○"符号来表示义项的分割，体现出体例的统一性。

古代期的普通字书中多义词义项的顺序，基本都是按历史的引申顺序排列，体现孳乳引申的脉络，到《康熙字典》时，此种义序的多义项的处理方式发展到比较成熟的地步，并对多义项用"又曰"进行间隔。

到民国时的转型期，《中华大字典》开始对多个义项采用数码排序的方式，为后来的《辞源》以及《国语辞典》所采纳。如《国语辞典》用㊀㊁等表示不同的音，用❶❷❸等符号表示多义词的多个义项，多个义项的顺序按基本义优先的原则编排，贯彻其在序言中明确提出的"不以源流来论"的体例宗旨，这是典型的共时词典的标记。例如：

【落草】❶ 谓为盗匪。❷［佛］谓流于下贱。

其中宗教中的专业意义为非基本义，所以排在第二位。

在转型期和成熟期，多义词义项的顺序根据历时与共时词典的不同类型实现了区分。历时词典多采用传统的训诂学引申原理指导下的历史义序，共时的排序则借鉴很多西方理论进行了灵活的改革与创新：如现代词汇学中同形词、兼类词、词类活用理论与义项的分合处理方式的结合；词汇语义学的义位分类理论与多义词义项类型界定的结合；语义桥理论与明示义项内在关联性操作的结合；原型范畴理论与共时词典义项顺序梯度排列的结合；语义网络理论与不同词不同义项的非线性联系的结合等。这些都使当代共时词典的义项设置更加符合读者使用习惯及认知心理。

但到目前为止，辞书编纂时义项处理中仍存在三个难题：一是关于吸收新义、新用为新义项的标准；二是义项分合的标准；三是多义词与因引申失去联系的同音同形词的义项的分割。这三个问题的解决很多时候仍需依赖编者的主观判断。

七、例证

例证在辞书中的出现比较晚。辞书理论萌芽期的字表无释义，也无例证。在训诂学中，书证是考据的核心材料，因此大量铺排书证成为训诂学的基本训释范式。但奠定期的四部核心辞书中却少用例证，例如《尔雅》就只是用共同训释词释词，只取共性的词义，少用书证。《释名》《方言》也是如此。《说文解字》中征引时人、前贤、通人之说 30 余家，文献典籍 110 多种，体现了书证的萌芽。

在发展完善期，书证在辞书中奠定了牢固的地位，从《玉篇》肇始，至《康熙字典》达到高峰。但由于训诂学传统过于重视证据，所以辞书中例证的"证明义项"功能被唯一化了，鲜有体现语言交际、语言生成的自编例。

在民国的转型期，自编例随着共时性语文辞书的发展而发达起来。随着对词汇用法及语法、语用原则的更深入的了解，人们认识到语文辞书不是仅服务于考据和索解，还要用于辅助口语和书面表达、语言教学等。在这些辞书应用的领域中，自编例有着得天独厚的条件：书证存在的一个最大的问题是释文的简洁与书证截取的语境完整性的矛盾，而自编例完全出自编者的自省，编者可以根据义项的内容和用法，用最简单的语句设置出最完备的例句，突破传统的书证局限，使例证不但成为证明义项的材料，还可提供词用的语境类型、揭示词语搭配原则及语用原则，还有摹仿造句的功用。同时，自编例还会使辞书的释文更加简洁。

但民国时的词典对自编例的运用尚未达到自觉的程度，如《国语辞典》中自编例本来就很少，且自编例与书证杂用，书证也不出文献详细信息，举例用语非符号化（用"如"字表示）。这些都显示出自编例发展雏形期的不成熟特点。如：

【落腮胡（子）】

即连鬓胡子，如"团扇般一部落腮胡"，见元曲选；亦作落腮须。

到成熟期的《现代汉语词典》，已经形成采用自编例或改编现当代书证的成熟做法，系统设置了词例、语例、自编句例的具体做法。例证的证明词义、提供语境、揭示用法三大基本功能也得到完善。

到当代的二次转型期，例证功能和用法本质上没有大的变化，但用法型学习词典的出现给例证带来很大的改变——重视口语交际情境类型。外向型学习词典中少用词例和语例，多采用加长例证的方式补充交际情景因素，把原单句例、小句例变为对话例，从而揭示出更多的交际信息，以使用户更全面了解词的使用规律。在近几年出现的融媒辞书中，基于大规模语料库的应用，出现了淡化释义、加大例证数量的趋势，很多释义的内容都靠更多数量的、具体化的例证来揭示和说明，不再在释义中进行抽象解释。

第四节　辞书工作（编者和编纂组织）的发展

辞书工作的核心是编者和编纂组织，编者的编纂行为和编纂组织对辞书工作的协调、对辞书理论的发展也有一定的决定作用。梳理辞书工作在各分期的发展，要先梳理编者、编纂组织的发展。

一、在辞书理论萌芽奠定期，辞书的编纂基本是个人行为

对于带有个人学术创见的辞书知识工程，古代知识分子较少开展合作研究，往往集一人之力独担，较少采用团队合作的方式进行辞书编纂。如许慎独自纂《说文解字》用 21 年，扬雄亲身搞方言调查，利用各方人士来京的机会进行调查，用了 27 年时间，始成《方言》（据考证，现传本还是未定稿，后几篇当为调查词目表）；即便是后人研究辞书，为辞书做注疏，也以一人之功，集数年乃成，如段玉裁治《说文解字注》，历时 30 年。

二、在古代辞书的发展完善期，编纂行为发展的标志是团队合作

团队合作编纂的模式其实在很早以前就已经出现，只是多出现于一些纂集性的类工具书的编纂中。这些工具书多集体合作完成。如据何九盈的考证，[①]《尔雅》系齐鲁书生集体编纂完成，但现在还缺乏明

确的证据，在此不论。

在《玉篇》《类篇》的编纂过程中，体现出一种团队组织合作的雏形，具体表现在标志辞书完整性的体例、框架内容是集多人之力完成。第一部楷书字典《玉篇》虽标为顾野王所著，但据《梁书·萧子显传》所附的《萧恺传》记载：先是时太学博士顾野王奉令撰《玉篇》，太宗嫌其详略未当，以恺博学，于文字尤善，使更与学士删改。可见这是当时由萧恺和别人共同删改。萧恺为太学博士，具有政府背景。《类篇》旧题为司马光所撰，但据考证，是王洙、胡宿、张次立、范镇等人相继修纂的。书成后，司马光接手整理，进献皇帝。①《集韵》的成书虽标明是丁度等撰，但实际由司马光续纂完成，而丁度、宋祁等编纂所谓的《集韵》也是对《广韵》陈、丘本的重修，所以《集韵》之成书与《玉篇》《类篇》相类，体现着编纂人员历时相续的特点。

这几部辞书体现着有组织的团队合作的萌芽，但此模式并非强调共时协作的现代意义上的团队组织的模型。真正的共时团队合作完成的辞书编纂模式是《康熙字典》。《康熙字典》虽然是基于《字汇》和《正字通》，但这只是辞书编纂过程中的常规的继承，其在收词立目、释义、检索体例等方面都有自己独特的个性。它的编纂系清王朝召集30位学者集体完成，由总纂官张玉书、陈廷敬主持，署名张玉书、陈廷敬，即有了"主编"之职，同时，修纂官凌绍雯、史夔、周起渭、陈世儒等分工协作，历时6年而成。这是一个严密的团队协作组织，是"编者"群体，团队合作的优势得到了充分体现。

与普通语文词典的团队合作模式相骈行的是纂集、类书、丛书的编纂。这些工具书卷帙浩繁，但编纂这些书常被古人认为只是材料选择能力和体例编排能力的体现，并非真正的学问，所以常采用合作完成方式。最具代表性的是清代阮元的《经籍籑诂》，由阮元出凡例，请了几

---

① 刘叶秋：《中国字典史略》，北京：中华书局，1992年，第68页。

十名文士来分工编辑，嘉庆二年（1797）正月二十二日始修，至嘉庆三年（1798）八月告成，计106卷。其后，阮元又组织人力将原漏收的经籍注释文字、《说文解字》和唐人对经传的疏解文字，辑成《补遗》。《补遗》中阮元又补充了一条凡例。这足以证明，在辞书理论的发展和完善期，团队合作编纂辞书的模式已经相对成熟。

共时的团队合作模式体现着突出的优越性：

一是时间成本低，能实现一部巨型工程在限定时间段的完工。一部划时代的巨型辞书《康熙字典》仅用6年完成，一部106卷的《经籍籑诂》仅用8个月完成，没有严密高效的合作机制是不可想象的。后世虽有朱起凤历时30余年，发愤著《辞通》的佳话，但也多为专门型、中小型辞书，一部综合性大型辞书靠个人之力，动辄耗费几十年时间的时代已经过去了。后来大型辞书编纂，如民国的《中华大字典》《辞源》《辞海》《国语辞典》等，新中国成立后第一次辞书规划的重大标志性成果《汉语大字典》《汉语大词典》《现代汉语词典》等无一不是"大兵团"的团队合作成果。

二是提高辞书的精确性。古代文人多对自己的见解敝帚自珍，但个人知识的准确度、深刻度以及广度都是有限的，所以辞书中错谬之处往往要靠后人的二度注疏及考订才能纠正。而集体编纂辞书集众人的智慧，转化成集体知识，在这个整合转化过程中，无疑会修正错误，提高准确率。

三是提高辞书内容的全面性，其资料价值与语言资源价值大为提升。靠一人之力往往很难对语言文字做详尽的描述，这一点可以依靠团队协作来弥补。《康熙字典》由于集众人之力，所以收字、收词、收义、收例都达到了古代辞书的最大值（《四声篇海》等书虽收录死字、僻字的绝对数多，但从辞书体例的典型性上无法与《康熙字典》相比），全书收字47000多个（具体字数有多种说法），比《字汇》多收13000多个，一直到1915年《中华大字典》出版以前，《康熙字典》

一直是我们国家收字最多的通行字典。另外，它将搜罗到每个字的不同义项都详细列举出来，而且每一义项多引用初见于某古籍的例句。这些义项及书证的搜索、整理工作也不是个人能力所能承担的。可以说，中国古代虽然辞书众多，但在内容份量上能与著名的《牛津英语大词典》相媲美的只有这部《康熙字典》，这一点靠个体力量也是无法完成的。因此，传世大型辞书必然出自于团队组织之手，在传承中华文化与文明方面无人能出其右。

但在古代，这种团队的合作也存在很多问题。如因多人协作责任不清而难以让每个个体全身心投入等问题，这导致共同编纂的辞书往往在体例及表达风格上难以统一，而且重复芜杂之处也颇多，如《康熙字典》虽然释义比以前精准不少，语义描写也丰富完善很多，但书证、凡例中的明显错误也较多，后经王引之等学者的详细校勘、修订，错误才得以逐步纠正。

三、在辞书转型期和成熟期，辞书工作的两个转型

第一个转型的标志：出版工作由个人行为、民间行为和政府行为转向在政府引导下、以出版社为核心的组织行为。转型的标志则是出版社在辞书编纂出版中核心地位的确定。

辞书是一种出版物，从古至今，辞书的编纂背后多少都有政府因素在其中。例如，古代的辞书编修或者奉敕，或者是编纂完成后首先进献皇帝再颁行全国（如《说文解字》等）。编者也多有政府背景，例如作为辞书萌芽的字表的作者，《史籀篇》是周宣王的太史——籀所作。秦始皇要统一文字，于是李斯书写出标准字体《仓颉篇》，赵高作《爱历篇》，胡毋敬作《博学篇》。在这些作者中，李斯被拜为丞相，赵高为中国第一个宦官宰相，胡毋敬官至中丞相，都是政府要员。两汉时《说文解字》的作者许慎是五经博士，举孝廉，历任洨长、太尉南阁祭酒；《方言》的作者扬雄任给事黄门郎，后召为大夫；《释

名》的作者刘熙官至南安太守。发展完善期的《玉篇》的署名作者顾野王本身为太学博士、撰史博士，后官至黄门侍郎、光禄卿、知五礼事；《类篇》的署名作者司马光在哲宗时被召为门下侍郎，进尚书左仆射；《康熙字典》的主编张玉书为文华殿大学士，陈廷敬先后担任大清康熙帝师、吏部尚书、文渊阁大学士、《康熙字典》总修官等职……对辞书编纂组织和团队的管理主要依靠政府的权威，官员身份使编者在行政上和学术上都有权力指挥编纂团队按统一的体例进行编修，再加上背后多有皇帝的敕命，这都保证了辞书编纂的速度和质量。

另外，很多辞书的编修也多有政府背景。如大多数韵书，一方面为科举考试内容，如《礼部韵略》等；另一方面为治经之小学工具，而经学是维护政府统治的思想武器，因此韵书的编纂多纳入政府行为中。韵书的修订因为承担着口语语音沟通的问题，一直是政府关注的，如《广韵》《集韵》的修订无一不是奉敕，而据《明实录》《清实录》的记载，《洪武正韵》《音韵阐微》等也都是皇帝赏赐大臣及国外使者的礼物，这是政府对辞书编纂的支持。

民国和新中国成立后的辞书编纂仍然有政府因素的参与。例如民国时国语运动后，为推广国语，就有黎锦熙的《国音标准字汇》。新中国成立后因为辞书的不合用，毛泽东、周恩来都非常关注《新华字典》的编纂，直接批示过意见。而"文革"后，面对"大国小字典"的尴尬局面，相关部门开展两次辞书规划，形成了20世纪八九十年代辞书编纂的空前繁荣。

从民国开始，政府对辞书的管理由主导变为引导，将具体的辞书编纂出版业务交给了出版社进行组织。出版社的上级是政府，下级则是辞书的编纂团队。这种沟通作用，使出版社在辞书编纂中的中介作用日显重要。如在当代，上海辞书出版社（现已合并至上海世纪出版集团）因承担《辞海》的编纂与修订而成为百科辞书出版的重镇，湖北辞书出版社（现崇文书局）和四川辞书出版社因承担《汉语大字典》

的编纂与修订而成为字典出版的重镇，还有一些因需设置的专门辞书出版社，如中国大百科全书出版社、汉语大词典出版社（现已合并至上海世纪出版集团）等。

第二个转变的标志：编者身份由官方背景转向专家学者背景。例如民国时，很多大型辞书的主编都是著名的语言文字学家和出版家，如《辞海》《辞源》《国语辞典》基本都是由专家学者组织编纂的。这一传统一直延续到新中国成立后的《新华字典》《现代汉语词典》。《汉语大词典》参与人员近 2000 人，核心人员是专家学者，《汉字大字典》已经形成多省区、多出版社专家学者、出版家联动运作的编纂模式，团队组织逐渐加大。这些知识工程不但诞生了大量经典辞书，积累了"大兵团"组织编纂团队的管理协作经验，而且锻炼了辞书队伍，培养了大批辞书编纂的专家学者型人才。

第三个转变的标志[①]：政府开始有意识地进行主动、科学的辞书编纂出版规划。

辞书规划指的是政府相关部门或社会团体为了发展辞书事业，解决辞书领域出现的问题，使辞书更好地服务于社会各方面的使用需要，更好地在知识文化传承传播中发挥应用的作用，有目的、有计划、有组织地对辞书编纂、出版、使用等方面做出的长远发展计划。在中国，辞书规划主要由政府新闻出版管理部门领导，带有鲜明的政府色彩；以出版社为核心组织平台贯彻实施，协同各行业的专家参与具体的编纂工作，具有典型的专业性特点。

中华人民共和国成立后已经成功组织完成了两次辞书规划。

1975 年 5 月 23 日至 6 月 17 日，第一次全国辞书编写出版规划会议在广州召开。会议制定了《1975 年至 1985 年中外语文词典编写出

---

① 辞书规划部分内容主要参考自本书作者王东海编纂的《中国大百科全书》（第三版，网络版）"辞书规划"条目。https://www.zgbk.com/ecph/words?SiteID=1&ID=153032&Type=bkzyb&SubID=44916。

版规划（草案）》，获批后付诸实施。此次规划出台的背景是中国社会处于"文革"晚期，辞书的数量极大减少，质量低下，无法满足社会需求。本次规范的核心是社会最需要的语文辞书，包括汉语辞书和外语辞书，前者满足社会民众的学习需要，需求量最大，后者满足对外交流需求。本次规划计划出版中外语文词典160部（汉语辞书31部、外语辞书129部）。这是一次成功的辞书规划，在全国范围内全面展开古今兼收的语文辞书——《汉语大字典》《汉语大词典》等的编纂，正式出版了影响面最大的《现代汉语词典》和一大批填补类型空白的语文辞书，满足了广大群众利用辞书学习文化知识的需要，一改"辞书荒漠"局面。

1988年11月21日至25日，第二次全国辞书编写出版规划会议在成都召开，讨论制定了《1988—2000年全国辞书编写出版规划（草案）》。本次规划，重在辞书类型的完善，一方面，语文辞书强调品种齐全，填补缺门，成龙配套；另一方面，随着科技的恢复和大发展，要满足社会对专科辞书的需求，本次规划的重点放在补齐专科辞书的类型空白。首先，确保基本学科大型综合性辞书建设；其次，为快速提升民众的科学知识水平，加强知识的普及性，百科全书的编纂也纳入视野。列入本次规划的辞书共169部，其中汉语辞书有100部（包括汉语专科辞书50部）、外语类辞书66部、少数民族语言类辞书3部。《中国大百科全书》（1993年8月出齐）等都是这次辞书规划出版的代表性辞书作品。

这两次辞书编写出版规划对中国辞书事业的总体发展起到了很好的科学布局、正确引导和加快推动的作用，快速缩短中国与海外辞书在数量、类型、质量上的差距。据统计，两次辞书规划实施过程中，中国共出版辞书14090种，其中汉语辞书7466部、外语类辞书6624部，这个数字约是中华人民共和国成立后的前30年（1949年10月—1979年12月）辞书出版总数（891种）的16倍。

四、当前二次转型期的综合性特点

当代的辞书理论二次转型期，辞书工作将是一个在政府引导下，以出版社为中心的、带有市场和公益行为双重特点的编纂行为，体现出编者自选题与出版社定题相结合、编者自主行为与编者团队行为相结合、编者（团队）自荐与出版社聘请相结合的综合性特点。

二次转型期有以下两个关键点：

一是从政府层面看，正式开展第三次辞书编纂出版规划的实施。

2013 年 10 月 30 日，国家新闻出版广电总局下发了《关于印发〈2013—2025 年国家辞书编纂出版规划〉的通知》（新出政发〔2013〕9 号），这被辞书界称为第三次国家辞书编纂出版规划。通过出版单位申报、出版主管单位审核、专家评审论证，本次规划共列入 189 部各类中外辞书，比前两次规模更大，其中汉语类辞书 123 部（新编 106部、修订 17 部），外语类辞书 50 部（英语类 22 部、非通用种类 17部、多语种 6 部、系列辞书 5 种），少数民族语言辞书 16 部。中国前两次辞书规划初步完成了汉语辞书的分布、种类完善等目标。第三次辞书规划是中国由辞书大国迈向辞书强国的攻坚阶段，辞书创新是核心，要着力体现辞书编纂与出版的产业化、品牌化、外向化、全媒体化特点，这一思路符合世界辞书发展的大潮流、总趋势。

二是新型网络、融媒辞书的出现给辞书工作带来巨大变革。

网络辞书中的互动辞书在二次转型期发展迅速，其出版组织单位多为大型网络公司或网络组织，而最大的特点是允许网民参与编写、修改词条。这类辞书具有开放互动、消解权威性，即时发布、全民审核，免费共享使用、无限扩充等特点，这一改变突出体现在百科词典和百科全书领域。2005 年，《维基百科》的诞生是网络百科全书发展的里程碑。《维基百科》由非营利性的维基媒体基金会负责运作，其运作模式实现了百科全书编纂、出版、修订、使用等方面的革命。国内此类工具书主要是《百度百科》《互动百科》等。这种新型的互动式网络百科全书，使长期困扰百科全书的大小条目之争、知识更新速度问题、分类与主题检索的关系及技术处理问题得到了较好的解决。但这种侧重自组织的百科全书范式也存在知识的准确性待考、辗转抄袭者众、知识争议性多、作者队伍芜杂、管理难度大等问题。

这种互动式辞书工作的模式一定会影响到未来权威性语文词典的编纂，只是如何影响还有待观察。① 例如 App 型的《新华字典》《现代汉语词典》已经具备了开放用户互动模块的技术条件，可由用户对词典编纂提出建议或补充资料。但由于这两部辞书均为权威性规范字词典，担有推广国家语言文字规范的重任，规定性强，不宜做用户互动，以免因用户各执己见，影响其权威性。《汉语大词典》等大型辞书主要是资源存储型和描写型辞书，其本身带有大型语言文化知识容器的性质，由于中国古今文献浩如烟海，而本词典采用全面罗列义项、使用海量书证、明确首出书证、按历时引申义序排列义项等编纂原则，单凭出版社和专家编者之力，词典内容的丰富性和准确性是有一定局限性的。如果 App 型版本能开放用户互动功能，由用户提供首出书证资料、遗漏义项证据、引申义列缺环补充等，再由专家编者审核吸收，则可进一步完善和提升这项重大国家知识工程的质量。

当前的辞书工作已进入融媒体时代。融媒体的各种媒体迭代而存、碎片化、交互性、交互"红利"四大特点正在改变传统辞书，形成"融媒辞书"。② 融媒辞书改变了辞书的组织方式、表现方式和使用

① 本部分内容参考自本书作者王东海修订的《中国大百科全书》(第三版，网络版)"百科全书"条目。https://www.zgbk.com/ecph/words? SiteID=1&ID=153720&Type=bkzyb&SubID=44918。

② 李宇明、王东海:《中国辞书历史发展的若干走势》,《鲁东大学学报》(哲学社会科学版),2020 年第 1 期。

方式，其最大的特点是"跨界关联"：不同媒体的融合、编纂者与用户之间的融合、辞书与相关资源的融合。① 在融媒时代，《新华字典》《现代汉语词典》《辞海》《汉语大词典》等著名辞书都推出了融媒App 版产品，凭借其智能性、便携便用性、网络开放性、编者用户出版社适时互动性等特点正在冲击和部分取代传统的纸媒市场，但相关出版研究、用户调研、编纂研究等理论探讨刚起步，滞后于融媒辞书产品的加工、发行、推广实践，亟需尽快补上这一辞书工作理论短板。

结　语

综合以上情况，在萌芽奠定期、发展完善期的古代期辞书理论中，主要是以小学理论以及解经、科举等为中心的学术应用为引导；第一次转型期的现代期是以西方语言学中的词汇学、语义学理论为指导，主要以三大运动为核心的语文现代化以及语言文字规范推广为应用推动力；成熟期的核心主导理论是政府部门的语言规划理论，主要以改变"辞书荒漠化"现象为应用推动力；二次转型的当代期则是以功能语言学（含认知语言学）为指导，主要以母语和对外汉语教学市场需求为应用推动力。

辞书本体要素和辞书工作是辞书理论发展的两翼。我们爬梳了汉语辞书本体的收词、立目、体例、释义、参见、设例等要素在各个时期发展的特点，归纳了标志性的成果；同时描写了辞书工作在各时期的发展特点，归纳了其发展过程中的几个重要的转型。通过上述工作，我们希望能对总结我国汉语辞书编纂传统以及理论经验打下良好的基础。

---

① 李宇明、王东海：《中国辞书历史发展的若干走势》，《鲁东大学学报》（哲学社会科学版），2020 年第 1 期。

第二章　汉语辞书收字收词的发展

收字收词是汉语辞书编纂的第一道工序，也是辞书学理论研究的重要组成部分。关于汉语辞书收字收词的成果大多散见于各种辞书史、语言学史及某部辞书的专门研究中，缺少宏观上的历时性梳理。

我国古代的辞书没有现代辞书严谨，字典和词典之间没有明确的界限，各种类型的辞书在内容和体例上有所交融，因此在分类时也存在交叉现象。字典和词典是在近代产生了"词典"（或"辞典"）这个名称后才有了明确的界限。因此我们只能根据辞书的主要性质特征来归类。

我们从汉语字典的收字和汉语词典（本章主要针对语文词典或综合词典，兼及专科词典）的收词两个方面来对辞书的收字收词进行探讨。这两部分都是先从宏观上对各个时期汉语辞书代表作收字收词的范围和原则进行历时性梳理，然后从微观上根据字典收字和词典收词的特点进行具体分析。由于字典主要是以字为单位进行收录，以贮存字形为主要目的，因此字典收字就涉及对异体字的收录和对文字形体的收列两方面内容，由此引入字位和字体理论对这两方面进行重点剖析，具体说来包括字位理论视角下字典对异体字收录的发展演变和字体理论视角下字典对文字形体收列的发展演变两部分。而古代汉语词典主要以雅书为代表，其体例及编纂方式与现当代词典有所不同，因此在收词方面古今贯彻下来的共性没有字典那样突出，而以词典兼收一般语词和百科语词的传统较为明显，因此这一部分对词典收录一般语词和百科语词的发展演变进行重点剖析。

第一节 汉语字典收字的发展演变

一、汉语字典收字范围和原则的发展演变

编纂字典首先要做的就是确定字典的收字范围和收字原则，汉语字典的收字范围和原则一般体现在字典的凡例、序言中。

（一）战国秦汉时期字典的收字范围和原则

战国秦汉时期的童蒙识字课本出现了字典收字立目的萌芽，而我国第一部汉语字典《说文解字》则为以后字典的收字立目奠定了基础。

1. 童蒙识字课本

在周朝时，为了适应儿童教育的需要，产生了中国最早的一批供学童识字用的字书。这些字书，没有注音也没有释义，不具备辞书的性质和功能，只能说是常用字汇编成的字表。由于教授的对象是学童，所以决定了其收字只能是局限于"诸物名姓字"之类的"泛施日用"字，这些字的使用频率高，也具有很大的稳定性，所收字大都被后代字典收录并传承下来。

这些童蒙教材的主要文献来源在《说文解字·叙》中已经很明确："凡《仓颉》以下十四篇，凡五千三百四十字，群书所载，略存之矣。"可见这些供儿童学习的识字课本虽然免不了会有当世的活的语言，但就其主要部分来说，仍然是古书上传下来的词语。

2.《说文解字》

东汉许慎的《说文解字》是我国第一部真正意义上的字典。从文字形体上看，《说文解字》明确了其收字原则是"今叙篆文，合以古籀"，即以小篆为规范字体，兼收古文、籀文等文字形体。这符合许

慎关于汉字规范功用的语言哲学理念，也顺应了统一规范汉字的时代要求。《说文解字》对近万个小篆形体汉字的形音义作出较系统的整理，对后世产生了深远影响，奠定了字典收字的"规范"原则。

《说文解字》的解经需要决定了其收字主要以传世文献的文字为主要对象，兼收一部分方言字和俗字。其文献范围主要包括四个方面：一是经典文献、六艺群书，这是其收字的主要来源；二是当时流传的童蒙识字课本，如《史籀篇》《仓颉篇》《凡将篇》《急就篇》《元尚篇》《训纂篇》等；三是当时发现的钟鼎彝器上的铭文；四是许慎博采通人所得及"考之于（贾）逵（许慎之师）者"。所收条目囊括的范围相当广，"天地鬼神、山川草木、鸟兽昆虫、杂物奇怪、王制礼仪，世间人事，莫不毕载"。（许冲《上〈说文〉表》）。其所收的条目已经具有百科性质。

（二）魏晋南北朝时期字典的收字范围和原则

魏晋南北朝时期，汉字发生了隶变，楷书成为通用文字，俗体字、异体字大量产生，出现了"六书八体，今古殊形"的现象。南朝梁顾野王的《玉篇》是这一时期字典的代表作，它是适应楷书通行的实际情况而编纂的，其目的是规范南北朝时期用字的讹误及歧义现象，纠正前代学者在文字训诂方面的谬误。

《玉篇》确立了"古今兼顾，雅俗共赏"的收字原则，收录了一批俗字，纠正了以往字典"重正轻俗"的倾向。"《玉篇》从民间传说、志怪轶事、北朝乐府与南朝骈赋中吸收一批民间用语、俗字俚语与奇字僻语，使字典由雅趋俗，雅俗共赏"[1]。这一未经理论阐发的收字原则，是自汉字楷化以来，我国字典收字条例的一次阶段性飞跃。

以《玉篇》为代表的中古字典在收字范围上也有所扩大，它不仅博引群经，注重《说文解字》，同时也广采苍雅字书之流，将群书中

---

[1] 丰逢奉：《魏晋隋唐字典编纂理论概观》，《辞书研究》，1992 年第 3 期。

凡"有六书之谊者"，均列为收字对象，增收了《尔雅》《三苍》《方言》《埤苍》《字书》里面不见于《说文解字》中的字。《玉篇》还网罗了大量的异体字、俗体字、冷僻字、奇字等，凡所见到的异体字尽可能地收录。这一方面记录了当时汉字的实际应用情况，符合了汉字从繁到简、由雅趋俗的演变过程，使字典的通俗实用功能得到加强；而另一方面也造成了收字芜杂的问题。

（三）隋唐宋元时期字典的收字范围和原则

隋唐宋元时期，各类字典的收字理论初具规模，指导着字典的收字实践。司马光等人相继修纂的《类篇》是这一时期字典的代表作，其在收字立目上得到进一步的建设与发展，不断朝着实用方向变化。

1. 隋唐时期

隋唐时期，国家统一，经济发达，为适应发扬经学、传播佛教、科举考试等多方面需要，汉语字典除了延续《说文解字》的传统之外，又产生了韵书、字样书以及集释经典文字、注释佛经文字的专书等类型。不同类型的辞书也都提出了各自收字立目的原则，收字理论初具规模。如陆德明在《经典释文·序》中提出各类字典收字的总原则应该是"古今并录"。韵书的收字原则是以《唐韵·序》中提出的"轶轕搜闻，敢补遗阙"，举凡"州县名号、奇怪传说、姓氏原由、土地物产、山河草木、鸟兽虫鱼、备载其间"。

2. 宋元时期

宋元时期，"字典的编纂则纷纷提出理论纲要，如凡例、韵例等，从而宣告把字典编纂置于明确的理论指导下的新时期正式开始"[①]。

宋元时期的韵书在收字范围上有所拓宽。《集韵》在凡例上便说明了其收字范围和原则。首先是以经典相承的字为主要收录对象。"凡古文见经史诸书可辨识者，取之，不然则否"。这说明《集韵》列的

---

① 丰逢奉：《宋元字典编纂理论扫描》，《辞书研究》，1992 年第 4 期。

字应都是有文献用例的，收字范围仍然以传承文献为主。"凡字训悉本许慎《说文解字》，慎所不载，则引它书为解。"即《集韵》的收字和训释首先根据《说文解字》，以之为正体。若《说文解字》不录，则以他书为据。《集韵》把经史诸子，前代字书、韵书的字尽量搜罗，其收字范围达到前所未有的广度，"自宋以前群书之字略见于此矣"（顾广圻，《补刊集韵序》）。其次，在文字形体的收录方面则遵循"务从该广"的原则，搜集一个字的各种写法，广列形体。这对汉字形体的保留具有重要的意义，但也存在收字杂滥的缺点。

宋代司马光主持编纂的《类篇》是继《玉篇》之后的又一部楷书字典。其收字做到了"古今兼顾，雅俗共赏"。它一方面继承《说文解字》的传统，收录经典传承字，统括了《说文解字》以来字书中所有的字（包括新附字）；另一方面更加注重收录随着时代的发展和需要而孳乳产生的新字、异体字、俗体字等，因此收字数量大增。它的字目，除了收录《说文解字》以来字书的字之外，还收列了很多异体字、新字和冷僻字，为文字的研究提供了较有价值的参考。

与《集韵》相比，《类篇》收字谨严，取舍适当，收字规范性大大增强。《类篇》编纂以《集韵》为底本，"凡《集韵》之所遗者，皆载于今书"。然而《类篇》的收字却比《集韵》要少，这是由于《集韵》所收的"重文"比较杂滥，《类篇》删去了《集韵》一些没有必要收入的重文和无据的古字。同时，《类篇》在卷首序言首创的九项编纂凡例中，就涉及收字问题，明确规定了其收录文字的标准，可以看出编者的谨严态度，因此黄侃赞誉《类篇》是"最完备之字书"。

（四）明清时期字典的收字范围和原则

明清时期，字典的编纂者在吸收前代字典优点的基础上，进行不断地改革与创新。明梅膺祚编纂的《字汇》不断趋于实用，使字典的收字立目不断进化；清张玉书等编纂的《康熙字典》讲究字典编纂的大而全，使字典收字立目达到兴盛。

1. 明代《字汇》

明代推崇程朱理学，为迎合八股取士的需要，字典的编纂日益走向"治经通经"的实用道路，这一时期字典的代表作是梅膺祚的《字汇》。"由《玉篇》《类篇》的过渡，至明代梅膺祚《字汇》的出现，是一般字典从正式走向通俗化、实用化的表现"①。

《字汇》编纂的通俗化、实用化在收字立目上的表现便是"正俗兼收，重在通俗"收字原则的确立。《字汇》从经史子韵书中，广泛收集"通俗用者"，凡例中说："字宗《正韵》，已得其概，而增以《说文解字》，参以《韵会》，皆本经史，通俗用者，若《篇海》所辑怪僻之字，悉芟不录。"即《字汇》收字以经史之字为主，也包括当时的通俗用字，还适当收录一些历代字典所不收或漏收的非常用字，但十分怪僻之字不收。这一收字原则是比较谨严的，既不收过于冷僻的怪字，又纠正了重正轻俗的传统偏见，确定了正俗兼收的原则。同时有鉴于"程邈变篆而楷也，古意犹存，代降于今，日趋便简，故有古文俗字之殊，然皆不可去也"的社会现实，《字汇》又收录了一批古、今俗字，如"打""搞"等并分别加以说明，对保存古文、籀文以及俗字、异体，考辨文字之流变具有重要的参考价值。

2. 清代《康熙字典》

清代国力昌盛，民族统一，社会安定，出现了"康乾盛世"的局面。盛世修书是古时历朝的惯例，因此清统治者也开始了大规模的修书活动，《康熙字典》就是张玉书、陈廷敬等人奉敕编纂的官修字书。

《康熙字典》是我国封建时代字典发展的最高峰，其收字全备，大大超过以往的字典，其确立的收字原则是"源流并重，古今兼收"。它以《正字通》为底本，另从《玉篇》《广韵》《集韵》《类篇》《五音集韵》《篇海类编》《韵会》等书中增收了许多漏收字，还从《龙龛

---

① 刘叶秋：《略谈汉语辞书的演进》，《辞书研究》，1985 年第 3 期。

手鉴》《五音篇海》《字汇补》等书中收了不少异体字、冷僻字和可疑字。但它并非漫无边际地收录，而是在一定的标准指导下收录的。凡例中说："今以《说文解字》为主，参以《正韵》，不悖古法，亦复便于楷书。"可见，其指导思想是很明确的，即远以《说文解字》为正宗，近以《正韵》为参考，既不悖古，又便于今，是为现实服务的。"这一收字原则也是直袭《字汇》的，而进步之处在于明确提出便于楷书"①，使字典的编纂理论得到进一步发展。同时它对于异体字、俗字的收录比较通达，"开规范字典吸收通俗字典成分的编纂方式"。

《康熙字典》也有很多不足。《康熙字典》的收字以经传为正宗，兼收历代子书和史书中的字，所以便排斥宋、元以后的俗文学，一些在通俗作品中出现频率较高的字词都没有收录，同时还存在着一些重收字、未列目字和缺笔字等。

（五）近现代时期字典的收字范围和原则

近现代时期字典的编纂具有承上启下的作用。清末以来，社会急剧变化，随着外来文化特别是西方科学技术的传入，大量新概念和新词语也蜂拥而至，旧辞书已无法满足读者查阅的需要，编纂在内容和体例上均有所创新的新式辞书势在必行。1915 年出版的《中华大字典》就是紧密跟随社会变化的应时之作，它对我国传统字典进行了一系列改革，是我国第一部新型大字典，其问世标志着旧字书的终结，开创了现代汉语辞书编纂体例的新局面。

《中华大字典》在收字上遵循"正俗兼收"的原则，增收了许多近代方言字和现代科学以及翻译用的一些新字，突破了旧字书"重正轻俗"的传统偏见。《中华大字典》收字 4.8 万个，与《康熙字典》相比，仅多收 1000 余字，但这些字中有很大一部分是新产生的事物及

---

① 宋扬：《〈康熙字典〉对〈字汇〉〈正字通〉的继承和发展》，天津师范大学硕士学位论文，2006 年。

科技术语用字，如"咖、啤、氦、氩、钼、镁"等。"这些字涉及天文、地理、理化、博物等各个学科，也涉及政治、经济、文化、名物制度等各个方面，反映了当时社会的发展和科学技术的新成就，满足了读者查检的需要，强化了实用功能。"[①]这使原来辞书编纂中厚古薄今、重文轻理的现象有所改变。

（六）当代字典的收字范围和原则

当代，我国的辞书事业得到飞速发展，是汉语辞书发展史上的高峰。这期间编辑出版了一系列大型辞书，不断创新与求精，使我国辞书编撰进入了一个新纪元，其中字典的代表作就是 1986—1990 年出版的《汉语大字典》。

《汉语大字典》确立了"收集从宽，入典从严"的收字原则。"收集从宽"是指《汉语大字典》的收字范围广。它以《康熙字典》为底本，除重收字外，不予以删减，另从《玉篇》《广韵》《集韵》等 13 部重要字书和古今有代表性的著作中增收了一部分《康熙字典》失收的字、方言字和后来出现的新字。并从《龙龛手鉴》《改并四声篇海》《宋元以来俗字谱》中吸取了一些俗字。它对全体楷书汉字进行科学地清理，共收录单字 5.6 万个，其收字规模基本达到了"凡古今字书中查不到的楷书汉字，在《汉语大字典》中都可以查到其合乎规范的字体"[②]的程度，其收字是相当完备的。

"入典从严"是指《汉语大字典》收字精益求精，具有典范性。《汉语大字典》收字多，但并不滥收。每个字头的选取，都经过认真审核，一般都有可靠的书证和例证。同时根据国家颁布的相关字表，严格执行。在收列简化字字头时，为保证字典的典范性，《汉语大字典》严格以《简化字总表》为依据，凡总表中所列的简化字，全部作

---

① 魏励：《〈中华大字典〉述评》，《辞书研究》，2008 年第 6 期。
② 黄孝德：《文化的长城　汉语的丰碑——评八卷本〈汉语大字典〉》，《武汉大学学报》，1990 年第 4 期。

字头收列，凡总表中未列的简化字，概不类推。

《汉语大字典》是当代中国字典的鸿篇巨制。它始终受正确的语言学、词典学、文字学、音韵学的理论指导，在实践中不断从具体到抽象，从概括到理论，揭示规律，其成就是前无古人，后无来者的。

（七）汉语字典收字范围和原则的发展演变规律总结

通过梳理我国历史上各个时期具有代表性的字典在收字立目上的发展演变，能够清晰地看出汉语字典在收字立目上的发展演变脉络，总结出其在收字范围、收字原则以及所收条目性质的规律。

1. 收字范围的发展演变

汉语字典的编纂在收字立目方面都非常注重历史继承性，"在已有的字典的基础上扩大收字范围，这是我国字典编纂在收字方面一套行之有效的办法"[1]。从古至今汉语字典的收字范围呈现总体扩大的趋势，主要表现在两个方面：

一是收字数量不断增多。

"计算汉字的字数要区分字形数和字种数。只根据字形，凡字形不同的就算是不同的字，这样得到的字数是字形数。不但看字形还看字音和字义，字形不同而字义如果相同，就要合并计算，这样得到的字数就是字种数。"[2]我们这里所计算的字典字数主要是统计立为字目的字数，历代字书所收的字数都包含许多异体字，不是字种数，而韵书里的多音字是按不同的读音分开计算的，一个字几个读音就是几个字，所以也不是字种数。

东汉许慎的《说文解字》收字9353个，重文1163个，共收字10516个。晋吕忱《字林》收12824字，南朝梁顾野王的《玉篇》开始，其收字就逐渐多了起来。《玉篇》原本收16917字，宋本《玉篇》

① 赵振铎：《收字杂议》，载《字典论》，上海：上海辞书出版社，2001年。
② 苏培成：《现代汉字学纲要》，北京：北京大学出版社，2001年，第99页。

收 22561 字；辽释行均《龙龛手鉴》收 26430 字；宋陈彭年的《广韵》收 26194 字；司马光等著的《类篇》收 31319 字；丁度等著的《集韵》收 53525 字；明梅膺祚的《字汇》收 33179 字；张自烈《正字通》收 33549 字；清张玉书等人的《康熙字典》收 47035 字；民国陆费逵等著的《中华大字典》收字约 48000 个；当代《汉语大字典》收字 54678 个。可以看出汉语字典收录的字量不断增多。

二是收字资料来源动态扩大。

汉语字典收字的资料主要有三方面：字书系统资料、古典文献系统资料和当世文献系统资料。这三方面的资料从古至今一直是字典收字的主要来源，而这些资料又是在继承前代资料的基础上不断发展的，因此呈现动态扩大局面。

字书系统资料是汉语字典收字的最基础来源，也就是根据字书编字典。字书系统资料是指广义的字书，不仅包括《说文解字》派的字书，还包括历代的韵书、雅书，以及历代字书的研究资料。《说文解字》收字是以古代的童蒙识字课本为基础；《玉篇》则是在《说文解字》的基础上广收异体；《类篇》以《集韵》为底本，"凡《集韵》之所遗者，皆载于今书"；《字汇》则"字宗《正韵》，已得其概，而增以《说文解字》，参以《韵会》，皆本经史"；《正字通》则援本《字汇》，加以订补；而《康熙字典》又以《正字通》为底本，并以《说文解字》为主，参以《正韵》；《中华大字典》和《汉语大字典》则改编《康熙字典》，去其重复，正其错误，便于实用。据字书系统资料编纂字典，深含历史继承的意义，然而又不是简单照搬，而是有所借鉴，去其糟粕，取其精华，正其讹误。

古典文献系统资料包括十三经、廿四史、诸子百家以及其他古代文化著作，而经学文献用字是字典收字的主要来源。我国辞书与经学关系密切，古代辞书的编纂属于小学，小学附属于经学。封建社会，儒家著作被尊为经典，人们对经学有着浓厚的兴趣，要读经、研究经，首先要解决经书里的语言文字问题，中国古代的字典就是应人们读经、研究经的需求而编纂的。历代经典传世文献以及对经书的注释文献，便成了我国字典收字的主要来源。这其中又以先秦两汉的文献最为丰富。对先秦的语言研究最多，两汉的语言研究也积累了一些资料，至于魏晋以后的语言研究就没有多少工作，字典可利用的文献材料也较少。因此字典在收字时便体现出"重经轻俗""重古轻今"的倾向性。

当世文献资料是指与字典编纂同时代的文献资料，这与字典编纂注重实用功能的趋向密切相关。字典的实用功能要求字典编纂必须面向现实，考虑活的语言。因此字典也开始扩大收字范围，把一些俗字材料以及流行于当世的作品，都纳入自己的收字范围，体现出汉语字典在收字时从以经书为主到经、俗材料兼收的转变。

2. 收字原则的发展演变

《说文解字》派的形义字典，其收字原则总体一致，具体可以概括为"规范""利今""存古"三个原则。"规范"原则是指促进书写的规范，"利今"原则是指切合实际的需要，"存古"原则是指做好历史的继承。这三个收字原则贯穿我国字典编纂的始终，并在实践中不断地发展演变。

首先，"规范"原则贯穿古今。我国是一个很重视文字规范的国家，历代关于文字整理的运动都是规范意识的体现，而我国字典的收字也都把典范作为一个重要前提。从《说文解字》开始，就强调"文字乃经义之本，王政之始"，只有"本立"才能"道生"，规范好文字才能"知天下之至赜而不可乱也"。到《康熙字典》已把所编写的字书"奉为典常而不易者"，其强烈的规范意识不言而喻。到了近现代时期，则根据国家颁布有关语言文字规范的相关法规进行字典编纂，因此汉语字典的收字也是在这种"规范"意识中贯穿下来的。

其次，"利今"原则不断加强。"利今"的理念，促使我国字典编纂突出实用功能。字典的产生是社会文化生活的需要，紧密结合社会文化需求来编纂字典是汉语字典编写的一个传统。从魏晋南北朝时的《玉篇》开始，就注重现实生活的需要，实行了"古今兼顾，雅俗共赏"的收字原则；宋代的《类篇》在收字上将《玉篇》的实用性趋向进一步加强；明代的《字汇》在收字上发展成"正俗兼收，重在通俗"的收字原则，它是一般字典正式走向通俗化、实用化的表现；清代的《康熙字典》则是在"古今兼收，源流并重"的科学收字原则指导下编纂的；到了《中华大字典》和《汉语大字典》则确定了大型字典的收字总方针，实用性得到最大发展。

再次，"存古"原则融合其中。汉语字典的编纂注重历史继承性，历史地继承对语言文字来说具有更重要的意义。这就要求我们全面、系统、客观地记录语言文字成果，对其进行大量的描写。从我国古代的童蒙识字课本开始，就对语言进行有选择性的描写记录，随着大型字典编纂的进一步成熟，需要对前代的语言进行详细准确的反映，大量的描写也就越来越明显，后代字典广罗异体字，不断增大收字量，丰富释义例证，就是描写主义原则的体现。《康熙字典》"古今兼收，源流并重"的收字原则，已经确立了以描写主义为主的大型字典编纂原则。

"规范""利今""存古"三个原则体现出了当代规定主义、实用主义和描写主义的新理念。张志毅在《理念演绎辞书》[①]一文中，比较详细地论述了当代 11 种新理念演绎 11 种新辞书，其中之一就是"三个主义综合倾向，演绎出新型词典"。文中指出"现代词典编纂新倾向以实用主义为主，在描写基础上规定，在规定主义指导下描写。三者互相依存，适当结合"。因此，大型字典的编纂也应将"规范""利今""存古"三个收字原则结合起来。

---

① 　张志毅：《理念演绎辞书》，《辞书研究》，2007 年第 5 期。

二、字位理论视角下汉语字典对异体字收录及整理的发展演变

汉字的各种字体除了小篆基本没有异体字外，其他字体都不同程度地存在异体字。字典字量不断增多的主要原因就是异体字繁多，异体字在汉字系统里是普遍存在的，几乎每一个字都有异体。对《说文解字》以来 10 部字书、词书、韵书的抽样统计表明，新增字中 52% 是异体字。[①] 对《汉语大字典》的抽样调查说明，56000 汉字中 11900 组异体字占 50%。[②] 因此，字典的编纂，特别是大型字典的编纂，必须对异体字进行收录与整理。

（一）异体字界说与字位理论

1. 异体字与字位理论

目前学术界关于"异体字"的界说还存在分歧，我们主要从功能上进行界说。异体字首先应该是共时层面上的异体字，是一组不同的字，也就是说异体字是个字组、字群概念，是双向的、互为异体的关系。其本质特征是记词功能相同。形体不同、音义相同等都是汉字异体现象的表面特征。根据异体字记词功能相同这一本质特征，章琼[③]把异体字界定如下：异体字是记录语言中相同的语词、在使用中功能没有差别的一组字。这个定义以字符职能为主，是从汉字语用学（字用学）角度来说的，注重的是字形之间的功能关系。"作为记录语言的符号系统，最理想的状态是一字记一词（并非一字记一义），因此，从记录功能上来说，异体字是一种羡余。"[④]

为了对异体字进行进一步区分和分析，我们借鉴结构主义音位学理论以及王宁的构形理论，用字位理论来研究异体字。

---

① 王凤阳：《汉字学》，长春：吉林人民出版社，1989 年，第 539—543 页。
② 冷玉龙：《论异体字及其在辞书中的处理》，载《〈汉语大字典〉论文集》，武汉：湖北辞书出版社、成都：四川辞书出版社，1990 年，第 123 页。
③ 章琼：《现代汉语通用字对应异体字整理》，成都：巴蜀书社，2004 年，第 40 页。
④ 陈淑梅：《东汉碑隶构形系统研究》，上海：上海教育出版社，2005 年，第 4 页。

1868—1881 年，库尔德内（Courtenay, B. D., 1845—1929）和克鲁舍夫斯基（Kruszewski, N. B., 1851—1887）共同创造了音位（phoneme）概念。"在这一理论的引导下，产生了义位（glosseme 或 sememe）、法位（tagmeme）、词位（lexeme）、字位（grapheme）等等概念，由此形成了位论。"[①] 这里的"字位"主要是针对西方拼音文字而言的，指"某种语言的文字系统的最小区别性单位，如同音位和形位的概念一样，字位没有物质特征，而是书写符号不同形状及其在该系统中分布情况的抽象化"[②]。对于西方拼音文字来说，"字位就是指的 26 个字母、10 个阿拉伯数字、各种标点符号，及其他各种记号如 %、&、x 等，实即打字机或电脑键盘上所有的那些东西"[③]。由于汉语是表意文字，不同于西方拼音文字，因此很难建立与西方相对应的"字位学"。因此从汉字文字学的角度，建立处理异体字的字位理论比较合理。

王宁从汉字构形学的角度，把共时汉字中两种职能相同、形体不同的汉字分为异写字和异构字两种。"异写字是职能相同的同一个字因写法不同而形成的异形，……异写字的相互差异只是书写方面的，在笔画这个层次上的差异，没有构形上的实质性的差异。""异构字也就是经常所说的异体字。……异构字在记录汉语的职能上是相同的，也就是说，音与义绝对相同，它们在书写记录言语作品时，不论在什么语境下，都可以互相置换。异构字是指称职能相同的字群的。"[④] 据此，我们也可以对异体字做如下解释：异体字实际上就是指在共时层面上，记词功能相同、在使用中功能没有差别的一组字，它们共同形

① 长召其、张志毅：《异形词是词位的无值变体》，《语言文字应用》，2003 年第 3 期。
② R. R. K. 哈特曼、F. C. 斯托克著，黄长著、林书武、卫志强、周绍珩译：《语言与语言学词典》，上海：上海辞书出版社，1981 年。
③ 潘文国：《字本位与汉语研究》，上海：华东师范大学出版社，2002 年，第 148 页。
④ 王宁：《汉字构形学讲座》，上海：上海教育出版社，2002 年。

成一个字位，字位中每一种具体写法就是这个字位的不同变体，它们之间就是互为异体关系。长召其、张志毅①在《异形词是词位的无值变体》一文中认为，词位的变体大多数是有交际价值的，为词位的有值变体；而少数是没有交际价值的，为词位的无值变体，无值变体中的大部分是异形词。同样，在汉字中，异体字也是一种羡余，是字位的无值变体。

字位中的字一开始是处于平等地位的，没有主次之分。但从社会用字系统中，一个字位常常包含着多个字样，有的是几个，有的是十几个，有的是几十个，有的甚至是上百个，就必须在多个异体字中优选一个字样作为代表字，这个代表字就是字位常体，其他的就是字位变体。字位常体就是该字的信息代码，字位变体则是它的非本质性的形体变异，所有字位变体都隶属于字位常体之下，这样二者之间就形成了一种对立关系。字位常体和变体的关系，实际上就相当于结构主义音位学中音位和音位变体的关系，我们也可以说是字位和字位变体的关系。用字位和字位变体的说法来研究异体字有较高的理论价值和实用价值。

2. 字位的类型

赵振铎认为，"就今天这个历史平面，异体字首先应是正体和俗体，古体和今体，还应该包括繁体和简体"②。用字位理论来看，这里的正体、今体、简体对应的就是字位常体，而俗体、古体、繁体就是字位变体，我们可以分别称之为俗字位、古字位和繁字位。这三组概念是相对的，双向互动的。

古今字位是历时层面的异体关系，二者可能属于不同的字体，也可能是同一种字体较古的写法。古字位一般是指在以前典籍中出现并流

① 长召其、张志毅：《异形词是词位的无值变体》，《语言文字应用》，2003 年第 3 期。
② 赵振铎：《收字杂议》，载《字典论》，上海：上海辞书出版社，2001 年。

传下来，相对于今而言不常用的字，在字典中一般用"古文""籀文"等指称。古今字位有广义狭义之分，狭义的古字位就是指先秦孔子壁中书的"古文"和《史籀篇》中的"籀文"。广义的古字位包括一切相对于后面的时代，通行时期较早的字。如汉代有古今文之争，当时的今文学者所提倡的"今文"在现在看来又纳入"古文"的范畴了。

正俗字位是在共时层面上的异体关系，是根据用字标准划分的官方与民间用字的区别。俗字位大体包括两类：一类是标明"俗字""俗体"等字样的字位，它们一般是指字位常体以外的，广泛流行于民间、规范化程度相对较低的形体，多被字典中当作讹字等加以排除，这一类字是俗字位的中心成员；另一类是"或体类"或者是"通体类"字位，是指相对于俗体类字位等，规范化程度较高，可以作为备选字位常体的字位。"二者的区别在于'或体'仅仅是当时有这么一种写法而已，并不见得在大多数人中间流行开来。而'俗体'则是通行于社会下层人民群众中的写法，基本上得到了当时社会的普遍认可。"① 这两类是一个流通度与规范度的问题，二者之间有交叉。

繁简字位是在《简化字总表》制定之后而产生的一组相对的概念，对于以繁体字为字头的历史性辞书如《汉语大字典》，字位常体是繁体字，字位变体是简化字；对于以简体字为字头的共时性辞书，则字位常体是简化字，字位变体是繁体字。

最后再看字位常体。从规范的角度看，字位常体就是正字，即在字位中优选出的通行字。历代字位常体选取的标准主要有两个，一个是经典传承字；一个是《说文解字》所收字。经典传承字大都收录在《说文解字》中，所以这两个系统是一个系统。

---

① 顾之川：《俗字与〈说文〉"俗体"》，《青海师范大学学报》（哲学社会科学版），1990 年第 4 期。

（二）汉语字典对异体字收录及整理的发展演变

1. 先秦两汉时期字典对异体字的收录及整理

周宣王时期的《史籀篇》是周代异体字整理的一个标志。当时整理的具体情况已经无从考察，但《史籀篇》是作为教授学童识字之用，便必然要在众多异体字中优选一个字位常体供学童学习，这种工作应该属于异体字整理的范畴。

秦始皇统一中国后，针对当时"言语异声，文字异形"的混乱局面，实施了"书同文"的政策，这是中国历史上有名的文字规范运动。李斯、赵高、胡毋敬等人分别作的《仓颉篇》《爰历篇》《博学篇》都是以小篆作为标准字体，将六国文字中与秦国文字不一致的异体字一律废除，从而使古文字异体众多的情况有了很大改变，在汉字发展史上有重要意义。

东汉许慎的《说文解字》是我国最早大规模系统地整理异体字的字典，其明确地将异体字收录作为字典编纂的一个方面。《说文解字·叙》中言"今叙篆文，合以古籀"，把各种不同写法的异体字附在正篆字头之下，称为"重文"。《说文解字》中的重文大部分是异体字，共1163个，占收字总数的11%。《说文解字》中的重文主要包括以下类型。

（1）古字位。包括《说文解字》中的古文和籀文两类。王国维认为古文主要指战国时代流行于秦国以外的东方六国文字。大徐本标明的古文共有474个，占全书重文总数的37%，其中，同字异体的重文有50个，如"其"字就有3个。籀文，是指"或颇省改"的"史籀大篆"，《说文解字》小篆之后说明籀文不同写法的，共有209个，占全书总数的16%，例如"网"。两类共占《说文解字》重文的53%，说明在秦汉时期异体字的收录主要是以经典文献中的字为主。

（2）俗字位。包括《说文解字》中的"或体"和"俗体"。《说文解字》"或体"与"俗体"存在交叉关系，在"或体"中也存在着一部分俗字。

《说文解字》中的"或体"，是指"小篆时代与正篆具有同等重要地位、符合六书规律的、规范化程度较高的正篆的异体字"①。它们一般是从古代典籍中挑选出来的、笔画比较简单的字体，这类字体在《说文解字》中占的比重较大。大徐本标明的或体共有 499 个，是《说文解字》重文中最多的一类，占总数的 39%。

《说文解字》中的"俗体"，有的直接标明"俗字"。据统计，在大徐本《说文解字》中，由许慎本人在说解中列为俗字的有 15 个，加上段注本吕部的"躬"一共 16 个。如《说文·蚰部》："蠹，啮人飞虫也，从蚰，民声。蚊，俗蠹，从虫，从文。"这些俗字具有很强的生命力，《说文解字》中所列的 16 个俗字中有 10 个在现代成为正字，而且还在 7000 常用字范围内，比率高达 67%。这 10 个字分别是"肩、袖、脓、替、凝、蚊、豉、距、献、赫"。

（3）其他类。以奇字为代表。奇字的字形比较简单，一般难以从古籍中找到书证，大徐本标明奇字只有 3 个，分别是《说文·仓部》"仓，穀藏也，……仺，奇字仓"，《说文·水部》"涿，流下滴也。……氒，奇字涿"，《说文·亡部》"無，亡也。……无，奇字无，通於元者"。

许慎著书时将异体字列在相应字头下面，一般是一个字头下对应一到两个字形，这些重文并不单独立目。

如："旁，溥也。从二，闕；方聲。㫄，古文旁。㫄，亦古文旁。雱，籀文。步光切。"（上部）

---

① 郑春兰:《〈说文解字〉或体研究》，华中科技大学硕士学位论文，2004 年。

2. 魏晋南北朝时期字典对异体字的收录及整理

魏晋六朝，战乱不断，佛教盛行，文字也处于隶变楷化的阶段，受当时社会环境与文字自身发展的影响，文字规范相对较弱，大量的异体、别字、俗字不断出现。这一时期对异体字进行整理的字典代表是顾野王的《玉篇》。

（1）《玉篇》收录异体字的情况

《玉篇》收字 16917 个，比《说文解字》多出将近 7000 个字，这多出的字绝大部分是异体字。何瑞[①]将原本《玉篇》中存留完整的"欠部"和"食部"两个部的异体字做了统计，"欠部"收字 103 个，异体字有 48 个，约占 47%，"食部"收字 144 个，异体字有 69 个，约占 48%，两部异体字的平均比例约为 47.5%。异体字在新增字中所占的比率也是很高的，《玉篇》残卷中共有新增字 714 个，其中异体字有 251 个，占新增字总数的 35%。可见在《玉篇》时代，字典中收录异体字所占的比例已大大提高。

（2）《玉篇》中的异体字类型

首先是古字位。《玉篇》中的古字位主要是源自《说文解字》及其他字书中的古文、籀文或者或体等，如"緢，《说文解字》古文茧字也""讴，《埤苍》或为呕字"。

其次是俗字位。《玉篇》收录了当时以及前代的俗字，其收录俗字主要是典型的、有代表性的俗字，这些字基本上得到了社会的广泛认可。如"万，《声类》俗萬字。萬，十千也。在内部""继，今俗繼字也"。这一类是作者认为的规范化程度比较低的通俗写法。

从当时的石刻材料和写本材料来看，六朝时期的俗体字和俗写字是非常多的，但从现存的残卷来看，《玉篇》所收俗字并不多。其原因除了《玉篇》编写时俗字可能还不是很多外，还有就是受顾氏传统

---

① 何瑞：《宋本〈玉篇〉历史汉字传承与定型》，华东师范大学博士学位论文，2006 年。

正字观的影响。朱葆华认为："《玉篇》收录的俗字是有选择的，并非所有的俗字都收了，其中收录的是那些典型的、有代表性的俗字。"[①]这些字基本上得到了各阶层人的认可，在社会上广泛使用。

（3）《玉篇》在异体字整理上的创新

首先，将大量的字位变体特别是《说文解字》中的重文立目，列为字头，并且仍依照《说文解字》指出的重文种类归类。这些收为字头的字位在当时，都是在典籍和日常的交际中正常使用，把它们列为字头，就使之取得了和正字同等的地位，反映了《玉篇》收字的实用性。

其次，《玉篇》采用"双向互见"或说是"异部重文"的方法。对于没有列为字头的异体字，则按《说文解字》处理重文的方法，将部首相同的，列在同部的正字之下；部首不相同的，根据字形中包含的部首归入其中。例如：

謌，葛罗反。……或为歌字，在欠部。古为哥字，在可部。（言部）

歌，古何反。……或为謌字，在言部。古为哥字，在可部。（欠部）

哥，古何反。……古文为歌字。野王案：《尚书》"歌咏言"是，在久部。或为謌字，在言部。（可部）

这种方法能按照部首在相应字头下查到相关异体字，但是在编排上有一定的难度，容易脱漏，失去照应。

3.隋唐时期字典对异体字的收录及整理

隋唐时期，异体字的使用也非常普遍。异体字的纷繁，使经典文

---

① 朱葆华：《原本玉篇文字研究》，济南：齐鲁书社，2004年，第110页。

字失去了统一的规范，加之这一时期教育及官吏选拔制度，便有了整理异体字的需要，因此出现了专门辨证俗讹的"字样"式字典。

"字样"式的字典是"正字"活动的成果。它主要是以规范字体为宗旨，确定用字标准，筛选出标准的字位常体作为统一用字向社会推行，对字位变体进行辨证，排除不当用的字，使人们的书写有所遵循，以保证文字的纯洁和规范。字样式的字典主要有两类，一类是关于一般文字的，以社会用字实际为取字来源，区分异体等级，辨析易混字组。如颜师古的《颜氏字样》《匡谬正俗》、杜延业的《群书新定字样》、颜元孙的《干禄字书》，唐玄宗时的《开元文字音义》等。另一类是关于古代经典文字的，以符合《说文解字》《字林》或石经、经典相承为准。如欧阳融的《经典分毫正字》、张参的《五经文字》、唐玄度的《新加九经字样》等。在宋元时期又有宋郭忠恕的《佩觿》、李从周的《字通》，辽释行均的《龙龛手鉴》、元朝李文仲的《字鉴》等书。隋唐时期的"字样"式字典以唐代颜元孙的《干禄字书》为代表。

《干禄字书》收录 804 组汉字，共 1656 字。收录的字除一小部分字组是辨析形近易混字的音义外，大部分字组属异体字。《干禄字书》在处理异体字时有以下方面的贡献。

（1）《干禄字书》收录整理异体字的思想及原则

《干禄字书》第一次明确划分出字的俗、通、正三级分类，对字位之间的层次进行了区别，开创了辨证汉字规范的先河。《干禄字书》"以'平、上、去、入'四声为次，具言'俗、通、正'三体，偏旁同者不复广出，字有相乱，因而附焉"，即以平、上、去、入四声来统摄汉字，对异体字组分俗、通、正三体（但并不是说每个字都有三体），并规定了每一种字的适用范围。"所谓俗者，例皆浅近。唯籍帐、文案、券契、药方，非涉雅言，用亦无爽。""所谓通者，相承久远。可以施表奏、笺启、尺牍、判状，固免诋诃。""所谓正者，并有凭据。

可以施著述、文章、对策、碑碣，将为允当。"(《干禄字书·自序》)俗字指流传时间较短，造字理据不强的流俗用字，在非涉雅言的情形下都可以使用；通字指产生及使用的时间较长，在社会接受方面得到相当程度认可的字，因而在"表奏、笺启、尺牍、判状"等公开场合使用的载体均可适用；正字，是指有经典文献及官方资料承认的有造字理据的字，强调字形构字理据的正统性，故而在进士考试、明经对策、碑碣等场合下，必须使用正字。

这三种字都是作者认为合乎规范标准的字，只是使用范围有别而已。它们的使用范围是由小到大的，俗字可以使用的场合，通、正字均可行用；通字使用的场合，正字可以兼用，但俗字不得出现；而正字使用的场合，俗、通字形不能够代替使用。三级字形中最优者为正字，是作者优选出来可以作为字位常体的字。通字和俗字都是与正字相对的概念，也就是字位变体。通字和俗字的来源和性质是一致的，只不过通字比俗字流行的时间更为长久，字形更为规范而已。"通者是相承久远的俗体，施用范围更广一些。"

"颜元孙这种重视'正字'，认可'通字'，容许部分'俗字'在'非涉雅言'的民间场合使用的做法，使得俗字和通字取得了一定的合法地位，给书写者留有一定的选用余地，符合汉字在规范中求稳定，在规范外求发展的客观规律。"[①]汉字发展的事实表明，《干禄字书》所保留下来的"通字"和"俗字"，有不少成为后来的"正字"。如通用字中的"猪、裙、年、嫂、走、硬"，俗字中的"虫、怜、床、叙、乱"等，都成了当今的规范字。

（2）《干禄字书》收录异体字的具体分析

字位常体的择定。《干禄字书》以正字为字位常体，其正字的标准是"并有凭据"，但这个"凭据"的具体标准在文章中没点明。据

---

① 刘元春:《唐代字样学研究》，华东师范大学博士学位论文，2009年。

施安昌①统计，《干禄字书》中80%的正字与《说文解字》重合。由此可见，这里的"凭据"主要是指合经典相承的字，只要在典籍中相承，就可以看作字位常体。这种择定字位常体的做法，使得收录正字时出现了"从宽"的倾向，出现了一部分"并正"字。汉字字典中的"并正"现象不是首先在《干禄字书》中出现，如在《玉篇》中就有不少"二同""三同"字，但《干禄字书》是公然承认二字并正的开端。这种做法使汉字规范有了一定的宽容度，但也会出现规范多元化，难以完全克服用字混乱的局面。

字位变体的收录。通字和俗字没有本质上的区别，二者仅仅是规范程度、使用时间及范围的差别，都属于字位变体。《干禄字书》对通字的收录采取的态度也是"从宽"，有"并通"的用例。而对俗字的收录则采取"从严"态度，没有"并俗"例，并且把其他字书或文献确定为俗字、讹字，并指明其非者，判为通字或正字。这说明颜元孙选择俗字代表字样时，也是经过严格优选，注重其社会性和常用性，其选定的俗字都是规范字范畴的俗字。"他一方面承认部分俗字在民间通俗文书中的合法地位，是其正字学思想变通的一面；但另一方面对俗字又非采取有闻必录的做法，而是进行严格的筛选，这又表现出颜元孙守常处变的正字态度。"②

4. 宋元时期字典对异体字的收录及整理

宋元时期两部官修的大型字典《集韵》和《类篇》也都非常重视异体字的整理，它们在韵例、凡例中都明确指出对异体字整理的原则。

（1）《集韵》

宋代丁度等人编纂的《集韵》是这一时期韵书的代表作。《集

---

① 此统计详见施安昌：《唐代正字学考》，《故宫博物院院刊》，1982年第3期。

② 刘中富：《〈干禄字书〉字类研究》，济南：齐鲁书社，2004年。

韵》收字原则是"务从该广"，对异体字进行广泛收罗。《集韵》收字
53525 个，收的异体字却多达 22000 多个，占全书字头的 2/5 左右。[①]
因其收字杂滥迭出而被称为"按韵编排的异体字字典"。

　　《集韵》对异体字的收录可从其凡例中看出，针对前代韵书"字
有别体，悉入子注"，从而"使奇文异画，湮晦难寻"的弊端，《集韵》
提出"先标本字，余皆并出"的收录原则。一个字先列正体，后附古
体、或体、俗体等，只要有所根据，都一一收集，因此书中所收字一
般都有两体、三体甚至八体或九体，这导致《集韵》的异体字繁多。
但《集韵》对于构字不明的俗字位却加以排斥，其凡例中说："凡流俗
用字，附意生文，既无可取，徒乱真伪。今于正文之左，直释曰俗作
某，非是。"如正文中把"羣"等作为字位常体，把"群"作为俗字
位，因此也不作为字头列出。

　　韵书是按音序编排字头，同音的字排在一起，这种编排的结构方
式使异体字很容易类聚到一块，更能突出异体现象。如《广韵》《集
韵》这两部韵书对"歌"字异体字的处理。

　　《广韵》："歌，……古俄切。""謌，上同。"
　　《集韵》："歌謌䪦可，居何切。……或从言、从咅，古作可。"

（2）《类篇》

　　北宋司马光修纂的《类篇》是在《集韵》的基础上编纂而成，但
它严格限制异体字的范围，在异体字的收列方面做到了收录广博而不
失杂滥。

　　①《类篇》收录及整理异体字的思想及原则

　　首先，"从古"思想贯穿始终。《类篇》九项凡例几乎贯穿了"从

---

① 雍和明等：《中国辞典史论》，北京：中华书局，2006 年，第 296 页。

古"思想。如凡例的第三条"凡古意之不可知者，皆从其故也"，第五条"凡变故而失其真者，皆从古也"，第六条"凡字之后出而无据者，皆不得特见也"，第七条"凡字之失故而遂然者皆明其由也"，即因传写讹变，已为世人所习用的文字，不依其俗形归字，而是文字之注文中辨明。第九条"字之无部分者皆以类相聚也"，也就是"形之归部，无所依据，乃按《说文解字》条例，据形系联"。司马光在全书正文中加的 50 多条按语，也有"从古"的思想。如《一部》"天"字下司马光按："唐武后所撰字，别无典据，各附文章注下。"这都反映了一个观点，即字位常体的择定一般都选择"并有凭据"的，汉字的理据性是字位常体与变体之间的重要区别。而没有凭据的一般就不收录，"从古"的原则得以继承。这与以前"字样"式的字典目标是一致的。

其次，也有"从今"思想。如凡例的第四条"凡变古而有异义者，皆从今也"，说的就是本字与异体字之间的字义，从古至今都没有变化的则不分，否则，就依照现在的字形偏旁归部。

②《类篇》对异体字中字位变体的具体分析

《类篇》中的字位变体可以分为两个层次三种类型。

一是古字位。

这里的古字位是广义字位，是相对于《类篇》时代而言的，指早于《类篇》时代的古文、籀文、篆书、隶书等形体，在注释中用"古作""古从某""籀文"等表示。古字位在《类篇》中大约有 1000 多个，占《类篇》重文数量的 1/5。[①] 一般情况下，一个字头下对应几个字形。有的多达 6、7 个，如"商"字就有 6 个古文字形，而"杀"字则有 7 个古文字形。

二是俗字位。

---

① 刘宝恒:《〈类篇〉重文研究》，福建师范大学硕士学位论文，2008 年。

首先是"俗体"类俗字位，这类字位一般不在字头位置出现，而是在注文中描述其异体关系。主要包括文中用"俗作""俗别作""俗作……非""俗从……非是"；较少用术语是"俗别作""俗……从……"。据杨小卫[①]统计，《类篇》共收此类俗字 56 个，如"珍，知邻切，《说文》宝也，俗作珎，非是"。作者用"非是"表明对这些俗体字的否定态度，而事实上，由于受文字发展过程中俗体向正体演变规律的作用，其中一些俗字发展到今天已经成为通行的正字，这也是一个不争的事实。

其次是"或体"类俗字位。它包含多种字位变体，它们的形体有别于字位常体，并且也绝不包含前面所提到的种种古字位形体。这类或体字在《类篇》中非常多，一般用"或作某""或从""亦作某""亦从某""亦省"等表示，如"諼，许元切，《说文》诈也，《尔雅》忘也，亦作諠"。其中"或作某"类为最多，此类字几乎占到全部或体字一半以上。另一部分是没有列入字头的，而是用上述术语表示异体关系。这些未被列入字头的字有很多仍然存于我们现在的常用字中，如勇（勈）、界（畍）、燎（爒）等。还有一部分是武后新字，也就是武则天创造的载负政治意义的 18 个新字。这些字没有在《类篇》中收录正文，而只是在注文中用"唐武后作某"标示，符合序文中第六条"凡字之后出而无据者，皆不得特见也"编纂条例。司马光等认为这些字完全是出于主观臆造，采取排斥的态度。

5.明清时期字典对异体字的收录及整理

（1）《字汇》

明朝《字汇》处理异体字的创新之处在于首卷附录了"从古""遵时""古今通用"的具体例证，集中体现了作者处理异体字时的"通

---

① 杨小卫:《〈集韵〉和〈类篇〉的俗字初探》,《湖南工业大学学报》（社会科学版）,2009 年第 4 期。

变"思想，以下就字位常体的择定进行探讨。

"从古"是字位常体在"古"与"俗"之间的优选，共收 164 组，古字和俗字合计 331 个（其中"肅、衙"有两个俗字）。作者指出："古人六书，各有取义，递传於后，渐失其真。故於古字当从者，纪而阐之。"也就是说这组字应以"古文"为字位常体，相应的俗字则为字位变体。例如："夾，俗作夹""羣，俗作群""幼，俗从刀""卒，俗作卆"。作者以"夾、羣、幼、卒"作为字位常体，"夹、群、刀、卆"则为俗字位。此处的"古文"不是指狭义的古文，而是指以前典籍中出现并流传下来的字，是与当时流行的俗字相对而言的。这些例子中前面的古字都是《说文解字》中的小篆，而非《说文解字》中的"古文"。"从古"中的俗字有很多都与规范汉字相同，除了上例中的"夹、幼"外，再如"蚕、声、内、粘"等，而古字也有一部分与现在的规范字相同，如上例中的"幼、卒"，还有"霸、看、兆、秃"等。

"遵时"是字位常体在"今"与"古"之间的优选，共收 113 组，今字和古字共 226 个。作者指出："近世事繁，字趋便捷，徒拘乎古，恐戾于今，又以今时所尚者，酌而用之。"意思是字位常体的选择应遵照当时通行的写法，不必"拘乎古"，以方便书写。这里的"今"，指当时通行的字，"古"指按照小篆或其他古字的字形用楷书笔画写出来的字。如" 冰，古作仌""氣，古作气""私，古作厶""集，古作雧"，他认定"冰、氣、私、集"是字位常体。据范可育[①]统计，"遵时"所收的今字与现行规范汉字相同的有 77 个，占 113 个的 68.1%；与现行繁体字相同的有 20 个，占总数的 17.7%；其中属于旧字形的有 5 个，占 4.4%。这几项加起来一共有 102 个，占总数的 90.3%。也就

① 范可育、王志方、丁方豪：《楷字规范史略》，上海：华东师范大学出版社，2000年，第 272 页。

是说"遵时"中的今字是符合汉字发展规律的，作者提出的"遵时"主张是完全正确的。

"古今通用"是作者对难以用一时之规范选出字位常体的异体字的态度，共收 134 组，古字、今字共 268 个。作者认为"博雅之士好古，功名之士趋时，字可通用，各随其便"，即不同身份的人在不同的场合，可以根据需要随便选择使用。如"沈，古；沉，今""从，古；從，今""單，古；单，今"。这显示出了梅膺祚在处理异体字的先进思想。据范可育统计，"古今通用"中的古字有 12 个属于规范汉字，占总数的 4.5%；今字中有 73 个属于规范汉字，占总数的 27.2%。两项合计共 85 个，占总数的 31.7%。也就是说"古今通用"的字只有 1/3 左右符合现代规范汉字。

从《字汇》整理异体字的情况可以看出，作者特别重视约定俗成的整理原则，明确提出"遵时"观点，这在过去崇尚复古的思潮中，是一种难得的思想进步。此外，作者还提出"古今通用"的主张，对异体字的处理采用宽容原则和规范意识。

（2）《康熙字典》

清代《康熙字典》是在《字汇》和《正字通》两本字典的基础上加以增广订正而成，共收字 47035 个，是我国古代字典收字最多的字典。它搜罗了大量异体字，据《汉语大字典》四川、湖北收字审音组的统计，《康熙字典》收异体字 9329 组，共 2 万多个，占总字数的 40%。凡例中涉及《康熙字典》关于异体字收录问题，其所收录的异体字大都有所本，《四库总目提要》总结"每字必载古体，用《说文解字》例。改从隶书，用《集韵》例。兼载重文、别体、俗书、讹字、用《干禄字书》例；皆缀於注后，用《复古编》例。仍从其字之偏旁，别处於诸部，用《广韵》互见例"。

《康熙字典》对异体字的整理主要体现在以下几个方面。

一是字位常体的择定。

字位常体的择定是选用字头的依据。凡例中第一条说明"今一以《说文解字》为主，参以《正韵》，不悖古法，亦便于楷书"，说明字位常体的选择还是"不悖古法"，以《说文解字》等经典字书出现的字为准。

二是字位变体的收录。

首先是古字位的收录。《康熙字典》在字头之后列出该字的古字位，以明演变源流，一般用"古文"字样标出。其凡例第十条涉及古字位的处理，"集内所载古文，除《说文解字》《玉篇》《广韵》《集韵》《韵会》诸书外，兼采经史音释及凡子集字书，于本字下既并载古文，复照古文之偏旁笔画，分载各书各部画"。如：

【一字部】"一，（古文）弌"。

【弋字部】"弌，《說文》古文一字"。

也就是在"一"收录古文"弌"，又按照古文"弌"的字形，归入"弋"字部，重新列为字头。

其次是俗字位的收录。《康熙字典》对除了古体之外的异体字多是用引书或是自己注解的方式列于注文中，且异体字也大多重新立目。凡例第八条、第九条涉及对其他异体字的处理。前一条说明有些异体字是用引书来说明的，后一条是编者用辨明异体字的术语注明异体字，"集内有或作某、书作某者，有与某字通、与某字同者，或通或同，各有分辨"，但这些术语稍显杂乱。

《康熙字典》在体例编排上采取详编正体、略编异体的方法，在非正体字下只言"注详某部某画"，既取舍得当，又便于检索。它采用正体与异体详略互见的方法，并对音义相同的字提出了新方法。它在凡例上有这样一条："《正字通》音训，每多繁冗重复，今于音义相同之字，止云'注见某字'，不载音义。"如"歌"字之下列古文

"可""哥"，说明"歌"字的异体古代有"可""哥"二字。在《言部》"謌"字下，只引《玉篇》"同'歌'"，不再注音释义，这样就避免了重复。

6. 现当代时期字典对异体字的收录及整理

新中国成立以后，异体字的整理规范工作，主要体现在异体字字表的制定和字书编纂两个方面。其中以《第一批异体字整理表》和《汉语大字典》所附的《异体字表》影响最大，是新中国成立以来异体字整理的最重要的成果。

（1）《汉语大字典》收录异体字的范围

《汉语大字典》对异体字的收录采取的是从"宽"的原则。《异体字表》所收异体字以《康熙字典》（同文书局）为底本，另外增收《康熙字典》列目字以外的漏收字、新造字、俗字等，对异体字进行了一次大规模、规范化的整理。在对异体现象进行全面调查研究、理论分析和处理的基础上，形成了附录部分总数为11900组的《汉语大字典·异体字表》。除去标明为简化字的字，共收异体字39221个，其中字位常体有12210个，字位变体有27011个。

（2）《异体字表》收录异体字的类型

①俗字位

《汉语大字典》根据《龙龛手鉴》《改并四声篇海》《宋元以来俗字谱》等书提供的材料，收录了一些俗字位，还据敦煌写本及其他传世古籍增收了部分单字，这些俗字位也是《汉语大字典·异体字表》中异体字的重要来源。应该说《汉语大字典》对俗字位的收录是较全的，并且对俗字位的字样进行了优选，成果丰富。

但由于《汉语大字典》基本上是在《康熙字典》以及《中华大字典》《字汇》等辞书的基础上编成的，除增收敦煌写本及其他传世古籍的部分单字外，还没有大规模收录一些新增俗字位，特别是不见于古代字书的俗字位以及新造俗字位，时有失收。如"幅"—"愊"。

《说文解字》："幅，布帛之广也。"《字学辨正》："幅幅，幅也。"这些字就是"幅"字，而《异体字表》未收，因此存在的疏漏也是比较多。

②古字位

《异体字表》所收的古字位可以分为古文隶定字和籀文隶定字两大类。二者为我们提供了宝贵的古文字资料。这里的"古文"是狭义概念，专指孔壁中书、《春秋左氏传》、《古文尚书》等传世文献中的古文，这些文献中的古文数量是巨大的。"籀文"是指《说文解字》中所收《史籀篇》的225个籀文（此据王国维统计，蒋善国统计为223个）。"隶定古文""隶定籀文"是指用隶书或楷书笔法转写的古文、籀文。《异体字表》收录的古字位不仅收录了同一古文、籀文的不同异写形体，而且对不同来源的古文、籀文都尽可能地收录，充分体现集大成之作"古今兼收"的收录原则。

③简字位

《汉语大字典》根据兼收古今字形的编纂方针，规定以通行的繁体字为字位常体，把《简化字表》中的简化字放在繁体字下，也作为条目收列，在相应字后面用方括号标出，并简要进行解说。这样既体现了该字典的特点，又重视了当今通行的字形。《异体字表》中的异体字组也是以繁体字为字位常体统领字位变体，简化字是在繁体字的统领之下，因此简化字也属于字位变体。《汉语大字典》把简化字作为异体字的组成部分逐一加以收录，是《汉语大字典》在异体字处理上的一大特色。客观存在的语言现实表明，简化字也是一种异体字。在封建时代的俗文学中简化字很多，如"寶"写作"宝"，"學"写作"孝"，"關"写作"関"，"爾"写作"尔"等。这些字一般是从一些字样书或者是俗字书中一定程度上加以肯定下来的。

7. 汉语字典对异体字收录及整理的发展演变规律总结

通过上文的梳理可以看出，历代汉语字典都重视异体字的整理。无论是以小篆为字位常体的《说文解字》，还是以楷书为字位常体的

《玉篇》《类篇》《字汇》《康熙字典》《汉语大字典》等，都根据当时的实际情况收录了大量异体字。对异体字的收录与整理是字典编纂的一项必不可少的重要任务。汉语字典对异体字收录及整理的思想也逐渐改变，方法逐渐科学，主要体现在以下几个方面。

（1）字位常体的择定

古代字典对字位常体的择定，大都采用"厚古薄今"的态度。它们以是否合乎《说文解字》六书，是否见诸于经传为标准，因为他们把文字视为"经艺之本，王政之始"。现当代字典对字位正体的择定，则采用了既"从古"又"从今"的原则，兼及"从简""从俗"的原则。它们不拘泥于传统字书和文字学，"以通行的楷体或接近楷体者为字位常体。诸多异体中应以有用例者为正体；均无用例者，应该根据字书或其他材料所提供的材料进行具体分析，然后再作抉择"[1]。根据字典类型、宗旨等的不同，字位常体也不是固定不变。如《现代汉语词典》以简化字为字位常体，符合它的"规范化"要求，而《汉语大字典》是以繁体字为字位常体，利于它统领"古今兼收"的字。

字位常体的择定还涉及一个问题，即确定字位常体的原则是单一的好还是多元的好。古代的字典大部分都是一元的，以经典相传和《说文解字》中收录的字为字位常体。唐代的《干禄字书》则出现了"并正"的体例，说明选取字位常体的时候采取了"从宽"倾向，出现了多元原则。现代字典的原则也不同，《辞海·编辑大纲》（1936年）认为："凡异形同字……其两俱通行无可区别者，则两存之，不分轻"，承认某些情况下两个字都可看作字位常体。《现代汉语词典》编写细则（修订稿）则规定："每个字只有一个正体，其余都是异体。"《汉语大字典》也遵循着一元的原则。

---

① 冷玉龙：《论异体字及其在辞书中的处理》，载《〈汉语大字典〉论文集》，武汉：湖北辞书出版社、成都：四川辞书出版社，1990年，第132页。

一般来讲，字位常体的一元原则是对的。在实际编写中可能会遇到一些被称为"两俱"以至"三俱四俱通行"的情况，但我们只要本着"利今""存古""遵时"的原则，一般都可以确定出字位常体。

（2）字位变体的收录及整理

汉语字典收录整理的字位变体主要是古字位和俗字位两种类型，到了现代则也对繁简字位进行收录和整理。

字典收录的古字位一是狭义古字位，也就是《说文解字》中的"古文"和"籀文"，汉代以后一般是以"隶定古文"和"隶定篆文"的形式收录；二是广义古字位，是相对现在而言前代的字，这些收录的也比较多。

对俗字位的收录一直是我国字典整理异体字的重点。我国传统有"避俗摛雅，故贱今而贵古"的趋势，因此古代辞书对产生于民间流行的俗字、简笔字、通行字等俗字位多采取排斥的态度。《说文解字》是以解经为目的，对于不符合经书大义的文字都加以排斥，因此其标明的俗字只有 15 个。《康熙字典》是第一部以"字典"命名的字书，"典"就是指"奉为典常而不易者"，因此其所收之字必须符合这个标准。对被视为"繁省失中"的俗字，则加以排斥，决不允许登"大雅之堂"，因此对宋元以来的俗文学作品都不加收录。字书中已收录的俗字位，有很多是为了辨证俗讹的，在文中或者直接解释为"俗作某，非"，或者直接解释为讹字，否认这些字进入辞书的资格，这样的宗旨在唐代字样书中体现得尤为明显。而明代《字汇》则是这种主流思想中的一股逆流，它注重实用性，在整理异体字时明确提出"遵时"观点，这在过去崇尚复古思潮中是一种难得的思想进步。此外，作者还提出"古今通用"的主张，对异体字的处理采用宽容的原则和规范意识。到了现代，在文字学、词典学等语言理论的指导下，则用正确的眼光看待这些现象，科学、系统地进行整理。

对繁简字位的收录是自《简化汉字表》颁布以来字典整理异体字

的新内容，顺应了汉字发展变化的实际，实用性大大增强。

（3）字位常体和字位变体之间的辩证关系

异体字的这三组对立概念——古今字位、正俗字位、繁简字位之间的关系都是相对的，不是一成不变的。"一时有一时之正，一时有一时之俗，古今无定时，正俗无定分。今之正或古之俗，今之俗或后之正也。"① 说明字位常体与字位变体之间的关系是不断变换的。

其变化的原因，我们可以用系统值的理论来分析。"任何词任何时候都不是孤立的。词无论是处于组合状态还是处于聚合状态，词义及其中要素价值都要受制于语言结构系统中的各个要素之间的相互关系和差异性，这一研究成果是以索绪尔为代表的结构主义语言学家的一大贡献。我们把这一贡献概括为'系统值''关系值''位置值'或'系统义'。"② 同样，记词功能相同，在使用中功能没有差别的一组字，共同形成一个字位。字位中各个成员的系统值也要"受制于语言结构系统中的各个要素之间的相互关系和差异性"，其中古今强弱质是它们系统值发生变化的主要因素。在择定字位常体时，处于优势地位的字位就会成为字位常体，在系统中属于强质，而其他的字位变体则是弱质。而经过规范后，字位变体可以转化为常体，字位常体就会被"易位"，失去其合法的席位，此时，原来的字位常体则变成了弱质，而得到合法席位的字位变体则变成字位常体，变成强质。但正字系统不易被打破，往往以特定的形体来尽可能地维护汉字的理据，与俗字进行顽强的抗争。

三、字体理论视角下汉语字典对文字形体收列的发展演变

汉字是表意体系文字，形与义紧密相连。因此字典在字头下列出

---

① 孔仲温：《类篇研究》，台北：台湾学生书局，1987 年。
② 张志毅、张庆云：《词汇语义学》，北京：商务印书馆，2005 年，第 90 页。

古文字形体，可以使读者了解相关文字的源头或接近源头的形态，进而分析其最初的造字意图，考察其源流变化轨迹。因此我国字典编纂都注重汉字形体的收列。汉字字体理论与我国字典收字有着相应的关系，主要表现在两方面：一是选用何种字体为正体；二是对不同字体的收列情况。

（一）字体理论与汉语字典对汉字字体的选用

1. 字体界说与字体理论

启功在《古代字体论稿》中说："所谓字体，即指文字的形状，包含两个方面：其一是指文字的组织构造以至它所属的大类型，总风格。例如说某字象什么形，指什么事，某字是什么形什么声，或看它是属于'篆''隶''草''真''行'的哪一种。其二是指某一书家、某一流派的艺术风格，多指它们在一种大类型中的小分别，因为欧阳询与颜真卿的分别，不是说欧写篆书，颜写隶书，而是对他们在共同写真书的条件下比较而言的。"[1] 我们这里所说的字体指前一种，即从古至今各时代文字的大类型、总风格，从文字风格的不同分类来说的，也就是出现在不同历史阶段并广泛使用的不同字符形体。

目前学界对于字体的大类型看法几乎一致，即汉字字体有篆、隶、楷、行、草五大类。篆为古文字，隶及隶之后的楷、行、草为今文字。其他的有四分法，如启功从汉字构造与风格两方面进行分析，认为字体是四种："即是篆、隶、草、真。其它如行书是草、真的混合物。"这与五分法并无本质不同。

汉字的字体是有层级性的。"汉字字体的分类应该首先区分为基本字体和非基本字体两大类。""基本字体也可以称为主要字体或主流字体，是指历代占主导地位的、政府正式运用的字体。基本字体包括甲骨文、金文、篆书（大篆和小篆）、隶书（秦隶和汉隶）、楷书。非

---

[1] 启功：《古代字体论稿》，北京：文物出版社，1964年。

基本字体也可以称为非主要字体、非主流字体或辅助字体，是指不是历代占主导地位的、非政府运用的字体。非基本字体包括六国文字、草书、行书。"① 王宁认为："汉字字体在今文字阶段形成了正规字体和变异字体的差异，一般把隶书楷书称为正规字体，行书、草书称为变异字体。变异字体的结构是对正规字体结构有系统的变异，所以它们的构形系统依附于正规字体而存在。"② 郭绍虞在《从书法中窥测字体的演变》中说："凡是对于字体有整理规定的作用的，如：《史籀篇》《仓颉篇》以及后世所谓《三仓》或《石经》等，都可以看作是文字的正体。"③ 王凤阳在《汉字学》中将这个概念定义为"标准体"④。汉语字典一般有规范和整理作用，因此立为字头的文字形体，大都是"基本字体"、"正规字体"或"标准体"，我们统称为字典的"正体"。

（二）汉语字典对正体选用的发展演变

1. 篆书

汉字在结绳记事的基础上产生了图画式的原始文字，后来几经演变，产生了所谓的"古文""大篆"。古文是周宣王以前文字的通称，大篆是周宣王统一写定的文字，也称为"籀文"。童蒙识字课本《史籀篇》就是用大篆书写而成，它是大篆的规范样本，确立了大篆在当时字典中的正体地位。

春秋时期，文字变化不大，到了战国时期，由于政治分裂，地区隔阂，出现了"言语异声，文字异形"的局面。秦统一后，进行了"书同文"的文字规范工作，李斯作《仓颉篇》，赵高作《爰历篇》，胡毋敬作《博学篇》，"皆取史籀大篆，或颇省改，所谓小篆是也"。

① 高更生：《现行汉字规范问题》，北京：商务印书馆，2002 年，第 11 页。
② 王宁：《汉字构形学讲座》，上海：上海教育出版社，2002 年。
③ 郭绍虞：《从书法中窥测字体的演变》，载《20 世纪书法研究丛书·历史文脉篇》，上海：上海书画出版社，2000 年。
④ 王凤阳：《汉字学》，北京：中华书局，2018 年。

李斯等人在整理统一文字的过程中，选取秦小篆作为正体，删除了"不与秦文合者"，对前代的"正体字"，作了部分省改，"省者减其繁重"，"改者改其怪奇"。因此小篆成为标准字体的地位得到确立。后世以小篆为正体的字典层出不穷。东汉时期许慎所作的《说文解字》便是对小篆汉字的汇集和解说。

2. 隶书

在小篆通行后，又出现了一种书写更为便捷的新字体，这就是隶书，隶书解散了篆体的屈曲线条，实现了汉字史上的一次大飞跃。经过 200 多年的发展，到了东汉，成熟的汉隶以自己独特的风格成为正体被社会广泛使用，并逐渐成为新的标准字体。史书称之为"隶变"，隶书在汉字字体上有着承上启下的作用。《急就篇》《熹平石经》体现的就是隶书的标准体。与此相应，字书便以隶书为正体，体现了隶书的典型地位。晋吕忱的《字林》是继《说文解字》后的一部有影响的字书。北魏江式评论此书说"文得正隶，不差篆意也"，大约就是《字林》以隶书为主体，而不违篆书笔势。《说文解字》虽以小篆为字头，但说解的文字都是用隶书，所谓"上篆下隶"，可以看出隶书的通行情况。

3. 楷书

魏晋南北朝，政权分崩，文字的规范削弱，造成了北魏江式所说的"世易风俗，文字改变，篆形谬误，隶体失真"的状况，促使了书写更迅速便捷的楷书在民间兴起并趋于成熟，楷书便逐渐取代隶书成为标准字体。

南朝顾野王的《玉篇》是我国现存第一部以楷书为收录正体的字典，它突破了六书传统与以篆、隶为正体的字典编纂陈规，首次在字典中以楷形为字头，可见《玉篇》是适应楷书通行的实际情况而编纂的。后来楷体这个系统便作为汉字标准字体传承下来，直至今天。唐代的字样书如颜元孙的《干禄字书》、张参的《五经文字》、唐玄度的《新加九经字样》等都是楷书的正字书。宋代司马光的《类篇》以及一些辨形字书如郭忠恕的《佩觿》、辽释行均的《龙龛手鉴》等也大多以楷书为正体。明清时期《字汇》《正字通》《康熙字典》，近世的《中华大字典》《中文大辞典》《汉语大字典》等都是遵循楷书这个系统。"汉字形体经过数千年的发展，到魏楷就基本定型了，此后的一千多年里，汉字形体没有再发生什么变化，就是因为无论是在笔形还是在结构以至体势上，楷书的优越性已经达到了极致。"①

4.其他问题

基本字体没有完全确立下来时，字书的编纂便有可能采用不同的字体，如在隶书和小篆并行的时代，小篆和隶书都可以作为字典正体收录，清段玉裁云："自《仓颉》至《彦均》（按《滂喜篇》终于'彦均'二字，故亦称《彦均》），汉魏时，盖皆以隶书书之，或以小篆书之。"同时，也有不以当时通行字体为正体，而是把前代的经典字体作为正体来收字立目的。如东汉时期的《说文解字》就以小篆为收字对象。宋代张有为了恢复1000多年前《说文解字》小篆的正统地位而撰《复古编》，其所收字头全部用小篆。戴侗的《六书故》则以金文为字头正体，无金文者用小篆。这些或是为了从形体上解释汉字的意义，或是受重古复古的价值取向影响，为保持汉字的正统性。但从历史的总体来看，字书的规范实用功能决定了不同时期字书的编纂都是维持当时通行的基本字体，其收字立目也以其为正体，突出了字体变体的典型性特征。

（三）汉语字典对文字形体收列的发展演变

汉字属于表意体系的文字，通过汉字形体对汉字进行整理解释，是大型字书编纂不可缺少的内容，也是字典区分于词典的一个重要因素。字典应该把存形作为存音、存义的基础。因此确立了辞书正体之

---

① 赵志峰、秦永龙：《由隶到楷的字体演变浅探》，《兰州学刊》，2006 年第 7 期。

后，为了反映汉字形体结构和源流演变，需要对其他字体进行收列，这也是由字典的解形任务决定的。大型字典在对汉字形体结构作科学阐明时，比较行之有效的办法就是在正体下，按照时代的先后，列出有代表性的文字形体，并简要地说明它们的变化。

1. 先秦两汉时期字典——文字形体收列的思想萌芽

我国字典编纂在一开始就把解形作为一项重要任务提出来。许慎的《说文解字》为汉字的解形奠定了坚实的基础。《说文解字》在文字形体上的收录原则是"今叙篆文，合以古籀"，即以篆书为主体，在小篆字头下收列古文或籀文。（间有为解形需要而正副颠倒的，如"上""下"二字，立古文为正体，小篆为副体。）这是我国字书编纂在正体下罗列其他汉字形体的最早萌芽，奠定了字典"主形派"的基础。《说文解字》以后的字书编撰者大都不再在正体之下罗列异体，而是分部治之。但由于许慎对小篆前的古文字资料掌握不多，虽收列了一些古、籀文，但在《说文解字》中收列的古文字形体还很少，《说文解字》共收古籀 200 多个。

2. 魏晋南北朝时期字典——文字形体收列的理论阐发

后来由于汉字的发展，表意性不明显，《说文解字》的解形传统在相当长的时间内也没有得到很好的继承，但关于字体的收列却有了理论的阐发。魏晋南北朝的江式在《古今文字》这部大型字书中就计划将"其古籀、奇惑、俗隶诸体，咸使班于篆下"，使之"各有区别"。"这一设想虽然没有具体提出什么样的形体应该收录，但在当世却是一种具有远见卓识的创新见解。这是我国第一次提出的大型字书列出古文字形体的理论主张。"①

3. 宋元时期字典——文字形体收列的具体实践

"宋元以来，六书故训不讲"，但作为综合处理形音义的辞书对字

---

① 邹酆：《中国辞书学史概略》，武汉：湖北人民出版社，2006年，第54页。

形的辨析仍然很重视。由于文字几经变化而楷化，不能再机械地以"六书"处理形体问题。为此，以形相从的《类篇》便采取了几项补救措施，如对"古意不可知者"则"从其故"，也就是按惯例处理；另外对"变古失真者"则"从古"。《集韵》提出了四项正形列形的条件，其中之一便是对有据可稽的古文字"取之，不然则否"，并且"先标本字，余（别体）皆并出"，其正形、列形理论，既是对《说文解字》字形处理传统的弘扬，又为大中型字书形训撑起了自成体系的理论框架。

4. 明清时期字典——文字形体收列的发展完善

明代的《字汇》《正字通》在楷书单字下也提出过罗列古文形体，但都是随意的，也很少做分析解说。清代张玉书主持编写的《康熙字典》继承了《说文解字》的解形传统，在字头之下收列部分古文，其书眉上的小篆是后加的。由于当时还无法搜集原始古文字资料，所录古文字带有很大的随意性和局限性，有很多都是已经楷化了的形体，往往是支离破碎真伪杂出，缺少系统性，不可能全面、真实地反映字形演变的过程和规律。

5. 近代时期字典——文字形体收列的继承创新

到了近现代，关于古文字形体的收列理论才逐渐发展完善。

在 20 世纪 30 年代，黎锦熙主持编纂而未完成的《中国大辞典》，即继承了《说文解字》解形传统。从发表的"巴"字样稿来看，它在楷书字头下面收列了甲骨文、金文、小篆、隶书、行书和草书等形体。

40 年代日本人诸桥辙次的《大汉和辞典》，明确在单字下收列了甲骨文、金文以及《说文解字》所载的篆文（小篆）、或体（别体）、古文、籀文等字形的变化情况，对我国近现代字典的编纂产生很大影响。

70 年代我国台湾省出版的《中文大辞典》，在凡例中明确提出关于文字形体的收列，"上溯甲骨金文，以及篆、隶、楷、草诸体之变化，依其时代先后为次，以见文字构造之本源，而明字形之史的演变"。但其所收的资料陈旧，选材不精，收列的字形缺乏依据，经不起考证，错讹较多。并且把许多与文字发展无关的书法资料也收入辞典，如黄庭坚、王羲之等书法字形的收列，混淆了在字形收列中文字学和书法的界限。

6. 现当代时期字典——文字形体收列的成熟

《汉语大字典》把汉字形体作为一个独立的部分予以论述，这是一个独创。《汉语大字典》第一版（1986—1990）和第二版（2010）的凡例中，都专门谈到古文字字体的收列问题：第一版的凡例第 7 条："有古文的单字，在字头后面选列能够反映字形源流演变的古文字形体，并根据阐明形音义关系的需要，酌附字形解说。"第二版的凡例第 8 条："在字头后面选列能够反映字形源流演变的、有代表性的甲骨文、金文、小篆和隶书等形体，并酌情进行文字解说。"《汉语大字典》编写细则说："凡有甲、金、篆、隶等形体的单字，在字头之下，注音之前，按时代的先后顺序分栏列出该字从殷代（包括周原甲骨文和殷代金文）、西周、春秋战国（包括《说文解字》籀文和古文）、秦、西汉到东汉魏晋各种有代表性的形体。"而这些形体的选取又必须以"有助于讲明其造字本源和其演变过程中起衔接作用的形体为原则"，这是客观地描写字形演变历史的可靠保证。

其在关于汉字形体的收列上的突出成果主要表现在以下两个方面。

第一，具有文字优选的意识，选收的汉字形体具有典型代表性和系统科学性。

《汉语大字典》本着"选必有据，形必求真"的原则，收列的甲、金、篆、隶字形都经过了严格挑选，吸取了字形研究的新成果，选择在各个发展阶段上具有代表性的汉字。其代表性一是要能体现汉字形体发展的连续性；二是要能体现汉字形体发展的变化性；三是要出现频率较高。《汉语大字典》充分利用前人的研究成果，纠正自《说文解字》以来的许多错误解说，取其正确的结论。同时也增收了《说文解字》以外辞书和古籍中一批字的古文字形体，使之更有系统性。

第二，结合语言学的字体理论，收列形体更合理。《汉语大字典》以楷书作字头，收录甲、金、篆、隶等形体，不收行书和草书等其他形体。这与我国汉字字体理论的发展有关。

《汉语大字典》所收的都是不同时期的通用字体，个别是按特定需要加以强行改造使之呈现出艺术性的印章体，这样集中收入字典能再现汉字形体发展演变的基本面貌。而草书和行书不是汉字形体发展到某一历史阶段所形成的通用书体，只是为了书写方便或从美学的角度赋予其艺术特性而变其形构和笔势的产物，虽然具有很高的实用价值，但因人而异，千变万化，不具代表性和典型性。因此《汉语大字典》未收此二体，有理可说。而《中华大字典》收此二体，貌似齐全，但混淆了汉字通用正体方可入典与手写体不能入典的界限，则无理可说。但由于《汉语大字典》每个楷书下所引的古文字形体比较多，涉及古文字的材料繁多，以及受到编纂时代的限制，加之古文字研究成果不断出现，有部分古文字形体仍然存在一些问题，如罗列的古文字在摹写上失真、在释读上有错误以及古文字出处有错误等。

在此，我们可以看出，字体群中的成员是具有层级性的，它们在群中所处的地位并不相同。我们可以把字体群中的成员分为中心成员，次中心成员和边缘成员。在同一时期被看作标准字体的就是中心成员，处于主要的位置，如当今的楷书为主要成员；在字典中的字头下收列但不作为字头的可以看作次中心成员，如现在说的甲骨文、金文、篆书、隶书；在字典中一般不收列的字体变体，如草书、楷书，以及都不收列的字体如鸟书、虫书、摹印等是边缘成员。大型汉语字典在收录汉字的形体时应该区分主次，并且选取各个阶段具有代表性通行性的字体。以上发展表明，汉字形体的收列与语言学字体理论以及构形学理论是密切相关的。

第二节　汉语词典收词的发展演变

汉语词典的发展，我们可以从总体上划分为两个时期，一个是古代时期，一个是现当代时期。

古代词典的代表作主要是雅学系列的著作，这一系列著作是指《尔雅》以及后代模仿《尔雅》而作的一类词典式专著。这类专著主要包括广雅之作、仿雅之作两类。"广雅之作，是指增广续补《尔雅》或其他雅体著作而产生的著作，如《小尔雅》《广雅》等"，"仿雅之作是指仿照《尔雅》及其他雅体著作而产生的著作"，① 仿雅著作大多是以"雅"名篇，但也有不以"雅"名篇，实际上是模仿《尔雅》创作的，如《方言》《释名》。根据雅学著作的发展及它们收词的情况可以把古代词典划分为两个阶段，第一个阶段是先秦两汉至魏晋南北朝时期。这一时期的雅学代表作主要有我国词典的源头——《尔雅》，广雅之作——东汉时期的《小尔雅》和魏晋南北朝的《广雅》，仿雅之作——两汉时期的《方言》和《释名》，它们的共同特点都是既收一般词语，又收百科词语，属于综合性仿雅之作。第二个阶段是隋唐宋元时期至明清时期，这一时期的雅学著作，在语言学和自然科学等的影响下，人们运用雅书的分类思想，对不同领域的用语进行系统地研究，雅学开始向专门化方向发展。这一时期雅学的代表作主要是各类仿雅之作。如专科类仿雅之作——唐宋时期的博物类仿雅之作《埤雅》《尔雅翼》和明清时期词汇类仿雅之作《骈雅》；新型的综合性广雅之作——明清时期的《通雅》。"这些仿雅之作与前代雅学著作不同的是，它们不再对《尔雅》作全面增广补充，而是另辟蹊径创出一系

---

① 窦秀艳:《中国雅学史》，济南：齐鲁书社，2004 年，第 1 页。

列专科类的雅著，以专雅而广雅。"①它们的收词也与以前大不相同。这些新型的雅学著作依然是以《尔雅》作为母体孳乳繁衍的，它们的出现，为雅学发展带来了新的转机和勃勃生气，同时也表明，雅学开始转型，即由原来的综合性研究为主向专门性研究为主转变。

　　进入 20 世纪，由于外国词典理论的传入以及汉语辞书编纂的成熟，汉语词典得到了飞速发展，可以分为近现代和当代两个阶段。近现代辞书编纂是中国辞书编纂承上启下的重要时期。这一时期词典的编纂主要有大型综合语文词典《辞源》和《辞海》，中型语文词典《国语辞典》。当代时期的辞书编纂，在语言学与词典学理论的指导下，针对不同类型及规模的辞书，制定了详细的收词立目规则，使得收词也更加科学合理。这一时期辞书的代表作主要有综合性词典——修订本的《辞源》《辞海》；大型语文词典——《汉语大词典》以及中型语文词典——《现代汉语词典》。

一、汉语词典收词范围和原则的发展演变

（一）先秦两汉时期词典的收词范围和原则

1. 我国词典的源头——《尔雅》

　　这一时期我国词典的代表作是《尔雅》。《尔雅》之成书，根据《四库全书总目》的说法："大抵小学家缀辑旧文，递相增益，周公孔子皆依托之辞"，《尔雅》大约作于战国中期（《孟子》以前），流传到秦汉之间续有增补（依洪诚先生说）。"从其内容、编排体例及现代科学的角度看，《尔雅》是一部对先秦典籍中的词语进行汇释并按照词语的性质和意义排列编纂的词典。"它是我国现存最早的一部词典，开创了中国古代词典的先河。《尔雅》全书 13113 字，2091 个条目，共收词语 4300 有余。原书本有 20 篇，"叙篇"已亡，现存 19 篇。

---

① 　申小龙:《雅学史论纲》（下），《南京社会科学》, 1998 年第 8 期。

《尔雅》的编排方法主要是三种：分类成篇、聚类成条、以类相从。分类成篇，是指《尔雅》所收词语按照被训释词语义类、内容性质的不同，分为19篇，各篇有自己的义类特点。聚类成条，就是把意义相同、相近或内容相关的词语尽量聚在一起成为一个条目。以类相从，就是各篇中训释条目之间大致是按照内容或语音等方面的相关性而依次系联的，不过在《尔雅》一书中这仅仅是一个萌芽。"类"是《尔雅》的核心，分类是《尔雅》编排的原则和基础，分类成篇则又是《尔雅》最主要的、贯彻始终的编排方法。

（1）《尔雅》的收词范围

从收词范围来看，《尔雅》广泛地汇集了先秦语言中的常用书面语词，以儒家经典中的词为主要收录对象，也兼收方俗词。

《尔雅》为"解经"而作，收录的词语包含了大量的儒家经典中的词语。殷孟伦[①]曾把《尔雅》和十三经的词汇情况做了一个比较统计，《尔雅》共有13113个字，其中有928字是《尔雅》所独有的词语，和其他各书相同的有12185个字，占《尔雅》字数的92.92%。这个数目再用除同存异的核计法，《尔雅》本身所有的词语约计3500个，而十三经的总字数为6544个字，除去各书所独有的，这3500个左右的数目确实又是《尔雅》和各书所共有的词语数。这说明《尔雅》中的词语主要来自儒家经典。其中又以《诗经》中的书面文字最多，丁忱[②]在《尔雅毛传异同考》中，逐篇详细统计《尔雅》《毛传》所释条目和词语，准确计算出《尔雅》释《诗》之比例为22%，彻底澄清了《四库全书总目提要》中所谓《尔雅》"释《诗》者不及十分之一""释五经者不及十之三、四"的臆说。这也说明，在先秦，《诗经》比其他古书得到了更为广泛地流传，其语词释义也更为训诂书所重。

---

① 殷孟伦:《从〈尔雅〉看古汉语词汇研究》，载《子云乡人类稿》，济南：齐鲁书社，1985年，第65页。

② 丁忱:《尔雅毛传异同考》，武汉：武汉大学出版社，1988年，第64页。

但《尔雅》并非全应儒经，其编制不仅仅是为了阅读古代文献，而是以特有的字词训示方式集中诠释字词形音义知识，供全面社交使用。因此除经书字词之外，还要广泛涉及社会生活的方方面面。对日常生活词语的注意，更可显示出这部书由为古代文献服务扩展到为一般日常生活服务的趋向。据管锡华[①]统计，《尔雅》中所收录的字在十二经中没有出现的共有 919 个，除了假借字、古今字和异体字如《释诂》"艘"、《释言》"畬"等 200 个左右，剩下的 700 多个就是儒经所没有用过的词。这些词包括儒经以外的其他典籍，如《楚辞》《庄子》《管子》《穆天子传》《吕氏春秋》《尸子》《山海经》《国语》等，还包含一些口耳相传的古词、方言俗语，如《释诂》的"迥""痱""羔"，《释言》的"铨""赈"，《释鱼》的"鱿""蜥""蟒"等。

综上所论，可以看出《尔雅》以整个语言为收录对象，主要收录的是儒家经典中出现的词，同时也收录与生活联系紧密的方俗词，对整个先秦语言具有实际运用的价值。

（2）《尔雅》的收词原则

从收词原则上来看，《尔雅》收词具有实用性和规范性的特点。

首先，注重实用性。《尔雅》与童蒙识字课本的收词都注重字词的常用性，但《尔雅》的不同之处还在于注重收录词语的实用性。它收录的仅限于在常用词中意义容易被人们混淆的书面语言词汇，而没有像"人、手、足；口、耳、目；黄、白、黑"等"见词明义"的词语。这与《尔雅》诠释理论的核心是相同的。郭璞认为《尔雅》是"辨同实而殊号者也"，"若乃可以博物不惑"（《尔雅注序》）。可见"辨而不惑"是《尔雅》语言诠释学理论的核心。其"辨"的对象就是经常使人们"惑"的同义词、近义词或疑难词，主要是对那些当时使用

---

① 管锡华：《论〈尔雅〉的实用性》，《安徽教育学院学报》，1993 年第 2 期。

频率较高又容易引起疑惑的词语进行辨析。而对于稍需解释的仍然收入，如：《释木》"枣，壶枣、边要枣。櫅，白枣。樲，酸枣。杨彻，齐枣。遵，羊枣。洗，大枣。煮，填枣，蹶泄，苦枣。皙，无实枣。还味，棯枣"等。这些都是可以食用的，对其进行辨别，有助于扩大读者对象，对现实生活具有指导意义。

其次，注重规范性。《尔雅》从书名来看，"尔"为"近"，"雅"为"正"，"尔雅"为"近于雅正"。其目的是"释古今之异言，通方俗之殊语"，也就是扫除语言在时间、空间上的障碍，用当时的标准语去统一古今和各地不同的语言，使之纳于规范化系统中。《释诂》全篇191个条目，每个条目都用一个词来解释这一条内所类聚的各个词，也就是用共名、标准语来解释别名。如《释鸟》"蝙蝠，服翼"，《释虫》"蛭，蚔"，"蝙蝠、蛭"为当时的共名、标准语，而"服翼、蚔"为别名或是方言，用一个共名来解释，尽管没有指出哪个是标准语，但在不自觉的过程中就已经规定了，这个过程就是一个语言规范的过程。

总之，《尔雅》基本上反映了先秦词汇的概貌，为后世辞书提供了收词依据。后来的雅书主要是在其基础上收词的，把《尔雅》所收的词语作为构成辞书收词的基本部分。

（二）两汉时期词典的收词范围和原则

1. 两汉时期的广雅之作——《小尔雅》

《小尔雅》是继《尔雅》之后的又一部按义类分篇的雅学著作，原本不传，今存《孔丛子》中。《小尔雅》全书约1930字，收词628个。[①]《小尔雅》为增广《尔雅》而作，清代学者王煦《小尔雅疏》云："盖广《尔雅》之未备，附《尔雅》而行，故称《小尔雅》。"《小尔雅》的体例完全模仿《尔雅》，在释词上增广《尔雅》，发展了《尔雅》的

---

① 杨琳：《小尔雅今注》，上海：汉语大词典出版社，2002年，第20页。

内容。分为《广诂》《广言》《广训》《广义》《广名》《广服》《广器》《广物》《广鸟》《广兽》《度》《量》《衡》13 篇。前 10 篇都冠以"广"字，点明增广《尔雅》之义。后 3 篇《度》《量》《衡》是新增内容，主要收入计量单位词语。

《小尔雅》的收词是在《尔雅》的基础上增补的。《尔雅》是为"解经"而作，主要以儒家经典中的字词为收词范围，《小尔雅》与《尔雅》的编撰宗旨一致，因此其收词范围也主要是先秦经典文献。这一点可以从《小尔雅》所收词语与经传典籍的关系看出。据黄怀信[①]统计，《小尔雅》收词 600 多个，有 30% 以上可释于《三礼》，近 30% 可释于《左传》及《诗经》，10% 左右可释于《尚书》，还有不少可释于《穀梁传》和《公羊传》。说明《小尔雅》是为经传服务的，绝大部分词语都来源于经典文献。

2. 两汉时期的仿雅之作

（1）方言派仿雅之作——《方言》

《方言》原书 15 卷，收录 9000 余字，今本《方言》13 卷，收录 11900 多字，大约后人有所增补，全书 669 个词条。13 卷的区分大都没有严格标准，前 11 卷体例大致相同，每一词条之下，列举有关方言区的词，以通语为释词，各卷所收词条的数量也相差不太远，具体说来，卷一、二、三、六、七、十是一般语词部分，有动词、形容词、名词等。卷四释衣服，卷五释器皿、家具、农具等，卷八释动物，卷九释车船、兵器等，卷十一释昆虫。卷十二、十三在体例上与前 11 卷大不相同，两卷所收词条数量大大超过前面各卷，而且有很多只列了字却未加注解，除卷十三的个别条目有方言词比较外，其他一律是以一个词释一两个词，与《尔雅·释言》相类。这两卷很可能是扬雄的未完稿著作。

---

① 黄怀信:《一部很有价值的古典辞书——〈小尔雅〉》,《辞书研究》, 1988 年第 1 期。

第一，《方言》的收词范围。不同于《尔雅》以解释书面资料为主的创作目的，《方言》是为了通古今方俗之语，解释方言时地的差异，是对"活语言"的记录与解释。《方言》资料的依据、来源有两个方面。第一个来源是先秦词语，也就是"绝代语释"。这些主要取自前代保存下来的方言古语材料，包括历代辐轩使者收集而藏于石室中的"奏籍之书"和严君平、林闾翁儒整理的少量资料，但这些资料很少，仅见于书面。第二个来源就是当代口语，也就是"别国方言"，这些是作者经过 27 年亲身访问所得的资料，是完全活在人民口头上的，这是《方言》一书的主要资料。《方言》全书共 659 个词条，除卷十二、十三未完成的 252 个词条，前 11 卷共 407 个词条，"其中注明方言区的有 323 条，占前十一卷的 79.4% 左右"①，方言词占有绝对优势。由此我们可以看出，不同于《尔雅》《说文解字》与典籍经传的训释关系，《方言》已经脱离经学的附庸。

第二，《方言》的收词原则。《方言》的收词原则是描述性原则，注重实用性，主要表现在从书面语言观到口语观、方言观的转变。"中国文化传统的普遍价值取向是以雅言为贵、以文字典籍为贵、以古代为贵，大部分辞书所载的是古书的故训，而《方言》所记载的却是活的口语，提出了科学的口语观和方言观。"②《方言》中收录的词汇主要是取自扬雄 27 年间亲手调查的资料，以"通方俗之殊语"来"释古今之异言"，从"故纸堆"性质的"死"语言观中解放出来。

我们还可以从《方言》的用字来考察它对口语的重视。《方言》用字记录词语主要有两种方法，一是表义字，也就是形义相统一的字；二是记音字，也就是只有单纯记音作用而不表义的字。据王彩琴

---

① 刘敏：《由〈尔雅〉〈方言〉〈说文解字〉〈释名〉看汉代训诂学的发展》，暨南大学硕士学位论文，2003 年。

② 申小龙：《汉代〈方言〉的经学超越与范式更新》，《学术月刊》，1998 年第 12 期。

统计,① 表义字共 1106 个,占 68.06%;记音字共 519 个,占 31.94%,说明扬雄重视口语,研究方言口语时不被文字所囿。另外还可与以经典文献用字为主要字目的《说文解字》字头做对比。《方言》中有 552 个字在《说文解字》字头中不收,其中有 434 个字在《说文解字》中完全没有出现。这从另一个侧面反映了《方言》对口语的重视。

第三,《方言》的收词类型。

第一类是先秦词语,也就是残留在当时语言中的古语或古方言词。一般用"古今语"或"古雅之别语"来表示,如"假,俗,怀,摧,詹,戾,艐,至也。邠唐冀兖之间曰假,或曰俗。齐楚之会郊或曰怀。摧,詹,戾,楚语也。艐,宋语也。皆古雅之别语也,今则或同"。"古"是指先秦时代,"今"是指扬雄生活的西汉末年,"皆古雅之别语"说明这些词原先是古代的方言词语,"今则或同"说明当时它们在一些地区已经通用,这些词语的范围逐渐扩大。

第二类是当代词语,包括三个层次。

首先是"通语""通名""凡语""凡通语"等,指汉代全国范围内通用的语词,相当于现代的普通话语词。如"鈝,嫽,好也。青徐海岱之间曰鈝,或谓之嫽。好,凡通语也"(卷二)。

其次是"四方之通语""某某之间通语""四方异语而通者"等,指汉代通行于两个或两个以上地区之间的通用词语。如"庸、恣、比、侹、更、佚,代也,齐曰佚,江淮陈楚之间曰侹,余四方之通语也"(卷三)。

最后是"某通语""某地语",指汉代各个地区通用的方言词,是《方言》收词的主体。如"虔,刘,惨,懅,杀也。秦晋宋卫之间谓杀曰刘,晋之北鄙亦曰刘。秦晋之北鄙,燕之北郊,翟县之郊谓贼为虔。晋魏河内之北谓惏曰残,楚谓之贪。南楚江湘之间谓之欿";"娥,

---

① 王彩琴:《扬雄〈方言〉用字研究》,华东师范大学博士学位论文,2006 年。

嬿，好也。秦曰娥，宋魏之间谓之嬿，秦晋之间凡好而轻者谓之娥。
自关而东河济之间谓之媌，或谓之姣。赵魏燕代之间曰姝，或曰妦。
自关而西秦晋之故都曰妍。好，其通语也"。

这些"通语"分为范围大小不同的三个层次，前两类说明汉代的
共同语正在形成，后一类说明各大区还保持着相对独立性，有必要推
广全国范围内通用的词语。

还有一类是"转语"或"语之转"，是指方言词汇中存在着语音
对应的情况，方言词汇的差异在许多情况下只是同一个词因时间地域
变迁而产生的语音有差异的不同变体。如"庸谓之淞，转语也"（卷
三）。郭璞注："今陇右人名懒为淞"，"庸"通"墉"，也就是有些地方
把"庸"说成"淞"，是因为二者是叠韵字，并且都指懒惰无能的意
思。"蠾蝓者，侏儒语之转也"，"蠾"与"侏"双声，"蝓"与"儒"
叠韵。

（2）声训派仿雅之作——《释名》

《释名》是汉代继《方言》之后的另一部仿雅之作，也是第一部
"声训派"仿雅之作，旧题为东汉刘熙所作。《释名》共 8 卷 27 篇，
全书收词 1821 个。其模仿《尔雅》，按事类分篇，这些篇章有的是沿
用《尔雅》的分类。《释名》提出了辞书编纂按"事类""以类求之"
的原则。"如果说《尔雅》按义类编排只见于编纂实践，那么刘熙则
正是从辞书理论角度论述了这个问题，对《尔雅》以来的据类系联的
编排原则作了理论概括。刘熙'事类'编排论，可以说是我国字书义
类编排法的最早理论萌芽。"①

第一，《释名》的收词原则和范围。

《释名》的收词范围不同于主要收录经传典籍字词的《尔雅》，也
不同于主要收录方言词的《方言》，刘熙在卷首自序中说"夫名之于

---

① 邹酆：《中国辞书学史概略》，武汉：湖北人民出版社，2006 年，第 33 页。

实，各有义类，百姓日称而不知其所以之意，故撰天地、阴阳、四时、邦国、都鄙、车服、丧纪，下及民庶应用之器，论叙指归，谓之《释名》，凡二十七篇"。也就是《释名》所要解释的是百姓日常所见所用之词，"下及民庶应用之器"，无所不谈，所收之词比较贴近民用。因此《释名》的内容不与五经内容比附，从根本上摆脱了经文束缚，此收词特点为词典编纂开辟了一个新角度。

第二，《释名》的收词类型。

《释名》除了收录百姓日常所见所用之词外，还收录其他类型的词。

《释名》收录了一定数量的方言及俚语。其中明确标明某某方言的就有 37 条。按其分布范围，多在江北，其中以青徐及齐地为中心而扩展到胡中，及"江淮而南"。关于方言词语的地域分布及次数如下：青徐 10 次，齐 12 次，齐鲁 3 次，宋鲁 1 次，兖州 1 次，兖冀 1 次，兖豫 1 次，豫司兖冀 2 次，扬豫以东 1 次，荆豫 1 次，并冀 1 次，幽州 1 次，汝颍 2 次，关西 2 次，荆州 2 次，江南 1 次，南方 1 次。

《释名》也载录了一些古语词。这些词多是上古遗留下来的名物制度，用汉语解释时多用"今"来标志。据不完全统计，直接标明今语的有 12 处。

《释名》收录反映新事物的词语。例如《释船》："上下重版曰槛，四方施版以御矢石，其内如牢槛也。"按："槛"字产生时代虽早，但用以记录"舰"，则始于《释名》。

第三，《释名》的收词缺陷。

由于没有照顾好收词的系统性和平衡性，《释名》的收词也存在一定缺陷。首先，不收相关篇目的词。《释名》收词以"百姓日称"为主，却没有草、木、虫、鱼、鸟、兽、畜等与日常生活关系紧密的词。胡朴安[①]认为这是一大缺陷，说其"取材不富，漏略殊多"。

---

① 胡朴安:《中国训诂学史》，上海：上海书店，1984 年，第 95 页。

其次，有些篇目本该有的词漏略了。胡朴安指出，"释亲属而不及于夫，释乐器而不及于琴，典艺释诗，有兴赋比雅颂而无风……释州国燕宋郑楚周秦晋赵鲁卫齐吴越备载，而无蜀"。这段话点明了《释名》漏收了一些领域的核心词，如亲属中的"夫"、乐器中的"琴"等。《释名》也没有做好收词的平衡性，如最后一条指出的漏收各国中的"蜀"。《释名》出现上述缺陷，主要是由于"物类众多"，收词不全在所难免，刘熙自己也深知这一点，所以他说："至于事类，未能究备"，意思是二十七篇只是二十七个"事类"，"未能究备"所有的"事类"及其内含。因而他希望"凡所不载，亦欲智者以类求之"。

（三）魏晋南北朝时期词典的收词范围和原则

魏晋南北朝时期是中国辞书的成长时期，也是雅学逐步走向成熟的时期。这一时期的雅书代表作就是三国魏张揖的《广雅》。

《广雅》是一部广续《尔雅》之作，某种程度上可以看作《尔雅》的增订本。它的体例全同《尔雅》，分为 19 篇，前 3 篇主要收录一般语词，后 16 篇为百科语词，全书共 18150 字，所释词语名物共计 2343 事，比《尔雅》收词多出 7000 多字。经王念孙祛衍补脱后，存 17326 字。它是继《尔雅》之后雅学领域最重要的广雅之作，"对后世'雅书'的影响，不仅在于它的通古今之变，辨殊方异俗之言，还在于它与《玉篇》一样，承先启后，起了桥梁的作用"[1]。

1.《广雅》的收词范围

《广雅》的收词范围广，时间上具有多层面性，地域上呈现出广阔性。

《广雅》的编纂宗旨就是为"广《尔雅》之阙漏"，为《尔雅》做增广工作。《尔雅》的材料主要来自经传典籍。到了汉末，训诂范围扩大，各种书籍都有注释，同时随着时代的发展也产生了新词语，《尔

---

[1]　刘叶秋：《略谈汉语辞书的演进》，《辞书研究》，1985 年第 3 期。

雅》收录的词语已不能完全适应时代的发展需要。张揖指出了《尔雅》的不足，"若其包罗天地，纲纪人事，权揆制度，发百家之训诂，未能悉备也"。因此他于《尔雅》所收词语之外，又"参考往籍，遍记所闻"。王念孙在《广雅疏证序》里已写明他所收之词的来源："其自《易》《书》《诗》《三礼》《三传》经师之训，《论语》《孟子》《鸿烈》《法言》之注，《楚辞》、汉赋之解，谶之记，《仓颉》《训纂》《滂熹》《方言》《说文解字》之说，靡不兼载。"《广雅》的收词上至先秦、下至汉魏，时间上具有多层面性，具有进步性。

除了在时间层次上注意收录雅言、古语、今语外，也注意在地域层次上的收词。《广雅》注重各方言区的材料，除了收录中原地区的语言材料外，还收录中原地区以外的西南、南方各地的语言材料，即"八方殊语"，于是在地域上便呈现出广阔性。胡朴安在《中国训诂学史》中说："《广雅》所释故训名物……虽有多数同于《方言》，然汉以后之故训名物，亦颇有之，可以见社会文化进步之迹。"[①] 这使《广雅》成为一部训诂资料之集大成著作，收词范围和数量远远超过《尔雅》和《小尔雅》，顺应了中古时期词汇扩展的时潮。

2.《广雅》的收词原则

《广雅》与《小尔雅》一样，都是为增广《尔雅》而作，其收词原则是只收《尔雅》没有收的词，这一点张揖在《上〈广雅〉表》里面谈到："窃以所识，择撢群艺，文同义异，音转失读，八方殊语，庶物易名，不在《尔雅》者，详录品核。"但是现在通行的《广雅》里面却有一些词是《尔雅》已经收录了的，如《释诂一》的"壤，大也"，"祥，善也"，也见于《尔雅·释诂》;《释言》的"凰，久也"，"凰，乡也"，也见于《尔雅·释言》。对于这些重复的词，一方面可能是由于疏忽而收入；另一方面也有可能是由于收入的是错字或后人

---

① 胡朴安:《中国训诂学史》，上海：上海书店，1984 年，第 95 页。

的增入。

（四）隋唐宋元时期词典的收词范围和原则

隋唐宋元时期是雅学的进一步发展和转型时期，这一时期的雅学著作不再对《尔雅》作全面增广补充，而是"以专雅而广雅"，创出一系列专科类的仿雅之作，雅学开始向专门化方向发展。陆佃的《埤雅》是这一时期出现的较有影响的雅书著作。它模仿《尔雅》后七篇，专门收录动植物名，属于博物类仿雅之作，是雅学转型变革期的重要代表之作。

北宋陆佃的《埤雅》原名为《物性门类》。"埤"就是增补的意思，所谓"《埤雅》者，言为《尔雅》之辅也"，也就是增补《尔雅》名物词语之未备的书。今本《埤雅》20卷，共297条，分为《释鱼》《释兽》《释鸟》《释虫》《释马》《释木》《释草》《释天》等8篇。这8篇之末标以"后阙"二字，可见是一部不完整的著作。《埤雅》主要收录解释名物词，是我国第一部以收录专科词汇为主的辞书，表明了仿雅著作日趋专门化的倾向。

《埤雅》收词范围集中，收词来源广。《埤雅》将草木鸟兽虫鱼等词语从词汇中剥离出来，因此收词范围相对集中于生物领域，成为了我国第一部以收录专科词汇为主的辞书。《埤雅》引书广泛，收词来源广。据范春媛[①]统计，在仅有297个词条的《埤雅》，引征的典籍就有250多种。上自《周易》，下至王安石《字说》，所引古书，不囿于儒家经典，几乎囊括了宋以前经史、诸子以及字书等。同时也采用当时各种典籍对名物进行解释，如徐铉《草木虫鱼图》《本草纲目》等都有引用。

《埤雅》的收词原则是不收一般语词，专释名物词，收词具有实用性。《埤雅》是为增广《尔雅》后七篇所作的书，因此除去《释天》

---

① 范春媛：《陆佃〈埤雅〉评述》，《宁夏大学学报》，2005年第3期。

13 条以外，其余 284 条都是收录动、植物名词，分《释鱼》二卷 30 条、《释兽》三卷 44 条、《释鸟》四卷 60 条、《释虫》二卷 40 条、《释马》一卷 15 条、《释木》二卷 31 条、《释草》四卷 64 条。《埤雅》不收一般语词，但是会在训释名物词的过程中也训释大量一般语词。

《埤雅》虽然标举"埤"《尔雅》，却不释一般语词，主要是仿《尔雅》后 7 篇之体例，只收鸟、兽、虫、鱼、草、木，表明其偏重于考释生活中常见的东西。其进化之处在于比《尔雅》等雅学著作广征博引，解释详明，并且古今至用，名实结合。突破了前代雅学研究性质，不专主注经而向着多元化方向发展，其价值和影响已经超出了作为语文工具书的使用功效。

（五）明清时期词典的收词范围和原则

明清时期的雅学著作主要分为两类，词汇类仿雅之作和综合类仿雅之作。"词汇类仿雅著作主要是对传统语言学中词汇领域的某一特殊词汇现象进行搜集、整理和研究，并仿《尔雅》体例编纂成书。"①明清时期的词汇类仿雅之作是对唐宋时期博物类仿雅之作的进一步发展，是由名物之专扩展到语汇之专，代表作是明朱谋㙔《骈雅》，专释双音词语。"综合类仿雅著作主要是搜集包括普通词语和名物词语在内的各种用语，综而汇之，仿《尔雅》体例编撰而成的著作。"这一时期的综合类仿雅之作较前代的《尔雅》《广雅》出现了新变化，由原来的综合性研究为主向专门性研究为主转变，代表作是明末方以智的《通雅》。

1. 词汇类仿雅之作——《骈雅》

《骈雅》专门搜集古书中"联二为一，骈异而同"双音词语，依《尔雅》体例，分条解释。适应了汉语单节词向双音节词发展的趋势，是继博物类仿雅著作之后，又开雅学词汇类仿雅著作的先河。

---

① 窦秀艳:《中国雅学史》，济南：齐鲁书社，2004 年，第 164 页。

《骈雅》共 7 卷，分为《释诂》《释训》《释名称》《释宫》《释服食》《释器》《释天》《释地》《释草》《释木》《释虫鱼》《释鸟》《释兽》13 篇，共 1799 条，近 4600 个词。《释诂》《释训》以释形容词、动词为主，《释名称》以下，以释名词为主。所收录的双音词，包括双音单纯词和双音合成词两种，还有一些是非词组合。以双音单纯词为主，共 4278 个。

《骈雅》的收词资料来源十分广泛，"经史子流，稗官媵说，罔不搜括条贯"（《骈雅·序》）。从先秦两汉直至有明一代，涉神话歌谣、经本传注、儒家以外的诸子、医农术数杂说、辞赋诗文、小学专著、史乘政书、地理载记及类书等都一一收集。[①] 其征引广博，条理赅备，解释清晰易晓。胡扑安称《骈雅》"非字之训诂，是辞之训诂也"，"在明人著作中，与方以智之《通雅》同为不可多得之书也"。

《骈雅》的收词以搜辑古书文句冷僻深奥的双音词为原则，习见常用者多所不录。"谋埠淹通典籍，其《一斋书目》所载，往往为诸家所未窥，故征引详博，颇具条理，非乡塾陋儒捃拾残剩者可比"（《四库全书总目》）。因此其收录的词语，相当一部分属于僻怪典奥一类，出处既偏，使用又窄，有的甚至仍为当今重要的大型辞书所未收。如《释鸟》《释兽》卷中许多鸟兽的名称，十分怪异，有些可能来自民间传说，或是神话传说中的精怪。这是朱氏"所见异辞，所传写异辞，皆不删废"的原则所致。

《骈雅》在收词上也存在许多缺陷，如缺少收词的系统原则，有些明显的联绵词不曾收入。如《释训》中仅收"蹢躅，踌躇、跢跦，犹豫也"，而不收"彳亍""踟蹰""踯躅"等词，这里看不出取前舍后的依据来。另外，《骈雅》的科学性原则也贯彻不彻底，收入一些随意骈合的联绵词。如将《方言》卷"轸，戾也，"合成"轸戾，忓

---

① 　肖惠兰：《〈骈雅〉探综》，《〈文献〉丛刊》，1979 年第一辑。

逆也"。

2. 综合类仿雅之作——《通雅》

《通雅》是一部就《尔雅》而仿雅的新型综合性仿雅之作。它与此前的广雅、仿雅之作相比，《通雅》对百科词语的分类大不相同，并且对各种语词进行广泛精密地考释，释词体例和方法都有显著不同，已偏离了雅书汇释词语的轨道，从根本上改变了《尔雅》以来的雅书体系和结构。

《通雅》共 52 卷，卷一至卷二为《疑始》，专论古篆古音。卷三以下分为 20 类，分别是《释诂》《天文》《地舆》《身体》《称谓》《姓名》《官制》《事制》《礼仪》《乐曲》《乐舞》《器用》《衣服》《宫室》《饮食》《算术》《植物》《动物》《金石》《谚原》。其分类与《尔雅》大不相同，分目更细，在内容广度和思想深度上大大超出了《尔雅》及以前著作。

《通雅》主要在于"辨当名物"，收词范围涉及社会生活的方方面面。引书之多，堪称一部百科词典。其收词范围是"以经史为主，旁及诸子百家、以至志怪小说、谶纬歌谣、方言俗语，探索书山，寻访乡邑，放眼域外"。内容丰富，解释精当，考辨详明。引书都注明出处，体例谨严。因此《通雅》的收词几乎无所不包，而其"寻访乡邑"和"放眼域外"的做法与眼光让《通雅》的收词较前代有了进步。

首先是"寻访乡邑"，重视方言俗语的收录。方以智在《通雅》中专辟"谚原"一节来专门收集、训释方言俗语。所谓"引据古今，旁稽谣俗，博而通之"，方氏专列《谚原》篇专门收集方言俗语，这在雅学史上，是一个重大进步。

其次是"放眼域外"，会通中西以论学。《通雅》编纂于明末，处于西学东渐的时代，《通雅》中还吸收了一些"西学"的内容，这也是《通雅》不同于此前雅书的地方。《通雅》中有 10 多处资料是征引自域外。如卷十一《天文》中，他提到利西太（即利玛窦）历说，指出"今之法密于古""西图前所未有"。另外，方以智主张汉字应像西方一样简化，他说："太西氏十字皆一画，作1、2、3、4、5、6、7、8、9、0，不烦两笔，亦取其简便耳。"

清代以后，是雅学的兴盛时期。雅学研究的各类著作纷纷出现。这一时期的广雅之作如夏味堂的《拾雅》，是补《尔雅》《小尔雅》等诸"雅"而作之雅书；刘灿的《支雅》另立《释词》《释学》《释礼》等10篇，为《尔雅》支脉，补《尔雅》之缺。仿雅之作如洪亮吉的《比雅》，则采集经传子史中的传注和各种故训，仿《尔雅》体例收录意义相同、相近、相对、相关的词语，排比编次；史梦兰的《叠雅》，专门收录叠音词；吴玉搢的《别雅》，专门搜集经史子集中字形歧异而音近义通的词语；朱骏声的《说雅》，将《说文解字》中的字，条为系贯；程先甲的《选雅》，是解释《昭明文选》中的词语；吴东发的《石鼓尔雅》，是解释石鼓文字等。这些雅学著作都有明确的编纂宗旨来收录词语。总之，这一时期的雅学研究者众多、雅学著述丰富、研究范围广泛、研究方法相对科学，取得了前人无法比拟的成就。

（六）近现代时期词典的收词范围和原则

近现代时期，词典的编纂主要是以大型综合语文词典《辞源》《辞海》以及中型语文词典《国语辞典》为代表作。《辞源》是由陆尔奎、方毅等主编，1915年由商务印书馆编印，1931年又出《辞源》续编，全书收单字11204个，复音词87790个，合计词目98994条。《辞海》由舒新城、张相等编成，1936年由中华书局出版，收单字约1.3万，词语约10万条。《国语辞典》由黎锦熙、董理、汪怡任主编，1937—1945年由商务印书馆分册出版，共8册，收词约10万条。

1.《辞源》

《辞源》是近代中国第一部大型的"现代化"辞书。它"综合古代字书、韵书、类书为一编；并博采当代外国词书之长，首创新体例；

其内容范围之广，为以前的字书所未有"①。《辞源》在收词方面的突出特点主要有两点。

首先，《辞源》确定了"以字率词"的辞书编纂体制。全书选取单字为字头，在单字字头释义之下大量罗列以这个单字为字头的古今复词。它将词作为能够独立运用的最小语言单位来研究。从词目单位角度看，《辞源》既收录词，又收录一部分非词组合。

其次，《辞源》收字、收词重实用，注意结构平衡。一是收字注重平衡性。古代字书的编纂主要是"辑录"现成文字汇集成书，所收之字很多是不常用的异体字、罕见字、冷僻字等。《辞源》在编纂辞书时，掌握在罕用，而非罕见，收字 15876 个，这些都是自《说文解字》以来辞书所没有过的。二是收词也注重平衡性。以宗教词汇为例，对在我国有重大影响的世界三大宗教，每种宗教都有词条，道教也有相等应的词条。近代科学的术语，包括自然科学和社会科学，搜集得也非常均衡，是近代词典的典范。

2.《辞海》

《辞海》全书共收词目近 86000 条，它是最早的比较系统地阐述了综合性辞典的收词原则和范围的辞书。1936 年版的《编辑大纲》对词目选收的范围作了 8 条具体的规定："1. 旧籍中恒见之辞类；2. 历史上重要之名物制度；3. 流行较广之新辞；4. 行文时习用之成语故典；5. 社会上农工商各业之重要用语；6. 行文时常用之古今地名；7. 最重要之名人名著；8. 科学文艺上习见习用之术语。"此外，《大纲》还指出，"凡有关于修学操业之所需，不能归入上列各纲者，亦时时兼筹并顾"。并且还提出了"概所不录"的词目，一是"不烦解释者"，二是"过高过僻者"，但是对"骤观易解，细按难明"的辞类，它仍要求收录注解。

---

① 刘叶秋:《中国字典史略》，北京：中华书局，2003 年，第 234 页。

3.《国语辞典》

《国语辞典》是在"国语运动"的推进下产生的。其收词以白话词语为主，也收录很多待查考的古语词和新从宋元白话作品中收集的语词。它首创音序排检法，以"正音"和"写定词形"为特点，在收词立目上具有创新性。

首先，收词注重描写性，广泛收集白话口语词。《国语辞典》以前的辞书，大多收录的是书面语词，对口头上的词语关注不够，而《国语辞典》则在书面语的基础上，广泛收集白话口语词，成为"我国第一部以古今常用词为主，以现代汉语正在使用的动态词为主要对象的描写性词典"，"开启了现代汉语描写性语文辞书编纂的先河"[1]。词典中收录了大量的口语词，如"打"字条下就收录了"打哈哈""打呼噜""打伙儿""打价儿""打马虎眼""打鸣儿""打蔫儿""打胎""打杂儿""打总儿"等口语词。

其次，收词具有科学性，以词位为收词主体。《国语辞典》在凡例中指出"本书所收之辞，包括单字（即单词）、复合词及成语，以普通适用为标准"，此收词原则是在复音词大幅增多，我国对字词理论进行探讨后的结果。《国语辞典》把词作为收录单位来处理的方法，体现了在语言学理论指导下的收词的科学性原则。

（七）当代词典的收词范围和原则

当代，我国辞书事业得到突飞猛进地发展，词典的收词也在语言学与词典学理论的指导下，更加科学合理。这一时期辞书的代表作主要有综合性词典——修订本的《辞源》《辞海》、大型语文词典——《汉语大词典》以及中型语文词典——《现代汉语词典》。

---

[1] 王宁：《论辞书的原创性及其认定原则——兼论〈现代汉语词典〉的原创性和原创点》，《辞书研究》，2008 年第 1 期。

1. 修订本《辞源》《辞海》

按照国家规定，为了使《辞源》《辞海》避免重复，分工更合理，开始对其进行修订。《辞源》于 1975 年开始修订，1983 年出齐四个分册，称为新《辞源》，1999 年又重新修订；《辞海》于 1959 年至 1979 年进行修订，并由上海辞书出版社出版，分为上、中、下三册，1989 年又出修订本。

《辞源》在修订时确定了"以语词为主，兼收百科，以常见为主，强调实用，结合书证，重在溯源"的修订方针，修订成一部专门的古汉语词典，主要为阅读古籍而用。全书共收录单字 12890 个，复词 84134 条，共计 97024 条，收词范围确定为 1840 年鸦片战争以前的词语，删去了有关近现代自然科学、社会科学等过于专门的百科词语，增加了阅读古籍用的一般词语。《辞源》侧重古汉语语词的溯源及演变，所收词目较为专深，所收词汇以古汉语中的一般语文词汇为主，兼收诸如人名、地名、书名、文物典章制度等类古汉语中的"百科"词汇。"增加的词目约占 10%，删去的词目占 3%。"[①]如"女"部，原收 217 个。现补充了"婳"等 39 个词，少数是人名，多数是语词，都是必要的。

《辞海》意在修订成重在百科词目、兼收语文词目的大型综合性辞典。因此在修订时主要扩大百科词范围，增收大量语词。《辞源》修订本收单字 14872 个，选收词目 91706 条，涉及 120 多个学科，普通语词约占 35%，百科性词目约占 65%。1982 年又出版了《辞海·增补本》，补充了三卷基本没有收录的语词和百科词语，语词部分有 15730 条，百科部分有 2281 条，内容更为充实。1989 年的修订本，词目增至 12 万余条，增加了百科词语的比重，普通词语也有相当分量。注意增补了近年新出现的学科及其分支门类的词目，不确切、不

---

① 孙炜：《浅谈〈辞源〉与〈辞海〉》，《语文知识》，1998 年第 7 期。

完善之处也做了修正。

2.《汉语大词典》

《汉语大词典》由罗竹风主编,1975 年始编,1986 年开始分卷出版,全书 12 卷,附录 1 卷。共收字 22000 个,词语 37 万条,是目前为止最大的一部汉语语文词典。

《汉语大词典》是按历史原则编纂的大型语文工具书。其收词原则不同于《辞海》《辞源》,它的编纂方针是"古今兼收,源流并重",力求全面和完备,其收词具有历史性、科学性和价值性原则。

第一,收词的历史性,体现在"古今兼收,源流并重"的编纂方针。《汉语大词典》共收词目 37.5 万余条,其中单字约 3 万条,共5000 多万字。它将先秦至近代的 3000 多种主要典籍以及现当代优秀作品作为资料,精选其中的 200 多万条作为词典收词、释义的依据和例证。全面收集了汉语从古至今的词语,包括单字、复音词、词组、熟语、典故、通用的专科词语等,同时对于各种词语的变体也都广泛收录。如既收"比肩继踵",也收"比肩系踵""比肩接踵""比肩随踵"等,这既保存了丰富的语言资料,也利于读者检索。

第二,收词的科学性,体现在《汉语大词典》的收词是有目的、有系统的,绝不盲目搜罗,一味求全。

《汉语大词典》制定了明确的收词范围和收词原则:"音义明确,并有用例的予以收列;常用词广泛收列;冷僻难懂的酌予收列;普遍使用的新词注意收列;通行范围较广、使用频率较高的专科词语适当选收;意义有引申转换的自由词组和见于重要作家作品,有一定使用频率,难以划分词或词组界限的词组应予收列;固定词组一般应予收列;通行范围较广、见于一般作品的方言词应予收列"。可以看出,《汉语大词典》不仅从词的属性上规定收录范围,还从语言单位角度专门探讨。其收词单位包括了各级语言单位。

第三,收词的价值性。它是指《汉语大词典》主要收录对于读者来说有翻检、查阅价值的词语，主要体现在以下方面。

首先，从词目单位划分角度看其价值原则。就单字来说，《汉语大词典》主要收列有音有义，而且有书证可引的字，包括常用字和冷僻字、繁体字和简化字，共约 2.2 万个。仅见于字典、词典、韵书而无其他书证可引的单字，除属于今本古籍异文或训诂学家作为考释词义依据的，一般不收。对于词组（也称短语）而言，《汉语大词典》在《收词原则》中分为固定词组和自由词组两类，并指出熟语多数是固定词组，是语言词汇的成员，包括惯用语、成语、谚语、格言、歇后语等。《汉语大词典》对于固定词组的收词原则是：如果没有诠释价值，即使是词和固定词组，也可以不予立目；如果有诠释价值，则可以不限于词和固定词组给予立目。而自由词组原则上是不收录，却又不是绝对不收录；对于一些大于词组单位的条目，如古诗文中的一些"词藻"性条目，仅收录常见的，已经成为汉民族语言的共同遗产、有历史性并为大家所承认的词藻，冷僻的或者"见词明义"的就不宜收列。

其次，从词汇类型角度看其价值性。一是专科词语的收录。《汉语大词典》是一部大型语文词典，它与专科词典有着明确的分工，所以只适当选收一部分在古今汉语中通行范围较广、使用频率较高，而且已经进入一般语词范围的专科词语。"习见常用"是专科词语选收的重要原则，出现频率高，有例句，就可引收，否则就予以删除。二是方言词的收录。《汉语大词典》把方言词（包括单字和短语）分为"现代方言词"和"古代方言词"两类，规定现代方言词收录的原则是"通行范围较广的大方言区"和见于"重要作家的著名作品"的方言词。至于古代方言词，则规定："见于一般作品而有例证可引的，应予收列。""仅见于某些用方言编写的俗文学作品中的方言词，不予收列。"其指导思想是"古宽今严"。三是外来词的收录。《汉语大词典》规定："早已进入古籍或近现代作品而成为一般词语的，应予收列。""至今未为意译词代替的音译词，在现代一般著作或翻译作品中常见的，应予收列。""音译词的不同形式，其中比较重要，在历史上曾经广泛流行过的，可作附条收列。"由此可见，《汉语大词典》根据价值原则进行取舍，以保证语言的纯洁和健康。四是新词的收录。《汉语大词典》规定："对于近年来报刊上出现的已经普遍使用的新词，应注意收列。"这说明《汉语大词典》对新词的重视。至于不稳定的词语和某些个人新造的语词，都严加选择，不宜收录。

当然，《汉语大词典》的收词也存在许多缺陷，如漏收的情况。据曲文军[①]统计，《汉语大词典》漏收一些在中型语文词典《现代汉语词典》已经收录并且使用已久的现代汉语词汇，如"粉尘""粉丝""粉条""粉皮""结仇""结扎""结石""结束语""茶碱""茶盘""茶亭""茶锈"等。按其抽样调查的比例，《汉语大词典》平均漏收词目在30%以上，个别的字头如"嫖"和"捐"等，漏收词目则达75%以上，这些漏收词目主要集中在近现代著作中。虽然数据有待商榷，但能反映出《汉语大词典》收词的确存在一些问题。《汉语大词典》在资料的收集上，现代汉语词语与古汉语词语相比，显得有些薄弱，时代色彩不够鲜明，这些都有待于今后的修订和增补。

3. 中型语文词典——《现代汉语词典》

本时期编纂出版了一大批普通语文性词典，在大量语言学研究成果的指导下，这些词典的编纂水平有了整体提高。其中学术成就最高、使用范围最广、影响最大的词典就是1978年商务印书馆正式出版的《现代汉语词典》。

《现代汉语词典》是一部以确定词汇规范、推广普通话和促进汉语规范化服务为宗旨的中型语文词典。自1958年开始编纂，1978年

---

① 曲文军:《〈汉语大词典〉漏收词目调研报告》,《浙江树人大学学报》,2005年第1期。

出版。从正式发行以来，经过多次的修订，先后出版了第 2 版（1983年）、第 3 版（1996 年修订本）、第 4 版（2002 年增补本）、第 5 版（2005 年）、第 6 版（2012 年）、第 7 版（2016 年）。这部词典体现了我国编写描写性、规范性现代语言词典的重大成就，在社会上产生了广泛影响。

（1）《现代汉语词典》的收词原则

《现代汉语词典》在编纂之前就制定了详细的编写细则，其中就涉及收词原则。《现代汉语词典》是为"推广普通话和促进汉语规范化"服务的，因此总的收词原则应是"普遍性""规范性""稳定性""平衡性"原则。围绕这些总原则，它对每一类词以及单位都制定了详细的收词原则。

第一，收词的现代性。《现代汉语词典》是一部以反映现代词汇面貌为特点的共时词典，现代汉语的标准语言或说国家通用语，是普通话，因此《现代汉语词典》收录的词语主要以普通话语汇为主体，它是第一本按照普通话的定义，从原始材料收词的词典。其收录的词汇的来源主要是"五四"以来的作品，包括重要作家的文艺作品、全国性的重要报刊和通俗读物、中小学课程所涉及的学科等，具有现代性。在《现代汉语词典》编写细则（修订稿）中对各类词的收录中详细体现了这一点。如文言词选收"现代书刊中出现的"，成语也选收"现代常用的"，所收单字也是"现代单用的"。

第二，收词的规范性。《现代汉语词典》的编纂是以词汇的规范化为目的，其任务就是"促进汉语的规范化"。《现代汉语词典》的规范性原则是全方位的、科学的，在收词上体现在对"异体字""异形词"的收录上。一方面，《现代汉语词典》对国家已颁布的相关规范标准全面贯彻执行；另一方面，又对现有规范标准与语言实际相违的少数情况进行妥善处理。如《现代汉语词典》的收字总体上是严格根据《第一批异体字整理表》中的字进行立目的，但对于表中处理不当的字，能兼顾学术和语言实际作一些变通，仍然立为条目。《第一次异体字整理表》中，有 26 个淘汰的异体字在 1986 年修订发表的《简化字总表》中又被重新确认为规范字，其中 23 个字在《现代汉语词典》中一直是作为规范字立目的。这充分体现了《现代汉语词典》的学术前瞻性眼光。对异形词的处理，《现代汉语词典》也持同样的态度。2002 年的《第一批异形词整理表》中有 338 组异形词，《现代汉语词典》第 5 版将表中的推荐词形都作主条立目，非推荐词形在后面加圆括号作副条。而对于表中附录部分收列的 44 组非规范字的异形词，只调整了其中的个别条目，大部分维持原貌，以免在《规范汉字表》出台后来回反复，给读者带来麻烦。

第三，收词的系统平衡性。词汇是有系统的，语文词典都是对整个词汇系统进行基本或全面的观照。《现代汉语词典》收词的系统平衡性，体现在对配套词的收录上。首先是宏观上的横向系统平衡原则。横向系统平衡，"就是指字头与字头之间，还有各纵向系统的条目之间的关系"①。《现代汉语词典》系统地把握了配套词之间的语义关系，从不同角度全方位考虑词汇的平衡及相关照应问题。如处于顺序义场的词语"春天、夏天、秋天、冬天""仲春、仲夏、仲秋、仲冬"等词语一并收入。其次是微观上的纵向系统平衡。纵向系统平衡，"主要指词典的字（词）头与其所统领的条目之间的关系，也包括所属条目之间的关系"。它要求字头必须与统领的条目相应，以免抵牾和不必要的重复。

第四，收词的词语竞争原则与实用性原则。词语竞争原则是指"《现代汉语词典》以词频为依据，在充分描写备选词语各自的分布规律后，主要收录高频的、常见通用的词"②。这一原则实际上也是收词

---

① 李建国：《论语文词典收词释义的系统与平衡》，《辞书研究》，2005 年第 3 期。
② 张春泉、刘雪芹：《〈现代汉语词典〉宜收"致哀"条——兼谈词典收词的词语竞争原则》，《汉语学习》，2004 年第 2 期。

的实用性原则。《现代汉语词典》在《编写细则》中明确指出"选录词汇应以普通语汇为主体。一切使用范围有限制的词汇是次要的，应该酌量选收，以供参考，但是绝不能泛滥无归"。《现代汉语词典》将普遍常用的核心词汇作为收录主体，而对那些外围词汇的收录，总体也以普通常见为原则。如方言词选收较常见、使用地区较为广泛的；专科词选收一般专著、通俗读物和课本中常用的以及与人们日常生活关系密切的。这样的标准正与《现代汉语词典》这一规范化词典的性质相合。

　　第五，收词的稳定性。词汇是不断变化的，但从 7 个版本《现代汉语词典》的收词数量来对比，可以反映出《现代汉语词典》的稳定性。7 个版本收词数目差别不大，总体上呈增多趋势。1978 年第 1 版收词约 5.6 万条；1983 年第 2 版主要是为了消除"文革"残存的影响，对第 1 版作了很少量的改动，也收录了约 5.6 万条；1996 年第 3 版进行了较大规模的修订，增收词语多达 9000 多条，但为了保持中型规模，也相应地删去了约 4000 条，收词 6 万条；2002 年第 4 版增补本增收了近些年来产生的新词新义 1200 余条，附在词典正文的后面，收词约 6.1 万条；2005 年第 5 版在修订中，又增收词语 6000 余条，删去过时词语 2500 余条，收词 6.5 万条。2012 年第 6 版《现代汉语词典》增收词语 3000 多条，现搜集到字母 A 到 Z 下所增词语 3151 条；2016 年第 7 版《现代汉语词典》增收近几年涌现的新词语 440 多条，增补新义近 100 项，删除少量陈旧和见词明义的词语；根据读者和专家意见对 700 多条词语的释义、举例等做了修订新增。据已有统计数据，7 个版本《现代汉语词典》同时收录词语占全部收录词语的约 70%。《现代汉语词典》收词对稳定性原则把握很好。《现代汉语词典》在增收新词语和删除旧词语的态度上也反映了稳定性原则。《现代汉语词典》在选收新词时主要考虑词语在相当长时间内是否一直在使用，是否具有较强生命力。而淘汰旧词语就考虑是否已经过于古、过于旧而很少使用或没有了收录价值。

（八）汉语词典收词范围和原则的发展演变规律总结

汉语词典的发展源远流长，从词典的收词立目上看，汉语词典的编纂可划分为古代时期和现当代时期。

1. 古代时期

古代词典的收词，从总体来说是在《尔雅》开创的收词传统上发展演变的，收词一脉相承，缺少创新性，其收词没有明确的原则。

第一阶段是先秦两汉至魏晋南北朝时期。这一时期的词典是在以《尔雅》开创的收词传统上发展演变的。从收词范围上来看，这一时期辞书的收词范围不尽相同。《尔雅》及广雅之作是为经学服务的，因此其收词主要以经传典籍上的书面语为主，它们代表了这一时期词典收词的主流，并影响了以后辞书的收字、收词。而仿雅之作《方言》和《释名》则在主流中有所逆转，它们注重实用性，出现了以方言俗语、人们口头出现的活的语言为收录对象的转变。这表明辞书不完全受解经的限制而面向全民的社交生活了。不同的收词范围反映了我国辞书从一开始就体现出形式多样、各成体系、内容丰富、源远流长的特点。从收词原则上来看，《尔雅》是兼收一般语词和百科语词，这一时期的雅学著作也遵循此收词传统。广雅之作《小尔雅》和《广雅》都是在《尔雅》的体例下增收的。仿雅之作《方言》和《释名》的收词也是兼收这两类，只不过侧重点不同。

第二阶段是隋唐宋元到明清时期。此阶段的词典在模仿《尔雅》的基础上有了进一步发展，人们开始对不同领域的用语进行系统地研究，雅学开始向专门化方向发展。专科类仿雅之作都是以《尔雅》开创的某一领域为收词对象的。如《埤雅》《尔雅翼》主要收录百科词中的动植物名，《骈雅》主要收录一般语词中的双音词。新型的综合性广雅之作——明清时期的《通雅》则向着百科词典的方向发展。这一时期的词典不能算是典型的语文词典，但它们是与《尔雅》一脉相承的，也为后世辞书类型的多样性奠定了基础。

2. 现当代时期

这一时期各种类型的辞书得到了迅速发展，汉语词典完成了从传统语文类辞书类型向现代语言学理论为指导的现代语文辞书的过渡和转变。不同类型的词典在收词时根据编纂宗旨和规模，制定了详细的收词原则。其收词不仅从总体上规划，也从微观上详细探讨。

首先，词典的收词范围开始从以书面语材料为主到书面语、口语资料并重的转变。这个转变首先是以《国语辞典》为代表的。《国语辞典》在白话文学书面语的基础上，广泛收集白话口语词，以现代汉语正在使用的动态词为主要对象的描写性词典开始形成。后来的《现代汉语词典》也是以"普通语汇"为收录对象。

其次，不同类型的词典开始根据自己的编纂宗旨来收词。这在词典不断修订的过程中尤为明显。1915年的《辞源》和1937年的《辞海》都是大型综合性语文词辞书，兼收一般语词和百科语词，二者的收词原则差别不大。二者在修订的时候作了明确分工，《辞源》在修订时确定了"以语词为主，兼收百科"的修订方针。而《辞海》则是"重在百科、兼收语词"原则，使得二者的收词有较大差别。而《汉语大词典》作为一部大型汉语语文工具书，其收词不同于《辞海》《辞源》，其编纂方针是"古今兼收，源流并重"，力求全面和完备。中型语文词典《现代汉语词典》的编纂宗旨是"推广普通话，为汉语规范化服务"，因此其收词具有普遍性、规范性、稳定性等原则。

再次，这一阶段的词典是在语言学理论的指导下收词的，词典的收词进一步细化和科学，最先体现在词典以"词"为收目主体思想的确立。这一思想是在探讨"字本位""词本位"理论的语言学背景下形成的，字典与词典开始有了明确分工，确立了字典以字为主要收录对象，而词典则以"词"为主要收录对象，兼收字、词组等其他语言单位。这一思想的集中体现就是《辞源》"以字带词"体例的开创。同时由于词汇学的发展，人们对词汇的划分也逐渐科学，不同的词典开始对各种不同类型的词汇制定详细的收词原则，如《现代汉语词典》在编写细则中专列"语汇"一节，规定不同类型语汇的收录。另外还根据系统观的思想确立词汇的系统性原则，注重词汇收录的相关照应。

二、汉语词典对一般语词和百科语词收录的发展演变

综观自古至今，我国辞书都有兼收一般语词和百科语词的传统。早在先秦童蒙识字课本就有此传统，如《急就篇》在收录常用语词的同时，提出"罗列诸物名姓字"，把"诸物"收列在内。字典的源头《说文解字》在序言中指明了其收字范围是"世间人事，靡不毕载"，词典源头《尔雅》则是第一部大规模收录一般语词和百科语词的词典。自此，汉语辞书兼收一般语词和百科语词逐渐形成了相因沿习的编纂条例，而尤以语文词典体现得最为明显。

（一）汉语词典兼收一般语词和百科语词的原因分析

词典之所以要适当收录百科语词，主要基于以下方面。

首先，一般语词和百科语词不能截然分开。汉语词典是向全民提供足资应用的社交与生活词语（口头与书面），以满足日趋活跃的社交活动的需要。从词语使用的角度来看，一般语词为人们所普遍使用，出现频率高，而百科语词则较多为从事某些专科领域的人员使用，但二者不能截然加以分割。一些百科语词本身就具有较高的使用频率，成为汉语词汇中的基本词汇，如与人们生活息息相关的天地日月、山川草木、典章制度等百科词。同时，大量的百科语词已经进入人们的日常生活，人们读书、写字总要使用或查阅这些词语，这当然需要词典对它们有通俗的解释，如"卫星、蛋白质、维生素、条件反射、连锁反应、公斤、克、安培"等。而很多百科词也多是来自口语的，如"加、减、乘、除、土地、森林"等，它们都可以在有关的语文词典里得到科学解释。

其次，随着时代的发展，人们对世界的认识更深入，一些在古代被统一解释的单字到现代成了百科词，如"心、脑、江、海、丘、源"等，分别属于生物、地理等不同学科。这些自古至今传承下来的词仍然应成为语文词典解释的对象。

再次，在现代汉语中，一词多义的现象很多，一些词的其中一个或几个义项属于百科义项。如"且听下回分解"的"分解"，现为"化学反映类型之一"。古书上说的"革命""阶级"，在近代的社会学家对阶级社会进行了充分的研究以后，便赋予了它们以新义。因此，汉语词典应收录一些百科词语，并且处理好百科词语的收录。

（二）汉语词典对一般语词和百科语词收录的发展演变

汉语词典兼收一般语词和百科语词的传统发端于《尔雅》，并在以后一脉相承，古代的广雅之作把这种继承性体现得最明显，如两汉时期的《小尔雅》和魏晋南北朝时期的《广雅》，它们都以分类成篇、聚类成条、以类相从等的类聚方式，诠释了大量的百科语词。而仿雅之作，特别是隋唐宋元以后的雅学著作，主要是在《尔雅》的基础上由综合性辞书向专门性辞书的方向发展，因而一般不兼收此两类词。到了现当代时期，汉语词典编纂进一步发展，词典类型也呈现出多样性，不同规模和类型的词典也开始从科学的角度，对汉语词典应不应该收录百科语词、收录多少才合理、收录什么类型的百科语词等做了探讨。

1. 先秦时期词典对一般语词和百科语词的收录

这一时期我国词典的代表作就是《尔雅》。它开我国词典兼收一般语词和百科名词的传统，以沟通古今、齐一殊言为宗旨，按事类分篇，按义类分组，使一般语词与百科语词分别部居，不相杂厕，词语分类以此为始。

《尔雅》共19篇。前3篇和后16篇所收的词语不同，前者所收基本是抽象意义的词语，即属于一般语词（普通语词、通用词、通名）范围内的，后者所类聚的词基本是有具体意义的词语，属于百科语词（名物词、专用词、专名）的范围。

前3篇《释诂》《释言》《释训》是古代文献词语的汇编，主要解释一般语词。孔颖达《毛诗正义》引《尔雅·序篇》云："释诂释言，通古今之字，古与今异言也；释训，言形貌也。"《释诂》主要是以今语解释古语的，包括古方言、古雅言、古疑难词语等，如："卬、吾、台、予、联、身、甫、余、言，我也。"《释言》主要是训释古语、方俗语，或者训释当时产生的新词、方言词。如："增，益也。"郭璞注："今江东通言增。"《释诂》《释言》主要解释单音节词，而《释训》主要是"言形貌也"，所释多为形容写貌之词，包括叠音词、联绵词，兼及少量诗句。如："明明、斤斤，察也。""祁祁、迟迟，徐也。"

后16篇载词与篇的分类标准如其篇名所示，是按16个大的义类来分聚词语的，分别为《释亲》《释宫》《释器》《释乐》《释天》《释地》《释丘》《释山》《释水》《释草》《释木》《释虫》《释鱼》《释鸟》《释兽》《释畜》16篇，篇下又以类相从或分成若干类，基本上做到了分别部居，不相杂厕。这16篇所收的基本上都是百科语词。如《释亲》一篇所类聚的是亲属称谓词，除了父、母、兄、弟、姐、妹、姊等极少数词可以归入一般通用语词外，其余的都是反映封建社会宗法制度的一套称谓。《尔雅》按一般语词和百科语词分类的方法，"实具有了通用词词典和百科名词辞典的规模"。

（1）《尔雅》中一般语词和百科语词数量的分析

《尔雅》条目总数各家统计不完全一致，主要是因为后16篇中有一些是断为一条还是分为两条，见仁见智。下面我们看几组比较有代表性的观点。

首先是徐朝华今注本统计，具体如下所示^①：

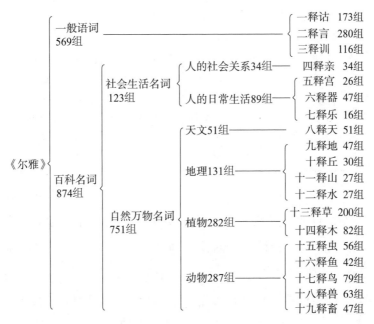

图 2-1 《尔雅》收词统计

由上图我们可以看出，其统计的《尔雅》共收词 1443 组，其中前 3 篇一般语词收 569 组，占总数的 39.4%。如果是按词划分的话，其数量应该更高。

胡朴安、殷孟伦统计的《尔雅》共收录 2091 个条目，4300 多个词，其中前 3 篇一般词语的条目是 617 组，约占全书总数的 29.51%，词数共有 2000 多，约占全书总数的一半，如下表所示。

---

① 高小方：《中国语言文字学史料学》，南京：南京大学出版社，2005 年，第 161 页。

表 2-1 《尔雅》词条统计表

		篇目及组数
《尔雅》	前 3 篇（617 组）29.51%	《释诂》182 组、《释言》306 组、《释训》129 组
	后 16 篇（1474 组）70.49%	《释宫》88 组、《释亲》95 组、《释器》128 组、《释乐》36 组、《释天》137 组、《释地》67 组、《释丘》49 组、《释山》50 组、《释水》56 组、《释草》231 组、《释木》114 组、《释虫》82 组、《释鱼》60 组、《释鸟》115 组、《释兽》70 组、《释畜》96 组

　　蔡声铺[①]统计的《尔雅》一书共有 2047 条，按内容可以分为社会科学类、自然科学类和应用科学类三大类。其中社会科学类共 4 篇，即上卷 3 篇《释诂》《释言》《释训》加《释乐》，共 737 条占全书的 36%；应用科学类包括《释宫》《释器》2 篇，为 214 条，占全书的 10%；自然科学类包括自《释天》起至《释畜》的最后 12 篇，为 1096 条，占全书的 54%。这是从百科全书的角度来统计的。我们可以借助其数据统计前 3 篇与后 16 篇的比例，其中前 3 篇共有 607 组，约占全书总数的 29.65%。

　　管锡华[②]统计的《尔雅》共收录 2219 条。前 3 篇是以通语易词解释古语、方言及疑难的词，3 篇共收 623 个训列，占 2219 个训列的 35.8%；后 16 篇有 1596 个。如果从词目数目来看，所占的比重更大。

　　由此可见，兼收一般语词和百科语词的传统由《尔雅》开始，对以后辞书编纂以及词汇的分类产生了较大的影响。其对词语类分的方法和它所分的 19 篇，已初具范畴理论的思想。

---

① 蔡声铺:《〈尔雅〉与百科全书》,《辞书研究》,1981 年第 1 期。
② 管锡华:《尔雅研究》,合肥: 安徽大学出版社,1996 年, 第 32 页。

2. 两汉时期词典对一般语词和百科语词的收录

这一时期词典的代表作是仿雅之作《小尔雅》。它是《尔雅》的增补之作，其收录的词汇主要是对《尔雅》的增补，其中《广诂》《广言》《广训》是广《尔雅》前 3 篇，《广义》《广名》是广《尔雅·释亲》，《广服》《广器》是广《尔雅·释器》，《广物》是广《尔雅·释草》《尔雅·释木》，《广鸟》《广兽》是广《尔雅·释鸟》《尔雅·释兽》《尔雅·释虫》《尔雅·释鱼》。后 3 篇《度》《量》《衡》则完全是新增内容。全书约 1930 字，收词 628 个。《广诂》《广言》《广训》主要收录普通语词，收条 230 个，收词 467 个。后 10 篇主要收录百科语词，收条 68 个，收词 161 个。分别占全部词条数目的 74% 与 26%。《小尔雅》所增加的内容基本都是《尔雅》及其他辞书所不备的，对于研究古代语言、名物等都有重要价值。下面对《小尔雅》的新增内容进行说明。

（1）对普通语词的增收

《小尔雅》前 3 篇与《尔雅》篇目相同，主要是对普通语词的收录。《广诂》《广言》是《小尔雅》中收词最多的 2 篇，据梁红[①]统计，《广诂》收词 220 个，《广言》收词 225 个，约占全书收词总数的 71%。《广训》相比前 2 篇收词较少，收集了普通语词中比较特殊的一些语词，如合声词、叹词、句首发语词等。此外，还收录了少数词组乃至经典文句的注释。下面对《小尔雅》前 3 篇具体的增补情况进行说明。

前 3 篇主要是增收新事类。《广诂》新增条目的情况，胡朴安[②]在《中国训诂学史》中有详细论述：“《广诂》共计 51 条。'大、治、高、近、美、多、法、易、进、久、因、止、疾、余、事' 15 条，《尔雅》

---

① 梁红：《〈小尔雅〉述评》，辽宁师范大学硕士学位论文，2006 年。

② 胡朴安：《中国训诂学史》，北京：商务印书馆，1998 年，第 68 页。

所有，余 36 条，皆不见于《尔雅》。"《尔雅》所无的 36 条，多为新事类。在《广诂》篇中增释了《尔雅》所没有的颜色类词语，即黑、白、赤三条，"玄、黔、黝，黑也""缟、皓、素，白也""彤、骍、赪、缊，赤也"。《小尔雅》把这一类别词语归入普通语词范畴，这显示了我国古代对标志颜色词语的特殊认识。《广言》共 158 条，与《尔雅》共有的有 30 条，其余 128 条为《尔雅》所无。《广训》共 22 条，所释条目均不见于《尔雅》。

《小尔雅》收录的词条有的是见于先秦典籍，如《广训》收录了战国时期就出现的"无念，念也""无宁，宁也"等条，有的词条则是汉代出现的新词。如《广言》"晏，阳也"。晏，最早见于汉代扬雄的《羽猎赋》："天清日晏。"

除了增收新事类，《小尔雅》还在《尔雅》已有的条目上增收词语。如《尔雅·释诂》"谐、辑、协，和也"。《小尔雅·广言》"谐、吁，和也"，二者虽然重出"谐，和也"，但《小尔雅》仍有新增词"吁"。这样就系联丰富了同义词，增大《尔雅》已有的同义词群，使我们对上古汉语同义词系统有了更为全面的了解。

（2）对百科词语的增收

《小尔雅》后 10 篇主要收录百科语词，收条 68 个，收词 161 个。其所增补的百科名词数目非常有限，其中又以社会、人伦、日常生活等方面的专有名词居多，有关自然界、动植物的名物词语则十分罕见。

后 10 篇也增广了新事类词语。《广义》共 6 条，解释人类的称谓，也增加了男女越礼失节等条目，如"男女不以礼交谓之淫，上淫曰烝，下淫曰报，旁淫曰通"。《广名》增加了一些与疾病、丧葬相关的条目。《广服》解释了丝、麻织物、某些日用品以及衣帽鞋类等服饰，在《尔雅》所收的十余事之外，又增加织、布、扩、绢素、绵、绍等 26 条。《广器》主要增益《释器》篇的不足，《广物》除增收跟农作物有关的名词和动词外，还收录了计数禾把的 3 个量词，以及它们的数量关系，如"把谓之秉，秉四曰筥，筥十曰梭"。《广鸟》是对《尔雅》所增共 4 条，即阳鸟、慈乌、雅乌及燕乌。《广兽》是对释虫、释鱼、释兽、释畜诸篇的兼类增益。后 3 篇《度》《量》《衡》，不仅丰富了《尔雅》的篇，而且拓展了《尔雅》的事类。《小尔雅》兼收新旧度量，如："五尺谓之墨、倍墨谓之丈，倍丈谓之端，倍端谓之两，倍两谓之疋，疋有五谓之束。"

《小尔雅》就是通过以上几种方法对《尔雅》已有的专业语词类别、数量进行扩充。

3. 魏晋南北朝时期词典对一般语词和百科语词的收录

这一时期的代表作是《广雅》，它与《小尔雅》一样，都是为增广《尔雅》所作。《广雅》主要增收的是百科语词，是一部由义类汇编和百科语词构成的综合性义类词典。《尔雅》共收 2091 个条目，《广雅》收 2343 个条目，比《尔雅》多 252 个。《尔雅》全书收字 10819 个，《广雅》全书收字 18150 个，《广雅》比《尔雅》多收 7331 个，其字数比《尔雅》多得多。

（1）对普通语词的增收

《广雅》补充扩大最多的就是一般语词。据符淮青[①]统计，《广雅》前 3 篇《释诂》《释言》《释训》占了全书的 2/3，《释诂》又占前 3 篇的 2/3，共 807 条，比《尔雅》多出 600 多条。据胡朴安[②]统计，《释诂》篇，《尔雅》收 182 个条目，《广雅》收 807 个；《释言》篇，《尔雅》收 306 个条目，《广雅》收录 368 个；《释训》篇，《尔雅》收录 129 个条目，《广雅》有 137 个。由此可以看出《广雅》所收的事类大大增多。

新增事类下的条目收录的词条数量也很大，如《释诂》增加了《尔雅》所无的"好也"条，《方言》此条只有 2 个词，《广雅》收了

---

① 符淮青：《汉语词汇学史》，合肥：安徽教育出版社，1996 年。

② 胡朴安：《中国训诂学史》，北京：商务印书馆，1998 年，第 3—5 页。

近 60 个词。从词性的角度分析，其增加的词条除了名词、动词、形容词外，还包括拟声词、虚词等。如"砰、磅、磕……（共 15 个词），声也"，"曰、惟、每、虽……（共 17 个词），词也"。《释训》篇，《尔雅》主要收录的是重言词，《广雅》则还收录了许多双声或叠韵关系的联绵词。对于《尔雅·释训》中有关于解释《诗经》整句的训诂和微言大义，如"如琢如磨，自修也"，"其虚其徐，威仪容止也"等，《广雅》也没再收录。这是《广雅》作为训诂书和工具书的一大进步。

在与《尔雅》相同的条目下，《广雅》收词的数量也比《尔雅》大大增加，这在《释诂》篇里表现得尤为突出。例如"大也"条，《尔雅》共释 39 字，《小尔雅》增加 6 字，而《广雅》却另增加 21 字，把"大"的共义词扩展到 60 字。"始"这一词条，《尔雅》收词 10 个，《广雅》收词 19 个；"美"这个词条，《尔雅》收词 10 个，《广雅》收词 29 个。

（2）对百科语词的增收

《广雅》是仿《尔雅》而成的一部训诂学著作和百科性综合词典，《释亲》以下 16 篇，主要收录解释名物制度的百科词语，新增收的名物词"包罗天地、纲纪、人事、权揆、制度"，范围相当广泛。张揖虽因循《尔雅》旧目，但并不是一成不变，而是有大量的增广扩充，使之更符合魏晋时期的语言实际。《释器》篇是《尔雅》的 8 倍多，《释亲》《释宫》等是《尔雅》的 2 倍多。《广雅》虽依《尔雅》旧目，却竭力把反映社会历史进程和文明进步程度的新词语补充进来。如《释亲》篇，《尔雅》分为宗族、母党、妻党、婚姻 4 个小类，共 35 条；《广雅》增加了释形体，收录了表示人体各部位称谓以及反映孕娠生产方面的词语，共 70 条。《释器》增加了释饮食、度量衡、染色等词语，比《尔雅》增加了 306 条。《释天》增加了"九天""天度""宿度""五帝号""月行九道""月冲""七耀行道""把处""肆兵"等事类。《释地》除了收录四海九州和池泽的名称外，还收录了一些珠玉和奇异出产的名称以及行政区划、地方编制、土地耕作名称等词语。

《释丘》增收了一些表示坟墓的词语等。

由于《广雅》收词广，因此很为后人重视，清人王念孙《广雅疏证序》说出了它在训诂学上的价值："盖周秦两汉古义之存者、可据以证其得失，其逸散不传者、可藉以窥其端绪，则其书之为功于训诂也大矣。"《广雅》对《尔雅》既有继承，也有发展，"发展观"始终贯串于《广雅》全书之中。这种继承和发展一方面是由汉语本身发展的内在规律所决定的，另一方面也是由于社会的发展，人们物质文化生活的变化科学技术的进步所决定的。

4.隋唐宋元明清时期词典对一般语词和百科语词的收录

《尔雅》及上述的仿雅之作都属于古代综合性汉语辞书，自唐把《尔雅》立为儒家经书之后，《尔雅》的发展开始分流，即由其综合性词典转向多种类专门性词典的方向发展，但仍以《尔雅》为母体孳乳繁衍。

隋唐宋元时期的词典大多是在《尔雅》的基础上，由综合性词典转向专门性词典的方向发展。它们收录的语词都有明确的范围，一般不兼收一般语词和百科语词。如《埤雅》和《尔雅翼》仅仅收录动植物语词，而词汇类仿雅之作《骈雅》等则专门收录一般语词。

明清时期的词典在继承《尔雅》兼收一般语词和百科语词的传统上，向百科性词典方向发展，以明末方以智的《通雅》为代表。"《通雅》是一部就《尔雅》而仿雅的新型综合性仿雅之作，它对百科词语的分类大不相同，并且对各种语词进行广泛精密地考释，释词体例和方法都有显著的不同，已偏离了雅书汇释词语的轨道，从根本上改变了《尔雅》以来的雅书体系和结构"[1]，堪称一部内容广泛的百科词典。《通雅》主要目的在于"辨当名物"，收词范围涉及社会生活的方方面面。其收词范围是"以经史为主，旁及诸子百家、以至志怪小说、谶

---

[1]　窦秀艳:《中国雅学史》，济南：齐鲁书社，2004年，第152页。

纬歌谣、方言俗语，探索书山，寻访乡邑，放眼域外"。内容丰富，解释精当，考辨详明。引书都注明出处，体例谨严。因此《通雅》的收词几乎无所不包，而其"寻访乡邑"和"放眼域外"的做法与眼光让《通雅》具有较高的价值。

清代以后，雅学著作也向专门化的专科词典方向发展。由于这些雅学著作都有明确的编纂宗旨来收录词语，其兼收一般语词和百科语词的特点削弱了。

5. 现当代时期词典对一般语词和百科语词的收录

到了现当代时期，汉语词典仍然兼收一般语词和百科语词，并对不同规模的汉语词典收录一般语词和百科语词的情况做了说明。

小型汉语词典由于受规模的限制，其收词是以一般语词为主，兼收少量的百科词，如《四角号码新词典》《汉语小词典》等。

中型汉语词典收录的百科词一般是较为常用的词，一般不收姓氏人名、山水地名、书名和职官等名称。《国语辞典》的凡例直接规定，所收百科词仅限于"各科学术较常用之辞"。《现代汉语词典》则严格按照国家的语言规范政策和科技术语规范来收词。《现代汉语词典》收录百科词的比例仍然相当大。据韩敬体[1]统计，"原《现代汉语词典》收录的专科词条超过全书的四分之一"。1/4 的比例大致应是 14000 条，这可能是把单音词包括在内。如果把单音词排除的话，1/4 就是 1 万条左右。而据李志江[2]统计，《现代汉语词典》的科技条目，1978 年第 1 版收录 9700 多条，约占全书 5.6 万余条的 17.5%；1996 年第 3 版收录 8500 多条，约占全书 6.1 万余条的 12.5%。从《现代汉语词典》的编写实践以及读者反映来看，17.5% 的比例似乎偏于多，而 12.5% 的比例又偏于少。第 5 版修订结束后《现代汉语词典》共收录科技条目

---

[1]　韩敬体：《〈现代汉语词典〉修订概况》，《语言文字应用》，1997 年第 1 期。

[2]　李志江：《第 5 版〈现代汉语词典〉科技条目的修订》，《辞书研究》，2006 年第 1 期。

1.05 万多条，约占全书 6.5 万余条的 16.15%。

大型汉语词典收录的百科词范围则较广。据符淮青[1]统计，《辞源》修订本选收词目 91706 条，涉及 120 多个学科，普通语词约占 35%，百科性词目约占 65%。1982 年《辞海·增补本》补充了 3 卷基本没有收录的语词和百科词语，百科语词约有 2281 条，使内容更为充实。1989 年修订本，词目增至 12 万余条，增加了百科词语的比重，普通词语也有相当分量。注意增补了近年新出现的学科及其分支门类的词目，不确切不完善之处也作了修正。《汉语大词典》则是一部古今兼收、源流并重的大型语文词典，它选收一部分在古今汉语中通行范围较广、使用频率较高的百科词。

第三节　汉语辞书收字收词应处理好的几组关系

一、汉语字典收字与汉语词典收词的关系

汉语字典的收字和汉语词典的收词不是截然分开的，二者还有着密切的联系，主要体现在两个方面。

（一）汉语字典大都兼收一部分复音词

从《说文解字》开始，就收录复音词，体现在其"连篆读"的体例中，如"离：黄仓庚也"，实际的读法应该是"离黄，仓庚也"，"离黄"即"仓庚"，是双音节的鸟名。再如"炫：耀耀也"，应该读成"炫耀，耀也"。还有一些复词体现在释义中收录，如"蝙，蝙蝠也"。"蝠，蝙蝠，服翼也"。《康熙字典》在"并行编入"的编纂思想的指导下，也在一些字条下增收复音词。如在"丹"字条下收录了"渥丹""丹阳""丹徽""丹丹""木丹""紫丹"等复音词；"田"字收

---

[1]　符淮青：《汉语词汇学史》，合肥：安徽教育出版社，1996 年，第 311 页。

录了"爱田""长田""田祖""井田""代田""职田""方田""天田"等复音词。《中华大字典》在凡例中明确说明收入"以两字或重文成义者"与"天象、地质、理化等科之字","次于单文各义之后"。《新华字典》1992 年重排本共收录了带注解的复音词、词组 3500 个左右,起到了一部微型汉语词典的作用。《汉语大字典》则在现代语言学和词典学理论的指导下,结合自身的特点明确提出收列复音词的"三存"原则,即"收词存字""收词存音"和"收字存源"。字典收录复音词一方面与我国古代"字""词"界限不严有关,另一方面也与我国词汇双音化的发展趋势有关。

(二)汉语词典收词时也不可避免地收录单字

古代辞书的收字收词都是在"字本位"的指导下收录的,因此古代的词典收录的主要是单字。到了现代时期,《辞源》开创了"以字率词"的编纂方式,即在单字下列出首字相同的词语,词典便出现了"同首字词群",使字头下的词目群井然有序,如"天"字下列有347 个词。《辞源》这一在辞书史上别开生面的创造,为现代词典字词编制框架奠定了基础。20 世纪 20 年代,刘复将"以字率词"的条例引入计划在拟议的《中国大字典》编纂条例中,并就此作了具体描述"以单字为本位,合数字所成之词名(即'积字成词')以第一字为标准,视字数及笔画之多寡,分隶与各单词之下"。这一论述,是对《新字典》以来字典字条下酌收复音词的经验总结,表明了字典也有必要酌收相关复音词,因此也适用这一编纂条例。这样也使得单字成为词典收录的对象,并且收录的单字的数量也非常多。如中型语文词典《现代汉语词典》,据苏新春[①]统计,《现代汉语词典》有单音字目 10776 条,收不重复的字 8797 个字。而《现代汉语通用字表》收录 7000 字,《新华字典》收录 7812 字,因此其收字数量还是比较多

---

① 苏新春:《汉语释义元语言研究》,上海:上海教育出版社,2005 年。

的。并且其收字的范围较广，除了包括一般常用字外，还包括古汉语用字，现代仍使用的地名用字、姓氏用字、山水名用字、方言字、口语字、异体字和异形词用字等。

二、汉语辞书收录对象与"字""词"理论的关系

汉语辞书的编纂始终与语言学理论密切相关，反映在字典的收录对象上就是"字""词"理论的发展，影响着汉语辞书收字收词的发展变化。

（一）古代时期"字本位"影响下汉语辞书的收字收词

古代时期，汉语辞书主要是在"字本位"的影响下收录字词。"字本位"是指汉语辞书的编纂把字作为独立的单位，摆在正宗的位置，以字为收录、训示的对象，从字形入手解释字的本义及其引申义，这与汉语本身的特点有关。汉语词汇是以单音节的方块字作为表达意义的符号，而汉字又是表意体系的文字，每一个汉字都是形、音、义的结合体，具有极大的独立性。因此人们在接触通过汉字显示的单音节词时，只有"字"的概念，这决定了中国古代汉语辞书主要是以单个的字为收录单位来解释词义的字典。我国古代辞书的编纂一直遵循的是"字本位"体制，字本位长期作为辞书编纂的宏观审视角度和理论制高点。

"字本位"对古代汉语字典收字的影响，主要体现在字典的"解形"任务与字典对文字形体的收列方面。《说文解字》一开始就把解形作为一项重要任务提出来，它以字为本，以形为先，把贮存字形、讲解字形作为存音、存义的基础。基于汉字形体表意的特征，制定了"六书"条例以考字，其提出的"六书"理论可以看作古代"字本位"理论的基石。《说文解字》收列不同时期的文字形体，也反映出"字本位"的影响。它提出了"今叙篆文，合以古籀"的收录原则，即以篆书为主体，在小篆字头下收列古文或籀文。以后的字典如《玉篇》

《类篇》《字汇》再到《康熙字典》等，都是在"字本位"的影响下收字的。由于"字本位"与古代以单音词为基本单位的语言实际相适应，因此在它影响下的古代字典收字，起到了特定的作用。

古代的汉语词典在收词上也受到"字本位"思想的影响。这点我们可以从古代词典收录单音词的数量来做一个直观的考察。杨正业[①]对《尔雅》收录的条目进行统计后得出《尔雅》共有 2546 个条目，其中单音节条目 1852 个，占总条目的 72.8%。而西汉扬雄的《方言》共收录 1284 个词，单音词（被释词和解释词，还包含解说语言）979 个，占总词数的 76.25%；复音词 305 个，占总词数的 23.75%。由此可知，在西汉末年，单音词仍然占着明显的优势，但已向复音词的方向转变。其他的词典如《释名》《广雅》《通雅》等，也是以单音词为主。

（二）现当代时期"词本位"影响下汉语辞书的收字收词

到了近现代、当代时期，汉语词语双音化不断发展，这种以字为本位的传统观念开始受到挑战。人们开始对语言单位进行深入探讨，对"字、词、语"进行了区分，逐步确立了"词本位"的思想，这一思想也直接影响到汉语辞书的收字收词。

1906 年，章太炎提出"语言文字学"的概念，暗示语言与文字是并行不悖而又相互关系的学问。1907 年章士钊在《中等国文典》指出"泛论之则为字，而以文法规定之则为词"，将字与词作了初步的区分。五四时期，傅斯年[②]倡导"应以词（或称为'言'，即 word）为单位，不以字为单位"，这是对"字本位"传统观念的正面否定。20 世纪 30 年代，叶籁士[③]也从辞书编纂的角度提出，词典训释"不用字做单位，而用词儿为单位"，这充分表明这一时期的汉语辞书编纂已有

① 杨正业：《语文词典编纂史》，北京：中国文联出版社，2006 年，第 76 页。
② 傅斯年：《汉语改用拼音文字的初步谈》，载《中国新文学大系·建设理论集》，上海：上海良友图书印刷公司，1935 年。
③ 叶籁士：《谈字典》，《太白》1934 年一卷六期。

以词为本位的意识了。进入 50 年代，人们开始发表一系列文章，从理论上探讨词的问题。如 1952 年曹伯韩发表的《字和词的矛盾必须解决》和《应当建立词的观念》①，易熙吾的《字和词》②，王力的《词和仂语的界限问题》③，吕淑湘的《略语是不是词儿？》④ 等，对词和字、词和仂语的区分做了细致的探讨。

"词本位"思想的逐步确立也直接影响到了我国辞书的编纂，我国辞书也开始在"词本位"思想指导下收字收词。

1. "词本位"思想影响下汉语字典的收字收词

首先是"词本位"思想确立了字典以字为主要收录对象的格局。"字"和"词"的区分，使得字典和词典在解字释词方面各有侧重，确立了字典以"字"为主要收录对象，词典以"词"为主要收录对象的分工。因此，汉语字典在编纂时，对"字""词"的区别有着清楚的认识，它们以文字理论为指导，把汉字的形体作为存贮中心。《汉语大字典》就是这种思想的体现。《汉语大字典》编纂的基本目的"不在于推源，而在于储备字形，指导识字、辨字与用字"⑤。它把异体字都单列字头，充分说明了其字头是以形体的异同来区分的，而非以是否为一个词来区分，体现了存字即存形的原则。"《汉语大字典》还继承了传统文字形音义密切配合的研究方法，把释形作为释义的基础。"因此，现代时期字典收字的文字意识与古代字典局限于"小学"关于"字"的不十分准确的概念内涵有着本质的不同，而这一意识的产生与对"字""词"的讨论并最终确立"词本位"思想有着直接的关系。

---

① 参见《中国语文》，1952 年第 8、11 期。

② 参见《语文知识》，1953 年第 10 期。

③ 参见《中国语文》，1953 年第 9 期。

④ 参见《中国语文》，1955 年第 8 期。

⑤ 王宁、王海棻、邹晓丽：《论字典的文字意识与汉字字形的优选》，载《〈汉语大字典〉论文集》，武汉：湖北辞书出版社、成都：四川辞书出版社，1990 年。

其次是"词本位"思想使得字典兼收一部分复音词。字典以字为主要收录对象，为适应社会时代的变化发展，也兼收一部分语词。20世纪40年代末，周祖谟明确提出字典"只注重文字，不重视语言与文字关系的弊病"应得以纠正。1954年版的《新华字典》对此作出了积极的响应。《新华字典》在凡例中指明"主要是想让读者利用这本字典，对祖国语文的词汇能得到正确的理解，并且知道词汇现代化和规范化的用法，在书面上和口头上都能正确地运用"的编纂目的。因此，《新华字典》开始收录一些复音词，周祖谟在《〈新华字典〉评介》①一文中高度赞扬了其收词理念，并明确提出了应在字词典中"建立'词'的观念"的理论主张，把长期被颠倒了的"字""和"词"的位置重新颠倒过来。郭良夫在80年代末指出："这本书的名字虽然叫做字典，实际上是注重语言的；注重语言当然也是注重词汇。"《汉语大字典》在注重"字"的同时，也能处理好"字"与"词"的关系。《汉语大字典》在凡例中指出"根据存字、存音、存源的原则，在单字下酌收复词"并以此立词项。

2. "词本位"思想影响下汉语词典的收字收词

"词本位"思想确定了汉语词典以词为主要收录对象的格局。"词本位"思想的发展，使词典扭转了"重文字，轻语言"的一般倾向，正确对待了汉字和词的关系。1922年黎锦熙在《国语中基本语词的统计研究》②中提出"必须从国语的本质上找出我们语言中表示整个观念的真正单位来"，而不能"一味率循旧章，把一个一个方块的单字，比照他们（西方）的 words，……来解决（汉语）的基本词汇问题"。《国语辞典》就是以词位为收词主体。它在凡例中指出"本书所收之辞，包括单字（即单词）、复合词及成语，以普通适用为标准"，这是

① 周祖谟:《〈新华字典〉评介》,《中国语文》,1954 年第 4 期。
② 黎锦熙:《国语中基本语词的统计研究》,《国文学会丛刊》,1922 年 1 卷 1 号。

我国第一部有了"词"的概念的语文性辞书。

1955 年孙崇义在《关于词典的选词工作》中提出："要突破方块字的局限，树立起从语言出发的词本位观念。"[①]1956 年，《现代汉语词典》在编纂时，提出"以'词'为单位，不以汉字为单位"，从"词"的观念出发选词收词，已成为词典编纂的直接理论原则和指导方法。郑奠等《中型现代汉语词典编纂法（初稿）》中指出《现代汉语词典》中"同形异目"的体例便是"词本位"思想的最好体现。《现代汉语词典》在凡例中规定"形同而音、义不同的，分立条目，按音分列"；"形、义均同而音不相同，各有适用的地方（不是一般的又音），也分立条目"；"没有形和音的分歧，但所含多项意义中有彼此不相联系情况，就把这一条分成几条（在字典的右肩上加 1、2……为记），每条包含一个意义或互有联系的几个意义"。如"和"分四条，"帮"分三条，"把子"分四条。前两点是与语音相关，音不同次序也不同，这可以理解。而第三点则显示出了《现代汉语词典》受语言文字单位是"词"而不是"字"观念的影响，也就是说《现代汉语词典》是在"词本位"观念指导下编纂的。

"词本位"思想影响了汉语词典对非词单位的收录。对词汇单位的划分，也使汉语词典对收录对象有了进一步思考。郑奠在《中型现代汉语词典编纂法（初稿）》中指出："现代汉语词典的选词……所选收的，当然以词为主，但同时也兼收构词能力很强的词素，以及非词而经常使用的成语、词组。"也就是把非词单位——词素、成语、词组等都视为汉语词典的收录对象。《国语辞典》就收录了大量的非词单位，然而由于对"词"的概念还不完善，导致收录对象的比例失衡，"所收入的多是语句；单个儿独立的复音词和单音词，全书里不到二

---

① 孙崇义：《关于词典的选词工作》，《中国语文》，1955 年第 12 期。

分之一"。吕叔湘在《语言和语言学》[①]中曾说:"一个语言的所有语素和所有具有特定意义的语素组合,总起来构成这个语言的语汇。罗列一个语言的语汇,解释每一个语汇单位的意义的是词典。词典是语汇研究成果的成果。"也间接表示了汉语词典的收录对象包括其他语言单位。

后来随着词典理论的发展,汉语词典的收录对象也逐步明确。章宜华认为汉语词典的描写单位是"语段词",符合收词原则的语段都是汉语词典的收录对象。这里的语段是指"语言中能分离出来的任意语言单位,它可以是话语中的一个音节,也可以是视频符号中的一个词素,或者是一个单词或合成词"。"语段在词典中一般反映为词位和能使用的词位变体、有明确意义的构词单位(构词词缀和词素等),以及一些常见的固定结构"。[②]因此,汉语词典收录对象在以词为主体的情况下可以兼收一些符合收词原则的其他单位。《现代汉语词典》收录的"非词"词目主要包括五种类型:第一类是词素。词素不能单用,需要与其他词语一起才能使用,如"昂昂""巴巴"等。第二类是固定短语。主要包括成语、熟语等语言单位,它们一般已经定型,并且在现代汉语中取得合法地位,理应成为其收词对象。第三类是固定结构。这类结构属于语法的一种固定搭配形式,主要是为人们运用语词时提供语用信息,如"半……半……""不……不……""大……大……"等。第四类是工程词。"工程词是信息处理中提出的一个概念,即意义构成比较复杂,凝合程度很高,经常作为一个结构来使用的单位。"[③]工程词是"语法词"之外的难以切分的"字串",它们的提出主要是为信息处理用词确立分词标准。如"起见:'为……起见'""由得:能依从,能由……做主;允许"等。第五类是词化的结

---

① 吕叔湘:《语言和语言学》,《语文学习》,1958 年第 2、3 期。

② 章宜华、雍和明:《当代词典学》,北京:商务印书馆,2007 年,第 102 页。

③ 苏新春:《汉语释义元语言研究》,上海:上海教育出版社,2005 年,第 49 页。

构，它们不能算是严格意义的词，但因为结合紧密，有成词的趋势，如"扶苗""备货""备料"等。词典收录非词单位也是在"词本位"思想下对"词"与其他语言单位有了明确区分之后的结果。

三、汉语辞书收录条目的层次性与原型理论的关系

汉语辞书以汉语的整个成员为收录对象，而这些成员的地位是不平等的，在原型论视角下，可以分出中心成员、一般成员、边缘成员等层次，因此汉语辞书收字收词也以这些成员在范畴中的地位来依次收录。

原型论（prototype theory）是在亚里士多德以来的经典范畴理论上发展演变的。"经典范畴理论是用事物固有的、共有的、充分的特征（features）定义事物，确定概念。而原型理论则用典型事物的属性（含心理认知）为中心描述事物。"[1]范畴中的成员可以分出中心、一般、边缘等层次。中心成员就是典型成员（原型），其他的则是与原型相似性较低的成员也就是非典型成员。关于范畴的原型和表征，Taylor[2]的说法比较具有影响力，"范畴的原型既可以指一个范畴中的核心成员或该范畴中的一群核心成员，也可以对应于范畴中核心概念的图示表征（schematic representation）"。

（一）原型理论视角下汉语字典的收字

据原型理论，汉语字典所收的字也可划分出中心成员、一般成员、边缘成员。中心成员就是现代所说的 3500 常用字，一般成员就是 7000 通用字，边缘成员则是这些字以外的字。中心成员和一般成员的使用频率高，具有较高的使用度与流通度，因而成为字典收录的

---

① 张志毅、苏向丽：《辞书的原型论——祝贺〈辞书研究〉而立华诞》，《辞书研究》，2010 年第 1 期。
② Taylor R. Linguistic Categorization: Prototypes in Linguistic Theory［M］. New York: Oxford University Press, 1995.

"共核"。而字典中的边缘成员即这些字以外的异体字、冷僻字、俗字、方言用字、古语字、姓氏地名等字，不同的字典根据宗旨、规模、性质等对这些字酌收。

汉语字典中的中心成员和次中心成员具有较高的稳定性和传承性。通过对比《现代汉语常用字表》中所收的 3500 字和《现代汉语通用字表》所收的 7000 字在各个时期童蒙识字课本和字典的收录情况，可以发现这些字大部分为字典所收录，具有较高的传承性。童蒙识字课本《急就篇》《三字经》《千字文》《百家姓》所收的字，在 3500 常用字中所占的比例平均为 72.75%，在 7000 常用字中所占的比例平均为 87.14%。而汉语字典收录的字几乎囊括所收的常用字和通行字。据罗墨懿①统计，《说文解字》中传承下来的汉字在现代汉字常用字中占 87.6%，在现代汉字通用字中所占的比例已经达到了一半以上（59.10%）。何瑞②统计宋本《玉篇》中有 3309 字（已排除宋本《玉篇》中重出字与同形字），与 3500 常用字对应，占常用总量 94.5%。有 6156 字与 7000 通用字相合，占通用字总量 87.9%。以后的字典除了一些在当时还没产生的新字以外，一般把这些字收录在内。这说明这些常用字通用字比较稳定，是字典首先要收录的对象。

（二）原型理论视角下的汉语词典的收词

据原型理论，汉语词典所收的词也可划分为中心成员、一般成员和边缘成员。中心成员就是汉语词汇系统中的基本词汇，一般成员是汉语词汇系统中的一般词汇，边缘成员即一般词汇之外的词语。

1. 原型理论视角下《尔雅》的收词

《尔雅》通过"分类成篇""聚类成条"的方式把意义相同、相近

---

① 罗墨懿：《〈现代汉语通用字表〉和〈说文解字〉的对比研究》，北京语言大学硕士学位论文，2009 年。

② 何瑞：《宋本〈玉篇〉与现代常用字表、通用字表对比分析》，《渤海大学学报》（哲学社会科学版），2007 年第 3 期。

或内容相关的词语聚在一起，构成了一个个同义词词群。"处于同一个同义词词群中的各个成员，其地位并不是平等、并列的，其中一个成员处于核心地位，称之为核心词。"① 这个核心词也就是同义词词群中的典型成员。《尔雅》是用当时的雅言、标准语来"释古今之异言，通方俗之殊语"的，因此《尔雅》中的典型成员就是训释其他词语的"雅言、标准语"，非典型成员就是被训释的"古今异言""方俗殊语"等。二者之间的地位是不平等的，具有层次性。一般说来，典型成员的认知显度较高，解释力也较强，所带的语体陪义也不同。典型成员的色彩一般是中立的，语体陪义多为标准语体，方言陪义和时代陪义较少；而非典型成员的语体陪义多为非标准语体，多具有方言陪义和时代陪义。如《释诂》"允、孚、亶、展、谌、诚、亮、询，信也"。"信"就是典型成员，"允、孚、亶、展、谌、诚、亮、询"则是非典型成员。非典型成员内就有具有方言陪义和时代陪义的词。《方言》卷一中"齐鲁之间曰允，燕代东齐曰訦，宋卫汝颖之间曰恂，荆吴淮汭之间曰展，西瓯毒屋黄石野之间曰穆。众信曰谅，周南召南卫之语也"，可见"允、展、恂"都是在局部地区使的词语，具有方言陪义。又《尧典》中"允厘百工"，《五帝本纪》引为"信饬百官"，说明"允"为古语，带有时代陪义。

不仅典型成员与非典型成员之间存在层次性，非典型成员之间也存在层次性。王东海在剖析《唐律疏议》各词项义位间的关系时提出了层序关系和广义同义谱系关系，又把层序关系分为两种："一是同层次成员之间的层级关系，我们称之为'差等层序关系'；另外一种是同层次成员之间的程序顺序关系，我们称之为'程序链层序关系'"②。层序关系的这两种类型在《尔雅》中的非典型成员之间表现得尤为

① 张志毅、张庆云：《词和词典》，北京：中国广播电视出版社，1994 年，第 226 页。
② 王东海：《古代法律词汇语义系统研究——以〈唐律疏议〉为例》，北京：中国社会科学出版社，2007 年。

明显。

首先是差等层序关系。差等层序关系最明显的特点就是同一层次的词语间组成一个有序的排列，它们之间存在着层次差别。如《释诂》最后一条"崩、薨、无禄、卒、徂落、殪，死也"。非典型成员"崩、薨、无禄、卒、徂落、殪"都有特定的使用范围。《礼记·曲礼下》："天子死曰崩，诸侯曰薨，大夫曰卒，士曰不禄，庶人曰死。"也就是"崩"特指帝王死，"薨"特指侯王死，"不禄"特指士死，"卒"特指大夫死。而"徂落"是死的婉称，"殪"指被击杀而死，很明显它们之间存在着差等层次关系。

其次是程序链层序关系。如《释亲》"子之子为孙，孙之子为曾孙，曾孙之子为玄孙，玄孙之子为来孙，来孙之子为晜孙，晜孙之子为仍孙，仍孙之子为云孙。云孙之子为鬼孙"条，就可以显示出非典型成员之间一层连一层的阶梯关系，其层次范畴是横向的，由范畴的中心到边缘的关系。

2. 原型理论视角下《现代汉语词典》的收词

在原型理论的视角下，《现代汉语词典》所收成员之间也可分为中心成员、一般成员和边缘成员三类。

中心成员就是汉语词汇系统中的基本词汇。基本词汇在自然语言交际中出现的频率极高，其功能多样，结构复杂，每个词承载的信息量都较大，一词多义现象十分普遍，并具有很强的搭配能力和生成能力。这一部分词所占的数量并不多，英语只有 2000 左右核心词，3000—5000 基本词，张志毅认为对现代汉语来说，也许 3000 左右的词更切合实际，约占《现代汉语词典》总收词量的 4.61%。

一般成员就是汉语词汇系统中的一般词汇，《现代汉语词典》收了 25000 多条，占其总收词量的 38.46%。中心成员和一般成员所占的比重约为 43%，约为收词总数的一半。因此现在词典在收词时应首先收录的就是上文中的中心成员和一般成员，确定这些成员地位的一个很重要标准就是词频。

边缘成员就是一般成员以外的词语，表现在《现代汉语词典》中就是"词汇主流之外的标有'口、书、术、方、外、古、旧、新'的各个支流系统"①。张志毅统计了各类边缘成员所占的总量，它们由多到少依次是如下排列：

第一类是术语（含科技和哲社），共 15660 个，占 24.09%。这一类的重要组成部分就是我们上文所说的百科语词，李志江通过对《现代汉语词典》修订后的科技词的统计得出，科技语词所占的比例为 16.5% 会比较合理，相应地，哲学社会科学语词所占的比例约为 7.5%，因此在收录术语时可以根据比例来合理收录。

第二类是新词语，共 3500 多个，占 5.38%。新词语的比重越来越多，说明词典收词的实用性，随着社会的变化而变化。

第三类是书面语（含公文和书信），共 3360 多个，占 5.16%。书面语词即带有书面语体色彩的词，它们一般使用于较为正式的书面语状况，有着典雅、文卷气，多使用于正式的交际场合，从来源看多沿用于古代汉语。这一类词在《现代汉语词典》中占的比例较多。《现代汉语词典》中主要以"〈书〉"来标示。

第四类是方言词，共 2000 多个，占 3.07%。方言词与普通语词的区别就是使用地域的差别。《现代汉语词典》对方言词做了专门的标示，主要用〈方〉来标示，如"爱小：〈方〉好占小便宜"。加上标有〈方〉的义项，其数量还是很大的。

第五类是旧词语，共 1100 多个，占 1.69%。旧词语是具有特定时代特征的词，一般在释义中用"旧时""旧指"等提示，它能反映出词汇的时代特色，"旧词语的定性表明词典编纂者把它们看作是正在

---

① 张志毅、苏向丽：《辞书的原型论——祝贺〈辞书研究〉而立华诞》，《辞书研究》，2010 年第 1 期。

走出普通话通用词汇，正在逐渐逝去的词语，处在当代活词汇与正在
消逝中的死词汇之间的过渡阶段"①。

第六类是古词语（含早期白话），共 990 多个，占 1.52%。古词语
也是能够显示词汇的时代特色，它比"旧词语"时代要显得更为久远。
《现代汉语词典》中一般用标〈古〉的方式标示，也会在释义中揭示其
时代陪义。多用"古代、古书、古水名、古地名"或者某个朝代等字
样说明。

第七类是口语词，共 750 多个，占 1.15%。口语词相对而言难确
定，《现代汉语词典》第 2 版（1983 年版）标有〈口〉，第 3 版（1996
年版）和增补版（2002 年版）均取消了对〈口〉的标注，第 5 版
（2005 年版）又恢复了对〈口〉的标注，可以看出口语词与其他词语
之间纠缠不清的瓜葛。

第八类是外来词，共 680 多个，占 1.04%。

总之，"在原型论视角下，《现代汉语词典》的词项系统是以 3000
个根词和基本词语为中心，以 25000 多个一般词语为主体，以 8 个支
流近 30000 个词语为边缘构建的整体"②。用原型理论指导收词可以使
收词更合理。

结　语

本章从历时的角度分别对汉语字典的收字和汉语词典的收词进行
了梳理，可以理清汉语辞书在收词立目上的发展演变脉络，把握其发
展演变的规律。

---

① 苏新春：《汉语释义元语言研究》，上海：上海教育出版社，2005 年，第 69 页。
② 张志毅、苏向丽：《辞书的原型论——祝贺〈辞书研究〉而立华诞》，《辞书研究》，
2010 年第 1 期。

第一，汉语字典收字立目发展演变的研究。

通过梳理汉语字典的收字范围和原则，我们可以看出，我国各个时期的汉语字典在收字时体现出了很强的历史继承性，晚出的字典都是在已有字典的基础上扩大收字范围，因此语料范围随之增广，收字数量也不断增多。而我国汉语字典的收字总原则总体上是一致的，都是在"规范""存古""利今"的原则下指导收录的，只不过是不同时期的汉语辞书所体现出来的侧重点不同。大型字典收字时都注重古今兼收，后出的汉语辞书还注重雅俗共赏，由原来的注重书面语向实用的方向发展。

通过梳理汉语字典对异体字的收录及整理，我们可以看出，由于汉语字典的特殊性，各个时期的字典都把对异体字的收录与整理作为编纂字典的主要内容。收录异体字时主要涉及两方面的内容，一是字位常体的择定，即选择哪个字为字位常体。古代一般采用"厚古薄今"的做法，选择经典相承的字为字位常体，而现当代则是根据存古利今的做法，结合规范性和实用性，字位常体的选择较为合理。二是对字位变体的收录，这主要包括对古字位和俗字位的收录，到了现当代又加上了对繁简字位的收录与整理。

通过梳理汉语字典对文字形体的收录，我们可以看出不同时期的辞书确定的正体不同，对其他字体也进行了不同程度的收录或排斥。同时，字典的解形任务也需要对不同时期的文字形体进行收录，因此各个时期的字典都对文字形体的收录进行探讨，并最终得到科学合理的收录。

第二，汉语词典收词的发展演变的研究。

通过梳理汉语词典收词范围和原则的发展演变，我们可以看出，古代时期词典的收词主要是在《尔雅》开创的收词传统下收录的。广雅之作的收词与《尔雅》几乎一脉相承，只是在其收词格局不变的情况下进行增删。而仿雅之作则是在《尔雅》的基础上有变化，特别是到了隋唐以后，雅学向专门化的方向发展，其收词宗旨与原则也相对明确。现当代的汉语词典在收词时会根据自己的编纂宗旨、规模、类型等因素来制定自己的收词原则和范围，并且在语言学理论的指导下，使收词更加科学。

通过梳理汉语词典对一般语词和百科语词的收录，我们可以看出，汉语词典素有兼收一般语词和百科语词的传统，古代时期的词典主要是以《尔雅》为基础对二者进行增补，现当代时期由于有了语文词典与百科词典的划分，因此对二者的收录也都作了科学的探讨。

第三，汉语辞书收字收词应处理好的几组关系。

汉语辞书在收字收词时应处理好汉语字典的收字和汉语词典的收词之间的关系、汉语辞书收字收词与"字""词"理论之间的关系、汉语辞书的收字收词与原型理论之间的关系三方面。

第三章　汉语辞书排检体例的发展

辞书编纂是一项系统的工程，整体编排、内部设计的得失是辞书编纂成败的关键。陆宗达指出："辞书的编纂，成败不在一词一语诠释的得失，而在取舍、编排、查检方法和处理纷繁的具体问题的原则的科学而得当。"[①]

关于辞书的排检体例，拉迪斯拉夫·兹古斯塔认为："单个的编好的词条必须排列有序，成为一个整体。"并且主要立足于西方词典，他指出："唯一切实可行的是按词目的字母顺序排列。"[②] 胡明扬更为详细地阐述了辞书排检体例的含义，"怎样把词典里众多而又各自独立的词条组织起来，使之井然有序，便于查检，这就是编排工作所要解决的问题。从读者的角度来说，编排的问题实际上是一个查检问题，一定的编排方法决定查检方法，所以编排法也叫查检法"[③]。林玉山认为辞书"是由许许多多各自独立的条目（包括字、词）构成的，怎样使这些独立性很强的条目有序地组合起来，使它们既统一于系统的结构之中，又能迅速地向人们提供任何条目在辞书中的信息部位，这就靠辞书的排检系统来完成。排检，是指编排和检索"[④]。简言之，辞书

---

① 陆宗达：《继续走理论与实践相结合的道路》，《辞书研究》，1982 年第 5 期。
② 〔捷〕拉迪斯拉夫·兹古斯塔主编，林书武等译，胡明扬校：《词典学概论》，北京：商务印书馆，1983 年，第 387 页。
③ 胡明扬等：《词典学概论》，北京：中国人民大学出版社，1982 年，第 195 页。
④ 林玉山：《辞书学概论》，福州：海峡文艺出版社，1995 年，第 119 页。

排检体例是指辞书编排和检索的体例。

关于辞书排检体例发展演变的研究，林玉山的《中国辞书排检史》①比较具有代表性。《中国辞书排检史》将我国辞书排检史分为三个时期：两汉到隋唐，中国辞书排检史的奠基期；宋元明清，中国辞书排检史的发展期；民国到现在，中国辞书排检史的繁荣期。在每一个时期内介绍该时期出现的主要的排检法，我们认为这种研究方法比较切合排检体例自身的规律，只是当我们回顾我国辞书的发展演变史时，就会发现不同类型的辞书的排列检索方式有很大的差别，尤其是早期开创的时候，字典中使用的部首法与韵书中使用的音序法没有直接的联系，后来不同类型的排检方法互相影响，各种方法才逐渐在一部辞书中得到了综合使用；而且从分类法的产生到音序法真正在辞书中的使用，时间跨度比较大。

我们认为，梳理我国汉语语文辞书排检体例的发展演变时应按照辞书的类型进行，不同类型的辞书在编排检索上呈现出一定的差异性，更为主要的是这样可以更加明了辞书排检体例之所以如此演变的原因。这样，既兼顾到了同一类型的辞书前后相继的演变关系，可以从一系列辞书的演变史中把握该辞书的排检特点，又可以从不同类型辞书排检的互相影响上探究该辞书演变的原因。

我们重视每部辞书自身在排检上的特点，但是对辞书排检演变史的研究不能只偏重个别、局部考察，还应在此基础上进行整体透视、系统概括，将个别辞书放在辞书历史演进的整体框架中观察。张志毅、张庆云提出整体论与原子论相结合的观点，"只有群体系统才给个体以质的规定性"②。因此，只有在辞书排检体例的前后演变中才能更好地把握每一部辞书编排上的特点，只有结合辞书产生的小学、思

① 林玉山：《中国辞书排检史》，呼和浩特：远方出版社，2000年。
② 张志毅、张庆云：《词汇语义学》，北京：商务印书馆，2005年，第130页。

想文化等背景才能解释辞书体例演变的原因。

　　具体来说：第一，以辞书排检体例为本体，以历史发展为顺序，争取做好历时演变的梳理；第二，具体梳理该类型辞书体例发展的每条线时，先着重介绍这条线上的几个在该体例元素上具有开创性影响的点，以点带线，争取做好每条线专题史式的梳理。我们按照辞书的类型，梳理了字典、义类词典、韵书三条线的排检演变史。前后相继的同一类型辞书，在排检体例上呈现出一定的继承性。同时，将辞书体例的演变与语言、文字、哲学等的发展相结合，尽量做好辞书体例演变原因的阐释。

第一节　汉语字典排检体例的演变及演变原因

一、汉语字典排检体例的演变

　　"早在《康熙字典》以前，我国已有以'字典'命名的辞书"[①]，只是到《康熙字典》问世后，"字典"一词逐渐通行。广义上，字典包括《说文解字》派讲文字形义的字典、《尔雅》派讲训诂的词典、《广韵》派讲音韵兼及文字训诂的韵书，甚至还包括《韵海镜源》为代表的类书等；狭义上仅指《说文解字》派讲文字形义的字典；介于广义与狭义之间的一种看法认为，字典包括《说文解字》派的字典和《广韵》派的韵书。[②]本章仅指狭义的字典，即《说文解字》派的字典，它既包括《玉篇》《字汇》《康熙字典》等讲解文字形义的字典，也包括《干禄字书》《五经文字》《龙龛手鉴》等辨析文字形体的字典。

---

① 　徐时仪：《我国最早以"字典"命名的辞书考辨》，《上海师范大学学报》（哲学社会科学版），1988 年第 3 期。

② 　钱剑夫：《中国古代字典辞典概论》，北京：商务印书馆，1986 年。

邹酆提到："我国字典编纂法的历史沿革源远流长，概而言之可分为三个阶段：《说文解字》揭开了字典编纂的序幕，创立了大型字典的雏形；《玉篇》是字典编纂进入发展阶段的代表作。而《字汇》则总结吸取了历代字典编纂的宝贵经验，扬弃其不合理的因素，确立一套大型字典的编纂原则，从而使字典编纂法趋于定型化。"① 这是大部分学者的共识，据此，我们将我国字典排检史分为开创、发展、定型以及在新时期的发展四个阶段。

（一）形义结合特色——汉语字典排检体例的开创

部首法是我国字典排检史上产生的第一种检字法，为东汉许慎首创。

《说文解字》② 是我国第一部字典，许慎首创 540 部将一盘散沙似的汉字系联在一起，开我国字典部首编排的先河。《说文解字·叙》："此十四篇五百四十部，九千三百五十三文，重一千一百六十三，解说凡十三万三千四百四十一字。其建首也，立一为耑，方以类聚，物以群分，同条牵属，共理相贯，杂而不越，据形系联，引而申之，以究万原，毕终于亥，知化穷冥。"可以说，"分别部居，不相杂厕""据形系联""方以类聚，物以群分"是许慎编排《说文解字》的基本原则。

但是，由于文字形义的复杂性，人们对《说文解字》编排的方法认识不同，究竟是"据形系联"还是"以义相从"？对于许慎的基本原则，段玉裁"谓五百四十部次弟大略以形相连次，使人记忆易检寻。如八篇起人部，则全篇三十六部皆由人而及之是也。虽或有以义相次者，但十之一而已。部首以形为次，以六书始于象形也。每部中以义为次，以六书归于转注也"③。王筠认为"此承类聚而言，字既同

---

① 邹酆：《〈字汇〉在字典编纂法上的创新》，《辞书研究》，1983 年第 5 期。
② 本书所用古代辞书，大部分来自李学勤：《中华汉语工具书书库》（100 卷），合肥：安徽教育出版社，2002 年。
③ ［清］段玉裁：《说文解字注》（十五卷下），郑州：中州古籍出版社，2006 年，第 781 页。

义，则如由本生枝，由枝生叶，自然条理相联贯矣"[1]。大多数学者都认可以形为主、以义为辅的编排体例。

我们认为段玉裁和王筠的观点是正确的，"其书（指《说文解字》）以形为主，经之为五百四十部，以义纬之，又以音纬之"[2]。540 个部首之间主要是据形系联，以义编排也主要是考虑到文字的形体；而同一部首内的各字，以义为主、以形为辅。具体来说，各个不同的部首是按照形体相近、相关，形体从简到繁"始一终亥"排列。有的部首与相邻部首在形体上有包含与被包含的关系，在意义上也具有一定的关系，据形系联为主、以义编排为辅。王筠将两个相同构件叠加而成的文字称为叠文，包含两类，其中一类是同体会意字，例如与"口"部相近的"吅"部，"吅，惊呼也，从二口"（《说文解字》）；另一类是象形字，例如"玉"部后面是"玨"部，"玨，二玉相合为一玨"。（《说文解字》）同一部首内的各字，以义为主、以形为辅进行编排。在意义上，凡东汉皇帝名讳都无条件地列在前面，其余各字先实后虚、先具体后抽象、先吉后凶、先褒后贬、先自然后人为；在形体上，许慎先列独体文，后列合体字，凡是与部首形体重叠或相反的放在该部的末尾。

由于许慎探求汉字本义所依据的形体是小篆，汉字在隶变前的象形性、表意性特别强，文字形体与意义的联系非常密切，所以许慎可以依据"六书"理论，通过对汉字形体的解构得出五百四十部，并且基本可以保证部首与部首、部内字与部内字、部首与部内字在形体和意义上的联系。即大部分汉字据形系联与以义编排是一致的。许慎的五百四十部是文字学部首，不是检字法部首；是形义型部首，不是形体型和形位型部首。王宁盛赞："《说文解字》在古代训诂纂集书中是

---

[1] ［清］王筠:《说文解字句读》（二十九卷），北京：中华书局，1988 年，第 610 页。

[2] ［清］段玉裁:《说文解字注》（十五卷下），郑州：中州古籍出版社，2006 年，第 783 页。

理论价值最高的。许慎明确提出了汉字形义统一的理论。"① 《说文解字》部首的表意性，为辨析汉字意义类属奠定了基础，为训诂学中以形索义形训方法的运用提供了条件。

《说文解字》中有些部首的次序与设置、文字的归属没有规则可循。例如，许慎已经提出"据形系联"的原则，但是"中"部后还有"艸"部，"口"部后还有"吅"部、"品"部，等等。连徐铉都说"偏旁奥秘，不可意知；寻求一字，往往终卷。"（《说文解字篆韵谱》徐铉序）正因为此，后来的字典不断删合《说文解字》的部首。

（二）音序法、笔画法的引进——汉语字典排检体例的发展

在我国汉语字典的发展阶段，排检体例的改进表现在以下三个方面：部首法得到了新的发展，《玉篇》部首适应了文字发展，改用楷体；并且始终如一地采用"以义类聚"的方式，标准比较统一。《五经文字》大大简化部首数量、设立附部的做法，对部首编排法的改进做出了很大贡献。本阶段更大的亮点是音序法、笔画法在字典中引进，使排检法的类型更为丰富，而且促进了部首由文字学性质向检字法性质的飞跃。

1. 部首法的改进

顾野王的《玉篇》在《说文解字》540 部的基础上删去 11 部，增加 13 部，最终确定为 542 部。排列顺序也与《说文解字》不同，它按照"以义类聚"的原则，把 542 部分为 30 类，即《玉篇》的 30 卷。

公元 543 年，南朝梁顾野王编《玉篇》，这是我国第一部楷书字典，并且保存至今相对完整。在《说文解字》之后，《玉篇》之前，产生了很多的字书，如魏张揖的《古今字诂》、曹侯彦的《古今字苑》、北魏江式的《古今文字》等，其中最著名的是晋吕忱的《字林》。《字林》虽已亡佚，但据唐《封氏闻见记》记载："晋有吕

---

① 王宁：《训诂学》，北京：高等教育出版社，2004 年，第 110 页。

忧，更按群典，搜求异字，复撰《字林》七卷，亦五百四十部，凡一万二千八百二十四字。诸部皆以《说文解字》，《说文解字》无者，皆吕忱所益。"

《玉篇》为 542 部，有学者认为是在《说文解字》的基础上删去 10 部，增加 12 部；有的认为是在《说文解字》的基础上删去 12 部，增加 14 部；大部分认为是在《说文解字》的基础上删去 11 部，增加 13 部。"我们仔细比较了《说文解字》和《宋本玉篇》，并结合《篆隶万象名义》，对删改情况进行了考查，最后确定为删除十一部，增加十三部。"[①]删除了《说文解字》的 11 个部首为：哭、延、畫、教、盾、东、歙、后、大、弦。增加的 13 个部首为：父、枭、尤、處、兆、磬、索、牀、弋、单、丈、云、書。顾野王对汉字部首进行删合、增补，基本适应了汉字楷化以及汉字数量激增的状况。

《玉篇》虽然采用了《说文解字》"始一终亥"的编排原则，但是部首的次序发生了很大的变化。《说文解字》部首主要是"据形系联"，而《玉篇》则按照"以义类聚"的原则，把 542 部分为 30 类，即《玉篇》的 30 卷。周大璞在《训诂学初稿》中将这 30 类依次定了名称，天文、地理、人伦、颜貌等。[②]刘彩霞认为："虽然还是始'一'终'亥'，但它似乎遵循了这样的原则：从天地到人，再到自然界的其他事物。而且几乎都是从具体事物到抽象概念，与人类认识事物的规律相一致。同时，还有一种思想贯穿始终，即尊崇天地，而在天地间又以人为本。"[③]

与《说文解字》部首编排既有"据形系联"又有"以义类聚"的顺序相比，《玉篇》始终如一地采用"以义类聚"的方式，标准比较

---

① 李健：《〈玉篇〉对〈说文解字〉部首的改革与改进》，河北师范大学硕士学位论文，2004 年。

② 周大璞等：《训诂学初稿》（第 3 版），武汉：武汉大学出版社，2007 年。

③ 刘彩霞：《中国古代字典排检法的演变》，《阴山学刊》，2002 年第 1 期。

统一。但正如曹乃木所指出的："这样较之《说文解字》部首的全无顺序要好一些，但汉字字义复杂，按字义编排不易检索。所以这一部首排检法未能推广。"①

总的来说，《玉篇》部首次序以义编排，"尤其是《玉篇》部首数量不减反增，《说文解字》分部所存弊病一仍如旧，说明《玉篇》部首系统并不完善"②。这也正是后出字典部首编排对其突破的一个重要方面。

此外，部首法的改进还表现在部首简化方面。

公元776年，张参编《五经文字》，列160部，这与《说文解字》540部、《玉篇》542部相比，在数量上已经大大简化。有人认为《五经文字》收字只有3235个，数量过少，并且只限于经书中的字，仅靠160部不能统率唐代的实际用字。对于这个问题，施安昌已做出了回答，他认为对偏旁部首的改革整理是否合理，是否成功，是有衡量标准的，即能否对绝大部分汉字起到分类与检阅的作用。施安昌对《五经文字》160部和《字汇》214部及部首贯穿汉字的能力进行了比较，我们根据施安昌的数据制作了如下简单表格。

表 3-1 《五经文字》与《字汇》部首对照表③

	相同的		不同的
《五经文字》	124 部	4 部（名异实同的部首）	27 部
《字汇》	124 部	4 部	90 部

施安昌考察两书相同的128个部首在《字汇》中贯穿文字的能力，结果显示，在《字汇》33179个汉字中，这128个部首贯穿文字

---

① 曹乃木：《部首查字法的历史演进》，《语文建设》，1993 年第 2 期。

② 陈建裕：《〈玉篇〉部首说略》，《阴山学刊》，1999 年第 1 期。

③ 按《字汇》的偏旁分类，《五经》偏旁中的 10 部应作归并，即"扌"归"手"、"彳"归"彳"、"虵"归"虫"、"月"归"肉"、"匕"归"匕"，将 10 部简为 5 部。《五经》中的阝、𠂤、亼、从，《字汇》分别作邑、阜、入、方部，为名异实同。

达 30389 个，占总数的 91.6%，"这就说明，《五经》的偏旁，对汉字已经基本上起到了分类检阅的作用。《五经》对《说文解字》部首的改革是比较成功的"①。

《五经文字》设立"附部"的做法，是对部首编排法的又一改进，如"水又作氵""手又作扌""人又作亻"等。而且《五经》所设部首，有的全据字形，如设"艹、阝（在左）、辶"为部首，不再设"艸、邑、辵"。"这种尽量使部首与字形一致的努力，是值得肯定的。"② 部首及部内各字既有以类相从的，也有据形系联的。

虽然《五经文字》是为辨析、规范经书文字而编纂的字书，收字量也比较有限，但它大大简化部首数量、设立附部的做法，对部首编排法的改进做出了很大贡献。

2. 音序法的引进

南北朝以后作诗作赋都要讲究"四声"，唐代诗赋发展迅速而且以诗赋取士，"四声"之学兴盛，这为音序法的兴盛提供了语言和社会条件。汉字由小篆而变为隶书、楷书，形体上发生了很大的变化，新增汉字和通行俗体也日益增多，辨析文字形体成为文字学的研究对象。

唐颜元孙撰《干禄字书》，"这是中国第一部具有创新意义的辨形字典"③。虽然部分学者不认为它是严格意义上的字典，只是异体字表和形近字表，但由于"它首次在以形为主的文字学书中使用音序排检法"④，这种开创性的改进，我们也要在此提到。《干禄字书》中的字按平上去入四声分部，每声内再以韵部编排。《四库提要》提到《干禄字书》"其例以四声隶字，又以二百六部排比字之先后，每字分俗、通、正三体，颇为详核"。

---

① 施安昌：《唐人对〈说文解字〉部首的改革》，《辞书研究》，1981 年第 4 期。

② 曹乃木：《部首查字法的历史演进》，《语文建设》，1993 年第 2 期。

③ 雍和明等：《中国辞典史论》，北京：中华书局，2006 年，第 236 页。

④ 刘彩霞：《中国古代字典排检法的演变》，《阴山学刊》，2002 年第 1 期。

公元 996 年，辽代僧人行均撰《龙龛手鉴》，共 242 部，收 26430 余字。它不仅简化了《说文解字》的部首，更为重要的是 242 部以平上去入四声的顺序编排分为四卷，其中平声 97 部，上声 60 部，去声 26 部，入声 59 部。每部之内的字再按平上去入排列。可见，它借鉴了《干禄字书》的编排体例又与其稍异。如第一卷平声"人"部先列"俳、优"等平声字，再排"俭、偶"等上声字、"倦、傲"等去声字、"倏、僻"等入声字。《龙龛手鉴》开创了字典部首及部内字均按四声编排的先河，是部首法与音序法结合的典范，促进了汉字部首由以义编排向据形编排的转变，由文字学部首向检字法部首的转变。黎锦熙先生盛赞："这是旧部首'第一次'的大改良。"①

《类篇》由王洙、胡宿、张次立、范镇等相继修纂，从公元 1039 年开始，直至公元 1066 年完成，司马光整理后献给皇帝。收字 31319 个，部首仍旧依从许慎的 540 部。《类篇·序》"以《说文解字》为本"，并指出了 9 条凡例。《类篇》的分部及部首的排列顺序完全依照《说文解字》，部首内各字则按 206 韵编排。汉字部首排检的大方向是从"以义类聚"到"据形系联"，对于楷化的汉字尤其如此，而《类篇》的分部、部首的次序又完全依照《说文解字》，"《类篇》的部首可以说是部首发展过程中的第一次倒退"②。但其部首内各字按 206 韵编排，是其编排上改进的表现。

这也源于《说文解字》的重大影响以及它是最终献给皇帝的大型字典，相对趋于保守，而且"司马光并未见过辽和尚的新部首"③，所以未能吸收《龙龛手鉴》部首简化的成果。

3. 笔画法的引进

汉字楷化后，圆转的笔形变得方折，笔画数相对清晰，这为笔画

---

① 黎锦熙：《国音字典·序》，上海：商务印书馆，1948 年。
② 曹乃木：《部首查字法的历史演进》，《语文建设》，1993 年第 2 期。
③ 黎锦熙：《国音字典·序》，上海：商务印书馆，1948 年。

法的产生提供了条件。而且"到十一世纪，象数学广为流传，给笔画排检法提供了哲学依据。数字虽然被蒙上了神秘色彩，但数的观念已深入人心"①。

"十二世纪八十年代，王与秘最先将《玉篇》的单字'区其画段'，即按笔画数序重新编排。王氏称自己的书为《篇海》。这是第一部按笔画数序排字的大型字典。"②然据梁春胜考证，此书作者是王太，书名为《类玉篇海》，"王太的《类玉篇海》是目前所知金代第一部大型字典，它开创了笔画检字法"③。

公元 1196 年，韩孝彦在《玉篇》基础上作《五音篇》，分 579 部。"这 579 部包括《玉篇》的 542 部，以及从《玉篇》《龙龛手鉴》等书取来的 37 部。"④公元 1208 年，韩孝彦次子韩道昭将其修订为《改并五音类聚四声篇海》，简称《四声篇海》。《四声篇海》将《玉篇》的 542 个部首删去 121 个，再依《龙龛手鉴》等增加 23 个，共计 444 个部首。《四库全书总目提要》说孝彦之书是把全书部首"依三十六字母次之……凡同母之部，各辨其四声为先后；每部之内，又计其字画之多寡为先后，以便于检寻"。即全书部首先按五音三十六字母排列，同一字母下的部首再按声调的平上去入排列；同一部首下的字，按笔画的多少排列。只是按笔画排列单字的只是收字较多的 71 个部首，这 71 部共计收单字 44259 个，即 16% 的部首收了 82% 的字。后来，梅膺祚的《字汇》将全部单字按笔画排列，吸收了《四声篇海》的成功经验。另外，"韩孝彦还把《四声篇海》所收之字改为按韵部编排，

---

① 忌浮:《字典史上的一块丰碑——〈四声篇海〉》,《辞书研究》,1987 年第 1 期。
② 同上。
③ 梁春胜:《从〈类玉篇海〉到〈四声篇海〉——我国字典编纂史上的一个转折点》,《中国典籍与文化》,2004 年第 2 期。
④ 周国光:《〈四声篇海〉琐论》,《信阳师范学院学报》(哲学社会科学版),1986 年第 1 期。

编《五音集韵》一书"①。

该字典前还附有"五音检篇入册颂",已类似今天的部首表,但是只可以据此检索到按三十六字母排列的部首属于哪一卷。

笔画法完全从汉字的形体出发,抛开了字义。如果说音序法的产生促进了汉字编排由以义编排向据形编排的转变,那么笔画法更进一步,加快了部首由文字学性质向检字法性质的飞跃。毕竟部首法和音序法在实质上是不同的,而部首法与笔画法都是从汉字形体出发的,两者关系更为密切。

字典发展到《四声篇海》,我们已经可以看出,对后世字典排检影响很大的部首法、音序法、笔画法均已出现,而且在一部字典中得到了综合运用。虽然这样会导致检索上的混乱,但其开创之功不可没,我们也不能苛求古人。

(三)"论其形不论其义"的特色——汉语字典排检体例的定型

本阶段,《字汇》大大简化了部首数量,定为214部,而且214部为以后《正字通》《康熙字典》等多部字典沿用;其"论其形不论其义"原则的提出及实践使部首排检法获得质的飞跃,是文字学部首向检字法部首的真正转变;《字汇》不仅有编排体系,还有检索体系,设立检字,可检索到部首所在页码以及难检字。笔画法原来在《四声篇海》中只是用来排列收字较多的部首中的字,《字汇》更进一步,不仅用笔画多少排列全部的部内字,也用来排列部首。

公元1615年,梅膺祚撰《字汇》,部首简化为214部。部首以笔画为序,按照十二地支分为十二集,部首内各字也以笔画为序。忌浮在《字典史上的一块丰碑——〈四声篇海〉》一文中指出明代释真空在《新编篇韵贯珠集》中已经把《四声篇海》的部首按笔画排了一遍,

---

① 周国光:《〈四声篇海〉琐义》,《信阳师范学院学报》(哲学社会科学版),1986年第1期。

《字汇》吸取了其以笔画排列部首的成功经验。《字汇》的编排原则是形义结合，但在形义不能兼顾时，"论其形不论其义"（《字汇·凡例》）。另外，《字汇》卷首除了梅鼎祚的"序"，还有"凡例""运笔""从古""遵时""古今通用"与"检字"六种附录，卷末附有"辨似"等四种附录。其中"检字"排列不容易辨明部首的难查字，使读者可以按照笔画在此寻检；每卷卷首还有一个表，记录着该卷所含部首及部首所在页码，检索非常方便，真正做到了不仅有编排体系，还有检索体系。《四声篇海》只可以检索到部首在哪一卷，《字汇》却可以精确到页码。正如何九盈所说："这看来只是一个技术性问题，实则也反映了编者处处为读者着想的态度。"[1]

《字汇》在原则上明确提出了重形胜过重义，使得部首排检法获得质的飞跃，是文字学部首向检字法部首的真正转变。它的排检系统适应了汉字与字典的发展趋势，其后的《正字通》《康熙字典》《中华大字典》、旧《辞海》、新旧《辞源》一直沿用其 214 部。在编排字典的同时设置检索系统，其影响至今。黎锦熙先生盛赞《字汇》"是部首'第二次'的大改良"[2]。

明代张自烈《正字通》的分部、排序完全依据《字汇》，不再赘述。

公元 1716 年，清代张玉书、陈廷敬奉敕编成《康熙字典》。部首沿用《字汇》214 部，排序也与其相同，只是五画部首中将"玄"部置于五画部首的最前面。这与康熙皇帝名玄烨应该有一定关系。虽然《康熙字典》的部首及排序基本与《字汇》相同，但部中各字的排列，《康熙字典》编者认为："《说文解字》《玉篇》分部最为精密，《字汇》《正字通》悉从今体，改并成书，总在便于检阅。今仍依《正字通》次第分部，间有偏旁虽似而指事各殊者，如……'颍、颖、颖、颖'

---

① 何九盈：《中国古代语言学史》（新增订本），北京：北京大学出版社，2006 年，第225 页。

② 黎锦熙：《国音字典·序》，上海：商务印书馆，1948 年。

四字向收页部，今分载火水禾木四部。庶检阅既便，而义有指归，不
失古人制字之意。"①可见《康熙字典》是遵循着据形和据义两个原则
归部与排序的，这必然导致归部不合理情况的出现。虽然《字汇》《正
字通》已有了据形编排的成功实践，但当时社会有另一种倾向，以康
熙年间著名学者朱彝尊为代表，他在《重刊玉篇·序》中说："今之塾
师《说文解字》《玉篇》皆置不问，兔园册子专考稽于梅氏《字汇》、
张氏《正字通》，所立部属分其所不当分，合其所不必合。"进而产生
《康熙字典》有据形和据义两个归部与编排的原则。"这一部首不但未
在《字汇》基础上前进，反而形成了部首发展过程中的第二次倒退。"②

在字的归部上，《康熙字典》已经出现两部重现的情况。"据统计，
《康熙字典》的重出字竟达六十七组之多。"③一字在两部或多部重现，
称之为"重见法"或"多开门"，有关其利弊，我们在下文论述。

纵观我国古代字书在排检法上的演变，我们可大致以下面的表格
进行总结。

表 3-2　我国古代字书排检体例的演变

项目 字典	成书时间(年)	部首数(部)	收字数(个)	部首编排顺序	部内字编排顺序	主要创新处
《说文解字》	100 东汉	540	9353	主要据形，也有据义	主要据义，次要据形	创立540部
《玉篇》	543梁	542	22980	以义类聚		部首、收字为楷体；编排标准统一，始终以义
《五经文字》	776唐	160	3235	既有以类相从，也有据形系联		简化部首、设立附部

① ［清］张玉书、［清］陈廷敬：《康熙字典·凡例》，上海：上海古籍出版社，1996
年，第7页。
② 曹乃木：《部首查字法的历史演进》，《语文建设》，1993年第2期。
③ 赵振铎：《古代辞书史话》，成都：四川人民出版社，1986年，第155页。

续表

项目 字典	成书时间（年）	部首数（部）	收字数（个）	部首编排顺序	部内字编排顺序	主要创新处
《干禄字书》	唐			按平上去入四声分，每个声调内再以韵部编排		首次在以形为主的文字学书中使用音序法
《龙龛手鉴》	996 辽	242	26430	平上去入四声排列		部首法与平上去入四声音序法结合，部首及部内字均按四声排列
《类篇》	1066 宋	540	31319	主要据形，也有据义	按韵编排	部首法与韵部音序法结合
《四声篇海》	1208 金	444	54595	先按五音三十六字母排，同字母下再按声调的平上去入排列	笔画排列	首次使用笔画法，部首法、音序法与笔画法结合（笔画法只限于收字较多的部首）；附有"五音检篇入册颂"，可检索到部首属于哪一卷
《字汇》	1615 明	214	33179	笔画排列		部首及部内字均按笔画排列；设立检字，可检索到部首所在页码以及难检字；"论其形不论其义"的提出使检字法部首确立
《正字通》	明	214	33549	笔画排列		
《康熙字典》	1716 清	214	47035	按照据义和据形两个原则归部与排序		已经有"多开门"现象出现①

① 陈燕指出"多开门"现象在南宋李从周所著《字通》中已经开始出现，"一个字可以在若干类中找到部首，今天叫作'多开门'，这是《字通》的又一个发明"，见《辞书研究》2007 年第 5 期。

从这张演变表中我们可以看出：

1. 部首数量呈大体简化的趋势，而所收汉字数量逐渐增加；

2. 随着字典所收汉字形体由小篆到楷书的转变，文字形义的关系不再如原来那样密切，部首法由重义向重形转变，"论其形不论其义"原则的提出，使部首由文字学性质向检字法性质转变，并最终确立了部首的检字法性质；

3. 音序法在字典中的使用，由原来大都为平上去入四声与韵部编排的结合，发展为三十六字母与声调的平上去入结合，这与今天的音序法已十分接近；

4. 音序法和笔画法产生时大都只排列部内字次序的先后，后来发展为既排部内字的次序也排部首的次序，方便了部首的检索；

5. 普及与规范——汉语字典排检体例在新时期的发展。

在我国现当代史上，汉语字典排检体例的发展共有三次比较大的高潮，分别为 20 世纪二三十年代、五六十年代以及从 70 年代末至今。第一次发展高潮主要为了改革旧的排检体例，研制新的排检法，增强其大众性、实用性，后两次主要是为了排检体例的完善、统一和规范。围绕三次高潮研究的侧重点，我们择要介绍四角号码法、中国字庋撷排检法的创制和注音字母到拼音字母的演变，以及国家关于部首、笔顺的相关规范在字典中的应用。

《中华大字典》是中国传统字书向现代语文辞书过渡时期的产物，它产生于第一次汉字排检法理论研究高潮之前。

《中华大字典》是由陆费逵、欧阳溥存主编，从清季宣统元年（1909 年）开始编纂，至 1914 年成书，1915 年由中华书局出版。《中华大字典》沿用《字汇》《正字通》《康熙字典》的 214 个部首，收字48200 个（与其同年出版的《辞源》也仍然采用 214 部）。214 部仍分子丑寅卯等十二集，但是它调整了一些部首的排列顺序，其凡例中说兼顾许慎的"据形系联"和顾野王的"据义系联"的办法来排序，如

"手、毛、心、爪以物同，入、八、儿、几以形近"排在一起。此外，还编列了一卷新检字，可按笔画数查检到被检字所在的部首及页码。同画数的部首有限，可以依次查到，但同笔画的部内字却相当多，"廾部八画和九画的字都将近二百个，由于其间没有一定的次序，查找某个字，只好从头翻到尾"①。

《中华大字典》是"中国传统字书向现代语文词典过渡的产物，是中国辞典史上划时代的著作，标志着中国旧字书的终结和现代辞典的诞生"②。它在《康熙字典》的基础上修订补充而成，但"《中华大字典》虽后出稍精，有优点可取，却不能把《康熙字典》取而代之。"③以部首编排顺序为例，它与《康熙字典》一样，既据形系联又据义系联，给检索带来了不便，从检字法角度来说，仍是一次倒退。

1. 第一次发展高潮——形序法的巅峰

"1913 年我国著名学者高梦旦发表《改革部首之草案》，吹响了近代检字法研究的进军号角。"④开始了中国现代历史上关于检字法研究的第一次高潮。

在此期间，出现了高梦旦的改良部首方案、林语堂的汉字索引制、杜定友的汉字形位排检法、沈祖荣和胡庆生的 12 种笔画检字法、王云五的四角号码、黎锦熙的四系七起笔新部首法、中国字庋撷排检法等等。仅据《图书馆学季刊》第七卷四期（1939 年）蒋一前的《汉字检字法沿革史略及近代七十七种新法表》中介绍，较有影响的就有77 种之多。

总体来看，人们在这一时期大都以分析汉字的形体结构为出发点，因此基本上都属于形序法。粗略来说，形序法还可以细分为首笔

---

① 魏励：《汉字部首排检法的改革》，《辽宁大学学报》，1984 年第 1 期。
② 雍和明等：《中国辞典史论》，北京：中华书局，2006 年，第 408 页。
③ 刘叶秋：《中国字典史略》，北京：中华书局，2003 年，第 257 页。
④ 涂建国：《关于汉字检字法研究的思考》，《辞书研究》，1990 年第 6 期。

法、笔画法、号码法、部首法等。首笔法是按照首笔或者起笔将汉字分类，早期有江山千古法和元亨利贞法，江山千古法取"江山千古"四字的首笔"、（点）、｜（竖）、丿（撇）、—（横）"为序，元亨利贞法取"元亨利贞"四字的首笔"—（横）、、（点）、丿（撇）、｜（竖）"为序。后来有林语堂的汉字索引制、万国鼎的汉字母笔排列法、陈立夫五笔检字法、何公敢单体检字法、林感首笔部首检字法等；笔画法最早的一种是画数法，根据汉字笔画的多少排列，画数相同的字排列在一起，如杜定友汉字排检法、秦禹卿速检字典法等。后来的计数法是按照笔画种类计数，即将笔画归为几大类，检字时按照已经规定的笔画顺序去查某类笔画有几个，再把得出的数字依次写出即可。横直斜检字法则要求依次数某字有几横几直几斜，例如"斜"字有 3 横 2 直 6 斜，记作 326，张凤形数检字法要求依次数该字有几面几线几点，三个数字便是该字的代码，面指线合成的方格形，线指由点连成的长条形，点指尖圆形；号码法是将汉字笔画分成若干类，每类以数字代表。检字时按照次序选取笔画，依次记下来笔画相对应的数字，就可以得到号码，再按号码查找。例如王云五的四角号码法、陆衣言的头尾号码检字法、洪业的中国字庋撷排检法、张华穆的首尾四笔检字法等；部首法主要有陈光垚的部首法、陆衣言的改良部首法、黎锦熙的汉字新部首、杜定友汉字形位排检法等。

由于所处的时代及检字法本身存在的优缺点，以上检字法中，以号码法中王云五的四角号码法和中国字庋撷排检法影响最大，我们重点介绍这两种。

1925 年，王云五在高梦旦、林语堂等人研究汉字部首改革的基础上，受电报号码的启发发明了四角号码检字法。后来，在高梦旦的帮助下，增加了附角，大大降低了重码率。四角号码法把汉字的所有笔形分解为十类，并分别用 0 到 9 十个数字来表示。然后根据汉字的方块特点，取其四个角的笔形，用相应数字取成代码，取角顺序为左上角——右上角——左下角——右下角。据王云五用此法与其他检字法进行对比测试，结果显示四角号码法的查字速度比部首法快 1 分 2 秒，比笔画法快 1 分 45 秒。"部首检字法，如前所述，属字形查字法，但严格来说，并不是彻底的字形法，它仍不能离开字义，因为一个汉字部首的确定，往往取决于字义。"[①] 它的优点是完全摆脱字义的束缚，真正做到了纯形的查检，使字形检字法发展到了顶峰。但这也正是它的缺点所在，与音、义完全失去联系，笔形和数字之间的对应关系没有理据，只有死记；而且并非所有汉字都是四个角，有一定的重码字。

"四角号码检字法的产生，冲破了传统的汉字部首检字法的藩篱，另开了汉字检字法的新生面"[②]，因此被很多词典采用。新中国成立前有《王云五小词典》《王云五大词典》《王云五综合词典》《中山大字典一字长编》《辞源》《辞通》《四库大辞典》《康熙字典》、日本《大汉和辞典》、香港商务版《四角号码新词典》等，新中国成立后有《四角号码学生小字典》、《新华字典》（四角号码检字版本）、《现代汉语词典》、新版《辞海》、《辞源》（修订本）、《四角号码新词典》等，至今也有其生命力和价值。

"解放前的字典虽已有了用四角号码、五笔检字法等等新方法编次的，但没有推广开，还是部首编次法占着优势。"[③] 新中国成立后，辞书排检大多采用部首法、音序法等，相比之下，采用四角号码法较少。汉字改革后，我们也大都比较关注部首法、笔形法的改进，对四角号码检字法关注不够。只在 1977 年为了使其适应新出现的字形，作了部分修改，并以《印刷通用汉字字形表》为取码标准。程养之、徐祖友等多位学者强调四角号码法的优点，我们希望它能够在辞书编纂中重新焕发生命力，服务于辞书排检。

---

① 徐祖友：《王云五与四角号码检字法》，《辞书研究》，1990 年第 6 期。
② 同上。
③ 刘叶秋：《中国字典史略》，北京：中华书局，2003 年，第 260 页。

中国字庋撷排检法简称"庋撷法",也是号码法的一种,因为这种排检法以"中""国""字""庋""撷"这五个字作为汉字在形体上的代表而得名。也有人认为"庋撷"两个字有放入取出的意思,用来代表汉字的解剖排列法。还有人认为"庋撷"两个字包含了汉字全部的笔形而得名。庋撷法以1、2、3、4、5五个数字分别代表"中""国""字""庋""撷"这五个字,再将笔形分为十种,以0代"、",1代"一",2代"丿",3代"十",4代"又",5代"扌",6代"纟",7代"厂",8代"目",9代"八"。取号的次序根据字体而定,"'中'字体,为左上、右上、左下、右下;'国'字体,为先为外部的左上、右下,后为里面的左上、右下;'字'字体,先为上半部的左上、右下,后为下半部的左上、右下;'庋'字体,先为左斜边的右上、左下,后为右斜边的左下、右上;'撷'字体,先为左半部的左上、左下,后为右半部的右上、右下。取得号码后,再计算该字的方格数(无方格则以0计,超过9个仍计为9),将方格数加在号码之后即可检索"[1]。

中国字庋撷排检法在20世纪三四十年代的燕京大学得到了广泛使用,如燕京大学1932年出版的《仪礼引得》、1935年出版的《周易引得》、1937年出版的《礼记引得》、1940年出版的《周礼引得》、1940年出版的《论语引得》、1941年出版的《孟子引得》、1947年出版的《庄子引得》等等。但是中国字庋撷排检法太过于烦琐,又不易掌握,因此现在基本不再使用。

2. 第二次发展高潮——音序法的完善

从清代光绪年间开始的中国文字改革运动,经过了切音字运动、注音字母运动、简体字运动、国语罗马字运动、拉丁化新文字运动,其中注音字母运动为辞书按注音字母顺序编排提供了条件。

---

[1] 林玉山:《中国辞书排检史》,呼和浩特:远方出版社,2000年。

注音字母于 1913 年由读音统一会制定，1918 年北洋政府教育部公布，又称国音字母、注音符号、注音字符。1930 年南京国民政府曾把注音字母改名为注音符号，后台湾当局改称为国音符号。自 1913 年至 1958 年汉语拼音方案公布前，用注音字母的顺序编排了不少字典、词典，影响较大的有《国音常用字汇》《国语辞典》《新华字典》。1937 年至 1945 年商务印书馆出版了八册平装的《国语辞典》，1947 年再版为四册精装本，并附《补编》，1957 年再版改名为《汉语词典》。它以注音字母排列，同音的字，以声调阴平、阳平、上声、去声、轻声为序，这是我国第一部严格意义上的音序词典。1980 年台湾出版的《重编国语辞典》仍用注音字母音序。1953 年版的《新华字典》也是按照注音字母顺序编排。注音字母顺序代替了传统的声韵编排，它为现在通行的拼音字母顺序编排奠定了基础，是音序查字法进入科学化阶段的前奏。

　　"新中国成立后，文炼的《谈中国文字排检法的改革》(《大公报》1952 年 4 月 16 日)吹起了检字法研究的号角，黄若舟、金鸣盛、唐豪、朱永沂、杜定友、庄为玑等，相继发表新方法参与讨论。"①

　　1958 年 2 月，第一届全国人民代表大会第五次会议通过了《汉语拼音方案》。从此之后，汉语拼音方案逐步推广开来，得到了充分的发展。最生动的体现莫过于《新华字典》于 1959 年改注音字母音序编排为汉语拼音字母编排。这是我国第一部按《汉语拼音方案》音序排列的字典，开创了我国辞书按这一音序系统排检的新篇章。从注音字母到汉语拼音方案，音序法得到了完善。它按照汉语拼音方案字母表的顺序来排列，先按第一个音节字母相同的次序排列；第一个字母相同的，按第二个字母的顺序排列，余类推。字音相同的，再按声调阴平、阳平、上声、去声依次排列，轻声一般紧接在同形的非轻声字

---

① 　林玉山：《中国辞书排检史》，呼和浩特：远方出版社，2000 年。

之后。1961 年至 1965 年，文化部、教育部、中国文字改革委员会、中国科学院语言研究所组成"汉字查字法整理工作组"，对排检法进行深入研究，并于 1964 年 4 月审查通过《改良部首查字法》《四角号码查字法》《笔形查字法》《拼音字母查字法》四种标准方案，推荐给文化、教育、出版界。而今，在中小型字典中，大都以汉语拼音音序法进行编排，以部首法等进行检索。苏培成等许多学者呼吁为《汉语大字典》等大型字典也加上拼音索引。

3. 第三次发展高潮——部首、笔顺的规范

汉字检字法研究的第三个高潮从 20 世纪 70 年代末，尤其是伴随改革开放而兴起的，主要侧重于对部首、笔顺的规范。

随着字典编纂与人们生活的关系越来越密切，很多学者注意到了字典辞书的编排应该以方便读者使用为目的，字典排检体例应该由"百花齐放"发展到对部首、笔顺的规范。1965 年 1 月 30 日，我国文化部和文字改革委员会发出《关于统一汉字铅字字形的联合通知》，并发布《印刷通用汉字字形表》。1983 年 6 月 3 日，我国文字改革委员会在北京召开汉字部首排检法座谈会，邀请商务印书馆、上海辞书出版社等有关单位共同研究，在《康熙字典》（214 部）、《辞海》（250 部）、《新华字典》（189 部）共有的 168 个部首的基础上，提出设立 201 部首的初步方案，发布《汉字统一部首表（草案）》。"其中采用《康熙字典》的 197 个，占总数的 98%；采用《辞海》的 194 个，占 97%；采用《新华字典》的 165 个，占 82%。"[①] 1988 年 3 月 25 日，国家语委和新闻出版署发出《关于发布〈现代汉语通用字表〉的联合通知》，同时发布《现代汉语通用字表》，收字 7000 个，《现代汉语通用字表》依据《印刷通用汉字字形表》确定的字形标准，规定了汉字的字形结构、笔画数和笔顺。1997 年 4 月 7 日，国家语委和新闻出版

---

① 钱亚新：《试论汉字部首排检法的标准化问题》，《图书情报知识》，1985 年第 4 期。

署发出《关于发布〈现代汉语通用字笔顺规范〉的联合通知》，同时
发布《现代汉语通用字笔顺规范》。之后，又先后发布了《GB13000.1
字符集汉字笔顺规范》和《GB13000.1 字符集汉字字序（笔画序）规
范》。2009 年 1 月 21 日，由教育部、国家语委研制的《汉字部首表》
和《GB13000.1 字符集汉字部首归部规范》发布。

　　随着国家关于部首、笔顺相关规范的发布，字典的排检体例也
在不断调整，我们简要看一下《新华字典》与《汉语大字典》的排检
体例。

　　《新华字典》1953 年版为 126 部，1957 年版为 187 部，1962 年
版为 191 部，1966 年版以后均为 189 部，直到 2004 年第十版调整为
201 部。《新华字典》的部首按笔画多少排，同笔画的按起笔笔形—
（横）、丨（竖）、丿（撇）、丶（点）、乙（折）的顺序排列。1998 年
版对于部首的排列顺序、检字表和字头的字的排列顺序等，均根据
《现代汉语通用字笔顺规范》作了重新调整。它真正做到了据形归部，
克服了以往字书的缺点。但是，它在汉字归部问题上采用了"重见
法"，又叫"多开门"，即一个汉字同时归入与其偏旁有关的两个或多
个部首里，优点是方便了读者的检索，缺点是一定程度上打破了据形
归部的原则，不利于汉字归部的规范，尤其对于中小学学生汉字教育
不利，并且一定程度上造成了辞书篇幅上的浪费。

　　《汉语大字典》在《康熙字典》214 部的基础上，"删去了'丨、
二、爻、玄、用、内、舛、鬯'，将'匚、人、士、攵、曰、行'六
部，分别并入'匸、入、土、夂、日、彳'部，共立 200 部"[①]。部首
按笔画多少排列，同笔画数的按起笔—（横）、丨（竖）、丿（撇）、丶
（点）、乙（折）的顺序排列。将《汉语大字典》与《康熙字典》进行

---

① 徐中舒主编：《汉语大字典·部首排检法说明》，成都：四川辞书出版社、武汉：
湖北辞书出版社，1990 年。

对比，就可看出《汉语大字典》的优越性，例如《康熙字典》中八画的部首依次为：金、长、门、阜、隶、隹、雨、青、非，没有什么顺序可言。而《汉语大字典》的次序为：青、长、雨、非、隹、阜、金、门、隶，便于查检。单字归部基本上与《康熙字典》相同，但对其中原归部明显不妥难于查检的字，略加调整。同部首的字按除去部首以外的笔画数排列，同笔画的也按起笔—（横）、丨（竖）、丿（撇）、丶（点）、乙（折）的顺序排列。"人（亻）、刀（刂）、王（玉）、犬（犭）、攴（攵）、水（氵）、手（扌）、火（灬）、心（忄）、示（礻）、衣（衤）、虍（虎）"等 12 个带有附形的部首中，同笔画的单字按正形和附形部首分别排列。字典正文前有"部首排检说明""部首目录""部首检字表""补遗检字表"等内容，正文之后有"笔画检字表"等。

日本汉学家森濑寿三教授给李格非教授来信称赞《汉语大字典》和《汉语大词典》，将是"文化的长城，汉语的双璧"[①]。《汉语大字典》在编排上的优点，我们择要介绍以下三点：

首先，采用部首编排是值得肯定的。

对于《汉语大字典》这种大型的、古今字兼收的字典，采用部首法编排和检索，是比较合适的。而且，也比较利于分工合作。《汉语大字典》收古字、冷僻字太多，用音序法排检不便；笔画、笔顺的个人主观性太强，排检不便；采用四角号码法会出现许多同号码字，排检也不方便。采用部首编排法是大家比较一致的看法。

苏宝荣说："就为数相当的汉字来说，文字学部首和检字法部首相合，'以义定部'和'据形定部'的结果是一致的。对于这类汉字的归部，历来是没有疑义的。而当文字学部首与检字部首相异，'以义定部'与'据形定部'结果不一致的时候，我们应当不折不扣地执行

----

① 黄孝德：《文化的长城　汉语的丰碑——评八卷本〈汉语大字典〉》，《武汉大学学报》，1990 年第 4 期。

'据形定部'的原则。"①苏先生的观点代表着当今学界的共识，纵观我国部首排检史也可以得出部首从文字学性质向检字法性质发展的观点。但是，为何《汉语大字典》中"大多数汉字还是按义归部"②的观点，仍然得到大部分学者的理解呢？我们认为这是和它的规模、编纂宗旨密切相关的，作为收字 56000 多的大型历时字典，它主要服务于中等及以上知识水平的人群，尤其是高校师生、科研单位。它既肩负着"利今、规范"的重任，即按照《印刷通用汉字字形表》等规范字形、简化汉字的规范表整理新旧笔形，确定正字、整理异体字和通假字等，又要"存古"，上溯甲、金，下及楷书，说解文字结构及其流变，能做到现在的程度委实不易，我们也给予理解。③

　　其次，部首数量简化。

　　《汉语大字典》在《康熙字典》214 部的基础上，"删去了'亅、二、爻、玄、用、内、舛、鬯'，将'匸、人、士、夊、曰、行'六部，分别并入'匚、人、土、夂、日、彳'部，共立 200 部"。(《汉语大字典·部首排检法说明》) 从《说文解字》540 部，到《字汇》的214 部，再到《汉语大字典》的 200 部，它适应了部首简化的趋势，压缩了部首的数量。200 部删除了《康熙字典》中部内字较少的部首，将所辖单字归入他部。例如"玄"部只有 7 个字，"玄"部删去后，所辖字归入"亠"部。合并了形体相近的部首，将"匸、人、士、夊、曰"等部，并入"匚、人、土、夂、日"等部。因此，200 部是在 214 部基础上的发展和创新。

　　最后，同笔画部首、部内字有序可依。

---

① 苏宝荣：《汉字部首排检法规范化试探——"论切分、定位（定序）"归部法》，《辞书研究》，1995 年第 5 期。

② 夏南强：《〈汉语大字典〉部首法试评》，《辞书研究》，1995 年第 5 期。

③ 据黄孝德《从〈康熙字典〉到〈汉语大字典〉》（《辞书研究》，1990 年第 5 期），"利今、存古、规范"是《汉语大字典》编纂的三个原则。

《汉语大字典·凡例》中说："部首按笔画多少顺序排列，同笔画的部首按—（横）、｜（竖）、丿（撇）、丶（点）、乙（折）五种笔形顺序排列。同部首的单字排列也按这种顺序。"用《汉语大字典》与《康熙字典》做一对比，就可看出《汉语大字典》的优越性。例如《康熙字典》中八画的部首依次为：金、長、門、阜、隶、隹、雨、青、非，没有什么顺序可言。而《汉语大字典》的次序为：青、長、雨、非、隹、阜、金、門、隶。同部首中各字亦然，方便了检阅，限于篇幅，不再举例。

但是，编纂《汉语大字典》如此大型的字典，排检体系的完善是一个长期的过程。正如《汉语大字典》在其《后记》中说："《汉语大字典》出版了，并不意味着全部工作已经结束。为了精益求精，使之更加完善，修订工作已提上了议事日程。"以下是我们的几点小建议。

第一，多设几种索引。

《汉语大字典》的编排依据部首笔画法是非常合适的，但是其检索只有正文前的部首检字表和笔画检字表，对于不熟悉《汉语大字典》的部首和笔画的人来说，检索是很困难的。张标、苏培成、曹继春等许多学者呼吁再加上四角号码索引，[①]"甚至也可以考虑用汉语拼音。《汉语大词典》的《单字汉语拼音索引》，使用也很方便"[②]。对于我们这种不太熟悉文字学原则据义归部的人来说，我们强烈呼吁编制拼音索引，很多人查《汉语大字典》并非为了找冷僻字，而是为了明晰一些常用字的字形结构演变等。多元化的检索毕竟是对读者有益的，张标指出"多附几种索引就是上等选择"，不是浪费。我们注意到 2003 年湖北辞书出版社出版的普及本《汉语大字典》已有了《汉语拼音音节索引》，虽然它只收了 20000 个字头，但已经有了这方面

---

① 曹继春：《编制〈汉语大字典〉四角号码索引的必要性》，《辞书研究》，1993 年第 3 期。

② 苏培成：《略议〈汉语大字典〉的修订》，《辞书研究》，2008 年第 5 期。

的尝试。

第二，在简体字与繁体字之间注明相对应的页码。

《汉语大字典》关于汉字的形音义解释都注在其繁体下，在其简体下一般只注"'某'的简化字"，当然繁简不是完全对应，其职能不一样的则分别标注。随手翻开一页，例如第 50 页"卫""衛"的简化字；第 51 页"飞""飛"的简化字；第 52 页"书""書"的简化字；第 53 页"买""買"的简化字，等等。如果在汉字的简体与繁体间注明相对应的页码，尤其在简体下注明其繁体所在页码，会加快检索。

第三，在字典正文的页眉或页脚依次列出该页所收汉字。

普及本的《汉语大字典》已经在字典正文每页的页眉处列出了该页所收汉字，使人一目了然，方便检索。《汉语大词典》等大型工具书也是如此，希望八卷本的《汉语大字典》也能在此有所改进。

最后，我们简要谈一下《汉语大字典》在检索体系上的修订维护问题。

《汉语大字典》对于提出的建议能够很好地采纳，如 1990 年出版的八卷本《汉语大字典》在书脊只有"湖北辞书出版社、四川辞书出版社"的字样，夏南强、苏培成等很多学者都提出这样的建议，"《大字典》共设 200 部，这 200 部分别编在 7 卷书内。某一个部首在哪一卷有时不易确定，使用时往往要在相邻的几卷中查来查去，费时费力。建议把每一卷所包括的部首在书脊上标明，以便检索"①。王瑾、苏培成、李尔钢指出第八卷的《笔画检字表》与部首检索法亲缘关系过密，检索不便。"《汉语大字典》的部首索引 A 实际上是'部首笔画索引'，即在部首之下将同部首的字分笔画顺序排列；而它的笔画索引 B 又实际上是'笔画部首索引'，即在某一笔画下，虽不标明部首，但实际上是将同部首的字排列在一起。……如果当初笔画索引在笔画

---

① 苏培成：《略议〈汉语大字典〉的修订》，《辞书研究》，2008 年第 5 期。

之下不是以同部首字归并系联，而是另以起笔笔形分别编排的话，情况就会好得多。"①《汉语大字典》在其 2006 年 5 月出版的八卷本中对以上存在的不便检索的地方作了改进，其《出版说明》中指出："对原《部首检字表》和《笔画检字表》重新作了编排，为了方便读者查检，在每卷书脊上标明了该卷所有的部首及其在正文中的起始页码。"

在本节的末尾，我们简要谈一下《现代汉语词典》和《汉语大词典》的排检体例。

《现代汉语词典》由中国社会科学院语言研究所词典编辑室编写，吕叔湘、丁声树曾先后主持工作，商务印书馆出版。《现代汉语词典》1956 年由国家立项，1958 年 6 月正式开编，1960 年印出"试印本"征求意见，1965 年印出"试用本"送审稿，1973 年内部发行，1978 年正式出版发行第 1 版，其后分别于 1983 年、1996 年、2002 年、2005 年、2012 年、2016 年出版第 2 至 7 版。

采用以汉语拼音方案的字母顺序编排词目的体例，在《现代汉语词典》编写之前出版的字典、词典大多采用部首、笔画、注音字母等方式进行编排。1958 年正式推行了《汉语拼音方案》，《现代汉语词典》是采用汉语拼音方案的字母顺序编排的词典。这里就 1973 年试用本简要地介绍《现代汉语词典》条目安排上的特点：

单字条目按汉语拼音方案的字母顺序排列，每个字母中再分音节，每个音节再按四声排先后，同声同调的字按笔画多少排，笔画少的在前，多的在后。笔画数相同时按起笔的、（点）、一（横）、丨（竖）、丿（撇）、乛（折）的顺序排列，第一笔相同，再按第二笔的笔形次序。单字条目下所列的多字条目不止一条的，依第二字的拼音字母次序排列。第二字相同的依第三字排列，其余类推。

① 李尔钢:《词典的编排与检索》，载《辞书编纂经验荟萃》，上海：上海辞书出版社，1992 年，第 301 页。

《汉语大词典》第一卷由上海辞书出版社出版，第二卷及以后各卷由汉语大词典出版社出版。第一卷于 1986 年 11 月出版，第二至十二卷分别于 1988 年 3 月，1989 年 3 月、11 月，1990 年 6 月、12 月，1991 年 6 月、12 月，1992 年 6 月、12 月，1993 年 6 月、11 月出版。词典正文共十二卷，另有《附录·索引》一卷（1994 年 4 月出版）。

在编排体例上，《汉语大词典》以繁体字立目，括注简体字。简体字也立目，但仅注明某的简体字，具体释义则参见相应的繁体字。正文词目分为单字词目与多字词目，多字词目按"以字代词"的原则，列于单字条目之下。单字词目的编排采用部首检字法，与《汉语大字典》统一使用在传统 214 部基础上改订的 200 部。部首相同的按笔画数排列，画数相同的按起笔笔形—（横）、｜（竖）、丿（撇）、丶（点）、乙（折）的顺序排列。一个单字有两个以上字头的，在字头的右上角分别以阿拉伯数字标注序号。同一单字之下的多音词目，凡第一字读音不同的，在右下角以阿拉伯数字标注相应单字字头的序号，隶属于第一字头的不标。为了便于检索，在单字和多字词目的左上角用阿拉伯数字标注画数序号。

二、汉语字典排检体例演变的原因

汉字形体的演变以及古人对汉字的认识、规范是字典排检体例演变的主要原因。哲学上的阴阳五行说和音韵学的发展对字典排检的演变也产生了重要影响。

（一）汉字形体的演变

汉字形体的演变是字典排检体例发展演变的首要原因。汉字归部由重义到重形，部首由文字学性质向检字法性质转变；部首数量的不断简化以及笔画法的引进，离不开汉字形体的演变。

甲骨文产生后，汉字相继历经金文、战国文字、小篆、隶书、楷书等阶段。许慎生活的时代正统字体是隶书，但他却以小篆为分析对象。"许慎未见过甲骨文、金文，但见过古文、籀文。小篆之后的隶书（包括秦隶、汉隶）许氏应该是见到的。"① 东汉时期的一些人没有汉字变化的观点，根据隶书字形乱解汉字。许慎依据小篆"解谬误，晓学者，达神恉"，因为小篆是古文字阶段的最后一种字体，虽然象形性与其他古文字形体相比已经减弱了，但仍然比较全面地保存了汉字的构形理据。由于小篆据形便可知义，形义是统一的，因此"据形系联"与"以义相从"基本一致。从小篆到隶书的转变，是汉字史上的一大飞跃，汉字完全丧失了古文字阶段的象形意味，步入今文字阶段。从文字学角度来说，"隶变"对汉字的简化符合汉字自身的发展规律，但它对汉字形义关系造成了破坏。发展到楷书阶段，形义关系已经脱节，所以梅膺祚编排《字汇》的原则是尽量做到形义结合，当形义不能兼顾时，就"论其形不论其义"。而这一原则的提出被认为是部首由文字学性质向检字法性质转变的标志。

黎锦熙在《国音字典·序》中盛赞《龙龛手鉴》是对旧部首的第一次大改良，《字汇》是第二次大改良，主要是因为它们从据义编排向据形编排迈了一大步；而曹乃木在《部首查字法的历史演进》中指出《类篇》《康熙字典》是部首发展过程中的两次倒退，也主要是因为它们更倾向于据义编排。通过字典排检体例发展史的梳理，我们发现汉字分部与归部从《说文解字》540 部的创立到《字汇》214 部的确立，始终在据义编排与据形编排之间徘徊，甚至到《康熙字典》又依据据形和据义两个分部与归部的原则编排。大体上，由皇家主持编纂或最终进献给皇家的大都考虑到文字的意义，更多顾及六书系统，比较保守尽量不破坏汉字的形义系统、构形理据，更倾向于据义编排；凡是个人编纂的，更多考虑到顺应文字发展的大潮流，及时吸收音序

---

① 薛克谬:《论非形声字的归部及〈说文解字〉部首的形成》,《河北大学学报》(哲社版), 1987 年第 3 期。

法、笔画法的长处，更倾向于据形编排。

从小篆部首到楷书部首，由于汉字发生了混同、变异、简化的变化，所以合并、删减了一些部首，部首数量逐渐减少。着眼于汉字部首的简化，我们简要分析以下三种情况：第一，混同。混同是指部首的来源不同、意义存在较大差别，只因为形体相似而互相混同了。正如王宁所指出的："一些原来形体与意义完全不同的独体字，一旦进入构字，便发生了形体异化，变为同形。例如：青，小篆原从'丹'，楷书从'月'；肘、背，小篆原从'肉'，楷书从'月'；服、俞，小篆原从'舟'，楷书从'月'。在分析理据时，必须承认'月'这一部件，分别来源于'月''肉''丹''舟'等不同的独体字。"[1]第二，归并。归并是指部首因形体相似而把两个或多个部首归并到一个部首中，或者将重体部首归并到独立部首中。第三，精简。精简是指将无隶属字的部首删去，或者将合体部首归并到该合体字所属部首中。从文字学角度看，以上三种变化使一部分汉字形义关系脱节，丧失构形理据，不利于探求汉字本义及部首来源。但对于编纂和使用楷书字典是有利的，完全从文字形体出发，符合检字法部首性质的要求，具有一定的积极意义。

另外，汉字形体的演变为笔画法的创立提供了前提条件。汉字经过隶变后，在结构和态势上与小篆有很大的不同，隶书在书写笔法上将小篆圆匀的线条改成点画，从而彻底实现了汉字的笔画化。之前，汉字的书写单位是一些圆转的曲线，甚至是事物的整体轮廓，很难从中区分出笔画来。"到了汉隶，汉字的书写单位基本上可以概括为一、丨、丿、乀、丶等几种类型，真正意义的'笔画'才算形成，汉字笔画的计算也才开始成为可能。"[2]虽然隶变已实现了汉字的彻底笔画化，

---

[1] 王宁：《汉字构形理据与现代汉字部件拆分》，《语文建设》，1997 年第 3 期。

[2] 王立军等：《汉字应用通则》，沈阳：春风文艺出版社，1999 年，第 61 页。

但基本笔画的标准样式到楷书阶段才算最后定型。"楷书的笔画起落固定，动态的实现与写成的样式一致，所以可以计数。这在笔画没有定型的古文字阶段是难以做到的。"① 小篆的曲线较为圆转，隶书变圆转为方折，变弧线为直线，而楷书又有了撇捺等变化，使笔画类型逐步完善。

（二）古人对汉字的认识、规范

字典排检体例发展演变的另一个重要原因是古人对汉字形体的认识及对汉字部首、笔画的规范。

唐兰说："中国人研究文字，据现在所知，是周朝开始的。"② 从现存的资料来看，古人很早就开始进行字形的分析，例如：《左传》："止戈为武"，"反正为乏"，"皿虫为蛊"，《韩非子·五蠹》："仓颉之作书也，自环者谓之私，背私谓之公。"可见，春秋战国期间，对汉字结构的分析已经不是个别的、偶然的现象。汉字在字体统一、形体基本固定后，它就成为一套井然有序的系统。在这一系统中，每个字形可以同其他字形区别开，同时又存在程度不等的联系。当古人意识到整个汉字系统在字形上的相同与相异之处时，就为理出汉字的基本结构提供了可能。汉字是表意性质的文字，形义关系比较密切，举形可知其义，知义又可及其声。当古人尝试着把具有相同构件的汉字归为一个系统，并意识到这个相同的构件是其共同意义的载体时，就为部首的产生提供了条件。

汉字产生之后，一方面按其自身的规律发展；另一方面又受到人为规范与干预，是双向调节机制合力作用的结果。王宁在谈到汉字规范的社会性与科学性时指出："科学性指的是汉字的自然规律，包括它的结构规律、演变规律、互相关联的规律和自成体系的规律，这种内在的规律是客观的。社会性指的是汉字在使用时受社会制约的人文

---

① 王宁：《汉字构形学讲座》，上海：上海教育出版社，2002年，第34页。
② 唐兰：《中国文字学》，上海：上海古籍出版社，2001年，第13页。

性，语言文字是符号，但不是单纯的数理符号，它是在人文社会中被全民使用着也改变着的符号。"① 历史上第一次由中央政权推行的正字法，是秦始皇时期的"书同文"。当时的语言文字状况是"言语异声，文字异形"，丞相李斯"罢其不与秦文合者"，把秦通行的小篆作为全国通用的用字标准，结束了汉字的混乱局面，这是中国历史上非常成功的一次汉字规范运动。由于小篆是我国第一次出现的字体统一、形体固定的文字，所以小篆之前的甲骨文、金文时期未能发现部首。"试想，一个异体繁多，多种字形杂陈的文字（如甲骨文、金文等），那是很难整理出部首系统来的。所以我们说，秦的统一小篆，实在是一件大功劳。在小篆产生后不太长的时间内，许慎就归纳出了他的五百四十个部首，这中间决不是没有联系的。"②

（三）音韵学的发展

音韵学的发展是音序法引进的理论基础。

早在先秦时期，我国古人已经有了某些语音分析方面的知识。到了汉代，这些知识日趋完善，周祖谟认为："东汉之末，学者已精于审音。论发音之部位，则有横口在舌之法。论韵之洪细，则有内言外言急言缓言之目。论韵之开合，则有蹙口笼口之名。论韵尾之开闭，则有开唇合唇闭口之说。论声调之长短，则有长言短言之别。剖析毫厘，分别黍累，斯可谓通声音之理奥，而能精研极诣者矣……中国审音之学，远自汉始。"③

我国古代韵书，根据文献记载，最早的是魏李登编的《声类》和晋吕静编的《韵集》。它们按照宫、商、角、徵、羽五个声调编排，

① 王宁:《论汉字规范的社会性与科学性——新形势下对汉字规范问题的反思》,《中国社会科学》, 2004 年第 3 期。

② 薛克谬:《论非形声字的归部及〈说文解字〉部首的形成》,《河北大学学报》（哲社版）, 1987 年第 3 期。

③ 周祖谟:《问学集》, 北京: 中华书局, 1966 年, 第 409 页。

同音字列在一起。隋朝陆法言著《切韵》，按平上去入四声分，每一声调内又据 193 韵编排。唐代孙愐著《唐韵》，增订了《切韵》的韵目，其开元本 195 韵，天宝本 204 韵。唐代李舟根据孙愐的《唐韵》加以修订而写成《切韵》十卷，使韵目排列次序更加合理，四声相承的关系更有秩序。在四声和韵部影响下，唐颜元孙的《干禄字书》首次在以形为主的文字学书中使用音序排检法，按平上去入四声分部，每声内再以韵部编排。宋代陈彭年、丘雍的《广韵》分 206 韵，后来司马光《类篇》的部首内各字即按 206 韵编排。《切韵》的编排对辽代行均的《龙龛手鉴》有一定影响，比较如下：《切韵》是用四声来排列韵目，用韵目来排列具体汉字；《龙龛手鉴》是用四声来排列部首，用部首来排列具体汉字。

清代李光地、王兰生等编纂《音韵阐微》，按照平水韵排列，分为 106 韵。"《音韵阐微》的反切，跟现代汉语的语音已经很相似，所以旧的《辞源》和《辞海》，都用此书的反切注音。"[①]

第二节　义类词典编排体例的演变及演变原因

一、我国义类词典编排体例的演变

义类词典又称类义词典（梅家驹）、分类词典（黄建华）、义族词典（谢自立、张履祥）和义书等。义类词典"是一个词语仓库，它按词所表示的概念把一种语言系统内的词分类编排，表示同一概念的词被编为一个词群，因此它是一种概念词典"[②]。义类词典都是按照义类

---

① 何九盈：《中国古代语言学史》（新增订本），北京：北京大学出版社，2006 年，第 284 页。
② 鲍克怡：《汉语类义词典探索——〈同义词词林〉编后》，《辞书研究》，1983 年 2 期。

编排的，只不过随着自然科学的发展，人们的分类更加精细，概念所属类别更加科学。"分类编排法是按照字、词的意义或词目所属的学科类别加以分类，把性质相同的字、词集中在一起的一种编排方法。"①

王宁提到："黄侃先生曾举出'现存完全切用的十种根柢书'，按其类聚方式，可大致归为以下三种：义书：《尔雅》《小尔雅》《方言》《释名》《广雅》；形书：《说文解字》《玉篇》《类篇》；音书：《广韵》《集韵》"②本章的义类词典是指黄侃所说的"义书"，另外还包括其他雅书。张志公说"从秦代到清代，两千多年出了大批义类词典，起源早，品种多，这不会是偶然的"，"于是从古代就出现了按照词的语义分类编排的词典性的书《尔雅》，接着又有了《方言》《释名》，《小尔雅》，历代连绵不绝，相继出了《广雅》（三国），《埤雅》《尔雅翼》（宋），《骈雅》《通雅》（明），《别雅》《比雅》（清），等等"。③

而"到了现代，这类词典则近乎空白"④，发展到当代，"上海辞书出版社于 1981 年 2 月和 1983 年 10 月分别出版的张志毅的《简明同义词词典》和梅家驹等的《同义词词林》，对发展义书都做出了可贵的尝试"⑤。

（一）义类词典排检体例的滥觞

《尔雅》"首创了按内容性质分类释词的体例"⑥，是我国辞书史上最早的一部语义分类辞典。

《尔雅》按义类编排的体系受到了《史籀篇》《急就篇》等蒙童识字课本的影响，《急就篇》"急就奇觚与众异，罗列诸物名姓字，分

---

① 胡明扬等：《词典学概论》，北京：中国人民大学出版社，1982 年，第 207 页。

② 王宁：《训诂学》，北京：高等教育出版社，2004 年。

③ 张志公：《词义分类的可喜成果——〈简明汉语义类词典〉序》，《汉语学习》，1987 年第 5 期。

④ 张闳凡：《关于辞书的类目》，《辞书研究》，1981 年第 2 期。

⑤ 管锡华：《论义类词典的发展》，《辞书研究》，1986 年第 6 期。

⑥ 刘叶秋：《中国字典史略》，北京：中华书局，2003 年，第 35 页。

别部居不杂厕"。以类相从，例如把"桐、梓、枞、㮁、榆、椿、樗"等木类放在一起，把"凤、爵（雀）、鸿、雁、鸳、雉"等鸟类放在一起，便于学童识字。"从辞书史来说，义序是先于形序的。据考察，埃及、印度、希腊最早出现的辞书，都是分类词典，即按义编排的。中国的《尔雅》也是义序词典。"① 义类编排体系"从产生到形成完善的体系在英语辞典中经历了从《莱登字表》到《英语同义词词林》（Thesaurus of English Words and Phrases，1852）上千年的时间，在汉语辞书中则经历了从《尔雅》到《汉语同义词词林》（梅家驹等，1983）约 2200 年的历史"②。

《尔雅》按十九类分为十九篇（详见第二章），其中《释诂》共有 189 条，第一条为"始"，其次为"君"，再次为"大"，最后两条分别为"终"和"死"，可见其内部的排序也是依据义类来的。《释言》共有 308 条，《释训》共有 128 条。《释亲》共有 93 条，解释亲属的名称，依次为宗族、母党、妻党和婚姻四部分。《释宫》共有 88 条，解释宫室名称以及相关的道路、桥梁等名称。《释器》共有 134 条，解释祭器、农具、渔具、金属、兵器、服饰、弓矢等各种器物的名称。《释乐》共有 36 条，解释五音、钟鼓等音乐术语和各种乐器的名称。《释天》共有 124 条，解释四时、祥、宰、岁阳、岁名、月阳、月名、风雨、星名、祭名、讲武、旌旗有关天文、历法、气象的名称，分十二部分。《释地》共有 67 条，解释九州、十薮、八陵、九府、五方、野、四极有关地理的名称，分七部分。《释丘》共有 49 条，解释丘、厓岸有关自然形成的高地名称，分两部分。《释山》共有 50 条，解释山名及山的形状。《释水》共有 64 条，解释水泉、水中、河曲、九河有关泉水河流的名称，分四部分。《释草》共有 243 条，解释草本植

---

① 黄建华：《词典论》，上海：上海辞书出版社，2001 年。
② 雍和明等：《中国辞典史论》，北京：中华书局，2006 年，第 198 页。

物的名称及其形状特征。《释木》共有116条，解释木本植物的名称及其形状特征。《释虫》共有84条，解释昆虫类的名称及其生活习性。《释鱼》共有77条，解释鱼类及水生动物的名称及其习性。《释鸟》共有126条，解释各种鸟类的名称及其体形特征、生活习性。《释兽》共有112条，解释寓属（能够爬树的兽类）、鼠属、齸属（反刍动物）及须属（动物的呼吸）各种兽类的名称及生活习性，分四类。《释畜》共有99条，解释马属、牛属、羊属、狗属、鸡属等各种家畜的名称。

　　《尔雅》是如何按类编排的？类之间的分合是否合适？

　　《尔雅》19篇中，《释亲》《释天》《释地》《释丘》《释山》《释水》《释兽》7篇在篇与具体的释义条中间标明了类目，类目将该篇分为两到十二部分。在此，我们以《释亲》为例，看看如何按类排列。

表3-3　《尔雅·释地》列表

释亲	宗族	考、妣、王父、王母、曾祖王父、曾祖王母、高祖王父、高祖王母、从祖祖父、从祖祖母、世父、叔父、兄、弟、姊、妹、姑、从祖父、族父、族晜弟、亲同姓、从父晜弟、孙、曾孙、玄孙、来孙、晜孙、仍孙、云孙、王姑、曾祖王姑、高祖王姑、从祖姑、族祖姑、从祖王母、族祖王母、世母、叔母、从祖母、族祖母、祖曾王父、祖曾王母、庶母、王父、兄
	母党	外王父、外王母、外曾王父、外曾王母、舅、从舅、从母、从母晜弟、从母姊妹
	妻党	外舅、外姑、甥、姨、私、出、侄、离孙、归孙、外孙、姒、娣、嫂、妇、娣妇、姒妇
	婚姻	舅、姑、君舅、君姑、先舅、先姑、少姑、兄公、叔、女公、女妹、妇、嫡妇、庶妇、婿、姻、婚、宗族、兄弟、婚姻、亚、婚兄弟、姻兄弟、妇、舅、甥

　　《释亲》比较全面地反应了亲属称谓、亲属关系，主要分为四小类，即宗族、母党、妻党、婚姻。大体分类比较合理，如"父为考，母为妣；父之考为王父，父之妣为王母；王父之考为曾祖王父，王父

之妣曾祖王母；曾祖王父之考为高祖王父，曾祖王父之妣高祖王母；
父之世父、叔父为从祖祖父，父之世母、叔母为从祖祖母"，"子之子
为孙，孙之子为曾孙，曾孙之子为玄孙，玄孙之子为来孙，来孙之子
为晜孙，晜孙之子为仍孙，仍孙之子为云孙"，揭示称谓关系层层向
上或向下，表述非常清楚。

除上述 7 篇外，我们再来看看其他 12 篇的分类情况。首先，关
于《释诂》《释言》《释训》，管锡华先生将一条释义看作一个训列，
采用分析统计的方法，"用现代语言学理论从意义等角度对每一个训
列每一个词语及其关系加以分析、证明之后，发现其内部的排列仍然
主要是按义分类"[①]。其中，《释诂》中有 6.3% 的训列需要重新归并；
《释言》10.4% 的训列需要重新归并；《释训》中有 15.3% 的训列需要
重新归并。由此可见，以上 3 篇也主要按义排列，只是分类及归并存
在不同程度的不当。其次，关于剩余的《释宫》等 9 篇的分类情况，
我们以《释乐》为例进行剖析。

《释乐》可细分为四类，包括五音别名、乐器名称、演奏方式及
声音效果。乐器名称一类中共涉及 11 种乐器的 20 种名称，是依据乐
器体积的大、中、小来分别命名的。可细分为三种情况，第一种只有
该乐器体积较大者的名称，例如：大瑟谓之洒，大琴谓之离，大埙谓
之嘂。第二种有体积较大和较小者的名称，例如：大鼓谓之鼖，小者
谓之应；大笙谓之巢，小者谓之和；大箫谓之言，小者谓之筊。第三
种依据体积的大、中、小有三种不同的名称，例如：大钟谓之镛，其
中谓之剽，小者谓之栈；大管谓之簜，其中谓之篞，小者谓之篎；大
篪谓之产，其中谓之仲，小者谓之䇂。

可以看出，《尔雅》的分类是有层次的，篇中分大类，大类下分

---

① 管锡华：《〈尔雅〉篇内分类情况探索——〈尔雅〉研究之一》，《淮北煤师院学报》，
1986 年第 3 期。

小类，但是具体的分类、类中所含的小类以及排列的顺序方面还有不严谨的地方。

（二）义类排检体例的发展——增广、细化《尔雅》的分类

《尔雅》成书后，仿照它的体例和内容继续编纂的义类词典有很多，自成一种体系，它们或者称"×尔雅"，或者称"尔雅×"，或者单称"×雅"。

自第一部增广《尔雅》的著作《小尔雅》开始，到魏张揖的《广雅》，义类词典对《尔雅》的普通语词和名物语词都进行了或增广或细化的发展，与隋唐之后的义类词典有一定的区别。

1. 增广《尔雅》的分类

《小尔雅》又叫《小雅》，是目前已知的最早的仿雅之作。最早见于《汉书·艺文志》，无撰者姓名，宋代《崇文总目》等目录书均题汉孔鲋撰。其命名理据正如清代王煦所说："盖广《尔雅》之未备，附《尔雅》而行，故称《小尔雅》。"

《小尔雅》共 13 篇，体例同《尔雅》。《小尔雅》的体例及收词情况见第二章。

作为首部增广《尔雅》的著作，《小尔雅》将《尔雅》的某些篇目进一步细化，例如《小尔雅》的《广名》《广服》《广器》《广物》均是对《尔雅·释器》的细化、增广，《度》《量》《衡》所涉及内容则是《尔雅》所没有的，《广诂》所释共计 51 条，有 36 条是《尔雅》所无的，《广言》160 条，有 130 条是《尔雅》所无的。但是，《小尔雅》所收字词数量太少，全书约 1930 字，收词 628 个。篇目也只有 13 篇，少于《尔雅》的 19 篇。体例上也有不够严谨的地方，例如《广器》不仅收器物名称，也杂入某些地域、水泽等方面的词语。但是，总体来说，作为首部增广《尔雅》的著作，我们应该肯定《小尔雅》的价值与地位。

西汉扬雄撰《方言》，它既是一部义类词典，又是我国第一部方

言词典。《方言》成书时是 15 卷，收录 9000 余字。今本 13 卷，收录 11900 多字，词条 658 个。

《方言》因袭《尔雅》的分类。"《方言》的内容和形式，都在一定程度上摹仿《尔雅》。它所收集的词，虽未明标门类，却大致是按照《尔雅》的体例，采取分类编次的办法。"[1] 第一、二、三卷是释语词，第四卷是释衣服，第五卷是释器皿、家具、农具，第六、七卷又是释语词，第八卷是释动物，第九卷是释车船、兵器，第十卷是释语词，第十一卷是释昆虫，第十二、十三卷又是释语词。扬雄是一个喜欢模仿古人的人，据《汉书·扬雄传》记载："实好古而乐道，其意欲求文章成名于后世，以为经莫大于《易》，故作《太玄》；传莫大于《论语》，作《法言》；史篇莫善于《仓颉》，作《训纂》；箴莫善于《虞箴》，作《州箴》；赋莫深于《离骚》，反而广之；辞莫丽于相如，作四赋。"故，《华阳国志·卷十》认为扬雄"典莫正于《尔雅》，故作《方言》"。

通过具体语词释义对比，我们就可以看出两者的联系。

《尔雅·释诂》："刘、狄、斩、刺，杀也。"

《方言·卷一》："虔、刘、惨、琳，杀也。秦晋宋卫之间谓杀曰刘，晋之北鄙亦曰刘。秦晋之北鄙、燕之北郊、翟县之郊谓贼为虔。晋魏河内之北谓琳曰残。楚谓之贪。南楚江湘之间谓之欺。"

《尔雅·释诂》："金、咸、胥，皆也。"

《方言·卷七》："金、胥，皆也。自山而东五国之郊曰金，东齐曰胥。"

虽然可以明显看到《方言》对《尔雅》的因袭，但是两者毕竟还有很大的区别。《尔雅》只是将同义词、近义词甚至同类词放在一起进行

---

[1]　刘叶秋：《中国字典史略》，北京：中华书局，2003 年，第 57 页。

训释，而《方言》不仅能够依据其词义相同或相近将其放在一起，更进一步指出其区别，即哪些是通语，哪些是方言，是方言的话，它们又是属于哪些方言区的，是古语的话，到了西汉时期又发生了哪些变化。

2. 增广并细化《尔雅》的分类

《释名》，又叫《逸雅》，东汉末年刘熙撰。《逸雅》既是我国雅书系列上的一部重要辞书，又是我国第一部词源词典。今本共 8 卷 27 篇，收录 1502 个词条。刘熙在序中说：

夫名之于实，各有义类，百姓日称而不知其所以然之意，故撰天地、阴阳、四时、邦国、都鄙、车服、丧纪，下及庶民应用之器，即物名以释义，论叙指归，谓之《释名》。

《释名》在编排体例上受《尔雅》影响很大，也是按照意义将有关的词类聚一起。今本《释名》共 8 卷 27 篇，模仿《尔雅》，按事类分篇，篇名亦为"释×"式。第一卷分为《释天》《释地》《释山》《释水》《释丘》《释道》，第二卷分为《释州国》《释形体》，第三卷分为《释姿容》《释长幼》《释亲属》，第四卷分为《释言语》《释饮食》《释采帛》《释首饰》，第五卷分为《释衣服》《释宫室》，第六卷分为《释床帐》《释书契》《释典艺》，第七卷分为《释用器》《释乐器》《释兵》《释车》《释船》，第八卷分为《释疾病》《释丧制》。它大体按"天人生死"的顺序安排：先天地，后人事；人事之中，先州国，后人伦；先生计，后病死。明吕柟《重刊〈释名〉后序》："汉征士北海刘熙著《释名》二十七篇，盖《尔雅》之绪也……但《尔雅》先《诂》《言》《训》《亲》，而后动植；近取诸身，斯远取诸物也。《释名》以天地山水为先，则濒乎玩物也。"

《释名》继承了《尔雅》的分类，但是通过两者的对比，我们会发现，《释名》的分类更加精细，而且有很多类是《尔雅》所没有的。

（1）与《尔雅》相同的：

《释天》《释山》《释丘》《释宫室》《释乐器》

（2）《释名》新增加的：

《释形体》《释姿容》《释言语》《释饮食》《释典艺》《释疾病》《释丧制》

（3）细化《尔雅》的：

将《尔雅·释亲》细化为《释长幼》《释亲属》

将《尔雅·释器》细化为《释采帛》《释首饰》《释床帐》《释用器》《释兵》《释车》《释船》

将《尔雅·释地》细化为《释地》《释州国》《释道》

（4）《释名》没有继承《尔雅》的：

《释诂》《释言》《释训》《释草》《释木》《释虫》《释鱼》《释鸟》《释兽》《释畜》

其实，《尔雅》的《释诂》《释言》《释训》的内容在《释名》的《释姿容》《释言语》里也有反映。

《尔雅》《释名》篇目分类对照如下：

表3-4 《尔雅》《释名》分类对照表

《尔雅》	《释名》
《释诂》《释言》《释训》	
《释亲》	《释长幼》《释亲属》
《释宫》	《释宫室》
《释器》	《释采帛》《释首饰》《释床帐》《释用器》《释兵》《释车》《释船》
《释乐》	《释乐器》
《释天》	《释天》
《释地》	《释地》《释州国》《释道》

《尔雅》	《释名》
《释丘》	《释丘》
《释山》	《释山》
《释水》	《释水》
《释草》《释木》《释虫》《释鱼》《释鸟》《释兽》《释畜》	
	《释形体》《释姿容》《释言语》《释饮食》《释典艺》《释疾病》《释丧制》

　　《释名》的分类比《尔雅》更加精细，分类更加合理，以《释形体》为例，其所收录的词语，包括人、体、躯、形、身、毛、发、皮、肤、肌、肉、筋、骨、血、汗、头、首、面、额、眼、鼻、口、颊、舌、齿、牙、耳、唇、髭、须、项、颈、胸、腹、心、肺、脾、肾、肠、胃、脐、胁、肋、膈、腋、肩、背、臂、肘、腕、掌、脊、臀、股、膝、脚、胫、足、趾等，基本上就是人体及各个器官的名称。"类目编排的共同特点就是从大到小，从粗到细，次第有序。"[①]

　　在具体类别上，我们以《释名·释天》为例。其在总体分类上是比较科学合理的，基本上同类相连，而且也比较注意类与类之间的衔接。例如，从星光类到灾害类以"枉矢"为过渡，"枉矢，齐鲁谓光景为枉，矢言其光行若射矢之所至也，亦言其气枉暴有所灾害也"。但是，在具体分类及排列上仍然存在一些问题。首先，上位词与下位词的顺序有时有些乱，有的是上位词在前，有的是下位词在前。例如关于四时与春夏秋冬的解释，四时在后，春夏秋冬在前；关于五行与金木水火土的解释，五行在前，金木水火土在后。其次，同类应相连属，四时应放在一起，气象应放在一起，气象中可再分类细类，

[①]　雍和明等:《中国辞典史论》，北京:中华书局，2006 年，第 183 页。

"雨""雾"应该和"霜、露、雪、霰、霖、霖、雲、雷、震、雹"等从"雨"部的排列在一起。

与《尔雅·释天》相比，四时等基本相同，但增加了《尔雅·释天》所没有的十天干、十二地支等类。

《广雅》，魏张揖撰。隋代避炀帝讳，改名《博雅》，后复用原名。张揖在《上〈广雅〉表》中对《尔雅》推崇备至，"夫《尔雅》之为书也，文约而义固，其陈道也，精研而无误，真七经之检度，学问之阶路，儒林之楷素也"。但同时又认识到了《尔雅》并不全面，"若其包罗天地，纲纪人事，权揆制度，发百家之训诂，未能悉备也"。于是决定"臣揖体质蒙蔽，学浅词顽，言无足取。窃以所识，择撢群艺，文同义异，音转失读，八方殊语，庶物易名，不在《尔雅》者，详录品核，以著于篇"。因为是增广《尔雅》之作，因此名为《广雅》。

今本《广雅》10 卷 19 篇，篇目及各篇顺序与《尔雅》完全相同，每篇所收词语的排列顺序也与《尔雅》大体一致。全书共 18150 字，所释词语名物共计 2343 事，[①] 比《尔雅》收词多得多（尔雅全书收字 10819 个，所释词语名物共计 2091 事）。明吴本泰《广雅原序》："《广雅》一书，其藻翰之资粮抑亦玄悟之关钥欤，且于《尔雅》拓境开疆，厥功非尠。"清王念孙在《广雅疏证·自序》中则评价它说："盖周秦两汉古义之存者，可据以证其得失，其散逸不传者，可藉以窥其端绪，则其书之为功于诂训也大矣。"《广雅》对先秦两汉经史传注、诗赋、医书、字书中的词语，均广为采集收罗，收词范围和数量远远超过《尔雅》和《小尔雅》。

（三）义类排检体例的转型

隋唐至清，义类词典的发展呈现出多样化的趋势，主要有五种类型，词汇类仿雅词典、专书类仿雅词典、综合类仿雅词典、博物类仿

---

① 胡朴安：《中国训诂学史》，上海：上海书店，1984 年，第 95 页。

雅词典和专科类仿雅词典。

　　词汇类仿雅词典主要是对传统语言学中词汇领域的某一特殊词汇现象进行搜集整理，仿《尔雅》体例编纂成书，例如朱谋㙔的《骈雅》、史梦兰撰《叠雅》等。专书类仿雅词典将《易经》《诗经》毛传的训诂材料、《说文解字》等依据《尔雅》的体例重新编纂成书，如赵汝楳的《易雅》、陈奂的《毛雅》、朱骏声的《说雅》等。综合类仿雅词典广泛搜集包括普通词语和名物词语在内的各种词语，仿《尔雅》体例编撰，例如方以智的《通雅》等。博物类仿雅词典只释与动植物相关的词语，对其性能、形态、特征等详尽描述，例如陆佃的《埤雅》、罗愿的《尔雅翼》等。专科类仿雅词典主要是对某一学科门类的词语进行搜集，仿《尔雅》体例编纂，例如无名氏的《本草尔雅》等。

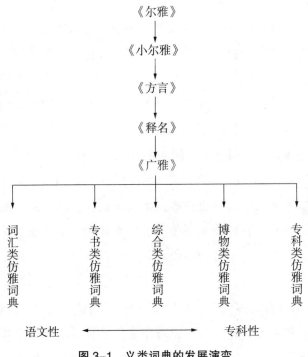

图 3-1　义类词典的发展演变

1. 词汇类仿雅词典

明朱谋㙔撰《骈雅》，重在解释双音词。"骈"就是"联二为一，骈异而同，析之则秦越，合之则肝胆"。(《骈雅自序》)《骈雅》共7卷，全书分《释诂》《释训》《释名称》《释宫》《释服食》《释器》《释天》《释地》《释草》《释木》《释虫鱼》《释鸟》《释兽》等13类。

《尔雅》作为我国最早的通释语义的专著，其中所收的双音词数量可观，类型多样，包括合成词、重言词、联绵词等。《尔雅》所收的重言和连语两类，主要集中于《释训》，分散于《释亲》以下16篇。《释训》前75条解释重言，后57条解释连语，彼此界域分明。而朱谋㙔的《骈雅》则是第一部专门研究双音词的著作。由于身为皇室贵族，熟通典籍，存书极丰，所以《骈雅》能够十分广泛吸收子集及稗官野史小说中冷僻深奥的双音词。胡朴安称《骈雅》："非字之训诂，是辞之训诂也。"

清代吴玉搢撰《别雅》，《别雅》初名《别字》，因其体例与《尔雅》中的《释诂》《释训》相仿，故改名《别雅》。收辑古书中文字形音歧异而意义相同的词语，它的排列比较特殊，按照平水韵编排，但却没有标明韵目。全书分五卷，没有篇题，先举被训词，然后分别列出其别字、异体及假借通用之字，一一注明它们的出处，并辨析它们同用、通用或转训、假借等之间的关系。吴玉搢在其序言中说：

> 是书取字体之假借、通用者，依韵编之，各注所出，而为之辨正於考古深为有功。惟是古人用字，有同声假借，有转音变异，有别体重文、同声转音，均宜入之此书。

《尔雅》被释词多假借、异体等现象，《别雅》搜集了大量的别字、异体字、假借字并进行了辨证，对于《尔雅》的注释研究及经书训诂都有重要意义，它拓宽了专门类仿雅词典的范围和《尔雅》研究的视角，《四库提要》评价其为"小学之资粮，艺林之津筏"。

清代洪亮吉撰《比雅》，仿照《尔雅》的体例，引证古书，将被释词与各个释词相互比附，把意义相同、相近、相对、相反的词语类聚在一起，编辑成书，阐明古代的名物制度。因为所释词语多两两比并而出，取《礼记》"属辞比事"之意，定名为《比雅》。全书 19 篇，依次为《释诂》《释言》《释训》《释天》《释地》《释山》《释水》《释人》《释宫》《释器》《释乐》《释舟》《释草》《释木》《释虫》《释鱼》《释鸟》《释兽》《释畜》。与《尔雅》相比，我们可以看出，排列次第稍有不同。而且，比《尔雅》多出《释人》《释舟》，缺少《释亲》《释丘》。实质上，是以《释人》易《释亲》，并《释丘》于《释山》，出《释舟》于《释水》，《释地》后附"日月"，《释人》后附"衣饰"，《释舟》后附"释车"，《释鸟》后附"鸟兽总"。"所以不但篇数仍和《尔雅》相同，内容分类和编次实际上还是仿照《尔雅》。"[①]《比雅》广泛搜集经史传注中相同、相近、相对、相反的词，用对举的方法列举出来，并注明出处，训式既齐整又形象。《比雅》的一个最大特点是全书都是直接摘录他人的说法，将古注词义加以排比。由于此书成于作者晚年，而且这些是作者平时读书时所摘录的，尚未整理，所以存在不少缺点，钱剑夫先生指出四点：误入他篇、前后重见、引证未备和释文杂乱。例如：归入《释木》的"在田曰兔丝，在水曰松萝"，实际上应该归入《释草》；"苗、允也；裔、末也。"既归入《释言》又归入《释训》，这些都是体例不严谨的表现。

清代史梦兰撰《叠雅》，共有 13 卷。它是第一部以叠字为收集对象的词典，体例上仿照《尔雅》，但是不分类，广收经、史、子、集及其注疏中的叠字，考察其源流，解释其词义，进行了详细疏解，凡字异义同的叠字归为一部，字同义异者则入另类。凡征引著作，都详

---

① 钱剑夫：《中国古代字典辞典概论》，北京：商务印书馆，1986 年，第 181 页。

细注明出处来源及作者年代等信息。关于《叠雅》的编排体例，史梦兰在其凡例中指出：

> 《尔雅》分十九卷，《广雅》因之。至《埤雅》《骈雅》《通雅》遂分合增损，各自为例。《别雅》则暗以韵分而不标韵目，从其省也。是书鳞次编辑，例仿《尔雅》，不复显分门类，亦犹《别雅》之志耳。

简言之，《叠雅》的编排体例是只分卷次，不注重分门类。因为重言叠字大多是用来形容事物的性质、状态，如果纯粹按照义类分，就会导致有的部分内容太多，有的部分内容太少，整部书轻重不一。史梦兰在自序中说"字异而义同则汇归一部，文同而解异则别立一条，或音义相同彼此错见则别其字"。虽然"不复显分门类"，但仍然"例仿《尔雅》"，分为 13 卷。第一至第九卷全是普通意义的词语，每卷所释重言叠字约 250 个，篇幅相当。剩余 4 卷，每卷之中则基本按照意义编排。第十卷全是形容人的形貌、动作的词语，共有 300 个。第十一卷全是形容声音的词语，共有 242 个。第十二卷全是关于天地、服饰、食物、器用、虫鱼的词语，共有 195 个。第十三卷是人、山、水、佛等的称谓，共有 91 个。

陈汝法先生《叠字和〈叠雅〉》一文关注到了《叠雅》排列上的四个特点。

（1）把意义相近或具有相映衬作用的叠字就近排列，如：

摇摇、菲菲、悠悠、忽忽……不定也。
耿耿（炯炯）、儆儆（警警）……不安也。

怏怏（鞅鞅）、慊慊、怅怅……不足也。

懆懆、邎邎（蒫蒫）、怫怫……不快也。

（2）把表现人的身体部位或某一感觉器官的状况的叠字荟萃在邻近，如：

僺僺，头仰也。
员员……头闷也。

（3）把意义相反相对的叠字排列在近旁，便于比较对照，如：

婉婉、委委、弯弯……曲也。
九九、挺挺、胫胫……直也。

（4）把用以状色彩叠字汇集毗邻，以便查检，连类而及，如：

杲杲、皓皓……白也。
䵳䵳、黝黝……黑也。
肔肔、彤彤……赤也。

可见，《叠雅》主要的编排原则是被释词数量相近，篇幅大致均衡，其次是兼顾以类相从。

2.专书类仿雅词典

宋代就已经出现了专书类仿雅词典，如赵汝楳的《易雅》等。至清代又有学者对几部重要的著作进行分类排比，并依《尔雅》休例重新编纂成书，如陈奂的《毛雅》（又称《毛诗传义类》）、朱骏声的《说雅》等。

《毛诗传义类》，主要是仿《尔雅》的体例把《诗经》毛传的训诂材料分成 19 个义类编辑而成。《释故（诂）》为多词一释，共收辑 137 个词条；《释言》392 条；《释训》552 条；《释亲》191 条，分宗党、统称、姓名 3 个类目；《释官》79 条；《释器》316 条，分器用、服饰、饮食 3 个类目；《释乐》39 条；《释天》113 条，分月时、风雨、星名、祭名、讲武、旌旗 6 个类目；《释地》114 条，分邑、地、国、原野 4 个类目；《释丘》20 条，分丘、崖岸 2 个类目；《释山》35 条；《释水》56 条；《释草》102 条；《释木》70 条；《释虫》19 条；《释鱼》15 条；《释鸟》37 条；《释兽》26 条；《释畜》63 条，分马属、牛属、羊属、狗属、豕属、鸡属 6 个类目。

清代朱骏声撰《说雅》，共 2 卷 19 篇。"说"指《说文解字》，"雅"指《尔雅》，《说雅》是指《说文解字》的"雅体化"。《说雅》19 篇的篇目及排列顺序完全与《尔雅》相同，即分为《释诂》《释言》《释训》《释亲》《释宫》《释器》《释乐》《释天》《释地》《释丘》《释山》《释水》《释草》《释木》《释虫》《释鱼》《释鸟》《释兽》《释畜》。把《说文解字》9353 个字及《说文通训定声》新增加的 7000 多个字依次归为这 19 个义类。词条形式也例仿《尔雅》，每词或词条之下标明的大多为《说文解字》中的释义。朱骏声在自序说：

循《尔雅》之条理，贯许书之说解，五百四十目纪之以形，十八部纬之以声，十九篇经之以意，与事参互错综，神旨益显，其在转注假借亦可旁通云。

即以《尔雅》的分类把全书分为 19 篇，每篇按照《说文解字》的释义，将意义相关的字排列在一起，在同义的字内部再根据字形及朱骏声古音十八部排列。例如《释木》中共有 51 个字，松、槐、杨、檀、栗、柜、枒、樕、梧、枯、杴、欘、梢、榛……稹、秵、稽、穳稽，按照《说文解字》的释义都是"木也"。这 51 个字中，前 46 个字的意符均为"木"，后 5 个字的意符均为"禾"，依据形体上相近原则排列；在同意符的字中又根据古音十八部排列先后，如前 46 个字中的"柜"和"杍"同属于"豫"部排列在一起，"橎"和"楝"同属于"乾"部排列在一起。[①]

3. 综合性仿雅词典

明末方以智的《通雅》是一部综合性仿雅著作，并且是仿雅著作中篇幅最大、分类最多最细、最具特色的一部著作。

依据《通雅》各卷首所注明的卷目，可列表如下。

表 3-5　《通雅》卷目及分类

普通语词		疑始	古篆古音
		释诂	缀集、古隽、涟语、重言
百科语词	天地	天文	释地、历测、阴阳、月令、农时
		地舆	方域、水注、地名异音、九州建都考、释地
	人类	身体	
		称谓	
		姓名	姓氏、人名、同姓名、鬼神
		官制	仕进、爵禄、文职、武职、兵政
		事制	田赋、货贿、刑法
		礼仪	
		乐曲	
		乐舞	乐器
		器用	书札、碑帖、金石、书法、装潢、纸笔墨砚、印章、古器、杂器、卤簿、戎器、车类、戏具

① 罗宪华：《读朱骏声的〈说雅〉》，《四川大学学报》（哲社版），1981 年第 3 期。

续表

百科语词	人类	衣服	彩服、佩饰、布帛、彩色
		宫室	
		饮食	
	万物	算数	
		植物	草、竹苇、木、谷蔬
		动物	鸟、兽、虫
		金石	
普通语词		谚原	

钱剑夫指出："仅从这些总目来看，就知道《通雅》一书实属博大精深，几乎所有的学术都包罗无遗，实际上颇近于一部大百科辞典。"①

4.博物类仿雅词典

《埤雅》和《尔雅翼》只释名物词语，不释普通词语，而且只释鱼动植物相关的，对动植物的性能、形态、特征等的描述非常详尽，"简直就是一部'动物辞典'或'水产辞典'……实质上已基本符合今天辞书的类型"②。杨薇等则直接指出："《埤雅》这种集中收录某一专门学科词汇编纂成辞典的做法，使它成为我国第一部专科辞典……在我国辞书发展史上，它是第一部以生物名词为主体的辞典。"③

宋代陆佃撰《埤雅》,《埤雅·重刊埤雅序》："埤，辅也，言为《尔雅》辅也"，《埤雅》是增补、辅助《尔雅》的，初名《物性门类》。《埤雅》重在广引各类古籍、先贤时哲之语对各种名物的形状、特征详加介绍，并博考古籍，探究其得名原委。

---

① 钱剑夫:《中国古代字典辞典概论》，北京：商务印书馆，1986年，第173页。
② 同上注，第166页。
③ 杨薇、张志云:《中国传统语言文献学》，武汉：崇文书局，2006年。

　　陆佃以说《诗》闻名，又多识于鸟兽草木虫鱼。宋神宗皇帝喜欢谈论物性，"恨古未有著为书者"。于是，陆佃进《说鱼》《说木》二篇，后又在这两篇的基础上撰成《物性门类》。陆佃晚年在注释《尔雅》的过程中，不断对《物性门类》进行增补，最后更名为《埤雅》。

　　今本《埤雅》共20卷，包括《释鱼》二卷、《释兽》三卷、《释鸟》四卷、《释虫》二卷、《释马》一卷、《释木》二卷、《释草》四卷和《释天》二卷。《埤雅》的体例仿《尔雅》，但又不同于《释名》《广雅》等此前的仿雅之作，它不释普通词语，只释名物词语，共释名物词297个。所释词条，少则几十字，多则上千言，与今天的专科辞书中对动植物的性能、形态、特征等的描述非常像。例如：

鹿：

《字统》曰：鹿性警防，分背而食，以备人物之害。盖鹿萃善走者，分背而食，食则相呼，群居则环其角外向，以防物之害己，故《诗》以况君臣之义，而毛诗草虫经曰：鹿欲食，皆鸣相召，志不忌也。周官曰：视朝则皮弁服，皮弁正以鹿皮为之。盖取诸此。鹿爱其类，发于天性……旧说鹿有仙，兽常自能乐，性从其灵。泉至六十年必怀琼於角下，角有斑痕，紫色如点，行或有涎出於口，不复能急走也。盖鹿有戴玉而角斑，鱼怀珠而鳞紫，故有诸中未有不形於外也。

　　作者首先引用《字统》《诗经》交代了鹿善群居的生活习性，由此衍生出鹿的美好德化，并说明物以类聚人以群分的道理。其次用对比的方式介绍了麋、鹿、兔、豕、狐等6种动物的生活特点，最后以旧说"鹿有戴玉而角斑，鱼怀珠而鳞紫"，得出结论"有诸中未有不形於外也"。与今天的专科辞书相比，《埤雅》以介绍动植物习性为切入点，重点说明人们对它的主观评价与道德认同、情感态度。而今天的专科辞书只是对动植物的性能、形态、特征进行客观说明。

宋代罗愿撰《尔雅翼》，顾名思义，它和《埤雅》相同，也是解释《尔雅》草木鸟兽虫鱼各种物名，为《尔雅》的辅翼。

同《埤雅》一样，《尔雅翼》不释普通词语，专释动植物名。全书共释物名 6 类 32 卷，卷一至卷八为《释草》；卷九至卷十二为《释木》；卷十三至卷十七为《释鸟》；卷十八至卷二十三为《释兽》；卷二十四至卷二十七为《释虫》；卷二十八到卷三十二为《释鱼》。《尔雅》动植物部分 7 篇，此书缺《释畜》一门，但《释畜》的内容大多采入《释兽》《释鸟》。

《尔雅翼》非常详细全面地描述动植物的形状、性能、特征等，征引古书达 250 多种，几乎囊括了宋以前能见到的经史、诸子以及字书、韵书等古籍，比《埤雅》还要丰厚得多。

在编排上有这样的特点：首先，分类时又基本上按照部首所提示的意义关系进行，例如：从"艹"部的基本放在一卷，从"木"部、"鱼"部的等也是如此；其次，单音节与双音节基本上都分开，例如"莎鸡、蜉蝣、蟋蟀、螳螂、蜱蛸、青蛉、蛥蛹、蜘蛛、蟏蛸、胡蝶"（卷二十五）都是双音节词；最后，根据事物外在形态特征上的相似性，例如体态较小的"蜂、蜜蜂、果蝇、蚕、蚊、蝱、蝨、蝼、蝍蛆"（卷二十六）放在一起。

需要指出，类书与义类词典在排检体例上互相影响。义类词典尤其是《尔雅》的分类对类书的分类，这种宏观结构的排列体例产生重大影响，反过来，类书日益精细化的发展对义类词典也有很大影响，突出表现在自《广雅》之后，雅书系列对《尔雅》的发展已经将普通词语与名物词语分开。

"完整流传到现在的古代类书中，《古今图书集成》规模大、篇幅多、内容丰富、分类细密，结构体例也相当完备，代表了古代类书的最高水平，不仅为检索古代文献提供了方便，其组织处理资料的办法，也有许多值得我们借鉴之处。"①

《古今图书集成》的总体结构

六汇编三十二典 6109 部

历象汇编：乾象、岁功、历法、庶征四典（共 120 部）——天

方舆汇编：坤舆、职方、山川、边裔四典（共 1187 部）——地

明伦汇编：皇极、宫闱、官常、家范

交谊、氏族、人事、闺媛八典（共 2987 部）⎫⎬⎭人

博物汇编：艺术、神异、禽兽、草木四典（共 1130 部）——物

理学汇编：经籍、学行、文学、字学四典（共 235 部）

经济汇编：选举、铨衡、食货、礼仪

乐律、戎攻、祥刑、考工八典（共 450 部）⎫⎬⎭事

图 3-2　《古今图书集成》的总体结构

《古今图书集成》编者陈梦雷尽其一生，将我国 16 世纪前的知识和历史进行梳理，最终形成"六大汇编"。"《古今图书集成》的体例虽是按照类书的编次原则而为，但它与此前的任何一部类书相比，都更加谨严完善。它按照'以类相从'的原则，形成了一个规模宏大、结构严谨、次序井然的网络框架，从而产生了对古代文献的巨大容纳空间和整序能力。"②

雍正御制序道："其大凡列为六编、析为三十二典，其部六千有余，其卷一万。始之以历象，观天文也；次之以方舆，察地理也；次之以明伦，立人格也；又次之以博物、理学、经济，则格物致知，诚意子心，治国平天下之道，咸具于是矣。"

―――――――――

① 裴芹：《谈〈古今图书集成〉的"参见"》，《内蒙古民族师范学院学报》，1994 年第 2 期。

② 张新民：《〈古今图书集成〉之特征及其编者》，《农业图书情报学刊》，2006 年第 11 期。

"历象汇编"包括乾象、岁功、历法、庶征四典。乾象典记载天地、阴阳、五行、日月、星辰、风云、雨雪、雷电等；岁功典记载季节，月令，寒暑、干支、晨昏、昼夜等；历史记载历法、仪象、漏刻、测量、算法、数目等；庶征典记载变异、灾荒、梦、谣、谶等。其中也涉及西方的天文科学技术。

"方舆汇编"包括坤舆、职方、山川、边裔四典。坤舆典记载泥、土、石沙、汞、矾、黄灰、水、冰、泉、井和历代舆图、分画、建都、关隘、市肆、陵寝、冢墓等；职方典记载清代各省各府地理；山川典记载名山、大川；边裔典记载边境及国外情况。

"明伦汇编"包括皇极、宫闱、官常、家范、交谊、氏族、人事、闺媛等八典。皇极典记载帝王；宫闱典记载太上皇，后妃、宫女、乳保、东宫、皇子、皇孙、公主、附马、外戚、宦侍等；官常典记载百官之事；家范典记载家族、宗属、戚属、奴婢等；交谊典记载师友、乡里以及社交、世态等；氏族典记载名世各姓氏；人事典记载身体、年龄、名号、命运、感应等；闺媛典记载妇女之事。

"博物汇编"有艺术、神异、禽虫、草木等四典。艺术典记载农、医、星相、术数以及画、弈、商贾、佣工、优伶、妓女等；神异典记载鬼神、释道等；禽虫典记载各种动物；草木典记载了各种植物。

"理学汇编"有经籍、学行、文学、字学等四典。经籍典偏重经史，记载了河图、洛书、十三经、国语、战国策、历代史、通鉴、史学、地志以及诸子、集部、类书、杂著等；字学典分记音义、字体、书法、书家、法帖、声韵、方言以及笔墨纸砚等。

"经济汇编"有选举、铨衡、食货、礼仪、乐律、戎政、祥刑、考工等八典。选举典记载学校教化以及取士之科等；铨衡典记载官制、禄制、封建以及黜擢之法等；食货典记载户口、农桑、田制、蚕桑、荒政、赋役、漕运、贡献、盐法、杂税、平准、国用、饮食、布帛、珠玉、金银、钱钞等；礼仪典记载冠婚、丧祭、朝会燕飨等礼，以祀典为最详，而服章、正名、定分、礼所必严，亦附及之；乐律典记载律吕，歌舞以及各种乐器等；戎政典记载兵制、田猎、兵第、兵略、屯田、马政、驿剃、兵器等；详刑典记载工匠，规矩准绳、度量、城池、桥梁、宫室、器用等。

（四）义类排检体例的繁荣——语言学理论指导下的现当代义类词典编纂

"我国现代语言学界对汉语语音、语汇、语法这三方面的研究，相对地讲，语汇方面比较薄弱；在语言应用工作中，词典工作比较薄弱；在词典工作中，义类词典可以说是个空白。"[1]

发展到当代，"上海辞书出版社于 1981 年 2 月和 1983 年 10 月分别出版的张志毅的《简明同义词词典》和梅家驹等的《同义词词林》，对发展义书都做出了可贵的尝试"[2]。（作者提到的《简明同义词词典》实为《简明同义词典》）同时也有学者指出，"现代汉语义类词典在解放前和新中国成立后都没有出版过，上海辞书出版社出版的《同义词词林》是第一部汉语义类词典"。应该说，同义词词典与普通释义词典、义类词典不同，同义词词典更注重辨析词目的同中之异，义类词典更注重将同类（甚至同义）的语言单位以某一义项为中心汇集在一起；《同义词词林》《简明汉语义类词典》《反义词词林》等主要是求同，《简明同义词典》等主要是辨异。但是，同义词词典与义类词典有着十分密切的联系，甚至有学者指出《尔雅》开创的义类词典的未来出路就在于集义类词典、同义词词典与释义词典的长处于一身，因为《尔雅》就是"不仅类聚同义、类义词，比较词语意义，同时是在解释词义；不仅起到义书的作用，而且兼有字书的功能"[3]。我们认为

---

[1]　张志公：《词义分类的可喜成果——〈简明汉语义类词典〉序》，《汉语学习》，1987 年第 5 期。

[2]　管锡华：《论义类词典的发展》，《辞书研究》，1986 年第 6 期。

[3]　解海江：《谈〈反义词词林〉的收词与编排》，《辞书研究》，2004 年第 4 期。

狭义的义类词典不包括同义词词典。

梅家驹等先生编纂的《同义词词林》一书收录词语近 7 万，全部按意义进行编排。全书把词语分为大、中、小三级，共分 12 个大类、94 个中类、1428 个小类，小类下再以同义原则划分词群，每一词群以一标题词立目，共 3925 个标题词。"十二大类是：一、人；二、物；三、时间与空间；四、抽象事物；五、特征；六、动作；七、心理活动；八、活动；九、现象与状态；十、关联；十一、助语；十二、敬语。"（《同义词词林·自序》）第一至第四大类多属名词，数词与量词列入第四大类。第五大类多属形容词。第六至第十大类多属动词，其中第十大类主要是表明相互关系的动词，含义比较抽象，有的学者称之为关系动词。第十一大类多属虚词。第十二大类是难以分至其他类别的客套语（大部分客套语已按其含义分别归入有关类别中）。大类和中类的排列遵照从具体概念到抽象概念的原则，十二个大类的排列即从实词到虚词。第一至第四大类为从"人""物"到"抽象事物"，第六至第十大类为从具体的"动作"到抽象的"关系"。"每一个词群以一最常用词为标题词。大类编号为大写拉丁字母（如 A），中类编号加小写拉丁字母（如 Aa），小类编号加阿拉伯数字（如 Aa06）。"（《同义词词林·凡例》）

林杏光、菲白编纂的《简明汉语义类词典》对词语按意义的相同、相近及相关进行分类排列。全书共收 6 万余词条（包括在例证中出现的词语）分为 18 个大类、1730 个小类，每个小类下又分若干词群，词群内部分若干词语。"十八大类是一个有机的整体。以'人物'为起点，按人自身的表现，分为'品德、智能、情感、感觉、仪容、处境'；按人与人之间的关系，分为'交往、争斗、语言、信息'。与'人物'相对的另一核心是'物质'。'物质'是'运动'的，'时间'和'空间'是运动的表现形式，'数量、程度、性质'也跟'物质'和'运动'有着密切的联系。因此，全书的十八大类具有内在的逻辑

联系。"(《简明汉语义类词典·前言》)

张志毅、张庆云从 1989 年开始，历经 10 年编纂出《反义词词林》，2001 年由上海辞书出版社出版。"就我国已出版的反义词工具书来说，《词林》是收反义词最多的，共 8 万条，组配成 2 万多组相反或相对的反义词。"[①] 殷焕先在序言中指出："这是词库式语文词典的新突破、新趋势。这是很可贵的。"[②] "同义词词林难在分类上，反义词词林难在编排上。"[③] 张志毅、张庆云在反义词词条的编排上颇费心思。

新时期义类词典的编排，注意将西方的分类与本民族的分类相结合，科学分类与日常经验的认知习惯相结合。

1. 西方分类与本民族分类相结合

各民族语言描述事物的精细程度，即命名度或编码度不同，所以分类的原则、分类的多少不同。我们在借鉴西方义类词典的成功经验，借鉴科学、理性的分类时，需要与我们民族的社会风习、文化背景、思维习惯相结合，需要继承《尔雅》系义类词典在分类时反映我们民族心理、民族特色的成功之处。张志毅、张庆云已经指出："义场反映着物类，但义场不等于物类。一则义场是对物类分解式的反映，二则物类并非纯自然的，常包含人对物的分类。因此只有少数义场的切分主要是由物类的属性决定的，大多数义场的切分包含着习俗、文化、心理、意识等主体因素。"[④] 可喜的是，在我国现今义类词典的编纂中我们看到了这一点。梅家驹等编纂的《同义词词林》"一书收录词语近七万，全部按意义进行编排，所以它是一部类义词典。在建立词义分类体系的过程中，我们参考了英语的《洛氏分类词汇》、日本的《分类词汇表》、德国的《杜登词典》以及苏联亚历山大罗娃编

---

① 解海江：《谈〈反义词词林〉的收词与编排》，《辞书研究》，2004 年第 4 期。

② 张志毅、张庆云：《反义词词林》，上海：上海辞书出版社，2001 年，第 1 页。

③ 解海江：《谈〈反义词词林〉的收词与编排》，《辞书研究》，2004 年第 4 期。

④ 张志毅、张庆云：《词汇语义学》，北京：商务印书馆，2005 年，第 63 页。

的《俄语同义词典》等。根据汉语的特点和实用的原则：以词义为主，兼顾词类，并充分注意题材的集中"。(《同义词词林·自序》) 林杏光、菲白编纂的《简明汉语义类词典》"在分类方面，借鉴了外国的义类词典，并十分注意从汉语的实际出发，继承我国自《尔雅》以来的雅书及类书的优良传统，力求做到外国义类词典的先进分类方法和我国传统习惯的统一"。(《简明汉语义类词典·前言》)

2. 科学分类与日常经验的认知习惯相结合

目前的科学分类系统已达到非常精细的地步。《不列颠百科全书》的《百科类目》(已附在后面) 把人类知识分为十大类，物质和能、地球、地球上的生命、人类生命、人类社会、艺术、技术、宗教、人类历史、知识领域的各个学科。每一大类分若干部，每一部分若干节，每一节下又分若干层次，全书知识分类深达 7 个层次。科学分类对义类词典的分类有所借鉴，但义类词典的收词分类更倾向于语文性，我国的义类词典尤其如此。梅家驹等编纂的《同义词词林》"主要选收现代汉语语词，也酌收了一些常见的方言词与古语词。因为有些方言词正为普通话所吸收，有些古语词增强现代汉语的表现力。至于专科词，除有同义现象者外，基本不收"。(《同义词词林·自序》) 林杏光、菲白编纂的《简明汉语义类词典》"所选的词条数量虽不算多，但绝大多数都是语文方面的常用词语，其中的一部分还是直接从语言实际中挑选的实际语料；而对百科性的名词术语和冷僻的古语，我们的原则是不选，或尽量少选"。(《简明汉语义类词典·前言》) 因此，建构服务于大众的普通语义分类体系，不能直接利用科学的分类系统。要大众化、常识化，语义分类系统要与人们的日常经验认知习惯相结合。以动植物分类为例，自然科学虽早已形成了"界""门""纲""目""科""属""种"的分类体系，但人们依据最多的是对其"生活习性"，而不是"生理属性"的分类体系。苏新春编纂《现代汉语义类词典》时说道："两千年前的《尔雅》对动植物分出'草''木''虫''鱼''鸟''兽''畜'倒融贯着汉民族的文化思路，它不细致却真切，不系统却清楚地建构出一个古老且为人熟知的动植物分类体系。'释草''释木'这七章俨然构成一个扁平式的分类体系，它选用的分类标准都是人们感知且熟悉的：'四足而毛谓之兽，二足而羽谓之禽'，'有足谓之虫，无足谓之豸'。"①

二、我国义类词典编排体例演变的原因

（一）受到自然科学发展的影响

义类词典的分类及归类，首先是人们对自然、社会认识的反映。

自《尔雅》对义类词典的按义分类编排的首创，到明末方以智的《通雅》对分类编排的集大成（《通雅》是仿雅义类词典中篇幅最大、分类最多最细、最具特色的一部词典），期间我国封建社会创造了非常灿烂的文明。

唐宋元明时期，随着社会经济的发展，文学、史学、天文、历算、医学、农学、生物、地理等领域都取得了很大的进步，人们对自然界的认识更加深入，各种知识日益丰富，是我国历史上科学文化十分繁荣的时期。特别是雕版印刷、活字印刷、指南针、火药的发明和应用，大大促进了科学技术知识的积累，同时也使这一时期的丛书、类书、总集、别集、会要等书籍大量涌现。这一时期，又出现了许多有关记述动植物的名称、种类、形态、习性等方面的著作，如唐代的《庭园草木疏》《平泉山居草木记》、宋代的《益部方物略记》《益州草木记》《昆虫草木略》《洛阳花木记》《洛阳牡丹记》《南方草木状》《荔枝谱》《草经》《花经》《鹰经》《禽经》等，表明当时的人们已积累了更为丰富的动植物知识。

西方科学传入我国后，人们对自然万物的认识更加客观，对其

---

① 苏新春等：《再论义类词典的分类原则与方法》，《世界汉语教学》，2010 年第 2 期。

分类更加科学。我们以《通雅》为例，作者方以智对天文、历法、医学、气象、生物、物理非常精通。"方以智《通雅》中的自然科学知识以及他对自然科学知识的热烈态度，应被认为是一个新的内容，这对当时以及当时以后的自然科学起了推动作用。"① 他以西方科学"质测"的实证方法批评我国古代科学中的臆想，例如他将西学中天河是由很多小星构成的观点与我国古代科学中关于天河的传统说法相比较："云汉，细星之光也……西学以窥天镜窥之，皆为至细之星"，而"博物志言天河与海通，浮槎见织女，归访群，乃寓言耳"。(《通雅》卷十一)同样，关于"星土分野"之说也吸收西方的正确观点。"星土分野，隋、唐之志为详，然自西法图之，则'两戒'之说荒唐矣。""星土分野"指古人认为天上的星宿与地上的九州是一一对应的，星象的变化预示着所对应地域的吉凶，而"利玛窦两图，一载中国所尝见者，一载中国所未见者。天河自井接尾箕，尽垓延万方，而分度界之，真可谓决从古之疑。一行'两戒'之论，辩若悬河，以今直之，皆妄臆耳"。(《通雅》卷十一)。

（二）受到哲学分类的影响

分类是个哲学命题。我国古代义类词典的分类受到了古代哲学上对世界分类的影响，"中国古代虽无明确的关于词汇语义的分类理论，但哲学上关于世界的分类研究却一直是古人思考知识系统的理论基础和核心方法。最能体现中国古代词汇系统性的'类义关系'，也是以此为基础的"②。发展至今，我国义类词典受到马克思唯物辩证主义的影响，即马克思关于物质第一性、意识第二性以及物质的存在方式等的论述。

在我国古代，"类"是关于定名、立辞、推理的基本概念。早在

① 冒怀辛：《论方以智的〈通雅〉》，《苏州大学学报》，1982 年第 1 期。
② 王东海：《古代法律词汇语义系统研究——以〈唐律疏议〉为例》，北京：中国社会科学出版社，2007 年，第 32 页。

商周时期，即有作为祭名出现的"类"。以后逐渐改变含义，至春秋之际，随着人们认识程度的提高，对周围事物开始了朴素的分类，于是"类"又有"族类""物类"等新义，如"非我族类，其心必异"（《左传》）、"物象天地，比类百则"（《国语》）。春秋末，邓析的"动之于其类"，孔子的"有教无类"，反映了他们都已注意到事物"以类聚""以群分"的普遍性。"虽然还没有把'类'作为逻辑的范畴加以肯定，但已从'类'的角度去自觉地认识事物和比类推理。"①在先秦诸子中，墨子和荀子把概念分为三大类。墨子说："名：达、类、私。"（《墨子·经上》）荀子也有类似的分法，荀子"认为概念可以分为范畴（categories）、种（genus）和属（species）。他把'范畴'叫作'大共名'，把'种'叫作'大别名'，把'属'叫作'别则有别'。这和西洋的形式逻辑不谋而合"②。"墨子所说的'达'，荀子叫作'大共名'，如'物'这个词就是；墨子所说的'类'，荀子叫作'大别名'，如'鸟'和'兽'这两个词就是；墨子所说的'私'是个个体名词，即荀子所说的'推而别之，别则有别，至于无别然后止'（《正名》）。"③《吕氏春秋》即注意到了"类固相召"，认为事物因某些属性相同而可以各归其类，同类相应相推；也注意到了类同的差异性，提出"类固不必可推知"的思想。宋代朱熹对"类"的本质做了明确的表述："就其异处以致其同，此其所以为同也。"（《朱子语类》卷七十）明清之际王夫之提出"比类相观"的理论，主张通过对各类事物"或始同而终异，或始异而终同"的考察，分析事物之间的关系，逐步把握各类事物的本质，形成正确的类概念。

---

① 冯契主编，《哲学大辞典》（修订本）编纂委员会：《哲学大辞典》（修订本），上海：上海辞书出版社，2001 年。
② 王力：《中国语言学史》，上海：复旦大学出版社，2009 年，第 5 页。
③ 何九盈：《中国古代语言学史》（新增订本），北京：北京大学出版社，2006 年，第 30 页。

现在，我国义类词典受到马克思关于物质第一性、意识第二性以及物质的存在方式等理论的影响。以林杏光、菲白编纂的《简明汉语义类词典》为例，"十八大类是一个有机的整体。以'人物'为起点，按人自身的表现，分为'品德、智能、情感、感觉、仪容、处境'；按人与人之间的关系，分为'交往、争斗、语言、信息'。与'人物'相对的另一核心是'物质'。'物质'是'运动'的，'时间'和'空间'是运动的表现形式，'数量、程度、性质'也跟'物质'和'运动'有着密切的联系。因此，全书的十八大类具有内在的逻辑联系"。（《简明汉语义类词典·前言》）苏新春在主编《现代汉语分类词典》时也指出："每一个语义哲学观都有自己的独特世界观，其基本观点也就成为该语义系统最上层的划分点，由此衍生出万事万物。如 TMC（注：TMC 是《现代汉语分类词典》的英文简称）位于最上层的核心语义观就是'人——自然——社会'，这个世界是由事物、运动变化、性质性状、关系四个东西构成的，所有的万事万物都有此而下属，而衍生。"①

（三）受到西方义类词典编纂理论与实践的影响

随着自然科学和社会科学对主体世界、客体世界、语言世界认识的深入，理性、科学的分类对义类词典的编纂有直接影响，促使西方义类词典的产生。西方早期义类词典的编纂实践，如罗杰特（Roget）于 1852 年主编出版的《英语词汇宝库》等，孕育着语义场等理论的诞生。语义场等关于词义系统、词的语法属性等理论发展成熟后又反过来指导着义类词典的编纂。

我国义类词典的编纂受到了西方义类词典编纂理论与实践的影响。

在西方最早、最权威的是罗杰特的《英语词汇宝库》。他把概念分出 6 个大类、24 个中类、1000 个小类，小类又分义项。"在罗氏的

---

① 苏新春等：《再论义类词典的分类原则与方法》，《世界汉语教学》，2010 年第 2 期。

启发下，相继分类的有 1859 年的法语《概念词典》、1877 年的《德语词典》、1881 年的德语《适当的词语》。1909 年，巴利在他的《法语修辞学》(一译《风格学纲要》)中提出改进分类原则，分出 10 个大类、297 个小类。此后还有许多义类词典。"[1] "德国学者哈利格和瓦尔特布尔格的义类词典分出 3 类(宇宙、宇宙和人、人)。奈达(1975)把希腊版的《新约全书》分出事物、事件、性状、关系 4 个义场。卡拉乌洛夫(1976)的《微型俄语义类词典》收 4000 个实词，分出 25 个义场(含 340 个小义场)。"[2]

张志公说："在西方，义类词典比在我国产生晚得多，然而近代以来却迅速发展，后来居上了。"[3] 我国在义类词典的编纂方面有优秀的传统，为何西方后来居上了呢？张志毅有句名言："先进的理念演绎先进的辞书。"西方义类词典编纂的理论受到了语言哲学、认知语义学、模糊语义学、计算语义学的影响，具体来说就是语义场理论、原型范畴理论和语义网理论等。

语义场理论主要研究规则。线性的词汇语义系统，原型范畴理论和语义网理论主要研究复杂、非线性的词汇语义系统。语义场理论认为一个词项的义位可以进入横向和纵向两个方法的义场，区别是由这个词语本身、与之相关的其他词语以及它们之间的语义关系共同确定的。莱昂斯分析了决定词汇场理论的五类意义聚合关系：同义关系、对立和对比关系、上下位关系、不相容关系、部分—整体关系，张志毅、张庆云聚焦于底层义场，并将底层义场分为 10 种结构：同义结构、反义结构、上下义结构、类义结构、总分结构、交叉结构、并列结构、多义结构、构词结构和组合结构，前 9 种属于聚合义场，后 1

---

[1]　张志毅、张庆云：《词汇语义学》，北京：商务印书馆，2005 年，第 61 页。

[2]　同上注，第 64 页。

[3]　张志公：《词义分类的可喜成果——〈简明汉语义类词典〉序》，《汉语学习》，1987 年第 5 期。

种属于组合义场。对类义词典的分类来说，重点在于聚合结构。

客体世界、主体世界与语言世界具有模糊性，导致词汇语义的切分界限并不十分明确。"原型范畴理论关注到了同一义场内各成员有时共同特征并不只一个，各成员按共有义征的多少从中心向边缘呈梯度排列，语义结构是以辐射性的形式出现的，具有连续标度的性质。同一语义场的成员地位不相等，具有等级差异，一个非线性的复杂系统语义场的边界是模糊的，不固定的，重叠的。"① 词汇语义系统有时是非线性、不规则的，具有离散性、逸出性。"在此语义网中，如果以每个词在语义网络中的节点为中心，通过纵横方向不同的语义关系产生的语义路径可以联起大量的语义场词语，这个动态的网络随着使用者查询焦点的转移，不断会有新的焦点词居于中心，整个网络就一直在动态地展示。"② 语义网理论对语义场理论进行了补充。这三种理论对于义类词典的编纂来说，语义场理论更具有实用性、可操作性，因为义类词典的分类体系、分类原则需要整齐划一，一个词项或者义位只能归入一个词群中。

但是，义类排检体例仍然存在很多需要解决的问题，诸如立体网状的客观语义世界与建构单向多层的主观语义分类之间的矛盾。"现实生活的立体、交叉、网状，语义建构系统中的单向、逻辑、清晰，二者各行其轨，难以兼容。"③

由于语义的分类关系错综复杂，有些类别相互渗透、交织在一起，难于绝对划分，因此，部分词的类别只能是相对的。正如《同义词词林》主观建构语义分类体系时所遇到并解决的问题那样，第二大类（物）的一个中类"建筑物"与第三大类（时间与空间）的"空间"

---

① 王东海、王丽英：《词汇语义系统的研究方法》，《广西师范学院学报》（哲社版），2007 年第 1 期。

② 同上。

③ 苏新春等：《再论义类词典的分类原则与方法》，《世界汉语教学》，2010 年第 2 期。

就有交叉，因为建筑物也占有一定的空间。《同义词词林》是以是否有人力建筑为划分"建筑物"与"空间"的界限，如"水路""旱路"列入"空间"类，而"公路""铁路"则列入"建筑物"类。又如第五大类（特征）中的两个中类"表象"与"性质"以能否感知的原则来划分。前者一般能以感觉器官觉察出来，有的还可用仪表测定，如"冷""热"等；后者表示的特征比较抽象，一般通过思维才能体会，如"伟大""渺小"等。

第三节 韵书编排体例的演变及演变原因

一、我国韵书编排体例的发展演变

我国韵书起源于魏晋，兴起于隋唐，盛行于宋元。自《声类》问世后，我国韵书编纂持续发展，直到明清时期。

"反切和四声是韵书得以产生的基础，也可以说是条件。"[①]陈澧《切韵考》卷六说："盖有反语，则类聚之即成韵书，此自然之势也。"何九盈也指出："反切法的创造，意味着韵书的产生已为期不远了。没有反切法，韵书是不可能产生的；有了反切法，韵书必然要产生。因为有了反切，人们就能把切下字系联起来，归纳韵部，韵部的建立就有了可靠的根据。"[②]莫友芝《韵学源流》："今韵者，隋唐以来历代诗家承用之谱也。"王力认为："莫氏的话可以说明韵书的性质，韵书产生的原因是为了适应诗赋的需要。"[③]

关于反切，江永说："切字者，两合音也。上一字取同位（即同声

---

① 赵诚：《中国古代韵书》，北京：中华书局，2003年，第4页。
② 何九盈：《中国古代语言学史》（新增订本），北京：北京大学出版社，2006年，第82页。
③ 王力：《中国语言学史》，上海：复旦大学出版社，2009年，第52页。

母字），下一字取同韵。同位不论四声，同韵不论清浊。"(《四声切韵表·凡例》）我国古代有所谓急读、缓读之法，又有所谓长言、短言之说，这说明我国古人对汉语声、韵、调已有了初步的朦胧认识，可看作反切、四声产生的内部条件。汉末，佛教传入我国，古人在梵文的拼音字母直接启发下创造了反切，佛教徒们译经时所传进的拼音法是反切产生的外部条件。

（一）按照宫、商、角、徵、羽五个声调编排

我国古代韵书，根据文献记载，最早的是魏李登编的《声类》和晋吕静编的《韵集》。

隋潘徽《韵纂·序》说："《三苍》《急就》之流，微存章句；《说文解字》《字林》之属，惟别形体。至于寻声推韵，良为疑混；酌古会今，未臻切要。末有李登《声类》、吕静《韵集》，始判清浊，才分宫商。"(《隋书·潘徽传》）《隋书·经籍志》说《声类》有10卷。唐封演《封氏闻见记》说："魏时有李登者，撰《声类》十卷，凡一万一千五百二十字，以五声命字，不立诸部。"由此，我们可知《声类》的编排体例，全书共11520个字，以五声统字——即宫、商、角、徵、羽，不分部。宫、商、角、徵、羽原来是我国古代音乐上的术语，李登借来到底指语音中的什么，存在很大争议。据赵诚先生介绍，唐徐景安《乐书》认为指的是四声：宫是上平声，商是下平声，徵是上声，羽是去声，角是入声（王应麟《玉海》卷七）。也有人认为是唇、舌、齿、牙、喉。唐兰认为五音实指韵部："宫者东冬，商者阳唐，角者萧宵，徵者咍灰，羽者鱼虞。"

晋时吕静作《韵集》五卷，《魏书·江式传》："吕忱弟静别仿故左校令李登《声类》之法，作《韵集》五卷，宫、商、角、徵、羽各一篇。"可见，《韵集》和《声类》在编排体例上是一致的。

"以五声命字，不立诸部"是两书的编排原则，但对这句话的认识，学者们有太大的分歧。"五声"，有人认为是韵，有人认为是调；

"不立诸部"，有人认为是不分韵部，有人认为是不依据《说文解字》540 部分部。我们从何九盈先生说，"如果我们承认'五声'大体上相当于五个声调类别，那么，后来韵书的编排按声调分卷，韵书的结构按声调再分出若干个韵部，当是滥觞于李吕二人"。"我认为'不立诸部'的'诸部'根本就不是'韵部'的意思，而是指的部首"。首先是因为，与其产生时代较为接近的《切韵》及其之后的系列韵书，大都是先依据平上去入声调分，同声调内部再按韵部分；其次是因为"唐以前，'韵部'通常称'韵'，一般不称'部'"①。

六朝时，韵书大量产生。根据文献记载和王国维《观堂集林》的考证，这时期的韵书有周研《声韵》41 卷、无名氏《韵集》10 卷、张谅《四声韵林》28 卷、段弘《韵集》8 卷、无名氏《群玉韵典》5 卷、阳休之《韵略》1 卷、沈约《四声》1 卷、夏侯咏《韵略》13 卷等等，可惜这些韵书均已不存，无从得知它们各自的编排体例。

（二）按平上去入四声分，每一声调内又据韵编排

1. 193 韵的开创

隋代陆法言著《切韵》，该书是我国韵书史上划时代的产物，形成后世《切韵》系列韵书。

全书按平上去入四声分卷，其中平声分上下 2 卷，上、去、入各为 1 卷，共 5 卷。平声 54 韵，其中上平声 26 韵，下平声 28 韵。上声 51 韵，去声 56 韵，入声 32 韵，共计 193 韵。据唐封演《封氏闻见记》记载，《切韵》共收了 12158 字。陆法言在《切韵序》中说明了编写《切韵》的目的，一方面是创作诗文用韵的需要；另一方面则是语音的审音正音的需要。诗文用韵可以从宽，而审音正音必须从严："欲广文路，自可清浊皆通；若赏知音，即须轻重有异。"本着"捃选

① 何九盈：《中国古代语言学史》（新增订本），北京：北京大学出版社，2006 年，第 120 页。

精切、除削疏缓"的原则，要求审音上精细，努力做到"剖析毫厘、分别黍累"。在分韵方面的原则是从分不从合，因此《切韵》所分的韵部达到了 193 部。唐代王仁煦刊正了《切韵》做《刊谬补缺切韵》，该书共分 195 韵，比陆法言的《切韵》多了两个韵：上声 51"广"韵，去声 56"严"韵。王仁煦对这两个韵的注释中明确指出"陆无此韵目，失"。

2. 增订韵目

唐代孙愐著有《唐韵》，是为陆法言《切韵》增字加注而作。《唐韵》有两个版本，一是成书于唐开元二十年（732）的本子，俗称"开元本"；一是成书于唐天宝十年（751）的本子，俗称"天宝本"。关于"开元本"的作者，学界尚存争议，我们从众说，认为是孙愐所作。

开元本全书共分 5 卷。平声分上下 2 卷，上平声 26 韵，下平声 28 韵，上声 52 韵，去声 57 韵，入声 32 韵，共计 195 韵。比《切韵》多一个上声韵、一个去声韵，与王仁煦的《刊谬补缺切韵》的韵数一样，但具体韵目是否一样不得而知。

天宝本全书也分 5 卷，但韵数多达 204 个，比《切韵》增加了 11 个。"《唐韵》与陆法言《切韵》不同的地方是多出了十一个韵：平声：别谆（合口）于真（开口），别桓（合口）于寒（开口），别戈（合口）于歌（开口）；上声：别准于轸，别缓于旱，别果于哿；去声：别稕于震，别换于翰，别过于箇，别末于曷。"①

3. 调整韵目顺序

唐代李舟根据孙愐的《唐韵》加以修订而写成《切韵》10 卷。与以前韵书编排相比，李舟《切韵》的进步表现在以下两个方面。

---

① 何九盈:《中国古代语言学史》（新增订本），北京：北京大学出版社，2006 年，第 133 页。

第一，韵目排列次序更加合理。

他把"蒸""登"两韵移到"青"韵之后，和"阳""唐""庚""耕""清""青"等韵连在一起；把"覃""谈"两韵移到"侵"韵之后，和"侵""盐""添""咸""衔""严""凡"等韵连在一起。近人构拟"蒸""登"两韵以 ng 为韵尾，与"阳""唐""庚""耕""清""青"等相同；"覃""谈"两韵以 m 为韵尾，与"侵""盐""添""咸""衔""严""凡"等相同。经李舟调整后，韵目排列的次序更加科学合理了。

第二，四声相承的关系更有秩序。

以前的韵书，入声次序漫无条理，同平上去三声未能一一相配。经李舟调整后，四声相承的关系就不混乱了。

从此以后的韵书大都改用李舟《切韵》的韵目排列法了。宋人《广韵》四声韵目的次序采用了唐代李舟《切韵》（原书已失）的排列法。

4. 集大成的《广韵》

《广韵》是陈彭年、丘雍等人奉皇帝的命令，根据前代韵书重新修订的。《广韵》全称《大宋重修广韵》，这是我国第一部官修的韵书，它是《切韵》系韵书集大成的著作，是对《切韵》《唐韵》的继承。

《广韵》全书共有 5 卷，仍然是按照陆法言《切韵》根据四声分卷的原则，平声分上下 2 卷，上去入三声各为 1 卷。收字 26000 多个，比陆法言《切韵》多出一倍。上平声 28 韵，下平声 29 韵，上声 55 韵，去声 60 韵，入声 34 韵，共分 206 韵。这 206 韵中，有 193 韵直接来自陆法言的《切韵》，再加上孙愐天宝本《唐韵》的 11 个韵，另外还有来自王仁煦《刊谬补缺切韵》或孙愐开元本《唐韵》的广、严二韵。韵目的排列次序，四声相承，采用了李舟《切韵》的次序。

《广韵》多采用唐代韵书旧文，繁略失当，所以在《广韵》颁行 31 年后，丁度、李淑等人奉诏重修，改名《集韵》。《集韵》共 10 卷，其中平声 4 卷，上去入各 2 卷，收字 53525 个，比《广韵》多 27331

个。韵部数目与《广韵》相同，但韵目名称与次序稍有变动。如改《广韵》"暮"韵为"莫"，"嶝"韵为"隥"，"栋"韵为"柘"，都是从古写造成的。

丘雍等人为方便科举考试，根据《广韵》删节而成《韵略》。之后，丁度等人又根据《韵略》修订成《礼部韵略》，共有5卷。《礼部韵略》仍按平上去入四声，分206韵。后来，毛晃父子相继完成了《增修互注礼部韵略》。宋壬子年间，江北平水刘渊著《壬子新刊礼部韵略》，分韵为107韵。元代熊忠据黄公绍的《古今韵会》改编为《古今韵会举要》，也依据刘渊107韵的框架编排，但对"旧韵"提出了尖锐的批评。明代《洪武正韵》共76部，平上去各22部，入声10部。

（三）三十六字母的引进——声韵调的结合

《切韵》系韵书，包括《切韵》《广韵》《集韵》《礼部韵略》等，从193韵到206韵。刘渊的《壬子新刊礼部韵略》只是将同用例合并，而且体例未变，算不上改革。（《广韵》中在每个韵目中注明"同用""独用"，这是指在写诗作文用韵时，这个韵能和别的韵一起押韵就是"同用"，不能就是"独用"）"真正的改革，从现有资料看，首先是《五音集韵》。"[①]

《五音集韵》，全称《改并五音集韵》，作者为金代韩道昭。全称的书名确切地反映了辞书的特色。"改并"就是将206韵改并为160韵。"五音"就是对160韵内的字全都按"五音"喉牙舌齿唇的顺序编排，即三十六字母排列。韩道昭《五音集韵·序》中说："尝谓以文学为事者，必以声韵为心；以声韵为心者，必以五音为本；则字母次第，其可忽乎……陈其字母，序其等第，以见母牙音为首，终于来日字。"将三十六字母添入《集韵》之中，其法始于荆璞，并非韩道昭

---

① 赵诚：《中国古代韵书》，北京：中华书局，2003年，第63页。

首创。与以往韵书相比,《五音集韵》在编排上的创新之处在于:首先,将 206 韵改为 160 韵;其次,全书 160 韵按平上去入分类后(其中平声 44 韵,上声 43 韵,去声 47 韵,入声 26 韵),每一韵所收之字再按五音、四等、三十六字母顺序排列先后,凡同声母的字排在一起。同韵之字不但按字母分开,而且每字母又按四等分开。"旧韵书如《切韵》《广韵》《集韵》《礼部韵略》等,每一韵下只是把同音字分组排列。此书却是按三十六字母排列,次序是:见、溪、群、疑、端、透、定、泥、知、彻、澄、娘、帮、滂、并、明、非、敷、奉、微、精、清、从、心、邪、照、穿、床、审、禅、晓、匣、影、喻、来、日。这就等于是注明声类了。每一声类的字如有开合的,则分开排列。最后用〇〇〇〇注明属于几等。"①《五音集韵》这种既按调、韵,同时又根据声分类编排的体例,对后来的《韵略易通》《五方元音》等韵书产生了很大的影响。

(四)简化韵部并改变四声分类,而且先分韵部,每一韵内再按声调排列

元代周德清的《中原音韵》是一部具有划时代意义的韵书,它在韵书编排上的独创性表现为:简化韵为 19 部,平分阴阳,入派三声。

周德清根据当时戏剧作家如关汉卿、马致远等人戏曲作品的实际用韵,把韵部分析归纳为 19 部,并首创"平分阴阳,入派三声"之说。每一韵部的字均按阴平、阳平、上、去四声排列,入声字分别归入阴平、上、去三声。每个韵部的字按四个声调排列,凡同音同调的字类聚在一起,各同音字组之间用圆圈隔开。他所分出的 19 个韵部,如果算上四个声调的分别,就是 76 个韵部,比平水韵 106 韵少得多,比《广韵》的 206 部就更少了。由于《中原音韵》没有标字母,所以关于它的声类,作者就没有明确标出,现代学者对此问题的研究也存在分歧。

---

① 赵诚:《中国古代韵书》,北京:中华书局,2003 年,第 69 页。

《中原音韵》"简化了韵部并改变了四声分类，这在韵书编纂史上是空前的创举"[①]。它全部根据当时实际语音的韵部编写而成，摆脱了传统的仿古韵书的羁绊，形成了与《切韵》系韵书相对立的北音韵书，包括其后的《韵略易通》《韵略汇通》《五方元音》等韵书。

（五）先分韵部，每一韵内再按声母分类，然后再在同声字内按声调排列

明代兰茂著《韵略易通》，为北音系统韵书之一。将"三十六字母"删定成 20 个，编成一首"早梅诗"。韵部 20 个，把《中原音韵》的"鱼模"分为"呼模""居鱼"两部。声调仍分平、上、去、入四声。全书先按 20 个韵部分，在每一韵内再按 20 个声母分，同声母字内再根据平、上、去、入四声分。

兰茂用一首"早梅诗"代表它的声母系统，这首诗是"东风破早梅，向暖一枝开。冰雪无人见，春从天上来"。"早梅诗"所代表的二十个声母就是对"三十六字母"加以删定而成的，删去了元明以来重复的及北方的语音系统所没有的全浊声母。

明代毕拱宸著《韵略汇通》，声母仍沿用兰茂《韵略易通》的 20 个声母，声调分上平、下平、上、去、入五声，分韵只有 16 部，把原收 -m 尾的各韵并入收 -n 尾的各韵中，说明在明末的时候，北方话 -m 尾已经消失。明末清初樊腾凤著《五方元音》，《五方元音》也是在《韵略易通》的基础上分合增补而成。其中分韵十二，用"天、人、龙、羊、牛、獒、虎、驼、蛇、马、豺、地"12 个字来标韵目。分声母为 20 个，用"梆、匏、木、风、斗、土、鸟、雷、竹、虫、石、日、剪、鹊、系、云、金、桥、火、蛙"做标目字。声调分五类，与《韵略汇通》一样，分上平、下平、上、去、入五声。

---

① 林玉山：《中国辞书编纂史略》，郑州：中州古籍出版社，1992 年，第 71 页。

（六）同韵部字下倒序排列

清代康熙年间，张玉书等奉皇帝命令，编成《佩文韵府》和《佩文诗韵》，均按106韵编排。宋代刘渊《壬子新刊礼部韵略》分为107韵，元代阴时夫按韵编排一部类书《韵府群玉》，分为106韵。刘渊书上"声""迥"独用，"拯"与"等"通，"阴""书"全部合并，所以少了"以"韵。106韵又称平水韵，为清代官修韵书的通用韵部。《佩文韵府》是一部词语汇编式的韵书，按106韵部分为106卷，到乾隆年间修《四库全书》时，改为444卷。全书分平、上、去、入四声，平声又分上平声和下平声，每声按平水韵目顺序分部，共分106部。每个韵部中，排列着同韵部的字，在字下面列着以这个字为词尾的词汇，词汇又依字数的多少，从少到多依次排列，这与之前的韵书编排都不一样。《佩文诗韵》为《佩文韵府》的简本，此书不收词语，在分韵、韵字排列上与《佩文韵府》同。为弥补《佩文韵府》的不足，张廷玉等奉敕编成《韵府拾遗》，与前者体例相同。

清代康熙年间，李光地、王兰生等奉诏编纂《音韵阐微》。《音韵阐微》也按照平水韵排列，分为106韵。但又把"平水韵"中并入"文吻问物"的"殷隐焮迄"四韵，以及并入"炯"韵的"拯"韵，并入"径"韵的"证"韵，这6个韵，依据"独用"的原则分别列出，所以比平水韵多出6个，实际包括的韵是112部。每韵内部先分开齐合撮四呼，再按三十六字母及四等编成同音字群。当时的实际语音与《切韵》系韵书已有很大不同，《音韵阐微》受到满文拼音法"合声法"的影响，对旧的反切进行了大规模的改良。"《音韵阐微》的反切，跟现代汉语的语音已经很相似，所以旧的《辞源》和《辞海》，都用此书的反切注音。"①

---

① 何九盈：《中国古代语言学史》（新增订本），北京：北京大学出版社，2006年，第284页。

二、韵书编排体例演变的原因

（一）古人对语音的认识与分析

反切和四声的发明标志着我国古人对语音已有了较科学的认识，在此之前，我国古人对语音的认识有个长期朦胧的阶段。

早在先秦时期，我国古人已经有了某些语音分析方面的知识了。到了汉代，这些知识日趋完善，周祖谟说："东汉之末，学者已精于审音。……中国审音之学，远自汉始。"

我国古代有所谓长言、短言和急读、缓读的说法，已初步涉及汉语的声调及声韵拼合问题。《公羊传·庄公二十八年》有这样的记载："春秋也，伐者为客，伐者为主"，为何"伐者"既为客又为主呢？汉代何休注曰："伐人者为客，读伐长言之，齐人语也；见伐者为主，读伐短言之。"古人没有意识到声调有区别意义的作用，只是凭自己的朦胧认识，简单地将其形容为长言、短言，"实际上这种长言、短言的区别就是声调的不同"[1]。至于上古声调到底有几种，学界尚存分歧。直到六朝，才被一些文学家，如周颙、沈约发现并归纳成平、上、去、入四类。而古人急读、缓读的说法，实际上已经涉及声韵的两合读法。《春秋》中有"吴子乘"，在《左传·襄公十二年》写作"吴子寿梦"，"乘"就是"寿梦"的合音，因此急读之是"乘"，缓读之是"寿梦"。其他的还有"大祭"和"禘"，"邾娄"和"邹"，"蒺藜"和"茨"，"何不"和"盍"，"不可"和"叵"等。

人们对语音认识的成果会在韵书的编排体例中有所反映。关于四声，魏晋六朝佛教盛行，朗读佛经讲求声调，而印度的"声明"学依据梵音的高低升降分为三种声调，促使我国当时许多译经者和文学家注意汉语声调。到齐梁之间，沈约、谢朓、王融、周颙等人懂得汉语

---

[1] 赵诚：《中国古代韵书》，北京：中华书局，2003 年，第 3 页。

声调，沈约著《四声谱》，把汉语声调定名为"平上去入"，运用到诗歌创作方面。早于沈约的魏李登《声类》等韵书只能按照"宫商角徵羽"来编排，出现于四声被发现之后的隋陆法言的《切韵》就开始按照平上去入四声编排，四声一直影响到后来几乎所有韵书的编排。

关于韵部，古人对声韵关系认识到一定程度，这为反切的出现奠定了基础，佛教的传入、佛经的翻译又为反切的出现提供了外部条件。而"反切法的创造，意味着韵书的产生已经为期不远了。没有反切法，韵书是不可能产生的；有了反切法，韵书必然要产生"[1]。根据传统的说法，反切是魏孙炎所发明的。陆德明《经典释文》："古人韵书，止为譬况之说，孙炎始反语，魏朝以降渐繁。"其实，反切并非孙炎独创，在此之前，汉末有些学者，如服虔、应劭等已开始使用反切注音。有了反切之后，人们就可以将反切下字系联起来，归纳韵部，为韵部的产生创造了条件。因此，隋陆法言的《切韵》已经将同声调的字据 193 韵编排，后来又增至 195 韵、204 韵、206 韵，后来又简化为 160 韵、107 韵、106 韵，"韵"自创立到以后的发展始终是韵书编排主要依据的因素。最后说字母。有了反切之后，人们可以从反切下字归纳出韵母系统，也可以从反切上字归纳出一个声母系统。将声母归纳成一个系统比较晚，相传唐末释守温和尚创造了三十六字母。金代人韩道昭将三十六字母应用于《五音集韵》的编排中，"五音"就是对 160 韵内的字全都按"五音""喉牙舌齿唇"的顺序编排。明兰茂《韵略易通》依据当时的实际读音，将三十六字母删定为 20个。声母系统也成为韵书编排的因素之一。

（二）佛教、文学等因素对韵书编排的影响

佛教的传入、译经的需要及文学创作中押韵的需要对韵书编排体

---

① 何九盈：《中国古代语言学史》（新增订本），北京：北京大学出版社，2006 年，第 82 页。

例的产生及发展有很大影响。

佛教的传入、译经的需要对韵书编排体例影响很大，甚至陈振孙《直斋书录解题》认为"反切之学，自西域入中国，到齐梁间盛行"。陈氏之前的沈括、郑樵，以及清代的纪昀、姚鼐都有过类似的看法。反切不是直接来自西域，但它为反切的产生提供了外因和条件。到汉代，我国逐渐与国外有了文化和经济上的交往，尤其是佛经的传入，古人对音素文字的语言有了愈来愈多的接触，对于拼音也就有了较深的认识。佛经的翻译促使古人对梵文进行研究，启发了古人对汉语语音进行科学的分析。"自东汉一直到隋代，中印学者所翻译的佛经有二千三百多部。因为翻译的需要，许多中国学者对梵文拼音字母很感兴趣，促使他们注意汉字的字音结构。"[1]当学者们将梵汉两种语言进行比较，并认识到两者在音韵结构上的差异，逐渐明确每个方块汉字只代表一个音节，而每个梵文的文字包含着几个音节时，学者们就终于可以把汉字的字音分析为"声""韵"两部分。"朗读佛经讲究声调，而印度的'声明'学依据梵音的高低升降分为三种声调"[2]，促使不少学者注意汉语的声调。

韵书的产生是为了满足文学创作中押韵的需要。魏晋南北朝时期，文学创作中讲究声律美和形式美。唐封演的《封氏闻见记》对此有明确记载："永明中，沈约文辞精拔，盛解音律，遂撰《四声谱》。时王融、刘绘、范云之徒慕而扇之，由是远近文学转相祖述，而声韵之道大行。"沈约撰《四声谱》，所谓"谱"不过是辨别四声和运用平仄进行文学创作的范例。"周、沈等人发明四声，在汉语音韵史上无疑是个伟大的创举；以四声用于文学创作，以四声为基础建立永明声

---

[1] 赵诚：《中国古代韵书》，北京：中华书局，2003年，第15页。

[2] 周斌武：《汉语音韵学史略》，合肥：安徽教育出版社，1987年，第16页。

律说，也是了不起的创举。"① 在我国语音史上，韵母系统比声母系统早出现，就是因为韵母系统与诗赋有关。隋陆法言撰《切韵》分 193 韵，已经很细了。后来唐孙愐天宝本《唐韵》增至 204 个，宋陈彭年等的《广韵》增至 206 个，其实语音上并无太大变化，只是作者分韵的宽严不同，对作文押韵的宽严要求不一。后来，《五音集韵》《中原音韵》《韵略易通》等韵书纷纷简化韵部，既是由于实际语音发声了变化，也是为了放宽诗词曲写作中的押韵。《广韵》在每个韵目中注明"同用""独用"就是指在写诗作文用韵时，该韵能和别的韵一起押韵就是"同用"，不能的就是"独用"。

（三）语音的演变对韵书编排体例的影响

韵书编排体例的演变，诸如声调的分合、韵部的繁简、声母的应用及简化，主要有两个方面的原因：一是因为实际语音演变了，比如入声消失了，-m 韵尾并入 -n 韵尾了；二是因为人为规定的宽严，例如"《切韵》分 193 韵，《广韵》增至 206 韵。其中多出了 13 韵，这不过是后代编著韵书的人在处理音韵现象时分韵的宽严问题，并不牵涉和影响整个音韵体系。"② 我们主要讨论第一种原因。

《切韵》产生之时就要兼顾古今南北的语音，它所反映的是当时综合了古今南北的读书音，与当时口语的实际读音并不完全相符。宋代以后，文人依据《切韵》系韵书的韵部所写的诗赋同实际语音是有区别的。从金代韩道昭的《五音集韵》开始，就进行了韵书的改革。直到元代周德清的《中原音韵》才对传统韵书进行了彻底革新，成为北音韵书的创始之作。周德清根据元朝的北曲用韵，把韵部分析归纳为十九部，其中"东""冬"合并，"江""阳"合并，废去"元"韵，从"麻"韵中分出"车"韵等，这些都是很大的变化。在声调方面，

---

① 何九盈:《中国古代语言学史》（新增订本），北京：北京大学出版社，2006 年，第 101 页。

② 周斌武:《汉语音韵学史略》，合肥：安徽教育出版社，1987 年，第 39 页。

平声分出阴、阳,入声分别派入平、上、去三声,关于当时入声是否已经完全消失,学界尚存争议,但周德清是第一个揭示这一语音现象的人。"周德清的这种彻底改革,如果不是正视当时的语音实际,重视戏曲用韵的实际需要,当然办不到。"[1] 明代兰茂的《韵略易通》把《中原音韵》的"鱼模"分为"呼模""居鱼"两部,将三十六字母删成 20 个,删去了元明以来所犯重复及北方语音系统中所没有的全浊声母。到明朝毕拱宸著《韵略汇通》,分韵只有 16 部,把原收 -m 尾的各韵并入收 -n 尾的各韵中,说明在明末时,北方话 -m 尾已经消失。

《中原音韵》类韵书,大都根据实际语音的变化对韵书的编排做出及时调整,以便更好地服务于曲词的写作。

结 语

本章按照辞书类型梳理了辞书排检体例的发展演变史,并结合时代背景探讨了辞书排检体例演变的原因。

辞书排检体例的演变呈现出一定的特征,某种类型的辞书在一定的时间段内,编排上的共性还比较明显,将研究的视野放宽,研究的对象的时间段拉长,这种共性就会逐渐模糊。对辞书排检体例的研究,就是将这些模糊的点勾勒成发展的轨迹。而且该类型辞书在发展演变的过程中会受到其他类型辞书排检体例的影响,吸收其合理部分发展自我,逐渐发展为现在的在一部辞书中形序、音序排检法得到了充分运用。

总结本章,可以看出:

首先,按照辞书的类型梳理辞书排检体例的发展演变史是可行

---

[1]　赵诚:《中国古代韵书》,北京:中华书局,2003 年,第 83 页。

的，而且具有很强的操作性。不同类型辞书的排检体例是有很大差异的，并且对于探讨辞书排检体例的原因也是非常有益的，可以看出各类型间的相互影响和渗透。

其次，结合辞书产生的小学、思想文化等背景，从客体世界、主体世界和语言世界的角度探讨辞书排检演变的原因也是可行的。不同的时代，人们对语音、文字形体和构形以及义类的认识不同，而且语音、文字、分类（新事物的产生导致类别划分的不同）自身也在不断发展，促成了辞书排检体例的发展演变。

最后，辞书的隐性排检体例也是从古代辞书中发展而来的，从梳理的过程中，可以很明显地看到古今辞书的继承关系。只不过，现代的辞书编纂在继承传统的同时，还从国外吸收了词典编纂理论。辞书功能性释义元语言的使用更为合理，辞书的参见系统更为规范。

第四章　汉语辞书多义词义项处理的发展

多义词的义项处理是词典编纂不可回避的核心问题之一。义项处理包括义项分合、义序、义项数量、同音与多义词分合、词义词类活用的立项、兼类义项等操作性问题，这些问题的解决都涉及义项类型的界定以及义序的确定。本章重点梳理汉语辞书义项类型理论的发展与义项处理的关系。

第一节　辞书中多义词义序与义项类型

确定词典采用何种义序主要有两个视角。

一是发生学视角，即根据历史时间发展顺序，将多义词的多个义项用环式、链式、网状拓扑模式按引申和产生的先后顺序进行排列，大多数古汉语辞书、古今兼收的大型资源型辞书多采用这种思路。这类词典的所有义项都体现的是历史意义的来源、积累以及相生关系。

二是语用学视角，即着眼于语言教学与语言使用，只选择多义词的共时使用义项，按基本义、常用义在前，转义、偏僻义在后的顺序排列。采用这种义序的大多是共时词典。共时词典有两种典型代表：其一是规范型词典，其二是学习型词典，多是辅助表达生成、语言规范应用以及语言交际，因此都有一定的语用目的。共时词典中多义词的义项的排序多关注所收的义项是否在一个共时平面上使用。

在传统的编纂法中，采用历时义序的辞书由于有首出书证的时间保证，所以其义序排列依据相对可靠，如果出现问题，根源在于书证的时间刻度。语用学视角使用的义序则多依据编者的经验和语感，主观性较强。在当代辞书编纂的二次转型期，语料库语言学提供了词频和义频测查的技术，在某种程度上增强了这种排序的客观性和准确性。

从这两个视角出发，会有对多义词义项类型的不同界定。关于意义类型的界定，中外古今的学者在这方面都有全面、深入、细致的研究，流派众多，学说纷呈。张志毅等[①]曾经做了全面的梳理，弄清这些分类的体系和实质，有助于全面剖析多义词的语义微系统。

第二节　发生学视角的义项类型理论的发展

一、辞书义项的泛时性以及义项排列的历时性

要从发生学视角观察义项的类型，首先要了解辞书中多义词义项的泛时性特点。历时性语文词典的义项不是同一时间平面，体现出典型的泛时性特点。

尽管索绪尔反对泛时性原则，他认为："这两种观点——共时观点和历时观点——的对立是绝对的，不容许有任何妥协"，"一谈到具体的看得见摸得着的事实，就没有泛时性观点了"。[②]但这一说法有些绝对，后来的学者做了一些修正和发展，А. И. Смирницкий 认为："一定时代的语言——这指的是存在于时间之中的语言，即它包含着历时

---

① 张志毅、张庆云：《词汇语义学》，北京：商务印书馆，2005 年，第 78—80 页。
② 〔瑞士〕费尔迪南·德·索绪尔著，高名凯译：《普通语言学教程》，北京：商务印书馆，1980 年，第 122—137 页。

的因素，……因为就本质而言，时间要素渗透在语言之中。这样，共时的语言系统不可避免要在时间中加以考察。"[1]王宁也谈过汉语研究的泛时、泛域性特点。[2]陶原珂也认为："在普通语文词典中，词位作为抽象的语言单位和词典的项目，它的双重系统性有着语言系统的共时平面和历史向度的统一性。"[3]

词义的泛时性特别明显。从整个词汇语义系统来讲，几千年来积累下来的历史词形、词义仍然会在共时语言系统中使用，共时词汇系统中的基本词汇、一般词汇中的古语词和方言词等大多具有历史传承性，缺少历时传承性的主要体现在部分行业语、新词语、外来词等方面，这些都是汉语词义泛时性的表现。具体到词语个体上也能体现泛时性原则。一个多义词的多个义项的使用可以在现代汉语的层面，但其形成和演变往往是历时的。特别是在多义词历时引申义列明显的义项排列中，历时、共时这两个因素有机地融合在义项的描写中，体现着一定程度的泛时化特点。每一个义项，也有泛时性问题。比如"吐"，《现代汉语词典》："使东西从嘴里出来"，《说文解字》："吐，写（泻）也"，也是使东西从嘴里出来的意思。这一个义项虽说有共时性，但也是历时的，它在历代一直作为基本词义在用。一个义项的内部结构也是泛时的，类义素更多体现的是共时性信息，最起码是在共时层面上仍在使用的信息，而代表词源意象特征的核义素更多体现的是历时性。

但对于历时辞书的编纂来讲，泛时性只是就多义词内部的微观词义系统来讲的，其义项的排列还要体现出严格的历时性，这一划分对

---

① А. И. Смирницкий. По поводу конверсии в английском яэыке // Иностранные яэыки в школе. Москва. 1954. No3. стр. 16. 转引自华劭:《语言经纬》，北京：商务印书馆，2003 年，第 153 页。

② 王宁:《"汉语词汇语义学"课堂笔记》。

③ 陶原珂:《词位与释义》，北京：高等教育出版社，2004 年，第 201 页。

于词典释义中的义项设置至关重要。"历时原则是语文辞书必不可少的原则，只不过在不同类型的语文辞书中所占的地位不同而已。"[①] 历时性原则取决于首出文献例证的准确度以及词义引申的学理性要求。如果首出例证和引申推演的学理性出现矛盾，原因有时难以界定：有可能是有些最早文献佚亡或未被发现，文献例证掌握不充分造成的，因为例证如非最早例证，一旦有新发证据，引申的学理性就显得不可靠，义序也不可靠；也有可能是引申推演学理不可信，如可能有因引申义列的义项"缺环"造成义项顺序与首出例证时间不对应等问题。但历时义序与文献学、训诂考证、词汇史的研究密切相关，这是确定的。

二、多义词义项的意义类型及其关系

（一）历时层面的意义类型与历时词典义项的历时义序

张志毅等[②] 归纳了学界在历时层面的、从不同的角度对义项类型的界定，分出的有本义（原始义、词源义、始见义、第一性意义）和转义（派生义、引申义、比喻义、第二性意义）、古义（历史义）和今义（现行义）两组二元对立范畴。

西方历经几百年编纂修订的《牛津英语词典》的多义词义序也是按时间顺序排列的，它一方面比较清晰细致地记录词义自古到今的演绎路径；另一方面与书证相配合，保留了大量的历史词义材料，起到了储存文化的作用，对于古籍阅读、断代文献研究有着重要的作用。

在中国的古代辞书中，《说文解字》只出本义，而后来的二度注疏慢慢会将多义词的义项系统起来，以本义为纲，贯起历时引申义序。其中以段玉裁《说文解字注》、朱骏声《说文通训定声》最为系

---

① 张万有等:《语文辞书的历时原则》,《辞书研究》,2000 年第 6 期。

② 张志毅、张庆云:《词汇语义学》,北京：商务印书馆,2005 年,第 102 页。

统、严谨。《玉篇》《康熙字典》等字书的多义词义项也基本按照历时顺序排列。民国的《中华大字典》《辞源》的义项排列已经完全奠定了现代编写古今兼收的词典或古汉语词典的历时义序。新中国成立后，很多学者都大力提倡编写历时义序的大型辞书，例如王力就提出要尽快编纂一部按意义的历史源流排列的辞书。^①后来就有了《汉字大字典》《汉语大词典》等大型古今兼收辞书的出版，进一步完善了历时义序以及首出例证互相支撑的体例，巩固了发生学视角的多义词义项排列的基本范式。

（二）本义、引申义与引申义列

处于储存状态的词典中的多义词，它们的理性义项之间是有内在联系的，构成了一个引申义列。

引申义列是由引申义组成。由引申参与而产生的义项，称引申义，引申义与本义相对。"凡字（按：即词）于形音义三者完全相当，谓之本义"，"于字之声音相当意义相因，而于字形无关者，谓之引申义"。^②引申义列基于词义的引申运动，王宁认为，"引申是指词义从一点出发，沿着本义的特点所决定的方向，按照各民族的习惯，不断产生相关的新义或派生同源的新词，从而构成有系统的义列"^③，"本义和引申义可以从平面上系联起来，整理成一个连贯的意义系列，称作引申义列"^④。"引申义列"更能体现多义词内部各义项之间有序联系的系统性。

如果能从训释材料中归纳出引申义列，那么按词义发展顺序排列

---

① 王力：《字典问题杂谈》，载《王力文集·第十九卷》，济南：山东教育出版社，1990年，第119—126页。

② 黄侃述，黄焯编：《文字声韵训诂笔记》，上海：上海古籍出版社，1983年，第47页。

③ 王宁：《训诂学原理》，北京：中国国际广播出版社，1996年，第54页。

④ 王宁等主编：《训诂学术语》（提交稿），国家社科基金重点项目"语言学名词术语"子项目，2006年。

为主的词典义项排列就有了依据。但确定义项出现的先后是一件很复杂的工作，目前多按含此意义的书证的时间顺序进行归纳，但由于很多古书不可考，另外，我们也无法穷尽所有古籍，所以这种词义引申的发展顺序往往具有不确定性和模糊性，只能追求大致准确的义序。王宁从训诂学的角度，建构了完备系统的引申规律和引申义列理论，详细归纳了词义理性引申和状所引申两个引申总方向，在理性引申中，发现了时空、因果、动静的同向引申规律和施受、反正的反向引申规律；在状所引申中，发现了同状、同所和通感的引申规律，这是词义引申的内在规律性，为确定词典义项的排列顺序提供了最重要的理论。

　　语源义在引申义列中是一个起点，以法律词语的释义为例，探求法源寻求更大范围的法理依据是重要的系联引申义列起点的方法。例如沈家本研究"陵迟"的语源义，探讨丘陵起伏缓慢与陵迟行刑特点之间的关系；[①]李力通过古文字资料对"礼、刑、法、律"的词源意义考证；[②]蔡枢衡对"法、刑"语源的考证；[③]史幼华对"坐、囹圄"语源的探讨。[④]张博对古代刑名词语的语源进行过探讨，发现很多刑名的得名其实和行刑部位相关，刑名和这些行刑部位的词语构成同源词，例如"耳——聅、自——劓、而——耏、涿——斀、颈——刭、腓——剕、脚——刖、元——髡"等，这一对应直接提升了"刑名"术语的法理。[⑤]

　　词义在引申时，可以从不同的语源义特点进行选择，王宁、黄易

[①]　［清］沈家本：《历代刑法考》（一），北京：中华书局，1985年，第108页。

[②]　李力：《发掘本土的法律观：古文字资料中"礼"及"刑"、"法"、"律"字的法文化考察》，载韩延龙主编《法律史论集》（三），北京：法律出版社，2001年。

[③]　蔡枢衡：《刑法名称的由来》，《政法论坛》，1981年第3期。

[④]　史幼华：《古代法学术语的研究与训诂学》，载王问渔主编《训诂学的研究与应用》，呼和浩特：内蒙古人民出版社，1986年。

[⑤]　张博：《汉语同族词的系统性与验证方法》，北京：商务印书馆，2003年，第169页。

青称其为"取象"①，语源义被捕捉的意象特点往往是多重的，不同的语源意象特点往往形成不同的引申子义列，这使整个词义引申活动呈现多支性和多向性，被捕捉的特点越多，引申的方向就越多，表现出的引申义列的分支就越多、越复杂。如果能找到词语的真正语源义和本义，一个多义词语的所有义项都可以位于一个引申义列中了，这个引申义列的分支再多，也基本还是遵循训诂学中所总结的链状引申、辐射引申和混合引申三个基本结构。

从引申义列的角度观察普通义项和学科义项，处于同一义列的两种义项的引申是有层次、有步骤的，很多时候要一步一步引申到相应的学科义项或者普通义项。例如：

我们从《汉语大词典》中系联"判"的引申义列。

《说文解字》："判，分也。从刀，半声。"《说文解字》："半，物中分也。从八从牛，牛为物大，可以分也。凡半之属皆从半。"对于"从牛"，张舜徽《约注》："半字从牛，不止于牛而已，特举牛以概万物耳。本书牛部'牛，万物也。牛为大物，故从牛'是其义也。判训为半。"徐灏《段注笺》："判之言半也，分也，离去之谓也"，这里指明"判"是指事物的部分从整体分离，所以"判"的本义是对一些具体物体（如"牛"之类）的切分。

后来引申为"判1"："剖开。"如《墨子·备穴》："令陶者为月明，长二尺五寸六围，中判之，合而施之穴中。"柳宗元《封建论》："遂判为十二，合为七国。"这一义项不但可以用于具体事物，而且可以用于抽象事物的剖分，但一般还是指同一事物（国家）的剖分。

在此基础上，进行再次引申出"判2"："分裂；分开。"《淮南子·俶真训》："天地未剖，阴阳未判。"这里体现的都是处于混沌模糊

---

① 王宁、黄易青：《词源意义与词汇意义论析》，《北京师范大学学报》，2002年第4期。

状态的不同事物的分开，而非同一事物的剖分。

不同的、交融态的事物的最大特点就是两物特征的混融，要分开两个事物，需仔细分辨两者的不同特征，最后进行归分，由此引申出"判 3"："区别，分辨。"如晋殷仲文《解尚书表》："宜其极法，以判忠邪。"这一义项实际既包括同一事物的区分也包括不同事物的区分，此处抓住的是"分"的过程中的［比同求异］这一义素，扩大引申更具抽象性的普通义项。

引申义列走到这一步，还处于普通义项之间的引申。

"区分，分辨"义项被借用于法律专科的审判过程语境中，判决案件必然要分辨是非，就引申出法律义项"判 4"："谓对狱讼的审理和判决。"

在《唐律疏议》中有大量"判 4"的用例。如：

判案者为判官，署案者为主典及监事之类（T212[①]）

代署者杖九十，代判者徒一年半（T118）

其有敕符差遣及比司摄判，摄时既同正职，停摄理是去官，公坐流罪亦从免法（T16）

假如一正异丞所判有失，又有一正复同判，即二正同为首罪（T40）

若判离不离，自从奸法（T194）

长官同断案已判讫（T490）

又由动词性的判决过程进行名物化引申，由指称动作过程转指个体名物，引申出"判 5"："指审理狱讼的判决书。"如《旧唐书·李元

① T 指《唐律疏议》中的律条，数字为人工加上的律条序号。

紭传》:"南山或可改移，此判不可摇动。"柳宗元《段太尉逸事状》:"谌盛怒，召农者曰:'我畏段某耶？何敢言我！'取判铺背上，以大杖击二十。"至此，引申义列已经成功而完整地完成了普通义项到法律义项的引申。

从法律义项"判决"最终必须要有审判结果，要做出定罪或处罚的决定，从而引申出用于全民语域的普通义项"判6":"决定；断定。"如王勃《河阳桥代窦郎中佳人答杨中舍》诗:"判知秋夕带啼还，那及春朝携手度。"《资治通鉴·宋文帝元嘉二十七年》引此文，胡三省注云:"判，亦决也。"

再次引申出"判7":"裁定；评判。"如宋周密《癸辛杂识别集·银花》:"遇寒暑，本房买些衣着及染物，余判单子，付宅库，正行支破。"

"判6""判7"这两步引申就形成法律义项再到普通义项的引申。

至于《汉语大词典》的"判8":"署理。本任官出缺，由别人暂时代理或兼摄。"这不是一个普通义项，而是行政专科的行政义项。如《北齐书·鲜于世荣传》:"七年，后主幸晋职，令世荣以本官判尚书右仆射事。"这一行政义项看似与前面义列没有引申关系，其实，它们也是在这一引申义列中的。官员处理公事，本身就是在对事物进行裁定、评判，与"判7"还是有引申关系的。至于其［代理］义素，我们认为主要是因为其经常与"摄"连用，受到语义感染，使自己义项具有了这一义素。

至此，从全语域的角度，我们已经可以将多义词"判"的词内义项整理成一个完整的义列。

从下图中"判"的引申义列的整理看，其总体体现出链式引申和辐射引申结合的综合引申特点。词典中多义词的释义就是要把这一动态的过程按历史顺序固化。

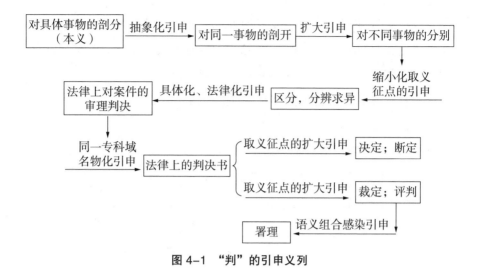

图 4-1 "判"的引申义列

（三）辞书中的假借义

除了本义、引申义外，在这里还要说一下古代汉语辞书中特有的假借义。

假借字是文字学层面的，假借义是指一个字用作假借字时，所具有的那个正字的意义。这个意义与原义无关。例如："蚤"通"早"，"早"是本字，"蚤"是假借字，"蚤"有了这个假借字用法，在字书中一般就设为假借义。假借义不同于本义和引申义。本义是在文献中有用例的最早的意义，引申义是由本义引发出来的意义。

现代辞书一般不设假借义项，用通转关系来表明，后释所通之字的意义，也就是假借义。一般放在引申义列的最后面，表示假借义与引申义无关。

例如《汉语大词典》：

【倍】6.通"背"。背对，背向。7.通"背"。背弃，背叛。8.通"背"。违背。9.通"背"。背诵。……10.通"悖"。乖谬逆乱。

有些义项还用参见相关复音词方式表明。如"9.通'背'。背诵。参见'倍文''倍讽''倍读'"。这表明在这些复音词中，构词语素义用的都是假借义，这样在词典释相关复音词时也会有所本，当相关复音词立目释义时，一般也要解释相应的假借字。如：

【倍讽】背诵。倍，通"背"。

【倍文】背诵书文。倍，通"背"。

【倍读】背诵。倍，通"背"。

（四）关于引申义序与文献书证的关系

对于义项按历史顺序排列，最重要的证据链保证就是书证的时间属性。首出书证的确定一直是历时辞书编纂中一件很困难的事情。首先，有些文献的历史时期难以确认，特别是比较偏僻的文献，但这并不意味着其价值的边缘化；其次，很多辞书释义所依赖的文献中的材料有时多为泛时性纂集，如类书等，多时代并存，难以确认其材料的具体时间。这都影响到义项的历史排序；再次，首出书证是否为孤例，其准确性需要考证。

另外，从编纂的角度看，传统的辞书一般采用的是传承历史辞书（如《说文解字》、"段注"等）、纂集材料（如《经籍纂诂》等）、类书等，再通过资料勾乙、卡片积累等方式来概括归纳义项，这种方式使文献利用的深度和广度都受到限制，进而影响到义项归纳的准确性、全面性。而且古代的辞书编纂用时漫长，很多经典辞书都需要穷经皓首几十年才能完成，后世辞书编纂者多重继承，有时走上因循抄袭的路子，而文献书证资料由于手工辗转抄写，错讹渐多，也影响到历时义序的准确性。

这一问题从王引之对奉为典常的《康熙字典》书证的校订中可以看出。道光年间，王引之奉敕对《康熙字典》进行了第一次较大规模的校订，并撰《字典考证》。王引之奏折中云："钦遵谕旨，细检原书，凡字句讹误之处，皆照原文逐一校订。"陆枫将其校订的内容归纳为六个方面：一、校正引文出处书名、篇名错误；二、校正引文错误，或脱落、或增衍、或讹舛，等等；三、改正字头或古文；四、改正字头或属部；五、删重复字头；六、改正释义、音读、引文不当、例证与义项相悖、正文与注文相错乱，等等。^① 当代中华书局重印本在出版说明中指出："它虽然引了不少的书，但错误很多，主要是，有的书名、篇名错误或妄改，有的引文错误或脱落，有的删节失当，甚至断句错误，更有错字、改字等等情况。"可见其中大多数修订工作都是针对文献的，这些错误必定会对义序的可靠性造成影响。

现在有了大型的古籍资料库技术，大量的古籍文本每年都在实现电子化，大大提高了历时义序的古汉语辞书的修订和编纂中文献的可靠性和准确性。如"基本古籍库""四库全书""四部丛刊"电子版等，也有专类的"历史碑刻文献库""十通"文献库等，这些古籍库提供了海量的古籍内容，为义项设立的语境类型归纳提供了丰富的语料资源及首出书证。这些资料库有时提供影印图像与检索文本的对照，最大程度提高了书证的可靠性。

但现当代辞书编纂技术的转型与成熟应用，不会改变基于发生学视角以引申为核心的历时义序的编纂体例，本义——转义、古义——今义的模式不会改变。

三、引申义列、词义谱理论与义项的分合、词位的分合难题的处理

进入辞书编纂理论的转型期，已经有了历时与共时词典之区别，

---

① ［清］张玉书等编撰，王引之等校订：《康熙字典》（王引之校改本），上海：上海古籍出版社，1996年，第2页。

如《辞源》和《国语辞典》，前者为历时义序，后者为共时使用义序。

在历时词典的义项处理中，义项的分合问题一直是一个难题。茹拉夫列夫曾谈到新义项的形成过程，"是在保留区别语义特征的条件下发生的基本语义的一种更换，即把伴随语义转变成区别语义"。伽克则认为，在词义的演变中，"一个基本语义被另一个所取代，而两种意义的共同点仅仅靠区别语义甚至是潜在语义来决定"[①]。因此，每一个义项之所以被分割独立为一个义项，在保证语义上共同义素的传递外，要有足够的区分性语义信息，也就是说待分立的义项必须与源义项保持相应的语义距离，有足够的可称说的区别义素，从而相对独立。

但目前在词典编纂中，编者确立一个义项还是分立多个义项，需要对语境意义的区别度有准确的把握，但操作时往往缺乏标准，只能凭主观经验。易敏从认知心理的角度认为："在每一个相对封闭的义域中划分多少语义单位，往往与社会生活与使用该种语言的人的心理有关，语义单位的切分的不同导致词汇指称体系不同。"[②] 而对语言交际者心理的把握也是一个无法客观量化的操作。

另外一个难题是多义词与同形词的处理，这涉及词的同一性问题。义项之间的区别度也是一个相对的概念，如果区别度过大，两个义项之间看不出任何相似或相关性联系，是否需要分立词目，作为同音同形词处理，目前尚无明确、清晰、客观的标准，各家词典的处理也不尽一致。

即使在共时语用型义序的词典中，也存在这一问题。如"乘"在《新华词典》和《现代汉语词典》中的处理不尽相同。《现代汉语词典》分"乘¹"（乘船）和"乘²"（加减乘除）立目，把这两个"乘"作同

---

① 杜桂枝：《俄语多义词转义过程的认知语义分析》，《解放军外国语学院学报》，2002 年第 5 期。

② 易敏：《在对译与比较中观察汉语词义系统》，《北京师范大学学报》，2000 年第 2 期。

音同形词处理，作为两个词。但《新华词典》则作为多义词处理。

多义词内部的各义项之间有紧密的语义相关性，大多具有转义（引申、比喻等）的关系，是一个连续的系统。为了强调多义词内部词义之间的连续系统关系，西方描写语义学家克鲁斯（Cruse，D. A.）提出了"词义谱"[①]的概念，认为一个多义词内部各义项必须是属于同一词义谱的局部词义，但也承认"恰如其分地描述词义谱和词义谱上各点远非易事"。

我们结合引申义列与词义谱理论来观察多义词之间的关系，希望能为上述两个难题的解决提供一些思路。其实，整个引申义列就是一个词义谱，二者所指是相同的，引申义列的复杂结构使词义谱总体呈现网络状。但二者也有不同，词义谱利于描写多义词内部义项的静态结构，而引申义列更能体现义列中各义项成员之间的相生相因又相别的动态语义关系。

在普通的历时性语文辞书的多义词系统中，引申义列并不都强求最早的语源义。由于时代的关系，"溯源""推源"工作很难保全、保准，所以词典中即便设立语源义，也多是通过"系源"工作做出来的，这就导致有些多义词语的内部会出现几个平行的引申义列，但它们属于同一个词义谱。这种情况下，词义谱应该是引申义列的上位概念，一个词义谱可以包括多个引申义列，二者指称并不相同。

克鲁斯曾经从词义谱的特点提出鉴定两个义项语义关系的两条意见，对确定两个义项是否处于同一词有很强的指导作用。一是"如果有一条词汇规则可以通过一个词汇单位（按：词项）意义的存在来预知另一个词汇单位（按：词项）意义的存在，那么，这两个词汇单位（按：词项）属于同一词语"；二是"这些词汇单位（按：词项）的词

---

① 〔英〕D. A. 克鲁斯:《词汇语义学》，剑桥大学出版社，1986 年。中译本见汪榕培等编译:《八十年代国外语言学的新天地》，沈阳：辽宁教育出版社，1992 年，第174—176 页。

义必须属于同一词义谱的局部词义"。① 前一条指的是两个义项必须有共同的语义桥——共同义素，这是核心标准，后一条指的是二者必须处于一个词义谱。如果是同一词义谱有多个引申分支，当它们处于同一分支时，共同义素密度比较大，体现的是近引申关系；如果跨支系联，或者虽处于同一引申分支，但共同义素较少，那就是典型的远引申关系。但只要它们同谱，依然是同一词语内部语义系统的成员。

根据引申义列的理论，词义之间的联系是否断裂为两个义项甚至两个词，都需要补充完善引申义列中的缺环。叶复兴也曾提出过引申的三个层次：本义层次、直接引申层次、间接引申层次，② 这三个层次勾勒了引申的动态过程，对应着引申义列中的本义、近引申和远引申三种义项状态。如果不在同一引申子列的，但属于同一词义谱，则为远引申关系，不一定要分立不同的词；如果对引申义列做还原、修补等工作后，填补引申义列中两个有远引申关系的、语义距离较远的词义点之间的缺环义项，能清晰看出两者之间的相因相生而又相别的语义关系的，也不应分立同音词；如果语义区别度过大，两个义项不在一个词义谱上，则属于两个词，需要分立词目。

例如"斩"在古代可分别表示"法律上砍头的行刑方式""斩刑"和"丧服不缝衣旁和下边"等意义，前二者是近引申，而第三者与前二者词义距离相距较远，需不需要再列为同音词呢？下面我们梳理完善"斩"的引申义列。

《说文解字》："斩，截也。从车斤。斩，法车裂也。"《汉语大词典》根据《说文解字》出"斩"的本义："古代刑罚之一。本谓车裂，后谓

---

① 〔英〕D. A. 克鲁斯:《词汇语义学》，剑桥大学出版社，1986 年。中译本见汪榕培等编译:《八十年代国外语言学的新天地》，沈阳:辽宁教育出版社，1992 年，第182—183 页。

② 叶复兴:《词义引申的层次性》，《岳阳大学学报》，1992 年第 1 期。

斩首或腰斩。"谷衍奎根据字形考证，认为《说文解字》的这一解释已经是引申义了。① 我们本着训诂学"以形索义"的思路，暂取谷衍奎的说法来整理引申义列。

谷衍奎认为"斩"是会意字，会伐木做车之意，即《诗经》所谓"坎坎伐轮兮"之象，本义应是"为伐木做车"。由此本义抽象引申出"砍伐；砍断"的义项。如《墨子·非攻下》："芟刈其禾稼，斩其树木。"韩愈《崔评事墓铭》："凿渻沟，斩茭茅，为陆田千二百顷，水田五百顷。"

"砍伐；砍断"义项经过特指引申，引为"砍头；砍杀"，特指法律领域处最高死刑的"斩"——斩首、腰斩，② 最后定型为法律义项"斩刑"，即《汉语大词典》："斩1：古代刑罚之一。本谓车裂，后谓斩首或腰斩。"段玉裁《说文解字注》："斩，古用车裂，后人乃法车裂之意而用铁钺，故字亦从车。斤者，铁钺之类也。"《释名·释丧制》："斫头曰斩，斩腰曰腰斩。"如《史记·陈涉世家》："失期，法皆斩。"以上只是"砍头；砍杀"义项的一个引申方向，由"砍杀"这一义项又泛化引申出另一方向"讨伐；攻打"义项，如《国语·齐语》："遂北伐山戎，刜令支，斩孤竹而南归。"韦照注："斩，伐也。"

另外，"砍伐；砍断"的结果必然是"断开"，自然就由这一具体义素扩大引申出"断绝"的义项，如《诗·小雅·节南山》："国既卒斩，何用不监。"毛传："斩，断。"朱熹集传："斩，绝。"这就进入了另一个引申子列。由"断绝"义项又特指引申出"剪裁。特指丧服不缝衣旁和下边"（《汉语大词典》斩6），剪裁必然有使布"断开"的特点。《辞海·语词分册》："斩3：丧服不辑边之称"，《汉语大词典》：

① 谷衍奎：《汉字源流字典》，北京：华夏出版社，2003 年。
② 历史上的一些时间段里，"斩"的行刑部位在"趾"和"足"，例如"斩趾"刑，就是砍去罪人的足，崔寔《政论》："昔高祖令萧何作《九章》之律，有夷三族之令，黥、劓、斩趾、断舌、枭首，故谓之具五刑。"

"斩9：整修；补合"。如"齐晏桓子卒，晏婴粗缞斩"。所以"斩6"特指"不辑边"的剪裁方式，丧服用粗麻布制成，左右和下边不缝，使断处外露，以示无饰。

由此，我们可以整理出"斩"这个多义词的词义谱，如下图所示，从中明显看出"法律上砍头的行刑方式""斩刑"和"丧服不缝衣旁和下边"确实分处于两个引申子列，但通过系联，能确定它们共同的引申源义项"砍断；砍伐"，这样两个引申子列上的义项也就有了远引申关系，因此"斩"不应该分列词目。

这种远引申关系在古代法典文献《唐律疏议》中也有反映。例如《唐律疏议》中两种死刑——"绞"和"斩"，最大的区别："绞"刑保全尸首，"斩"身首分离，身首[断绝]，所以后者在全尸观念至上的唐代人眼中是最严重的刑罚。"斩刑"义项中体现的这一行刑特点与[断绝]语义特征为核心的引申子列体现着紧密的语义联系。

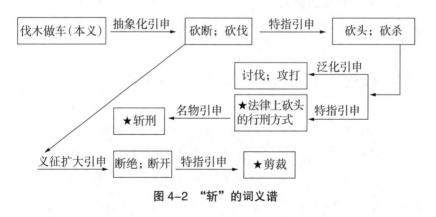

图4-2 "斩"的词义谱

（四）历时词典多义词引申义列和词义谱的特点

词义谱和引申义列完整的存在载体是词典。由于普通义项的概括性和学科义项的具体性，学科义项很多时候充当一个相对完整的词义谱或引申义列的终端。但我们将词义谱切出一个共时的切面研究时，发现时代不同，情况也不同。当代社会由于对时尚的追求，许多学科领域的词被大量借用到普通语域，最后引申出普通义项，这反映了时代的繁荣与价值观念的多元化特点。相反，如果在某个社会学科义项全民化过程不活跃，这个时代一般是对科学或技术并不重视，不敏感。中国古代大多时候都处于这种状态。

从以上"判"和"斩"的引申义列分析，在普通义项和学科义项构成的词义谱中，从普通义项到学科义项，在语义上体现以下四个特点：

1. 义值丰度的渐次增加。由抽象类指到特指、具指，义项中语义内涵细节增加，而外延缩小。"判"从"区分，分辨"到"对狱讼的审理和判决"的局部引申义列就是这一特点。

2. 语境依赖度增强。学科义项对学科的依赖度很强，很多术语只能和专科语境相伴相生。"斩"的"砍杀，砍断"的普通义项则对语境没有过多的依赖，适用域广泛，而指称"五刑"之一的"斩刑"法律义项是与法律语境密切相关的，对法律语境高度依赖。

3. 由中心义项向引申义列的远处呈现相似程度减少的梯度。比如"斩"的"砍断"义和"砍头"义相似度高，和"斩刑"义相似度就减少，而到了边缘的"剪裁"义，相似度就更少了。

4. 语言性减弱。从普通义项到学科义项是一个语言性减弱，而百科性、知识性增强的过程。"判"表"分开"的普通义项的语言性最强，而其表"审判判决"的法律义项就逸出语言系统核心，进入语言系统与法律系统的交叉部位了。

从学科义项到普通义项的引申义列看，上述四个特点正好体现了相反的方向。比如由学科义项引申出普通义项有一个普遍的特点是义素扩大引申或抽象引申，语义内涵义缩小，外延义扩大。这样的引申都有一个引申成长点，由前一学科义项的一个语义细节而进行扩大、上升、抽象而成。比如从［法律判决要下决断］这一义素特点，进而引申出"决定；断定"的普通义项；从［审理案件本身就要对当事人的行为作出判断〕的义素点，引申出"裁定、评判"的普通义项。这些引申点都是学科义项中的具体的语义细节。

第三节　语用视角的共时词典的义项类型与义序

从共时层面提出的义项类型比较复杂，张志毅等归纳了当前学术界研究出的 12 组二元对立范畴。[①]从我们的研究角度可对其重新分类：

在普方之间，有通语义和方言义（含社会方言义）；

在使用的纯频率角度上，有常用义和非常用义；

从交际人的心理感觉上，有基本义和非基本义、主要义和次要义；

从能否为事物命名的角度有称名义和非称名义；

从词义发展的角度看，有直义和转义；

从词使用时能否独立成句方面看，有自由义和非自由义；

从是否包含感情色彩看，有中性义和修辞义；

从与现实世界对应的针对性上看，有具体义和抽象义；

从系统使用词汇的角度上看，有系统义和非系统义；

从词语指称事物的角度上看，有泛指义和特指义；

从词义的静态存贮与修辞用法的角度看，有固有义和临时义；

另外，从认知心理的梯度原则和原型范畴看，有中心义、过渡义和边缘义一组三元范畴。

这些不同角度的义项的定类大多是基于词语的交际功能的实现，着眼于语用，与生成型的以用法为中心的当代词典的编纂宗旨是一致的。例如《现代汉语词典》：

---

① 张志毅、张庆云：《词汇语义学》，北京：商务印书馆，2005 年，第 102—103 页。

【面糊】1. 用面粉加水调匀而成糊状物。2.〈方〉糨糊。

这是一个普通词，第一个义项是基本义、常用义，第二个义项则为方言义，再如：

【冷热病】1.〈方〉疟疾。2. 比喻情绪忽高忽低的毛病。

这是一个普通话中的方言词，语源是方言，第一个义项自然是方言义，同时在普通话系统中也是基本义，第二个义项则是比喻引申义。

共时词典中偏重查考性或规范性的词典的义项顺序有时与发生学视角的相类，也是按引申顺序排列；而生成型学习词典的义项排列多采用"义频统计＋主观经验"的方式，按常用性、基本性、重要性在前，再依次递减排列，比较适合习得多义词，但在频率不好确定的情况下，也还是体现着"常用性＋历史性"的综合性义序原则，也尊重发生学视角义项排列的逻辑性。例如"恨"：

理解型的《汉语大词典》：

1. 怨恨；仇视。《荀子·尧问》："处官久者士妒之，禄厚者民怨之，位尊者君恨之。"《史记·淮阴侯列传》："大王失职入汉中，秦民无不恨者。"2. 失悔；遗憾。《史记·商君列传》："梁惠王曰：'寡人恨不用公叔座之言也。'"3. 通"很"。违逆；狠戾。

偏重规范的《现代汉语词典》：

1. 仇视；怨恨。2. 悔恨；不称心。

学习词典《商务馆学汉语词典》：

1. 像对仇敌一样对人，对事物强烈地不满。2. 不满意或因做不到而遗憾。

这三类词典的释义体现了语用义序与历时义序的基本一致性。但有的词的顺序会有不同，可以看出语用义序与历时义序的不同，以下是在三部词典中对比"安"的释义。

表 4-1 "安"的释义对比表

《汉语大词典》	《现代汉语词典》	《商务馆学汉语词典》
1. 安居；居处		
2. 谓对某种环境、事物感到安适或习惯		
3. 安定；平静	1. 安定	2. 形。安定；心情平静
4. 使安定；平静	2. 使安定	
5. 安抚		
6. 安乐；安适；安逸	3. 对生活、工作等感到满足合适	
7. 安稳；稳固		
8. 谓妥善；稳妥		
9. 安全；平安。与"危"相对	4. 平安；安全（与"危"相对）	3. 素。安全（和"危"相对）
10. 徐缓；推迟		
11. 谓留客		
12. 谓收留；容纳		

续表

《汉语大词典》	《现代汉语词典》	《商务馆学汉语词典》
13. 犹善。喜欢；爱好		
14. 安放；安置	5. 使有合适的位置	1. 动。使有适当的位置；安装
15. 安装；设置	6. 安装；设立	
16. 犹加上	7. 加上	
17. 存着；怀着	8. 存着；怀着（某种念头，多指不好的）	
18. 种植		
19. 代词。表示疑问。相当于"什么""什么地方"	单列同形词	
20. 副词。表示疑问。相当于"怎么""岂"	单列同形词	
21. 连词。犹于是，乃		
22. 电流强度单位"安培"的简称	单列同形词	
23. 姓	9. 姓	

在立目方面,《汉语大词典》古今兼收，收词量大，体例上多以语音音变为第一标准，无音变的，尽量放在一个词中，以免因同形词立目过多导致收词量的膨胀。而《现代汉语词典》将代词"安"与"安培"的"安"设为同音同形词，分别立目。这是因为"安培"是假借同音字成词，它们在共时层面上与"安"意义无关。

在对义项的处理方面，三种类型的词典各有自己的做法。《汉语大词典》的义项，除古义外，有些在现代汉语中也有使用，但不设义项，主要是因为它们是与常用义相对的非常用义。而《商务馆学汉语词典》比《现代汉语词典》的义项总数还少，所取的都是"安"的基本义，删去了非基本义，取主要义，删去了次要义；同时，《商务馆学汉语词典》释动词义、形容词义优先于语素义，体现了自由义优先于非自由义的特点。

同时，《现代汉语词典》不收18"种植"，并非因为这个义项是古义项，从《汉语大词典》的语例看：

"人家庄稼安上，都细细法法照管。人家闹粪锄草，有的就锄下四五遍。可是你的庄稼种上，甚也不管啦。"（章炳南等《钟万财起家》第一场）

"他做掌柜的，那你就不去给他安庄稼了。"（周立波《牛》）

例证中体现的是现代汉语用法，但这是一种边缘义、方言义，也是一种带临时性、修辞性特点的用法，使用面比较窄，语境类型化特点较弱。《汉语大词典》本着全面收集义项的原则是可以放宽义项设置标准的，但作为规范型词典的《现代汉语词典》是不会收录此边缘义的。

在对义项顺序的处理看，《现代汉语词典》虽为规范性、共时性词典，而且释义信息也越来越倾向于生成型学习型词典，但其收录的共时义项还是有引申性的逻辑关系的，不过不同于本义——引申义、古义——今义模式，它采用的基本模式是直义——转义（包括引申、比喻、借代等），在此基础上，在外围安排偏僻义等。

《商务馆学汉语词典》是典型的生成型词典，高度重视用法解释。在三个义项中，动词的语法功能及在语言表达中的作用最强，因此动词义项居首，而且此义项在共时使用层面也为基本义，并构成了"安排、安心、安置、安装"等常用词；形容词义项常用性和语法重要性弱于动词，列其后，构成"安定、安静、安慰、安稳"等常用词；而最后一个是语素义，语素只用来构词，在实际交际中并不起作用，其语素义主要体现在"平安、治安、安全"等词中。这一排列顺序体现了以基本性、常用性、语法重要性以及语言单位重要性递减的顺序，体现了典型的以用法为中心的特点。

　　了解以上这些从语用角度出发确定的义项类型，就可以根据不同的词典类型，按不同的原则排列义项，体现出规范中心和用法中心词典的语用义序特点，与发生学视角的历时义序相配合。

结　语

　　义项类型以及由此产生的义序是辞书进行多义词、同形词条目操作时必须预先解决的理论问题。本章从发生学和语用学两个视角，提出了确定义项类型和义序的原则。在发生学视角的历时义序方面，我们提出将静态词义谱与动态引申义列相结合的思路；在语用学视角的共时义序方面，我们提出语用义序的理论，并根据共时词典的规范中心和用法中心的侧重不同，提出义项类型、义序排列原则，而且提倡与历时义序相结合。

第五章　汉语辞书释义方法的发展

　　汉语辞书释义就是将词的各种意义信息用简洁的、概括度适中的语言描写出来。义项描写体现为易语释难词、通语释方言、今语释古语的基本模式。释语一般为共时的、当代语言的，被释词则丰富多样，有共时的、当代的，也有历史的，而准确、简洁、完整、规范是释义的基本要求。

　　在古代辞书理论的奠定和发展完善期，汉语语文词典的释义是以训诂学训释方式为核心，二者具有一致性；到现代转型期、成熟期，则结合词汇学、语义学中比较成熟的成分分析和关系分析思路，对传统释义方式进行改善、增补和深化；到当代二次转型期，认知语言学指导下的结合学习特点的释义方法受到了重视。但从古至今，汉语词汇意义的分析方法及在词典中义项的描写方法都保持着基本的稳定性。

　　本章以汉语语文辞书为例，探讨释义方法的发展。

第一节　汉语辞书释义对训诂学、汉语史研究方法的继承

　　当前汉语语文词典的释义方式植根于训诂学的训释、考证与纂集三大基本研究范式中。到目前为止，普通语文词典的释义受传统训诂训释方式的影响还是最主要的，因此，以训诂理论为基点来寻求传统

应用训诂学训释法与单语语文性词典释义法的结合，是提高现代语文辞书释义的规范性与准确性的重要途径。

一、训诂学训释方法与词典释义方法有较强的对应性

现代语文辞书的释义方式，胡明扬[①]将其分为对释释义方式和定义释义方式。对释释义方式又分为同义词对释、词语交叉对释、反义对释、限制词义对释；定义释义方式分为逻辑定义释义、说明定义释义。最近几年，释义方法数量虽有发展，但总体上看，近20多年，并没有离开对释释义和定义释义两个大的方式，它们依然是从应用训诂学的义训方法发展而来的。

训诂学的义训方法中有直训和义界两种。

（一）直训

直训是以单词释单词，分为单训和互训。不论是两两互训，还是辗转互训，凡训释词和被训释词能够互易位置的就是互训。如《说文解字》："玩，弄也"，"弄，玩也"。否则为单训，如《广雅·释言》"供，养也"。至于两词同用另一词来释的同训（如《说文解字》，"迅，疾也"，"速，疾也"）、多词递用为训的递训（如《说文解字》"讥，诽也"，"诽，谤也"，"谤，毁也"，"讥""诽""谤""毁"四字递相为训），都可以看成单训或互训的组合使用，是单训或互训的变体。

直训的方式是现代辞书对释释义模式的根源，胡明扬所说的"反义词对释"即"不＋反义词"式，也是直训的变式。如：《说文解字》"涩：不滑也"。《现代汉语词典》"动摇：不稳固，不坚固"。

单训、互训及其变式，现代词典继承得较多，而递训、同训用得较少。这些传统释义方式的价值还有待研究。胡明扬[②]认为：对释

---

①　胡明扬等：《词典学概论》，北京：中国人民大学出版社，1982年，第132页。

②　同上。

有两大不足，一是同义词一般都是近义词，对释不可能十分准确，并且还会引起误解。另一缺陷是往往形成循环注释，如"礼拜天：星期日""星期日：礼拜天"，这是互训的循环释义。"稀薄：谓不浓厚""浓厚：谓淡薄之反""淡薄：不浓厚"，这是递训的循环。

要解决这种问题，可行的方法就是系联同（近）义词。从《尔雅》开始，传统语言文字学对同义词的研究就很重视。汉语发展到现代，积累了大量同义词。同义词往往只是在某个义项上相同或相近（在非等义的情况下都会有细微的义值差）。所以，根据词义引申规律、引申序列和词语使用实际，能找到相同的义项，就可系联出多个同义词群，可供选择的单训和互训词就会多些。因此要防止互训循环，应尽量用单训代替，或用义界终结循环。

训诂学中还有通训等其他对释方法，也是直训的变体，但都会有启发意义。通训是"对多义词根据通常使用意义所加的解释"①，如"端"训"正"、训"始"、训"本"（大端）、训"末"，而训"正"是常见训释，这就是通训。"正"作为"端"的通训的认定，也是从大量语言运用实践和训释材料中比对统计出来的。其确定通训的方法对于词典义项使用频率的确定有指导意义。

（二）义界

辞书界的"定义释义"是从逻辑学角度提出的，往往与复杂的语言现象不吻合。我们不否认词典释义中有纯逻辑学角度的定义释义，但大量的非对释方式不是定义释义能涵盖得了的，如比喻式、描写式等迂回描述模式。实际上，"定义释义"也好，"迂回描述"也好，都是从义界方式变化来的。义界是"用定义、描写、对举、嵌入等方法来表述词义的内容"②。与直训不同的是，义训是以句训词，由于其用

---

① 周祖谟：《中国大百科全书·语言文字卷》，北京：中国大百科全书出版社，2001 年。
② 王宁：《训诂学原理》，北京：中国国际广播出版社，1996 年，第 62 页。

语较多，描写性强，易展示细节语义特征，信息量大，易做到准确释义，所以也成为现代汉语词典释义的主要方式。义界可分为定义式义界（《说文解字》："稗，禾别也"），比况式义界（《说文解字》："豹，似虎"），嵌入式入界（《说文解字》："气，云气也"）等。其中定义式义界最为重要；比况式义界用比喻、描写等方法迂回训释词义；嵌入被释词的嵌入式义界，往往是因主训词难找而采用，在现代词典中也常用到，但应尽量避免，毕竟比起古汉语，现代汉语的普通词汇要丰富得多，找主训词也容易多了。

二、训诂学的词义考释方法仍旧是辞书释义疑难问题解决的主要方式

现代词典释义中有很多疑难问题，比如古义语素，如果不加解释，就很难理解整个复音词的词义，这一问题的解决要从训释材料中，用训诂的考证方法进行推求。"考释指找出已经作出的训释的原始依据"，"证明则是提出有力的证据，证明考释结果的正确性"。[①] 考证主要的方法就是考音和考义，须使用训诂学中的以形索义、因声求义、比较互证的方法才行。

"不速之客"，《现代汉语词典》解释为"指没有邀请而自己来的客人（速：邀请）"。《现代汉语词典》解释"速"为"邀请"，并将其列为有"迅速"义的"速"的同音词。但"速"为什么会有"邀请"义？如不加解释，只能让学习语言的人死记硬背。经过考证，《说文·言部》有"諫"字，训为"餔旋促也"，"餔"是"日加申时食"，即下午四五点钟太阳快落山时吃饭，故须催请，"諫"就是"催请，邀请"，"諫"是"速"的本字。如果《现代汉语词典》用括号补释"速：邀请，占通'諫'"可能更好。这里的考证实际用的是考音，通

---

① 王宁:《训诂学原理》，北京：中国国际广播出版社，1996年，第73页。

过音近的原则，考释出"諫"为"速"的本字。这样，一些疑难词汇释义就容易得多。

包含古义的语素很多，有很多都是在现代合成词中作为不自由语素高频使用。如《现代汉语词典》"寻常：平常（古代八尺为'寻'，倍寻为'常'，'寻'和'常'都是平常的长度）"。这说明《现代汉语词典》还是比较重视词的理据义。

但《现代汉语词典》对一些词的理据的说明不到位，反而带来疑惑。如"奥"的义项 2"古时指房屋的西南角，也泛指房屋的深处"，它和义项 1"含义深，不容易理解"的关系是什么？义项 2 的解释是从训释材料中考证来的，依据是《尔雅·释宫》："西南隅谓之奥"。如能再深一步，结合《释名·释宫室》："室中西南隅曰奥，不见户明，所在秘奥也"。如在义项 2 后追加上"后引申为隐秘难解"，引申义就明确了，词的理据也明确了，使用者更好理解。

虽然现代语文词典释义不必过多拘于古义，不必过多收录古代汉语的义项，也不必逢词必考理据（实际很多词的理据不确定或无法可考），但有些释义却绕不开，既然要释清包含古义语素的词，就绕不开必要的简明的理据阐释，否则会使人看到释义后愈发糊涂。

训诂学训释方法对词典释义的影响是全方位的，比如训诂中的材料考证方法保证了词典释义及书证的准确性；训诂中的形、音、义关系研究成果是词典释义识别"假借义"的重要保证。名物训诂方法对词典百科词释义更是提供了诸多帮助。

三、与训诂学相配合的词汇史的研究方法是现代词典释义可靠性的重要保证

狭义训诂学的研究主要针对文言，汉语史（词汇史）是一门新的学科，其研究对象除了文言语词、生僻字词，还重点关注古白话语词、常用词。从某种角度看，作为小学的训诂学，本身也是汉语史研究的工具之一。只是训诂学更重视单个字词的考释，而汉语史更重视对汉语词汇系统和子系统的发展演变的研究。

现代词典中词语的来源主要有三个：一是传承，特别是作为汉语核心的基本词汇（分为传承文言词和口语词两个方面）；二是吸收，主要是词汇系统中的一般词汇，如吸收自方言中的方言词，吸收自各学科语域或社会语用领域的行业词，吸收自海外的新词语等；三是自创，这种词语多体现为新词语。既然口语词是重要的传承词之一，所以采用汉语史研究法探讨辞书释义，将提高释义以及词目、义项处理的理据性，提高词典的权威性。

汉语史中的词汇史研究范式虽然是现当代诞生的，但它植根于训诂学，汉语史视角的释义方法与训诂学的方式具有一致性，都是材料考证与溯源梳脉相结合。因此，释书释义（特别是历时辞书）一定要高度关注汉语史的研究方法。我们再将训诂学与汉语史两种方法结合起来讨论。

以下结合一个具体案例来进行探讨。

"猴急""喉急""喉极"三词均产生于近代，是方言词、口语词，在当代民众口语中广泛使用，在相关文学语体文献中也都有大量用例。其中"喉极"较为特殊，上海辞书出版社出版的《古代汉语词典》将其列为"喉急"的异形词。我们在此重点讨论"猴急"与"喉急"的差异。此二词在各种历时性语文辞书中均有收录，我们将此二词作为异形词处理，从训诂学和词汇史研究相结合的视角，从历时使用、词源理据、共时的词汇意义三个角度对二词进行对比分析，以此探讨异形词的界定依据，探讨语文词典的释义对汉语史研究方法的借鉴。

（一）从历时使用上看

"喉急""猴急"不见于《四库全书》《四部丛刊》所辑的经典文献中，也不见于《古今图书集成》所辑的事务型、实用型文献，多见于用古白话写作的文学作品或佛经译解中，在陕西、山西、山东等很多北方方言中使用较多，如在反映西北口语较多的陕西作家陈忠实的作品：《梆子老太》《初夏》《地窖》《桥》《石狮子》《兔老汉》《最后一次收获》中就有7处"猴急"的用例，可见二词均属典型的口语词、方言词。明代主要使用"喉急"，清代"喉急""猴急"通用，而现当代文献中，主要使用"猴急"，较少使用"喉急"。

"喉急"起源较早，大约在宋朝时就已经使用，明、清沿用。向熹的《简明汉语史》专著以及《辞源》《汉语大词典》《古代汉语词典》（上海辞书出版社，基于《辞海·语词分册》）、《古代汉语词典》（商务印书馆）等辞书的最早语例均列明清古白话小说中的用例，而经过我们测查，在宋代佛经译解中已发现有"喉急"的用例。例如：

"如前佛说唯备喉急"（《大乘集菩萨学论卷第九》），意思是要注重前面提到的佛的一些箴言，在紧急状况或急于做某事时，才能趋利避害。此书是日称等人奉诏所译。根据《中华佛教百科全书》的记载，日称是北宋译经僧，北宋仁宗庆历六年（1046年）抵达汴京，奉敕从事译经。至和三年（1056年），参与法护的译场，合译《大乘集菩萨学论》。这可将"喉急"的最早出现语例提前到北宋。

"喉急"在明、清作品中用例较多。在我们测查的范围中，明、清小说三言、二拍，《水浒传》《镜花缘》《豆棚闲话》《七侠五义》中共33处用例，如：

（1）"阿婆！我出了力，不把银子与我，反发喉急，怎不要嚷？"（《醒世恒言》）

（2）同伴道："我们也多是喉急的人……"（《二刻拍案惊奇》）

（3）婆子道："你且莫喉急，老身正要相请，来得恰好……"（《喻世明言》）

（4）唐牛儿道："我喉急了，要寻孤老。……"（《水浒传》）

（5）走堂见他喉急，只得招别桌剩的冷糕凑了一盘送来。（《镜

花缘》）

（6）迟先也去偷那豆腐，两个以手触手，登时便喉急嚷将起来。（《豆棚闲话》）

（7）蒋平笑道："嫂嫂，你不要喉急，小弟情愿奉陪。"（《七侠五义》）

"猴急"在明朝文献中未见用例，我们发现的首见语例见于清朝文献。在《九云记》《绮楼重梦》《孽海花》《风流悟》《雪月梅》《后红楼梦》《海上尘天影》《荡寇志》中出现19例。如：

（8）老蛆猴急，因命小蛆沿坑而上……（《九云记》）

（9）看毕了，还未开口，小钰猴急的嚷道："自然两首的第一……"（《绮楼重梦》）

（10）郭掌柜还礼不迭道："你别这么猴急！你且坐下，我给你说。"（《孽海花》）

（11）宝哥哥还正正经经猴急的很，叫我们学着这样回，太太准准的依定了。（《后红楼梦》）

（12）文玉笑道："不用说了，燕姐姐猴急了。今日要举诗社……"（《海上尘天影》）

（13）知我的猴急，万一梁山上那厮们已到，爹爹同他们厮杀，却吃别个抢了头功去。（《荡寇志》）

在2亿左右字符的现当代小说语料中，基本不用"喉急"，仅发现茅盾和吴越作品中的两处"喉急"的用例：

（14）陈君宜笑了一笑，觉得周仲伟太喉急，却也十分同情他……（茅盾《子夜》）

（15）这个人，平时只知道赌钱喝酒，什么营生也不干，实在喉急了，才到外县远地方去采一次蘑菇……（吴越《括苍山恩仇记》）

"猴急"的用例非常多，我们在同语料库中检索出 86 处用例，与"喉急"的使用频率是 43：1，而且越是年代晚的作品，使用"猴急"的趋势就越明显。

但在网络上随机检索，"猴急"与"喉急"的基本使用比例约为3：1，说明文学语料中所反映的使用比例只是二词语用的一个方面，而网络文本有全民创作、全语域、全语体的特点，口语性、民间性特色明显，反映出二词的使用频率相差并非想象中那么悬殊。但"猴急"的使用无疑占绝对强势。

（二）从词源意义上看

"喉急"和"猴急"的词源意义均取象于"着急"的情态，二者均为比喻引申的主谓式合成词。"喉急"主要是取象于在非常渴的状态下急于喝水时喉咙的感觉，体现"喉头急得冒火"的着急的心情。如：

（16）世局千腾万变，转盼皆空，正如下棋的较胜争强，眼红喉急。分明似孙庞斗智，赌个你死我活。（《醒世恒言》）

此处"眼""喉"生理部位对举，"眼红""喉急"尽显着急之态。

（17）倘有不达时务的，捉空摘了一花一蕊，那老儿便要面红颈赤，大发喉急，下次就打骂他，也不容进去看了。（《醒世恒言》）

此处以"面红颈赤"展示"喉急"的情态。而"猴急"，则是人们抓住了猴子着急时的表情而创造出来的词语，取猴子发急的形象。如：

（18）胡日鬼尽管是六耳猕猴转世，但也常被婆姨难为得抓耳挠腮上蹿下跳一脸的猴急相儿。（葛林《快乐人生》）

（19）见我猴急狗跳的样子，一职员才告诉我……（罗伟章《妻子与情人》）

（18）直接描写"猴急"的具体情貌，（19）以"猴急"和"狗跳"互衬体现"着急"的生动形象。

有时用"猴急似的"强调此词的形象化特点，用的不是比喻义，而是具体义或本义。如：

（20）"死老鼠"猴急似地插上电源，却不见出图像，急得直叫。（杜强《恋恋风尘》）

有时也用"猴急急""猴急猴急"的ABB、ABAB重叠式表示"着急"程度的加深，如：

（21）因为她接触的男人不谓不多，一个个见了女人都是猴急急的模样。（谭力、郭庆渝《情断枫桥》）

（22）师永正听完陷入沉思，他抬眼望向窗外，正看见叶千山猴急猴急地用手指头勾他呢。（胡玥《危机四伏》）

"喉急"的理据义取象于词素"喉"的科学意义。"喉"是喝水的通道，《说文解字·口部》："喉，咽也。从口，侯声。"本义为嗓子，也叫喉头。从词素义的理据上看，这里体现的是科学理据，即生理专业知识成分。其实，"喉急"是基于一个错误的科学意义理据，根据

《汉语大词典》的解释"咽":"消化和呼吸的通道,位于鼻腔、口腔的后方、喉的上方,相应地分为鼻咽、口咽和喉咽三部分,通称咽喉。""喉"其实是人和陆栖脊椎动物呼吸道的前端部分,上通咽,下接气管,兼有通气和发音的功能,也叫"喉头"。因为"咽"是食物和空气的交叉通道,兼有"喉"的空气通道功能,所以古人咽、喉不分,且二者部位相连,所以有"喉急"一词。

"猴急"的理据义取象于词素"猴"的通俗意义。词典中的"猴"并没有类似"抓耳挠腮"的义项,只有从猴子的乖巧、机灵、精明、机警等方面的形象特点而提炼出的方言比喻义,如《现代汉语词典》"猴"的方言义项有:"3.方言。乖巧,机灵。多指孩子。这孩子多~啊。"还有方言词"猴儿精":"方言。形容人精明机警。这人忒~,一般人玩不过他。也指机灵顽皮的人。瞧这~,把他能的。""猴急"的词源意义和"猴3""猴精儿"一样,反映的也是文化民俗理据,只是"猴"着急时的习性动作形象特点尚未形成比喻义,归纳为词典的义项。

(三)从词汇意义上看

"喉急"和"猴急"二词的词汇意义究竟有无明确差别,这是界定和规范异形词的核心出发点。我们认为,从理性意义上看,二者基本无差别,只是附加意义有微别。

词汇意义主要体现在语文词典的释义中。由于方言词、口语词身份,此二词《现代汉语词典》失收。很多历时性语文词典,大多只立目说解一个词,另一词不出条而仅在对应词的释义中用"也作"进行提示。如《辞源》只立"喉急",不立"猴急",《古代汉语词典》(商务印书馆)同之,《古今汉语词典》(商务版)只立"猴急",不立"喉急",这几部词典基本都将二词释为"焦急"或"着急"。

但在台湾地区《新编国语辞典》中:"猴急:焦急。"如:

（23）"你别这么猴急，等水开了再喝也不迟！"

亦作"喉急"。喉急：1. 焦急。2. 怒气。如：

（24）"倘有不达时务的，捉空摘了一花一蕊，那老儿便要面红颈赤，大发喉急。"（《醒世恒言》）

其中，"喉急"比"猴急"多出一个"怒气"的义项。但所选用例中的"大发猴急"释为"大发怒气"似有争议，我们认为"大发喉急"应为"发急"的扩展形式，此处单列义项不妥。

《汉语大词典》对二词的区分最细："喉急：着急。也指因发急而耍赖皮。"

（25）"今日不想输了哥哥的银子，又没得些钱来相请哥哥，喉急了，时下做出这些不直来。"（《水浒传》）

（26）"你先把腿养好再说吧。看你喉急得！"（欧阳山《柳暗花明》）

"猴急：形容急欲做某事或焦急。"

（27）郭掌柜还礼不迭道："你别那么猴急，你且坐下，我给你说。"（《孽海花》）

（28）他此时右手拿着帽子，左手臂弯上挂着西装上褂，站在密司李的桌子前，脸色很猴急。（茅盾《泡沫·第一个半天的工作》）

此处的解释体现了"喉急"与"猴急"的微别。在我们测查的明、清文献语料中，"喉急"的 33 处用例，"猴急"的 19 处用例，在表示"着急""焦急"的状态时完全同义，只或多或少地存在一些语义侧重点的微别。但这种微别似乎可以忽略，因为所谓的微别点也可以用在对方身上。例如"喉急"的用例也都有"急于做某事"的语义趋向，因为"着急""焦急"的词义中本身就体现着"急于做某事"的心理趋势；而很多"猴急"的用例也有"因着急而耍赖皮"之意，如：

（29）黛玉面上通红了，臊得了不得，就使劲儿啐他一啐。宝钗恐怕他<u>猴急</u>起来，就笑道："好妹妹，咱们不要闹了，有礼不打上门客，咱们且讨个凉茶儿。"（《后红楼梦》）

（30）阳伯踌躇了半天，忽然站起来，正对着郭掌柜，兜头唱了一个大喏道："兄弟才短，实在想不出法子来。兄弟第一妙法，只有'一总费心'四个字儿，还求你给我想法儿吧！"郭掌柜还礼不迭道："你别这么<u>猴急</u>！你且坐下，我给你说。"阳伯又作了一揖，方肯坐了。（《孽海花》）

可见《汉语大词典》此处的义项归纳有抽象性不足、过于具体的问题，而且从二词所举的语例也看不出这种义项间细微差别的明确体现。

《古代汉语词典》（上海辞书出版社）只释"喉急"不释"猴急"。喉急"亦作喉极、猴急。着急，常形容因发急而不能自控"。释义中，"因发急而不能自控"是对"着急"程度的阐释，这是准确而贴切的。

从以上分析看出，"喉急"和"猴急"的理性意义是一致的，从义项描写的丰度看，《古代汉语词典》（上海辞书出版社）的解释可取。至于"喉急"亦作"喉极"的说法，也是一种客观存在。虽然"喉极"使用极少，但在我们所掌握的文献范围内测查，也发现了 2 处用例：

（31）敢怕独自个一时<u>喉极</u>了，做下了些不伶俐的勾当，方得这项银子也不可知。（《二刻拍案惊奇》）

（32）街坊远近人因昨日这番，都晓得赛儿有妖法，又见变得人马多了，道是气概兴旺，城里城外人喉极的，齐来投他。（《初刻拍案惊奇》）

这些用例基本可以排除因谐音而导致的传抄之误，"喉极"可以认为是"焦急"程度的加深、发展到极致。其他辞书均未见"喉极"词目，而独"上海辞书版"收录，可见词典编纂者对材料的把握非常全面。

最后，"喉急""猴急"二词的附加意义有微别：从二词的形象附加义看，二者都有鲜明的形象色彩。特别是"猴急"。"猴"的民俗理据形象色彩比"喉"的科学理据形象色彩要更通俗、更流行，可接受的范围广，合成词"猴急"的形象色彩、理据性、明晰性、可释性都高于"喉急"，所以现当代语料中大多由"猴急"取代了"喉急"。

从褒贬附加义的角度看，二词在明清或现当代小说语料中，很多用于两性关系的描写，所以自然都有俗文化的特色。从全语域、全文体来看，"喉急"偏中性，而"猴急"在民俗理据中是偏贬义的。其实，除"猴年""猿猴"等中性词外，大多以"猴"为词根的合成词都能体现贬义色彩，例如：猴儿跳（高利贷的一种）、猴儿、猴儿崽子、猴精、猴瘦、猴头猴脑、猴子搏矢、猴子救月、沐猴而冠、轩鹤冠猴、弄鬼掉猴、杀鸡儆猴、耍猴儿、尖嘴猴腮、猕猴面等，以及"山中无老虎，猴子称大王"等俗语。可见在民俗心理上，"猴急"确实是有心理贬义召唤性的。再如以下这个例子很有趣，能很好地反映这种贬义倾向：

（33）他找见物美里的药店，点名要盒"西瓜霜"。如你所知，如今店员都有推销新品的爱好，那天循例为之推荐另一新药："喉急灵"。一阵劝说，他买了下来。回到教室，他手拿药盒，不急着吃药，却寻思起这药名来，最后越想越气，终于明白这一连串的诱惑，原来是要气气他。他把"喉急"想成"猴急"，最后得出结论：这伙儿孙子原来是想骂我。[①]

从以上三方面看，我们基本沿用训诂学、汉语史的考证与材料梳理的方法对这三个词的词源意义、词汇意义、历时使用情况进行了全面的梳理与考察。得出结论："喉急"与"猴急"，从词汇使用角度看，二者只是出现时代有差异，而且清代至今混用无别，只是词频变化较大；从词源理据看，二词差别最大；而从最重要的词汇意义上看，二者差别甚微。如果以体现共时性的词汇意义为最主要的鉴定标准来衡量，此二词可以界定为异形词进行规范，保留理据义和使用面最广的主形"猴急"，弃用理据义不明的"喉极"和使用渐少且理据义学科性较强的"喉急"。

因此，从共时语文性词典立目的角度看，只须立"猴急"，而"喉急""喉极"于此目下用"又作"表示；在义项的描写上以《古代汉语词典》（上海辞书出版社）的解释为佳——"着急，常形容因发急而不能自控"。

这一结论和释义的可靠性来自训诂学、词汇史考证方法的综合应用。

第二节　汉语辞书释义对结构语义学成分
分析方法的借鉴和改造

在现当代辞书编纂理论的转型期与成熟期，结构语言学以语义场和义素分析的语义分析思路成为主宰汉语辞书释义的主要指导理论。

基于语义分析的思路，有两个基本方向：一是原子式的成分分

---

① 《一个幻想迫害症患者》。http://lostinbj. iblog. com/archives/6044/200603，2021 年 6 月 18 日查阅。

析，二是系统观的语义场语义关系分析。二者互相结合，互相支撑。孤立地对词义进行原子式的成分分析比较主观，在语义关系系联基础上的成分分析则因为语义参考要素增多，其客观性得到比较大的提升；而语义场内的成员是以共同义素类聚，以区别性义素互相区分，所以语义关系的关联分析也要以义项分析为基础。

一、义素与义素分析法的发展及其与辞书释义的关系

莱昂斯（Lyons）[①]认为，每个词位的意义可以根据一套更为一般的"意义—构成成分"（Sense—Components）或语义特征（Sense Features）来分析，其中一些或所有的构成成分对于词汇中一些不同的词位来说是共有的，这就是成分分析法的理论基础和出发点。由于很多人将语义成分或语义特征称为义素，所以成分分析法也称义素分析法。关于"义素"术语的使用，张志毅等[②]认为，严格意义上的义素就是辨义成分。美国多用"语义成分"，西欧和苏俄多用"义素"。义素分析法可对研究义项的构成和词义间的相互关系提供精确、科学的理论根据，"是一种试图把复杂的词义现象纳入量化分析的观念和方法"[③]，这一方法在辞书释义的义项描写中有重要的实践意义。

20 世纪 30 年代，苏联学者别塞科夫斯基提出词义可以分解为独立的成分的观点，40 年代，丹麦学者叶尔姆斯列夫就提出了义素分析的设想；50 年代，布龙菲尔德提出"义素"这一概念，美国人类学家郎斯伯里和古德列夫在分析亲属词的关系时，提出了义素分析法；60 年代初，卡茨（Katz）、弗多尔（Fodor）将这种分析方法用来为生成转换语法提供语义特征，很快受到现代语义学界的重视。目前，各语

---

① Lyons J. Semantics vol. I. Cambridge University Press. 1977: 317.
② 张志毅、张庆云：《词汇语义学》，北京：商务印书馆，2005 年，第 20 页。
③ 郭聿楷、何英玉：《语义学概论》，北京：外语教学与研究出版社，2002 年，第 58 页。

义流派都接受义素分析法的语义基本成分观点。

欧洲的语义成分分析是直接从语义分析中归纳出来的，不与语法纠葛，我们称其为典型的成分分析。波蒂埃提出了"义素"基本概念，指内容上作为区分性特征的最小意义单元，这一理论的提出可以说是义素分析操作方法的源头。格雷马斯是义素成分分析的最主要代表。他深入地分析了意义的基本结构——义素、义素组、义素系统、义素与词位的关系、意义的表征程序等许多重要问题，这是对义素分析法最全面的论述。格雷马斯将义素分为具象义素类、抽象义素类、情意义素类。[①] 这一分类使义素不再是一个平面上的成分，而是形成不同类聚，体现出义素的系统性。

美国解释语义派和生成语义派的语义分析虽然都源于语法，但其分析语义时采用的分析方法却体现着典型的成分分析特点。

解释语义学派的代表人物卡茨和弗多尔提出了语义学模式"KF模型"，后来乔姆斯基吸收了二人的观点，形成解释语义学派。他们认为每一词项的语义部分由一系列语义标志刻画，在此基础上将一个词汇项（lexical item）的特征三分：词类（part of speech）、语义标示（semantic marker）和辨异特征（semantics distinguisher）。解释语义学派总结词项的三大特征的意义在于：在语义成分分析中，不将语义成分笼统对待，成功区分了系统义素（语义标示）和个性义素（辨义成分）。这一理论的问题在于：它是从转换生成语法中抽取的，以句法为中心，语义研究附庸于句法研究，最终目的是为句法服务。

以莱考夫（G. Lakoff）、罗斯（J. Ross）等为代表的生成语义学派，[②] 反对解释语义学的成分分析，他们认为以语义为理据的结构可以用类似于谓语逻辑的形式由普遍的基础生成，用一套"谓语升格转

---

① 转引自李幼蒸:《理论符号学导论》，北京：社会科学文献出版社，1999年，第272页。

② 对于生成语义学的综述可参看 M. Immle. Generative Syntax-generative Semantik. München. r. 1974。

换"的转换规则就可以描写语言的结构和语义。所谓谓语升格转换，就是将一个"低层谓语"和一个"高层谓语"结合起来，构成一个"词"，这个词的意义就是原来这两个"谓语"的总和。伍谦光曾举动词 kill 来说明这一规则。[①]

其实，在谓语升格转换中，其操作思路也是语义成分切分。高层谓语跟语义标示相似，本质还是语义成分，它们并不限于某一个具体的词，也可用来构成其他词的语义，这与他认为的不必依靠分析成分就可分析语义的初衷是相矛盾的。所以，生成语义学本质上也是一种语义成分分析法，其对成分分析的最大贡献在于：提出了语义生成的纵向关系，分清了低层谓语与高层谓语的层级关系，描写了义素成分生成语义的动态过程。

义素的类型研究对于词典释义至关重要，不同类型的义素反映着一个义项不同的语义信息侧面以及在义项原型范畴中不同的地位，所以我们在义界释义时不可能只使用一种类型的义素。

在 1978 年，周绍珩[②]将义素分析法介绍到中国之后，徐烈炯等（1995）出版的专著，把介绍西方义素分析理论作为重要内容，贾彦德（1986，1999）、石安石（1993）、符淮青（1985，1996）、张志毅（1994，2005）、刘叔新（1995，2002）等出版的词汇学、语义学著作中，不但侧重介绍，还结合汉语实际进行义素分析实践。其中贾彦德（1999）以大量篇幅对名、动、形各类实词的小类做了细致入微的义素分析，这是用义素分析全面分析汉语词义的一个尝试。

义素分析的结果是将一个义项分解为若干不同类型的义素。关于义素的类型，法国语义学波蒂埃[③]认为，义子可以分为实体义子和

---

① 伍谦光：《语义学导论》，长沙：湖南教育出版社，1988 年，第 45 页。

② 周绍珩：《几本关于语义学的新著》《欧美语义学的某些理论与研究方法》，分别载《当代语言学》，1978 年第 2、4 期。

③ 转引自于红：《现代汉语义征研究述评》，《江海学刊》，2005 年第 3 期。

关系义子两大类。前者又分为一般义子、特殊义子和潜义子。实体义
子是从词语的词汇意义中提取出的最小特征，关系义子是指从词语的
语法意义中提取出的最小特征。美国语义学家顿·尼尔森、爱伦·尼
尔森把英语的语义特征分五类：语法—语义特征、内在语义特征、谓
语性语义特征、状语性语义特征、感受性语义特征。国内刘桂芳[①] 提
出将义素切分为表示概念意义的第一性义素和表示色彩意义、语法意
义的第二性义素两大类。张普[②] 从处理的实际需要将词语放在语义场
中进行分析，分为核心义素、公约义素、区别性义素。仲跻祥[③] 则认
为义素分为范畴语法义素、词汇语法义素、范畴词汇义素、区分义
素、潜在义素、语用义素。

对于结构语义派的纯成分分析法，莱昂斯有过批评，他指出：词
义的构成成分并不像有的学者所说的那样是封闭和固定的；表示词义
的构成成分不一定只是简单的组合，可能是一个有结构的序列；构成
成分分析由于追求概括经常做过了头而显得粗疏。[④] 认知语义学的代
表人物杰肯道夫（Jackendoff）、莱考夫等也对纯粹的成分分析提出过
批评。[⑤] 国内的符淮青[⑥] 和刘叔新[⑦] 也都对纯成分分析提出过批评意见，
还分别建立自己的成分分析方法，比如符淮青提出注重词义成分构成
结构和顺序的词义成分—模式分析方法等。

---

① 刘桂芳：《义素分析之我见》，《语言教学与研究》，1996 年第 1 期。

② 张普：《信息处理用现代汉语语义分析的理论与方法》，《中文信息学报》，1991 年第 3 期。

③ 仲跻祥：《义素分析及词汇结构体系》，《中国俄语教学》，1990 年第 3 期。

④ Lyons. J. Semantics vol. I [M]. Cambridge University Press. 1977: 322-335. 转引自李红印：《现代汉语颜色词词汇——语义系统研究》，北京大学博士学位论文，2001 年。

⑤ 李永秋、郭时海：《Jackendoff and Langacker 的认知观点比较》，《成都教育学院学报》，2005 年第 4 期。

⑥ 符淮青：《词义的分析和描写》，北京：语文出版社，1996 年，第 60—64 页。

⑦ 刘叔新：《汉语描写词汇学》，北京：商务印书馆，1995 年，第 69—100 页。

现在很多学者认为结构语义学的成分分析法落伍，只提认知语义，反对成分分析，但我们认为二者是不可以互相取代的。在词典释义中，成分分析致力于把结构语言学的对比原则运用到词义内部，对词义进行分解，使对词义的笼统分析深入词义的微观层次，实现了词义微观信息的可视化呈现，这一价值是巨大的。认知语义学理论具有强大的词义现象解释功能，和成分分析法各有所长，况且认知语义也并不反对成分分析，我们将在后文介绍。

另外，结构主义的义素分析法在辞书释义的操作性方面具有不可取代的价值。义素是对义项的"分"，而义项描写是对义素的"合"，它们是对立统一的。语言应用环境中的大量临时词义经过厘定、概括形成初步的义项描写，再用义素分析法进行分析，得出词与词之间的区别特征及内在联系，分解出义素，然后再进行进一步的归纳，择定其中的核心义素组配成辞书的义项，一个词的词汇意义的描写就相对完成。同时，对历时积淀下来的得到共认的义项描写进行义素分析，在分析基础上再行完善，这是修订已有义项使之力臻完美的基本操作方法之一。所以义素分析的分是为了义项描写的合，这是在辞书释义中运用义素分析的前提。

二、义素分析释义思路与传统训诂学释义思路的结合

中国传统辞书释义主要基于训诂模式，有时缺乏客观的标准，主观性较强。现代辞书释义引入西方的义素分析法，其规范性和可操作性有了明显的提高。但西方的义素分析法用于汉语还有许多不足。如对义素的界定是主观性的，义素的内涵，义素的数量，义素可不可无穷分解，分到哪一级等，都没有统一的标准，很多时候是靠研究者的研究目的和条件甚至是语感来确定，往往削足适履，缺少客观性。所以必须能动发挥义素分析法的实用性，照顾汉语自身特点，结合传统训诂学方法在义项描写方面的成功之处，建立符合汉语词义描写规律的汉语词义义素分析法。

（一）二分的义素分析法

很多人认为训诂学一直把词义（义项）当作一个囫囵的整体，认为"训诂学家用一个词组、句子，甚至用一个以上的句子解释词义，也是把被解释的词义当作一个整体，而不把词义看作是若干成分组成的"，但同时也承认："当他们在用词组、句子解释词时，他们的释义实际上却包含了不同的成分"，"孕育了义素、义素分析法"。[①] 传统的训诂工作已经有几千年历史了，它伴随着汉语的发展而发展，最能体现汉语词汇语义的本质特点和规律性，但由于古人重分析不重归纳演绎，导致几千年没有形成释义的系统理论，关于义项描写的理论和方法都闪耀在大量的故训纂集中。我们要重视对传统的借鉴和吸收，王宁在西方义素分析的基础上，结合汉语泛时性特点提出的"一分为二的义素分析法"[②] 为恰当描写汉语词语的义项提供了一个有效的方法。我们可将她的理论用图示的方法表示如下。

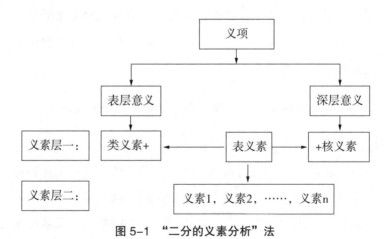

图 5-1　"二分的义素分析"法

① 贾彦德:《汉语语义学》，北京：北京大学出版社，1999 年，第 51 页。
② 王宁:《训诂学原理》，北京：中国国际广播出版社，1996 年，第 208 页。

一个义项两分为表层意义和深层意义，表层意义两分为类义素与表义素，深层意义两分为核义素与表义素。其中类义素用以指称义项中表示义类的意义元素，核义素用来指称同源词所含的相同特点，除了这两种有特殊意义的义素，其他义素都可称为表义素。表义素是典型的区别特征。这些区别性特征有属于基义义素的，如主要个性义素、次要个性义素、语义·语法义素等，也可以有形象义、语体义等陪义附属义。[①] 表层意义中，类义素通过表义素形成同类词中的区别，深层意义中，核义素通过表义素形成同源词的区别。换句话说，"词项之间表义素相同者为同义词，核义素相同者为同源词，类义素相同者为同类词"[②]。

类义素与核义素是确定的，表义素具有不确定性。表层意义与深层意义两个层次并不是截然分开的，而是融合的。由于核义素的隐含性和本质性，经常在释义时潜入表义素起作用，变成了表义素的一个部分，甚至全部。这时义项描写就成了"类义素＋表（核）义素"，有时会出现"类义素＋核义素"的情况。如：

稍＝/禾类/+/叶末端渐小处/

艄＝/船类/+/尾端渐小处/

霄＝/云霞类/+/顶端视之渐觉小处/

鞘＝/革类/+/顶端而细小处/

梢＝/树木类/+/末端渐小处/

归纳其共同的核义素为"/末端渐小/"，此时核义素已经融入表义素中，而且完全占据了表义素"义素层二"中的主导位置。

---

① 张志毅、张庆云：《词汇语义学》，北京：商务印书馆，2001年，第26页。
② 王宁：《训诂学原理》，北京：中国国际广播出版社，1996年，第210页。

羔 = / 羊类 /+/ 屈曲且小 /

狗² (《汉语大词典》) = / 犬类 /+/ 屈曲且小 /

驹 = / 马类 /+/ 屈曲且小 /

犊 = / 牛类 /+/ 屈曲且小 /

在这组词中，核义素都取家畜初生时"/ 屈曲而且形体小 /"的意象特征，所以其共同的义项结构都可以表述为：义项 = 类义素 + 核义素。可以认为，此结构中核义素兼表表义素。

当然，义项的结构和具体的义项描写形式并不同，具体语言的表达方法可以不拘一格，但这些义素必须得以或明或显的体现。

在词典释义中，训诂学这一义素分析思路的改造，体现了由概括抽象笼统释义向精确化发展，基本奠定了共时词典的词汇意义义项分析的"表义素 + 类义素"的模式。在此我们重点谈一下最能反映出汉语辞书释义理论的创新的核义素在词典释义中的作用。

（二）核义素与历时词典引申释义

历时词典的引申义研究，我们曾经在义项的类型部分详细介绍过。大多学者承认多义词位内部各义项之间有传承关系或引申关系。很多学者用义素分析方法来描写多义结构方面的研究：西方有"语义桥"（semantic bridge）的概念，是义项之间的有直接联系的语义链条，亦即共同义素，多义语义结构中各义项由语义桥连接成系统；郑述谱[1]介绍了俄罗斯语义学派对多义结构的看法，从义素运动变化的角度谈到了多义结构历时的义项关系和共时的义项关系；蒋绍愚[2]在分析词义发展变化时，以义项为单位，系统运用义素分析，界定了中心义素、限定义素和隐含义素，这些义素的增、减、消失、改变促使了

---

[1]　郑述谱：《词的语义结构试析》，《外语学刊》，1989 年第 3 期。
[2]　蒋绍愚：《词义的发展和变化》，《语文研究》，1985 年第 2 期。

词义的发展变化；张联荣[①]则分析了词义引申中的遗传义素。在这些学者的研究中，其实都有一个核心的义素，那就是一个带有历时桥接和遗传性质的义核的东西。在王宁二分的义素分析方法中，就是词源义素——"核义素"。

二分的义素分析法理清了词汇意义与词源意义。词源意义指的是"构词理据"[②]义，如："谏"，《说文解字》"谏，正也"，释的是本义，《战国策》高诱注："谏，止之也"，"正"的最终结果是要止住错误的言行，所以可以归纳出［拒御使止］的义素，这就是"谏"的构词理据，是核义素。由于深层意义中的表义素常被省略或与核义素融合，所以很多时候词源意义就单指核义素。

这种"核义素"不同于本章后文讲到的格雷马斯的"核义素"，格氏的核义素是相对语境义素来说语义本体核心义素。但在格氏眼中，核义素有如一个最小义素常量，语境义素是变量，由语境产生。意义效果，即为常量与变量结合的产物。而代表词源义的"核义素"是一个具有历时特点的概念，正是它的活性特点，加强了词内各义项间及不同词的义项间的意义联系。以往的辞书释义，特别是共时性辞书的编纂往往讳谈词源义素——核义素，担心丧失词典的共时性特点，这是不科学的。

在词义演变中，核义素是一个后台的决定性义素，其在某种程度上可以支配词义的引申义列和引申形式、引申方向。一个词的核义素可以有不同的意象特征，会产生不同的引申义列。在每个引申义列中，核义素带有遗传性，其在派生出的不同义项之间传递，成为沟通不同词位之间的语义桥、共同义素，是引申义列众义项的共同基因，同时在普通义项和专科义项之间起到桥接作用，加强义项联系的理据

---

① 张联荣：《词义引申中的遗传义素》，《北京大学学报》，1992 年第 4 期。
② 王宁、黄易青：《词源意义与词汇意义论析》，《北京师范大学学报》，2002 年第 4 期。

性。从发生学上讲，它是从本义、语源义体现的意象中产生，带有经验性、形象性、具体性特点，在操作上是从后代同源词系联中抽取出来的。

可以说，新义项是在两方面动力作用下产生的，一方面是临时语境义素的运动产生过渡义素，表现为过渡概念，过渡概念在频率和认可度达到一定阈值的情况下，进入稳定的语言域，并生成新的义项；另一方面是在词语语义结构的内部，靠核义素对原有义项的信息进行增加或损益、转移操作，通过隐喻、提喻、换喻等各种方式，最后形成新义项，使上一义项的核义素得到遗传。例如法律词语"绞"，《汉语大词典》前五个义项体现着引申关系。

绞1：用两股以上条状物拧成一根绳索。如《礼记·杂记上》："小敛，环绖，公大夫士一也。"唐孔颖达疏："知以一股所谓缠绖者，若是两股相交，则谓之绞。"

绞2：引申指几种东西扭在一起。

绞3：挤压；拧。北魏贾思勰《齐民要术·八和斋》："生姜。削去皮，细切以冷水和之，生布绞去苦汁。"

绞4：缠绕。唐柳宗元《晋问》："晋之北有异材……根绞怪石，不土而植，千寻百围，与石同色。"

绞5：旧时死刑的一种。缢死；勒死。《左传·哀公二年》："若其有罪，绞缢以戮。"《隋书·刑法志》："其刑名有五：一曰死刑二，有绞，有斩。"

从"绞"的语源意义特点看，"扭在一起"的语义特点是"缠绕"，[缠绕]就是"绞"的核义素，此义素一直在后台隐含状态下传承，经历了"绞2""绞3"，传承到"绞4"时，核义素得到显化，并直接提升为义项，此时已经不代表语源义特点，而是表层使用义。再遗

传到"绞5"，是法律义项，语义内容是"缢死；勒死"，结果是罪犯
［死亡］，方式是［缢］［勒］。《汉语大词典》"缢：勒颈而死；上吊。
勒：捆住；套住；或捆、套以后再拉紧"。

《中国古代法学词典》（高潮等编著）从专科的角度详细解释了绞
的方式：

【绞】亦名绞首，绞颈，缳首，缢，古代死刑的一种。其法：用绳
索或布帛等细长带状物环绕人的脖子，用力紧勒窒息而死，或用绞刑
架将人吊起，活活勒死，和斩刑相比，是一种保全尸体完整的死刑。

从这里看出，细长的带状物（如绳索）最大特点是可以自由缠绕，
而"绞"行刑的最大特点即是利用这种缠绕性，绕于罪犯颈部，用力
拉紧，使罪犯窒息死亡。这个法律义项中的行刑工具、行刑方式的选
择都和［缠绕］这一核义素相协调一致。

在"绞"由本义到普通义项，再到学科义项的引申过程中，我们
都可以看出核义素在义项的传承变化中的运动轨迹，正是核义素的这
种活性特点，加强了词内各义项之间及不同词的义项间的意义联系。

（三）词源核义素与义项描写的精确性、简洁性

不管是完整的"核义素＋表义素"模式还是省并的"独立核义素"
模式组成的词源意义，由于没有具体的语境，所以是隐含的，缺少具
体的义值，只是一个备用的构义单位，并不是一个完整的义项。词汇
意义是词的概括意义，它是一个使用单位，是从具体语境中来，然后
回到具体语境中体现其义值，是一个完整典型的义项。如果将这两个
层次混同了，将义项描写变成进行专门的词源意义的描写，必然导致
义项描写的不完整。而词汇意义的描写如果不重视核义素的内在作
用，将损害词义描写的理据性和系统性，增加描写的盲目性。

所以，在辞书释义中，如果不是编纂严格的词源词典，我们不建

议将词源意义与词汇意义绝然对立起来，也就是说，表层意义与深层意义两个层次并不是绝对分开的，而是有机联系的。这种联系成分靠的是核义素。传统的研究中一般认为核义素应该是稳定的、消极性的成分，它们被称为化石义素或遗传义素，但这种看法值得商榷。与之相反，核义素经常在释义时潜入表义素起作用，变成了表义素的一个部分甚至全部，这时义项描写就成了"类义素＋表（核）义素"，有时会出现"类义素＋核义素"的情况。

如《现代汉语词典》"谏：〈书〉规劝（君主、尊长或朋友），使之改正错误"。"改正错误"就是使之在错误的言行上止住，转到正确的言行上，体现出［止］的核义素成分，从这里可以看出，核义素的代入不是机械地插入，而是融入。核义素要能动地融入义值差中，也就是表义素中，与类义素共同构成一个完整的词汇意义义项。当然，我们并不是要在每一个义项的描写上都进行历时溯源，有些牵强的主观性强的核义素归纳并不适用于求稳求定论的辞书释义，我们只是将有把握的且在学术界得到认可的核义素带入义项描写。

另外，核义素能在整个义项的整体描写中得到体现，但不能从义项描写的字面上看到核义素，必须经过归纳。如："扞"与"谏"音近义通，是同源词。[①]《资治通鉴》徐三省注："扞，拒也。"《吕氏春秋·恃君》高诱注："扞，御也。"从这些释义中可见，"扞"和"谏"有共同的核义素［止］。从《现代汉语词典》的解释看："扞1.通'捍'"，捍，即"保卫，防御"。这里是抵御进攻的一方，使之进攻的势头停止。"扞2"为黏着不自由语素，与"格"组成合成词"扞格"，《现代汉语词典》释为："〈书〉，互相抵触"，互相抵触的力量相当时，是一种止的状态，可见，核义素是隐性的，须经过归纳。

---

① 黄易青：《同源词义素分析法——同源词意义分析与比较的方法之一》，《古汉语研究》，1999 年第 3 期。

从以上论述可以看出，在辞书的表层使用意义的义项描写中，通过核义素向表义素的渗透，将词源意义能动引入词汇意义的描写中，能直击词义的本质内涵。核义素在表层义与深层义之间的活跃运动轨迹对义项描写的精确性和简洁性意义重大。

核义素是通过多词系联归纳出来的，两个词无法系同源，因为两点之间可相通的路径太多，但三个或以上的词的共通处往往就是核义素产生之源，这样在多词的系联中，就有了意义的比较，能够丰富待释义项，并使待释义项的可靠性得到确证。能够在多词系统中抓住的词义特征，必然成为义项描写的核心，将核心描写清楚，释义必然是精确而简洁的。如"儌""篸""蔓"并不是常用词，《说文解字》："儌，仿佛也"，即所见依稀不分明的意思，《说文解字》："篸，蔽不见也"，即隐蔽不见的意思，《尔雅》："蔓，隐也"，它们都与"暧"同源。所以当释"暧"这个常用词时，就可以将系联的同源词核义素"/ 隐而不明 /"代入。《现代汉语词典》"暧:〈书〉日月昏暗"，这是个语素义释义。现代汉语中其多与"昧"合成，"暧昧: 1.（态度、用意）含糊; 不明白。2.（行为）不光明，不可告人"。可见这些释义都扣住了"/ 隐而不明 /"的核义素，精确简洁。

从另一个角度看，义项中蕴含的信息非常多，描写一个义项究竟需要揭示多少信息才能做到精确性与简洁性的统一，一直没有统一的标准。义项描写的精确性是一个相对的概念，过于精细必会导致烦琐，而且主观性、争议性增强，最终无法把握整个义项。而过于简单又会损害词义信息的丰富性，将复杂多变的语义现象简单化。这两个极端都不利于词汇语义的研究。要找到两端合适的度，需要建立新的描写方法。类义素与区别特征表义素都是词义表象，不是事物间的本质联系与区别，核义素最能体现词义的本质属性，能拨开表象，进入词义核心。找到核义素，就抓住了词义的灵魂。这种义项描写是精确的，必然也是简洁的。

（四）核义素的系联与义项描写的系统性

在共时性单语词典中，词义的系统性虽然是基于共时层面的，但词义的系统性联系很多时候是靠体现着历时向度的核义素在起作用。核义素是潜伏的，但在多义词各义项寻求语义桥联系时，在不同词进行词际同源词系联时，会被激活，在不同词之间同中求异或异中求同时也会被激活，抓住被激活了的核义素，能把握词汇语义的深层联系性，将看来毫无关系的词语系联起来，更能体现词义描写的系统性。

比如多义词词内义项的描写。多义词的义项必有联系，主要方式是引申，有本义直接派生引申的，也有通过借喻、借代等方式间接派生引申的，有的是近引申，有的是远引申。而核义素往往在各义项中起着语义桥的作用，归纳出核义素后，引申义的描写必须扣住它，这样才会加强多义词词内联想场的系统性。

例如"间"（jiàn）的释义：

《说文解字》："间，隙也。"造意取象于门缝，以明示两边相夹这个特征，相夹、相间而不相合，中间肯定有缝，有距离，核义素是"/相夹相距/"。当然，这个核义素是从别的同源词系联中得到，在此不涉及。我们看《现代汉语词典》是如何扣住这一核义素释引申义的：

1. 空隙。（释的是本义）

2. 嫌隙；隔阂。（是对本义的引申，实际也是着眼于相夹、相间的，隔阂了中间肯定有距离）

3. 隔开；不连接。（也有距离）

4. 挑拨使人不和；离间。（也有距离）

5. 拔去或锄去（多余的苗）。（也是从多余的苗离开土后形成距离引申而来）

可见，"间"的各义项都体现着核义素，都与核义素密切相关。

另外，不同词之间核义素系联，还可增加对比释义，找到其共同点，这里的"共同点"是一种词际意义间的内在隐性联系，这样就可将表面无联系的词的词义系联成系统来进行比照描写。比如：

"峡""狭""夹"在现代非词源类辞书释义时是不会想到三者之间有联系的。但它们音近义通，确实为同源词，核义素是"/挤压/"，由挤压可具体化为因挤压而窄的形象。我们再看《现代汉语词典》：

【峡】两山夹水的地方。

【狭】"窄"（跟"广"相对）。

【夹】从两个相对的方向加压力，使物体固定不动。

这三个义项都体现了两相挤压，最后形成窄的具体形象。"峡谷"是这样的。"狭"也如此，窄必是两物或多物距离窄，距离窄，必有挤压感。"夹"要使物体固定不动，也须有两物相挤压，只不过这个距离是由一个第三者物体所充塞，但所夹之物和相夹的双方一般情况下并不同质。

训诂学词义分析方法与义素分析法在词典释义中的结合应用，将植根于训诂释义传统的语文词典释义改造得更加全面和高效，为未来语文词典释义发展出符合汉语特点和释义传统的创新理论和方法提供了样板。

三、义素分析与当前的生成型词典释义

一个词的义素从理论上说是无限的，单纯地对意义进行成分分析，最后只能凭主观经验选择所谓最核心的意义成分。在义素分析法进入词典释义操作时，其本身的这一弱点也直接带进了词典释义，给词典释义带来困惑。随着当前各种语言学理论的兴盛，一些新兴的语义分析思路被尝试引入学习词典的释义，带给我们新的启发。

（一）重视语境义素的广域分析思路

我们提到现代词典意义观要重视语境类型义。这种释义视角的转换必然带来对语境义素的重视。

1. 语境义素与"核义素"

义素分析法在当前得到了扩展应用，由传统的词义义素扩大到语境语用义素方面，用于语境言语义或语境文意的分析。

格雷马斯的义素分析不但用于语言义的分析，而且用于言语义的分析，并探索到二者之间的关系，这使成分分析的应用范围更加扩大。结构语义学后来的发展正是要解决语义单元在不同语境中语义值确定的问题。格氏的义素分析法兼顾核心义素和语境义素。用我们的话说，核义素实际是词义义素，是处于贮存状态的备用义素，当其进入言语链时，即进入了具体的语境结构中，被充实进新的语境义素。换句话说，语境义中的具体义——文意，是由词义核义素与由语境渗入或压入的临时义素共同融合而成的。

在此基础上，格氏将词语意义的分析分为内在域和表现域。内在域分析的是贮存、静态义，表现的是语言结构中意义单元关系，排除语境因素干涉，从而保持词义分析的齐一性。表现域分析的是语境义、动态义，表现言语过程中的意义单元关系。格氏将这两种分析的层次和关系绘制如下表[①]。

表 5-1　格雷马斯的内在域和表现域分析

内在域 →			外在域 →		
义素层 ┐	┌ 义素 ┐	┌ 义素范畴		┌ 核义素 ┐	
			义素	义素词项 ┤	├ 词义素
语义学层 ┘	└ 系统 ┘	└ 类素范畴		└ 类义素 ┘	

---

① 〔法〕A. J. 格雷马斯著，蒋梓骅译：《结构语义学》，天津：百花文艺出版社，2001年，第74页。

这张表描写了义素分析的框架，其核义素与语境义素、内在域与表现域的区分，理清了词义义素与文意义素，用常量和变量结合的方式将语言义与言语义分析统一起来。

2. 语境义素与词汇背景义素

社会文化背景知识也是词义中积淀的重要语义特征。20 世纪 60 年代以后，苏联诞生了"语言国情学理论"，其核心是词汇背景理论。[①] 该理论认为，词由词位（形式）和义项（内容）两部分组成。义项由数个义素组成，其中一部分直接参加对事物的分类，而另一部分与事物分类无直接联系。参加对词的分类的是概念义素，余者为非概念义素——词汇背景。背景义素又可分为多级下位义素。根据这一分类原则，可以建立如下的义素树（图 5-2）。

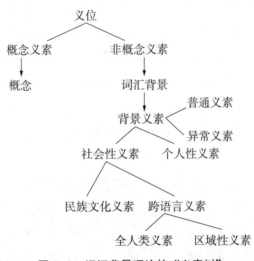

图 5-2　词汇背景理论的"义素树"

这一义素树是基于文化语义的成分分析的思路，这种义素分析使用的方法虽然是形式化的成分分析，但更多地关注语境义中的文化

---

① 吴国华、杨喜昌：《文化语义学》，北京：军事谊文出版社，2000 年，第 43—51 页。

的、民族的因素，其分析更具人文性和经验性；它对义素的分类和层次划分体现着对义素成分研究的深入，对民族文化背景等大语境义素的关注，比格雷马斯更深入、全面，它关于跨语言义素的界定，还开创了不同语言的语义成分对比分析的思路。

3. 对词典释义的启发

以上两种分析思路特别强调言语中的意义单元的关系，强调词义中的表义素、类义素与语境义素、词汇背景义素的组合，从而形成从词义到语境义的义素群。对于学习词典的释义，这一义素分解思路第一次将语境动态义的意义成分进行了分解，纳入词义描写的范围，对于例证、括注的设置，用法栏目的设置等都有一定的指导意义。

（二）框架分解分析思路与词典释义

菲尔默（Fillmore）的框架语义学与俄罗斯的语义配价理论分别提出了"框架元素"和"语义角色"两个概念。它是把意义，特别是动词的词义先界定为一个框架，而框架元素或语义角色就是黏附在这些框架上的一些语义成分，特别适合在学习词典中体现动词释义的完整性、具体性与表现力。

俄罗斯语义学派提出了语义配价理论[1]，体现着以情景为核心的语境分析特点。该理论的主要观点是：语义配价主要是一个针对谓词（动词、形容词或部分名词）语义单位而言的概念。谓词语义单位以情景为描写对象，其语义反映必需情景参与者的属性、相互关系以及与之相关的事件。情景参与者区分必需和自由的两种。特定组合的必需情景参与者是特定情景的标志，它们构成特定情景的充分必要条件。如"租赁"，情景的必需参与者是承租人、出租人、租赁物、租金和租赁期限。这些因素共同构成租赁的情景，缺少其中任何一项都

---

[1] 转引自张家骅、彭玉海、孙淑芳、李红儒：《俄罗斯当代语义学》，北京：商务印书馆，2003 年，第 28—78 页。

会使情景发生变化：缺少期限变成买卖，缺少租金变成借用，缺少期限和租金变成转交等。自由情景参与者为各种情景普遍所有，不是情景的充分必要条件，例如，时间、地点、原因、目的、条件、行为方式等在多数情况下都只是情景的自由参与者。还以"租赁"为例，自由参与者既可以被"租赁"情景所容纳，又可以被读、写、唱、跳、坐、立等其他许多的行为所容纳。特定情景不因剔除自由参与者而改变。必需情景参与者在相应谓词语义结构中对应的抽象语义参数（主体、客体、工具、手段等）叫作该谓词的语义配价。

菲尔默（Fillmore）[①] 在格语法和认知语义学的基础上提出框架语义学，理解一个词的意义，就要把这个词放到有关框架中去理解。菲尔默认为，框架联系着场景，即特定情境或背景知识，框架为词语意义的理解提供内容。如一个普通的商业事件框架常反映了这么一个场景：带着钱的人A，拥有A想要货物的人或机构D，双方就货物的价格达成一致意见后，A把钱给D而D把货物给A，交易的结果是A拥有了货物而D拥有了钱。并非框架中的所有成分都能现实化为语言，人们往往都是从一个特殊的透视域去考虑一个场景的，也就是说，只有经过透视域筛选的场景因素才能进入语言，与语义发生联系。

用法中心的学习词典的释义越来越关注这些框架语义信息的择取。这些框架语义信息突破了传统的逻辑式的"属＋种差"的释义方式。传统释义方式中的种差是来自事物之间的对比而得出区别性属性，而属则是上位概念，这种逻辑性释义有其好处，在传统的释义中处于核心地位。但在用法中心时代，就需要从词语的使用角度来看描写词义，尽量提供更多的语境类型的细节因素。从这个角度来看，框

[①]　Fillmore, Charles J. 1982, Frame Semantics. In Linguistics in the Morning Calm, Seoul: Hanshin Publishing Co.

架就是语境类型，语境类型元素（框架元素）的展示，会揭示这个词的使用环境及注意事项，以及与其搭配的其他框架元素。

要在辞书中进行准确释义，就要对知识框架中的框架义素进行全面分析。俄罗斯"文本←→意思"语义学派①的"情景参与者"概念，其突破框架语义学的成功之处在于确定了情景的核心参与者、必需参与者和自由参与者，体现了框架元素范畴的相似性、梯度性和原型性特点。结合框架语义学、俄罗斯语义学派的观点，以"指证"为例分析词典的释义模式：

核心参与者往往就是框架名，如〔指证〕框架；/ 指证行为 /（指出并证明）是这个情景框架的核心参与者，缺少了它，框架不复存在，其他参与者都由其派生；必需参与者是一个框架知识构成中的必要成分，它们对框架具有依附性，对于一个框架的成立具有不可或缺性，缺少了它们，框架将产生变异，形成不了典型框架，如 / 证人 // 指证对象 // 指证内容 / 都是〔指证〕框架中的必需参与者；自由参与者是一个框架的可选框架元素，它们对框架的存在与否、典型与否没有根本影响，只是专科框架的细节元素，具有描写性和补充性，不具有专一性和不可或缺性，只起到丰富语义信息和语义细节的作用，如〔指证〕框架中的 / 法庭 / 等元素。

词典的释义必须解释出核心参与者和必需参与者，而自由参与者则可置于自编例语例中。如对"指证"的词义试释如下：

【指证】主要指证人指出、证明嫌疑人行为事实的司法行为。例：女儿在法庭上～其父非法销售濒危动物。

其实，俄语语义学派的"情景参与者"理论忽略了隐含的参与

① 张家骅等：《俄罗斯当代语义学》，北京：商务印书馆，2003 年，第 34—43 页。

者，这些参与者虽然进入了框架，但有时因其众所周知性而作为语义缺省值进行了省略或隐含，成为框架的后台语义角色，但这并不意味着它们不重要。如果完整解剖一个框架的结构，需要将其显性化或前台化。

还以新词"指证"为例，其在司法程序上与其下一环节"采信"的关系密切，这两个新词紧密联系，"指证"的结果是言辞证据，对言辞证据可以予以"采信"，也可不予"采信"，决定权在于评判人——法官，所以，/ 言辞证据 // 对证据的认定 // 评判者 / 就是〔指证〕框架的隐含参与者，缺少了这三个元素，〔指证〕词义的解释显得不完善。但隐含参与者又不宜在义项描写中显化，否则会增加义项描写的冗余度，可将其体现在语例中，如上文采用的语例可变为"女儿在法庭上指证其父非法销售濒危动物，但其证言法官未予采信"，这个语例除了体现隐约参与者，还点明了"指证"的下一个司法环节新词——"采信"，体现了动作性、过程性强的司法环节新词的语义特点。

（三）认知语义学中的成分分析探索与词典释义

认知语义学派确实对成分分析法、关系分析法有过批评，比如成分分析忽略语言运用的环境、社会文化信仰，在语言实际中有很多局限性；语言知识和非语言知识之间不存在明确的界限，语义是植根于百科知识体系之中的，不能完全在语言系统内部的横向组合和纵横聚合关系中求得解释，而只有在认知结构中才能被理解等。但这并不代表他们完全否定把自然语言分析成人工的语义成分的做法。他们中的代表人物也都提出过自己的基于认知的成分分析思路。

1. 杰肯道夫的分解理论与内部结构

杰肯道夫不但不反对形式主义的分析，反而认为"形式主义是一种可使理论得以检验的最好方法"[①]。比如他认为人生来就具备一些普

---

① Jackendoff, R. Language of the Mind: Essays on Mental Representation [M]. Cambridge, MA.: MIT Press. 1995.

遍性概念，即概念初始元素，而新的概念结构则由一组先天的概念初始元素（Primitives）和一些组合原则（Formation Rules）通过认知运作而形成。在他看来，无穷的概念必定由有限的概念原成分按不同概念的形成规则生成。^①他还提出自己的语义形式研究思路。他以词汇概念为出发点来构建概念结构，和概念结构构建相关的理论有两条：分解理论和内部结构理论。^②

他认为词项概念可分解为一级数目有限的原成分，这些原成分即成分分析法中的"语义成分"，而这些原成分组成的概念本身又有内部结构。这一观点实际就是认知语义派的成分分析思路。在词分解理论和词内部结构说指导下，他建立了题元结构。题元结构的词分解指的是词概念可以分解成有限的一级最小的原成分。有些动词或介词可以直接做原成分，如介词 into 的原成分是 INTO。所谓词的内部结构就是动词和介词相应的原成分可以派生出概念短语，概念短语就是这些词的内部结构。例如 throw 的原成分是 GO，GO 的内部题元结构是 GO（〔事物〕〔途径〕）。

这种分解理论比义素分析还要细致和全面，类似于结构语义的元语言，但又有不同，它是基于"认知运作"而得出的，而且特别强调"概念初始成分"的"组合规则"以及最后生成的"词内部结构"。

杰肯道夫还提出了认知语义的形式分析模式——优势规则（Preference Rule System）。^③

他认为一个词的意义能够被解构成有限的一组条件，而这组条件集中起来对于确定词的所指是必要而且充分的。对于现实中的事物

---

① 转引自程琪龙：《Jackendoff 的概念语义学理论》，《外语教学与研究》，1997 年第 2 期。

② Jackendoff, R. Semantics and Cognition. MITT, 1983. 转引自沈家煊：《雷·贾肯道夫的〈语义学和认知〉》，《国外语言学》，1985 年第 4 期。

③ Jackendoff, R. Semantics and Cognition〔M〕. Cambridge, MA: MIT Press. 1983. 转引自沈家煊：《雷·贾肯道夫的〈语义学和认知〉》，《国外语言学》，1985 年第 4 期。

和事物的映射，其语义分析的必要条件是不同的，提出偏好规则系统，即优势规则，用以分析语义；另外词义的描写和确定至少需要三类条件：必要条件（Necessary Conditions）、中心条件（Centrality Conditions）、典型条件（Typicality Conditions）。比如，"红"的语义至少是"颜色"（Color），这是其必要条件，这相当于我们所说的"类义素"；必须指出在连续体颜色上的红的焦点值（Focal Value），这是它的中心条件，是原型条件，相当于我们所说的"表义素"；"红苹果"（Red Apple）对于"苹果"来说，则是典型品种，是典型条件。优势规则系统中这组条件，在一定语境中，优选某一条件即可完成归类判断。很多典型条件边缘到可以省略的地步，而优势规则系统也能用来解释词义的缺省值（Default Value）。

优势规则系统为成分分析提供了创新的思路，它基于主观认知心理基础，将主观认知心理和客观事物的特征有机结合，它最大的成功之处在于区分了语义成分地位的层次性。

经过分析，我们认为，认知语义的语义成分形式分析虽然更符合词汇义的复杂性实质，但还处于摸索阶段，并不十分成熟。它的分析更擅长于个案分析，而结构语义的义素分析法更擅长于系统分析。我们应在词典释义中将二者结合起来。

2. 百科分析法

这是一种带有实验性、探索性的分析方法，是随着近些年认知语言学对百科观的重视而发展起来的，基于百科分析法可细化不同学科或子学科语境类型，从而进行比较具体的类化释义。

百科知识是语境的重要组成内容，现代词汇语义学界越来越认为词汇语义研究离不开语境的百科背景。正如埃科（Umberto Eco）[1] 所

---

[1]　转引自李幼蒸：《理论符号学导论》，北京：社会科学文献出版社，1999年，第305页。

言，语义分析问题不得不越出语言范围，确定词义的语义环境和系统是离不开社会文化本身的，这也要求重视侧重语言以外的世界知识领域的百科分析。

在埃科之前，曾有普特南（Hilary Putnam）和佩多菲（J. S. Petofi）等的两种百科分析法。普特南的分析法是将一个词的意义描述为一有限序列或向量，其组成成分有句法标记（如名词）、语义标记（如动物）、固定附加特征、处延描述等。下面是他列出的"水"的词义的百科分析表[①]。

表 5-2 "水"词义的百科分析表

句法标记	语义标记	固定型式	外延
物质名词 具体	自然性 液体	无色 透明 无味 止渴	H_2O

纽鲍尔（Neubauer）和佩多菲于 1980 年为"氯"这个化学元素名词做了综合百科语义分析。氯是生活中常见的化学元素，但对它的知识可区分为普通和专门两种，在列出其普通语义常识的同时，更列出了化学、物理、生物、地质、历史、词源、工业等专门知识，而"氯"的意义按专业知识理解还是按常识理解，依赖于各自的特殊的语境类型。

埃科认为，佩多菲的分析模型比普特南优越，他放弃了内涵和外延的区别，任何专门知识项目均可作为意义成分被理解，从而有助于确定在某些环境条件下该词的外延。埃科赞同佩多菲的分析方法，同

---

① 〔意〕翁贝尔托·埃科著，王天清译：《符号学与语言哲学》，天津：百花文艺出版社，2005 年。

时提出了一种自己的百科全书式的语义分析法。^①他的百科分析一方面否定了古典语义分析的简单直线性和二元选择性，另一方面采取了一种非决定论的、无限可能性的百科网状模式。在百科知识领域，每一语义网均可与其他语义网相连，因此范围无限。

百科知识分析法的理念是好的，但按照佩多菲和埃科的分析方法，一个词往往可以从不同的学科来进行分析，这样理论上就形成了众多的学科义项。同一学科义项，词义对应的概念实体的性质、状态、关系、功用、效果、历史等种种方面均可纳入，意义成分项目无限扩大，节点联结成语义网，子语义网又相交接延伸，形成一个无限的语义联系网络，这就使百科分析产生了极大的不确定性，其分析只有相对和暂时的价值。埃科也承认，作为百科分析的语义学百科全书永无完成之日，只能作为一种调节性观念存在，人们只是根据此调节性观念才能实际抽出社会百科全书的一部分，只要它适用于解释实际话语的某些部分。

认知语言学家莱考夫提出了一种他认为的"理想化认知模式"（ICMs）^②。ICMs分析概念范畴，能揭示范畴中的百科全书式的丰富知识。比如他分析了"mother"。莱考夫认为，结构语义义素分析法将其分解为 mother =［+parent］［−male］，这根本无法说明"母亲"范畴的丰富的社会文化知识，因此必须用一个基于一组认知模式综合起来的集合的 ICMs 来阐释它，包括生殖模式、遗传模式、养育模式、婚姻模式、谱系模式，完全具有上述五个模式特征的是原型。但这种原型是在这个特定的 ICMs 语境类型下选择出来的，不能要求现实社会中所有的母亲都符合五个特征，如符合三、五的是继母，符合三的是养

---

① Eco, U: A Theory of Semiotics, Indiana U pr. 1976: 84-85.
② Lakoff G. Women, Fire and Dangerous Things. What Categories Reveal about the Mind. Chicago, Press, 1987: 614.

母，还有人工受孕的母亲、生母、提供卵子的母亲等。

这种思路在国外的一些学习型或详解型词典中多有尝试，但汉语辞书还没有关注这一思路。例如：

《现代汉语词典》对"母"释二义：1.母亲（母女、老母）；2.家族或亲戚中的长辈女子（祖母、伯母）。

《商务馆学汉语词典》增加了一条：像母亲一样跟自己有亲密关系的（母校、母语）。

我们不建议对词典中所有的词进行这种穷尽的百科分析法，ICMs 对"母亲"的分析最终对应的词典释义就应该是五个义项，这种思路虽给释义的细致性和丰富性提供了保证，但明显放大了义项的数量，导致词典容量的膨胀。这种分析法在汉语词典释义中的操作性和可控性不强。现代汉语词汇由于高度复音化，所以对基于百科类型学的类型意义，如果有相对应的复音词，汉语辞书多是采用复音词的方式来分别立目，用来分担这些语境类型义。例如"母"在古代可分出"亲、嫡、继、养、慈、出"等 ICMs 类型，《汉语大词典》立复音条目来分担解释"母"的各种百科类型义：

【亲母】生母。

【嫡母】妾生的子女称父之正妻。

【继母】父亲的继配。又称后母。

【养（母）】1.被抚养人的非生身之母。

【慈母】古称抚育自己成长的庶母为慈母。

【出母】被父休弃的生母。

其实，如果从 ICMs 理论出发，还有更多的关于"母"的社会学或百科类型义可立，如"从母、寡母、后母、家母、老母"等复音词，这些都可以根据词典的规模等进行设置。

3. 义素配列与义素原型范畴

从以前对义素分类的研究看，对义素的类别的研究基本涵盖了语义、语法与语用，但还缺少三个平面之间的关联性研究。根据上面介绍的认知语义学的理论，特别强调义素的组合规则，强调"概念初始成分"的"组合规则"以及最后生成的"词内部结构"。在学习词典的释义中，我们同样关注义素组配的问题：义素在释义时如何类聚成组，又是如何配列成一个义项？

我们认为，义素组配的前提是要建立一个义素群优势原则的原型范畴。关于义素的原型范畴，俄罗斯语义学做了细致的描写，[①] 把义素类型范畴分为由核心到外部重要性递减的六个层次：第一层是概括整个词类的上位语法义素，第二层是概括一个词类之中一部分词的语义·语法义素（词类次范畴），第三层是上位语义义素（一个义场的各义项的共性义素，也就是波蒂埃所说的"类素"），第四层是下位语义义素中的主要个性义素（义素常量）、主义素（义项的核心义素主要区别特征），第五层是下位语义义素中的次要个性义素（义素的变量，是义项的边缘义素，次要的语义特征），第六层是义项语义义素之中的附属义素（即陪义）。这种层次分类原则实际是将义素系统思想进行了细化。张志毅等 [②] 则认为，义项不是义素的简单组合，而是由不同层次的义素组成的义素体系。高层义素是概括性强的上位义素，低层义素是比较具体的下位义素。这一理论总结突破了传统义素的笼统分类法，使其与语义的系统性更贴合。

我们建议建立一个义素谱原型范畴，以服务于辞书释义。义素谱可以包括以下一些主要内容：

核心词义义素：词语类型义素、理据义素、聚合义素、区别义素

---

① 倪波、顾柏林：《俄语语义学》，上海：上海外语教育出版社，1995 年，第 85—91 页。
② 张志毅、张庆云：《词汇语义学》，北京：商务印书馆，2005 年，第 21 页。

（语境类型义素、框架元素义素）等；

中层为语法义素：词性义素、语义语法义素、句法义素、搭配义素等；

外层为语用义素：交际义素、文化义素、九大陪义义素、辨析义素等。

然后根据不同的词典类型进行义素选择与组配，形成完整的义项。如历时词典的释义主要选理性义素组；现代共时规范词典选择"理性义素组＋陪义语用义素"等；学习词典应从"理性义素组＋语法义素组＋语用义素组"中进行尽量全面的选择。这样就会配列出三种风格的义项：一是提供语义知识的检查性、解释性义项；二是规范性的义项，规定基本词义、基本用法特征；三是积极性义项，在解义的基础上，提供全面的语法及语用用法信息。

每一个义素组也是一个小型的原型范畴，一些个性的意义因子游离于原型范畴的边缘，成为释义的备选义素，可根据词典的类型与规模进行选择。但这一义素组织义项的模式还带有一定的实验性，比较适用于动词释义。

四、工程语义分析（释义元语言）思路与词典释义

语义学的目标是要找到足够的、必要的概念工具来描写自然语言，但要描写语言，只能像中国训诂学中所说的"以语言释语言"，这就把对象语言和工具语言相混同，语言成了具有研究方法与被研究对象的主动与被动的两重身份①。在对语义成分分析的结果——义素的描写方面，欧洲的义素分析派提出了元语言。

格雷马斯区分了对象语言和工具语言，并认为，对于对象语言而

---

① 李红印：《现代汉语颜色词词汇——语义系统研究》，北京大学博士学位论文，2001年。

言，工具语言就是元语言，"具有转述和描写功能的元语言不仅可以用来研究任何一种符号集，其本身也可以是任何一种自然语言"[①]。张志毅等将元语言定义为"记录语义特征并用来分析描写目标语言的更高层次的语言"[②]。对于元语言，维日比茨柯提出了"语义原语"（Semantic Primitives），认为一个词的意义就是语义原语的一种排列，因此一个词的意义并不依赖于词汇中别的词的意义，词的意义关系的一部分可以分解成所谓的语义原语。

元语言分为哲学元语、教学元语、辞书元语。在此只研究辞书元语，也就是释义元语，它们表现为一个个释义用词，是义素的表现形式和载体。很多人都希望能用有限的元语言描写全部词汇意义。比如威尔克斯在研究计算机机器翻译的辅助学科"优选语义学"时，选出了 80 个义素，用来描写词义；《朗曼当代英语词典》用 2000 个常用词解释 56000 个词项；威斯特和因迪科特的数学词典（第 4 版）用 1490 个词解释 240000 个词项；法国的古根海姆词典解释中包含 1374 个"成分词汇"和 55 个下定义词。我国的梅家驹等[③]根据其主编的《同义词词林》，采取语义成分分析法，对近 50000 个汉语词语（约 67000 个义项）进行剖析和整理，认为语义成分数量大约为 5000—10000 个。并进而认为，客观世界是有规律的，反映客观世界的思维也是有序的，语义系统的有序性，加上语义成分数量的有限性，就为用语义成分来形式化地表达语义提供了可能。李葆嘉、安华林等学者也分别对汉语辞书的释义元语言做了相关的研究。

20 世纪 80 年代后，大陆的中文信息处理研究在字处理、词处理方面陆续取得突破，其对语言系统的研究重点已经从语法研究转向了

---

① 〔法〕A. J. 格雷马斯著，吴泓缈译：《结构语义学——方法研究》，北京：生活·读书·新知三联书店，1999 年，第 16 页。

② 张志毅、张庆云：《词汇语义学》，北京：商务印书馆，2005 年，第 23 页。

③ 梅家驹、高蕴琦：《语义形式化的研究》，《外国语》，1990 年第 5 期。

以语义为中心，以语法和语用为两翼的综合角度，出现了信息处理用现代汉语语义分类体系、现代汉语述语动词机器词典、董氏语义知识词典、现代汉语语义词典等有代表性成果。在计算机信息处理领域所进行的语义分析，我们称为工程语义分析。在工程语义分析中，有很多类似释义元语言的成果可以借鉴。其中最重要的就是董振东的"知网"（HowNet）。①

"知网"用的"义原"术语不完全同于义素或元语言，但本质仍然是语义成分。在知网理论中，"义原"是用于描述一个"概念"的最基本的、不易再分割的最小意义单位。所有的概念都可以分解成各种各样的义原。"知网"希望用一个有限的义原集合，组合成一个无限的概念集合，为了实现这个目的，它借用了汉字平台，对大约6000个汉字进行考察和分析，来提取这个有限的义原集合，最终采用了1500个义原，分为基本义原、语法义原和关系义原三大类，再细分为事件、实体、属性、属性值、数量、数量值、次要特征、语法、动态角色、动态属性十个小类。然后利用提取出的义原对概念逐一进行标注，通过概念的内在联系来揭示概念间及概念本身属性间的关系，从而动态地、综合地反映它们的关系网络，建构了一个义原层次体系，力图用有限的义原来描述无限的概念。

"知网"将成分分析理论应用于工程语义中去，可以在对自然语言的大规模、全方位处理实践中验证成分分析的优点和不足，对传统成分分析也会有一些改进，而且这些义原本身就带有释义元语言性质，因此是词典释义元语言建设的重要参考。

以上这些尝试都是用元语言描写语义成分的具体实践。但语义元语言无法穷尽一部汉语词典丰富的词义，也无法将饱含经验等主观因素的词义完全用元语言表达出来。全部采用元语言进行义项描写，必

---

① 知网网站，https://www.cnki.net/，2021年4月23日查阅。

然导致大型词典义项释义的雷同性和烦琐性，另外，大量的百科词、学科义项、二值变体等也并不是用三两千个普通词能解决的。因此，在当前汉语词典的释义中，元语言只是将成分分析结果形式化的一个局部尝试，还无法用于全部词义的描写。

但释义元语言为词典释义提供了一个导向——释义词汇控制，这也是汉语词典最基本的释义原则——"以易释难"的体现。在词汇控制理论下，可做好通用释义词表，在此基础上尝试建立一个释义基本元语库，作为释义词的首选参考，以期能解决大多数词的全部或核心义项的释义问题。

第三节　汉语辞书释义对系统分析法、关系分析法的借鉴和改造

语言是一个系统，其构成要素（词汇、语法和语用等）都是一个个子系统。收录这些语言信息的词典容器也具严密的系统性。语文辞书的释义针对的是词语个体，但其释义过程从来就不是独立进行的，总是要关联到其他同词汇场或同语义场的词，因此对这些语言信息的描写必须要有系统观念，这主要体现为基于语义场的关联释义，它基于与成分分析相骈行的关系分析法。

一、古代的系统观与词典释义的系统性

中国古代虽无明确的关于词汇语义系统的理论，但哲学上关于世界的分类研究却一直是古人思考专科问题的理论基础和核心方法。最能体现中国古代词汇语义的系统性的核心——类义关系，就是以此为基础的。

墨子在《经上》用"私""类""达"将"实"进行语义分类、分

层。第一层是"私",是最低语义层次,是个体之实,其特征在于"是名也止于是实也",只用来反映唯一的实体,不用于反映别的实体,比如"月亮";第二层是"类",是特殊之实,"类"是对个体的抽象,是将个体对象的共同属性进行归纳而得出的,如"命之马,类也";第三层次是"达",是最高语义层次,反映的对象是无所不包的天地万物,最大范畴的"物"即是它的"实"。这一点与亚里士多德的实体论有相通之处,亚氏的第一性实体,就是"私"名所表达的实体,第二性实体就是"类"名所指称的,周建设[①]对他们的不同作了区分,亚氏在第二性实体区分了两个层次,种和属,种是比属低一层的实体。《墨经》虽没有区分,但反复提到最高的层次的实体——"达"名,亚氏却没有过多分析,所以《墨经》的语义结构更具有概括性。

荀子在《正名篇》中谈到词语和事物之间约定俗成的关系,同时提到了"名",并形成了"共名""别名"等成套的术语系。冯志伟认为,荀子的"共名""别名"理论构成了一个多层次的概念体系,这"可能是世界上最早提出的关于概念体系的观点"[②]。荀子将词语符号也进行了语义分层、分类,认为"故万物虽众,有时而欲遍举之,故谓之物。物也者,大共名也。推而共之,共则有共,至于无共而后止。有时而欲遍举之,故谓之鸟兽。鸟兽也者,大别名也。推而别之,别则有别,至于无别然后止"。荀子的"大共名"相当于逻辑学上的"范畴",墨子的"达";"大别名"相当于"属","别则有别"相当于"种",二者合起来相当于墨子的"类";墨子的"私"指的是专名。

在"名"的表达形式上,荀子还提出了"单名"和"兼名"的术语。王力[③]认为,荀子的"名"有时指词,有时指概念。荀子将概念分为简单概念和复杂概念,简单概念用词表示,复杂概念用短语表

---

① 周建设:《中国逻辑语义论》,长沙:岳麓书社,1996年,第102页。

② 冯志伟:《科技术语古今谈》,《术语标准化与信息技术》,2005年第2期。

③ 王力:《中国语言学史》,上海:复旦大学出版社,2009年,第5页。

示，"单足以喻则单，单不足以喻则兼"，这是从语言形式上对概念进行了分类，将语义的研究视角扩展到了短语，类似于佩多菲[①]的语义金字塔的"词汇项"。

以上这些哲学上的分类观点，直接影响到以训诂学为指导的古代汉语辞书释义。杨端志[②]认为，"中国传统训诂学解词释义的最大特点就是'类'观念"。比如"马、牛、羊、豕"，《尔雅》都归入"畜"等，而训释时也能体现类义观，比如《说文解字》释"牡，畜父也"，"牝，畜母也"，义值差"父""母"是同一亲属层次类别中的对立成员。至于在具体辞书释义中进行的"察类""辨类""比类""推类"等操作，更体现着类义观。

二、现代词汇学的系统观与词典释义的系统性

（一）对词汇语义系统的认识

"词义是成系统的，这一命题是较古老的假说"[③]。在我国，对词汇系统性的研究非常多。20 世纪 60 年代，周祖谟、王力先后提出词汇系统性问题，但这个时期人们对词汇系统性一直无法确定。后来，黄景欣《试论词汇学中的几个问题》（《中国语文》1961 年第 3 期）中对词汇系统性进行大力肯定，刘叔新《论词汇体系问题——与黄景欣同志商榷》（《中国语文》1964 年第 3 期）则将国内对词汇系统的研究推到新的高度，词汇的系统性逐渐得到大家的公认。

80 年代很多学者对汉语词汇的组成及汉语词汇成分的分类作了具体研究，词汇系统从材料上得以初步确立。遗憾的是，"对词汇成分

---

① 转引自李幼蒸：《理论符号学导论》，北京：社会科学文献出版社，1999 年，第 253 页。
② 杨端志：《训诂学与现代词汇学在词汇词义研究方面的差异与互补》，《文史哲》，2003 年第 6 期。
③ 张志毅、张庆云：《词汇语义学》，北京：商务印书馆，2005 年，第 131 页。

的具体研究并未同词汇系统的整体研究有机联系。"①90 年代以来，刘叔新的《汉语描写词汇学》、徐国庆的《现代汉语词汇系统论》、王军的《汉语词义系统研究》、王东海的《古代法律词汇语义系统研究》、李润生的《〈齐民要术〉农业词汇系统研究》则是专门研究词汇系统的专著，对词汇系统的探讨尤以刘叔新的探讨最为全面、深刻。

近些年来，词汇语义的系统性虽然得到大家的共识，但仍不能改变其假说的性质，对其的证明工作开展得非常缓慢。以往对词汇语义系统的证明主要体现在共时词汇层面，而蒋绍愚②则从义位有无和结合关系、词的聚合关系、词的组合关系、词的亲属关系（构词关系）来探讨汉语词汇共时类聚的系统性及其发展变化，体现着从共时和历时两个维度研究词汇系统的新高度。

汉语界对古汉语词汇语义系统的研究高度重视。从训诂学中归纳总结词汇语义系统论思想取得了很多成果，这方面王力等都有论述，其《同源词典》"从单音词和字形和字音角度（即同类词和同源词）说明词汇系统的存在"③。王宁认为，"语义中心论建立在语义独立的基础上。实现这一点的前提，必然是实词的词汇意义自成系统"。进而认为，"词汇意义的具体观点是：同一种语言的意义之间互有联系，或处于级层关系，或处于亲（直接）、疏（间接）的关系，词汇意义的演变牵一发而动全局，首先是自身的系统决定的"④。她从训诂学的角度认可词汇系统性的同时，在《汉语词源的探求与阐释》⑤《词源意义与词汇意义论析》⑥《现代汉语双音合成词的构词理据与古今汉语的

① 谢明：《汉语词汇系统：网络性 层级性 平面性》，《扬州大学学报》，2001 年第 6 期。
② 蒋绍愚：《关于汉语词汇系统及其发展变化的几点想法》，《中国语文》，1989 年第 1 期。
③ 李润生：《〈齐民要术〉农业专科词汇系统研究》，北京师范大学博士学位论文，2006 年。
④ 王宁：《汉语词汇语义学的重建与完善》，《宁夏大学学报》，2004 年第 4 期。
⑤ 王宁：《汉语词源的探求与阐释》，《中国社会科学》，1995 年第 2 期。
⑥ 王宁、黄易青：《词源意义与词汇意义论析》，《北京师范大学学报》，2002 年第 4 期。

沟通》①三文中对词汇系统性假说用古汉语、古今汉语沟通方面的材料从共时的词汇意义系统、历史的词源意义系统、历时的引申意义系统三个角度进行了全面的论证，还从双音合成词与现代汉语单音词在表意功能上的分布和词汇分化两个方面证明词汇意义系统的存在。

从 20 世纪 90 年代以来，张志毅、张庆云从语义学的角度进行了全面的"词义系统"假说的证明研究②，他们使用的是演绎与归纳结合的方法，提出了此假说证明的低谷阶段（运用低强度和一般强度支点事实）、走出低谷（发现运用高强度支点事实）、攀向高峰（义位的层级系统）三个证明层次，标志着从词汇语义角度全面刻画了词义的系统性的新研究高度。

词汇语义系统性证明研究远没有完成，近些年越来越受到重视，蒋绍愚认为："怎样认识一种语言的词汇系统？一种语言的词汇系统和另一种语言的词汇系统有什么不同，表现在什么地方？同一种语言的词汇系统的历史发展表现在什么地方？这是研究词汇和词汇史必须要解决的一个大问题。"③他提出了语言对比中的系统性、历时发展中的系统性两大待研究的问题，说明汉语词汇语义系统性的描写、分析、证明是古今汉语还要继续关注、加大研究的问题。晁继周在总结了 20 世纪词汇系统研究情况后，阐述了 21 世纪对此问题继续加深研究的思路："首先建立现代汉语常用词的词汇体系，全面考察其内部组织结构，建立起基本体系框架，然后再逐步扩展和完善"④。这一论断

---

① 王宁：《现代汉语双音合成词的构词理据与古今汉语的沟通》，《庆祝中国社会科学院语言研究所建所 45 周年学术论文集》，北京：商务印书馆，1997 年。
② 张志毅、张庆云：《词汇语义学》，北京：商务印书馆，2005 年，第 130—142 页。《义位的系统性》，载《词和词典》，北京：中国广播电视出版社，1994 年，第 85 页。
③ 蒋绍愚：《两次分类——再谈词汇系统及其变化》，载《汉语词汇语法史论文集》，北京：商务印书馆，2000 年，第 143 页。
④ 晁继周：《二十世纪的现代汉语词汇学》，载刘坚主编《二十世纪的中国语言学》，北京：北京大学出版社，1998 年，第 446 页。

虽然针对现代汉语词汇系统，但对古代汉语、近代汉语词汇系统同样适用。

对词汇语义系统的证明，"一靠理论论证，二靠实际验证"[①]。而词典释义由于面向一种语言或词汇某种类聚的全量词汇，释义过程本身就是一个对词汇系统和词义系统进行验证的过程。

（二）语义分类思路在词典中的应用

人类对语义分类的成果具体体现为义类词典的编纂。西方语言这方面研究是近代才开始，最早受到关注的概念词典是罗杰特（Peter Mark Roget）1852 年的《英语词汇宝库》（《分类概念词典》），发展到现代，义类是每一部现代辞书的核心之一，用英文 Treasures 表示，比如牛津、韦伯斯特、柯林斯等出版的知名辞书都有专门的义类系统，而目前词库研究中最热门的 WordNet 则将义类划分作为编纂研究的基础工作。

中国古代的《尔雅》可算是世界上第一部义类词典，其按释诂、释言、释训等 19 类依次编纂而成，每篇之内，将具有共同语义成分的词类聚起来。以后的《广雅》《埤雅》《尔雅翼》《骈雅》《通雅》《比雅》等都是义类体例。相传为西汉史游所撰的《急就篇》，[②] 属一种学习语言文字的初级读物，它的原则便是"分别部居不杂厕"，以类相属，其功用在于学习记识的"用日约少"。东汉刘熙，意欲探寻名称"所以之意"，"记叙指归"编撰《释名》，全书 8 卷 27 篇，以义类为纲，统领词语。《说文解字》因受制于详解的对象是文字，"据形系联"，但每部之下，则仍"以类相从"，如此精心构思，合理编排，使分散无序的单字类聚为相互关联的系统。

当代中国的义类辞典主要有王安节编《简明类语词典》、林杏光

---

① 张志毅、张庆云：《词汇语义学》，北京：商务印书馆，2005 年，第 130 页。
② 王作新：《类义系统的文化观照》，《华中师范大学学报》（哲学社会科学版），1995 年第 5 期。

和菲白的《简明汉语义类词典》、董大年的《现代汉语分类词典》、苏新春的《现代汉语分类词典》等，还有既体现独特古汉语同义词辨析，又体现领属义类关系的如王凤阳的《古辞辨》、黄金贵的《古代文化词义集类辨考》等。而我国第一部有着严格体例，属于现代类义词典的是梅家驹等的《同义词词林》。

在具体语义分类中，西方的罗杰特分出 6 类（在《英语词汇宝库》第 3 版改为 8 类），巴利分了 10 类，奈达（Nida）把希腊语版的《新约全书》分出事物、事件、性状、关系 4 个义场，卡拉乌洛夫 1976 的微型俄语义类词典分出 25 个义场，含 340 个小义场。在中国，贾彦德分为 3 类（对象、运动、性质）;《同义词词林》分出 12 类;《简明汉语义类词典》分出 18 类;《现代汉语分类词典》将 49000 条普通语词和百科词，分为 17 大类，143 小类，共计 3717 类词群;《简明类语词典》将 14000 余条词语分为 440 余类。应该注意的一点是，这些所谓的类义辞典并不是单纯的属种分类，在大类别上总体体现的是属种划分关系，但在很多局部体现的是整体与部分的分解关系，准确地称应是"上下义词典"。

在这些国外和国内类义词典的编纂中，都对本民族断代词汇系统进行了全面的测查与验证。这种对词汇系统的全面描写，对于其他词典的选词立目以及系统释义提供了最重要的资料依据。

三、结构语义学的关系分析与词典释义

（一）语义场与关系分析

词汇语义系统性的核心表现是词项、义项间的语义关系，这种有层次、有组织的有序联系组成了词汇语义系统。要分析词汇语义的系统性，必须分析清楚词项、义项间的语义关系，这种分析思路即语义关系分析。

语义场理论的兴起带来了语义关系研究的成熟思路。语义场研究

义位间的语义关系，分析各种语义关系的表现、成因及变化规律。美国学者格兰地通过对比构成成分分析法与语义场分析法后指出，前者强调的是词的意义的原子观点，而后者考虑的是词义的关系方面。[①]语义关系分析理论的基础是索绪尔的"值"理论。按照索绪尔的看法，词义除了有所指意义之外，还有系统值，它是由词义在词义系统（语义场）中的结构位置决定的。[②]到莱昂斯时代，语义场理论侧重研究词义关系，形成了典型关系理论。关系理论与索绪尔的"值"论相承，强调词在词汇系统中的价值或关系，而非词具体所指"意义"，词义分析应在更大范围即语义场内分析词的各种意义关系。在莱昂斯的理论中，意义关系和意义成分对立。

例如新词语"局域网"的语义界定，受制于其上下左右的其他同语义场词语：其上位词是"网络"，"局域网"传承了上位词的所有语义信息，同时增加自己的个性语义细节；在平行方向上，其根据网络的地理位置，与"城域网""广域网"构成同一语义场，其语义界定受制于这两个词的语义内容，既体现语义细节的相似性，又体现各自的本质区别；同时，该词语的语义界定还受制于根据速度标准分出的"百兆网""千兆网"等构成的语义场，与以物理材料为标准的"光纤网""有线网""无线网"等构成的语义场、与以网络拓扑结构为标准的"星形网络""环形网络""总线型网络"等构成的语义场、与以服务方式为标准的"C/S网络""对等网"等构成的语义场都发生着联系……而这些词语根据不同的标准可以成为"局域网"的下位不同层级的术语，它们的语义必然也制约着"局域网"语义的界定。《新华新词语词典》就用了近500字的释文联系"城域网""广域网"两个

---

① Grandy R. E. Semantic Fields, Prototypes, and the Lexicon［M］. In Lehrer, A. & E. Kiitay (ed.) Frames, Field, and Contrasts. Hillsdale, NJ: Lawrence Erlbaum, 1992: 103-122.

② 〔瑞士〕费尔迪南·德·索绪尔著，高名凯译:《普通语言学教程》，北京：商务印书馆，1980年，第157—169页。

词来解释"局域网"的概念。

（二）成分分析与关系分析的结合与释义的关联性

以关系理论分析词汇语义系统的结构以及词义间的相互关系，体现了从孤立的原子论向有联系的系统论的转化，但纯语义关系分析忽视了词本身相对固定的所指意义，也就是词的概念义内容的相对独立性，这种分析是不完全的。但就分析方法来讲，李红印认为，成分分析和关系分析二者没有绝对的优劣之分，关系论和概念论，都只是分析词义、解释词义的一种方法、思路，只是一个是否最优方案的问题，没有对错。[①]后来发展到福多尔（Fodor）等提出的词汇不可分解论，认为语义分析不可行，所有词汇都是作为一个整体被学习和讨论的，这就走向了极端，而维日比茨柯对所有词语都要分解出原语成分，走向了另一个极端。[②]

如果说早期词汇语义系统分析方法是原子主义和关系主义并行不悖的话，那么现代词汇语义分析方法则看到二者的优点和不足，扬长避短，在以关系分析为主的同时，将成分分析整合进来，成为语义场理论的又一基石。

关系分析应与成分分析结合互补，而非排斥。在语义场中，关系分析的操作基础是成分分析，关系靠共同义位和共同义素来确定，共同义素是靠成分分析得出的。如果像莱昂斯所坚持的语义研究不以义素而以词项为最小分析单位的话，很难切中肯綮，因为词项是形、音、义的集合体。从另一方面看，关系分析则是成分分析的最终目的，为了切分而切分的做法将贬低成分分析的价值，如果将关系分析作为成分分析的目的，那么成分分析将成为一个核心的基础性分析方法。

---

① 李红印：《现代汉语颜色词词汇——语义系统研究》，北京大学博士学位论文，2001年。

② Wierzbicka, 1992. Semantic Primitives and Semantic Fields. [M] In Lehrer, A. & E. Kiitay (ed.) Frames, Fields, and Contrasts. Hillsdale, NJ: Lawrence Erlbaum.

现代语义场理论也证明了这种结合分析的有效性。"(词场,语义场)可以用成分分析法和语义关系予以描写。"[①] 在现代语义场理论中,语义场是由义位形成的集合体,在场形成前先要对不同词的义位进行考察分析,以得到共同义位或共同义素,这是语义场形成的一个重要基础。奈达(Nida)称语义场为语义区域,"由一组有关联的词形成的范围,可以确定的文化经验的区域。决定语义区域的特征,由这个区域内有关词的共同意义成分表示",词汇场则是"具有一个相同的重要意义特征的词的集合"。[②] 张志毅等认为,共性义位的发现是无须成分分析的,它一指上层义位,如男、女之上的"性别";二指整体义位,如树根、树干、树梢的整体"树"。[③]

我们认为,共性义素的发现必须建立在义素成分分析的基础上,它往往是类义素,表现形式很多时候是上位词,如"猪""牛"等共同类素〔+家畜〕,既是类义素,也是"猪""牛"的上位词。另外,在义素成分分析中还要找到义位中的本质特征义素,即区别性的辨义成分,如果找不到这种义素,语义场内成员必然有重合,但词汇系统中完全同义的异形词或等义词是极少的。通过共同义位或义素的分析还可以看到词语类聚的层次性,大多语义场具有层级关系,大的语义场中可划分或切分出小的语义场,形成层级。大语义场对小语义场来说是母场,小语义场是子场。

通过以上分析可以看出,语义场的义位是以共性义素相聚合,以个性义素相区别。在此基础上,重新审视对语义场的界定,贾彦德认为,"如果若干个词义位含有相同的表彼此共性的义素和相应的表彼此差异的义素,因而连结在一起,互相规定,互相制约,互相作用,

---

① 〔德〕哈杜默德·布斯曼著,陈慧瑛等编译:《语言学词典》,北京:商务印书馆,2003 年,第 607 页。

② 陆尊梧:《语义场浅谈》,《中国社会科学院研究生院学报》,1981 年第 5 期。

③ 张志毅、张庆云:《词汇语义学》,北京:商务印书馆,2005 年,第 63 页。

那么这些义位就构成一个语义场"①。张志毅等认为,"语义场就是以共性义位或义素为核心形成的相互制约的具有相对封闭域的词或义位的集合"②。这些界定都体现着关系分析与成分分析的优势结合。

但二者的结合也有一点局限,美国生成语义学家奈达在谈到义素分析时说:"要确定一个词的某个意义的构成成分,必须将这个词和同一词义场内的词或邻近场内的词的意义进行比较。"③不难看出,语义场的确定要以一群词共同具有某一义素为前提,而义素分析又依赖于语义场的首先划定。两者互为存在的前提,缺乏一个参照标准来对它们做严格的规定,但这一局限并没有影响到其在语义分析中操作性的优势,依然还是结构语义学和词典学进行词义客观分析的首选和核心方法。

(三)语义关系类型研究

语义关系分析是基于义项之前关系的类型而来的,因此要进行关系分析,必须详细界定语义关系。

俄罗斯语义学派基于机器翻译工程语义的需要,基于语义网络,使用词汇函数对语义关系进行尽量穷尽性的测查。词汇函数理论认为,一级词汇语义单位 X(X1,X2,……,Xn)与表达特定抽象语义类型 f 的另一组词汇语义 Y(Y1,Y2,……,Yn)之间的对应关系: Y= f(X)。f 是词汇函数的名称项,代表特定的抽象语义类型,如同义、反义、极端特征、开始、"使不存在"等。④他们以此模式对俄语词义进行分析,得出结论:尽管词与词之间的具体语义关系繁杂,但是它们之间的抽象语义关系类型却是可以列举的,已被揭示并加以研究的有 70 余种。

---

① 贾彦德:《汉语语义学》,北京:北京大学出版社,1999 年,第 150 页。

② 张志毅、张庆云:《词汇语义学》,北京:商务印书馆,2005 年,第 77 页。

③ 邹玉华:《语义场研究述评》,《湘潭大学社会科学学报》,1987 年 S1 期。

④ 转引自张家骅等:《俄罗斯当代语义学》,北京:商务印书馆,2003 年,第 46—57 页。

"知网"（HowNet）中归纳了上下位关系、同义关系、反义关系、对义关系、部件—整体关系、属性—宿主关系、材料—成品关系、施事/经验者/关系主体—事件关系、受事/内容/领属物等—事件关系、工具—事件关系、场所—事件关系、时间—事件关系、值—属性关系、实体—值关系、事件—角色关系、相关关系等，这是基于大规模真实文本基础上的测查，其成果是对普通语义学重要的补充和验证。

这些语义关系虽然有些细琐，但它使词义关系由简单化的几元论一下子丰满起来。随着现代计算机工程语义的语义分析形式化极端倾向的出现，被发现的语义关系更加丰富起来，但有一些明显不适合进行形式化描写与分析的语义关系也被牵强地套进这一语义关系符号模型中去，这些苗头都应该引起注意。WordNet 已经注意到这一点，其对语义关系的测查并不过分注重语义关系数量，因为过多过细的语义关系只存在于研究领域，不利于操作，所以他们的语义关系测查只限 See Also、Anagrams、Type of、Types、Parts、Part of、Synonyms、Antonyms 等常用的骨干语义关系，将十几万义项进行了全面系联，组成了一个完整而不间断的词汇语义网络，并且基于语义网进行了很好的成果化、商品化。

（四）词典中基于关系分析的释义

在词典释义中，黄建华[①]把释义分为语法性释义和非语法性释义。非语法性释义可称为真正意义上的释义，因为它为词目提供的是语义信息，而非语法信息。非语法性释义又可分为实质性释义和关联性释义。实质性释义中的同义词对释、反义词对释、定义法都是关系分析法的应用。例如定义法中的属概念就体现的是词汇系统上下义关系的上位词，而种差则是在语义场通过同场成员对比而形成的区别性语义特征。对释释义，则直接体现出用同义词或反义词进行释义，释语和

---

① 黄建华：《词典论》（修订本），上海：上海辞书出版社，2001 年，第 112—113 页。

被释词之间存在着最接近的同义、反义关系。这里面需要注意另外一种基于关系分析的释义，即用括注的方法将语义关系进行明示，引导用户实现参照查找。如《现代汉语词典》中：

【好】hào 1. 喜爱。（跟"恶"wù 相对）

【公开】1. 不加隐蔽的；面对大家的。（跟"秘密"相对）

【权利】公民或法人依法行使的权力和享受的利益。（跟"义务"相对）

【胜利】1. 在斗争或竞赛中打败对方。（跟"失败"相对）

【片面】2. 偏于一面的。（跟"全面"相对）

【淡月】营业不旺盛的月份。（跟"旺月"相对）

据不完全统计，这种释义方式在《现代汉语词典》中约有 1000 组，体现出《现代汉语词典》释义严密的系统性。

四、当代语义分析的新理论对词典释义的影响

在当代辞书理论的二次转型期，各种语言学理论空前繁荣，百家争鸣。一些前沿的特别是外语界的词典译介研究成果不可避免地进入汉语辞书编纂领域，用演绎的思路探讨这些理论在汉语词典释义时的应用。我们认为这其中最有实用性和可操作性的就是以知识本体（Ontology）为代表的语义网技术以及原型范畴理论。

（一）知识本体理论与词典对语义关系系联资源的利用

工程语义学的分类研究是基于语义网络和知识本体的，它对于分类的语义关系类别、继承性等方面的研究深入而细致，揭示了很多新的有普适性的规律。知识本体的研究最近成为热点，在为工程语义学提供形式化、方便共享的专科词表的同时，也成为全面揭示词典中词义语义关系的重要工具，并且逐渐成为语义网的最佳操作工具之一。

计算机信息处理的工程语义界提到的知识本体，比较公认的定义是"本体是对共享的概念进行形式的显示和规范说明，即要用形式化的方法规范地说明关注域中的概念术语与概念术语之间的关系"[①]。冯志伟界定为："知识本体通常是指对一个领域或微世界进行分析而获得的概念系统的规范说明。"[②] 斯丢德（Studer）对本体的诸多定义进行概括后认为，本体论的概念包括四个主要方面：1. 概念化；2. 明确性；3. 形式化；4. 共享性。[③] 冯志伟进行了诠释：如果我们对于一个领域中的客体进行分析，找出它们之间的关系，获得了这个领域中不同客体的集合，这一个集合可以明确地、形式化地、可共享地描述这个领域中各个客体所代表的概念的体系，这样的概念体系的规范就可以成为这个领域的知识本体。

冯志伟在介绍知识本体时，将知识本体分为通用性知识本体、语言知识本体、形式知识本体。语言知识本体常常表现为一个词表，要描述概念和术语之间的关系。具体地说，如果我们把每一个知识领域抽象成一个概念体系，再采用一个词表来表示这个概念体系，在这个词表中，要明确地描述词的含义、词与词之间的关系，并在该领域的专家之间达成共识，使得大家共享这个词表，那么，这个词表就构成了该领域的一个语言知识本体。

知识本体可以清楚、全面地揭示词语之间所蕴含的语义联系。一个知识本体基本是由纵向的有上下义关系的词项系统和横向的有平行类义词项系统结合起来的语义网结构，能全方位地展现词汇语义系统的多层嵌套式的上下义骨干结构及每个层次的平行节点的结构，而这

---

① 何飞、罗三定、沙莎：《基于领域本体的知识关联研究》，《湖南城市学院学报》，2005 年第 1 期。

② 冯志伟：《词汇语义学与词网》，烟台师范学院讲座，2005 年 6 月。以下几处引用均出自此讲座。

③ 李健康、张春辉：《本体研究及其应用进展》，《图书馆论坛》，2004 年第 6 期。

个网络正是我们所需要的——它们本身就是一部概念词典、义类词典，虽不能等同于普通辞书释义，但其词义分类以及建构的义项之间的线性和非线性的明示化复杂联系，却为词典释义中的系统释义、关联释义提供了丰富的材料和依据。

（二）原型范畴与词典释义梯度原则

传统的语义场理论是基于共有义素而类聚的，共有的义素决定语义场成员的地位，识别某些义素的存在与否即可决定其是否处于同一语义场，因此语义场之间有明显的边界。一个词项或者属于这个义场，或者属于那个义场，同一义场内的成员地位平等。这种语义场所依据的亚里士多德的经典范畴，容易抹杀语义场中成员的复杂情况，要全面如实反映语义场内成员的语义关系，必须适当借鉴原型范畴理论。

原型范畴理论关注到了同一义场内各成员有时共同特征并不止一个，各成员按共有义素的多少从中心向边缘呈梯度排列，语义结构是以辐射性的形式出现的，具有连续标度的性质。同一语义场的成员地位不相等，具有等级差异。一个非线性的复杂系统语义场的边界是模糊的，不固定的，重叠的。这种把语义场视为一个原型范畴的做法，是符合语义场特点的，也符合人的认知规律，是对传统结构主义语义场理论的发展。

原型范畴理论对词典释义的价值主要有以下三个：

（1）词汇系统成员按语义相似度有梯度排列。这对于义类词典的编纂有指导作用。例如：义类词典内部的词条可不再按音译排列，可按语义相似度排，由等义、同义、同类这个序列分别对应核心、一般、边缘三组成员。同一部辞书的收词也要分出层级，按核心词、基本词、常用词、偏僻词排列。

（2）在共时生成型词典中，多义词内部各义项构成的词义系统成员义位按语义相似度也有梯度排列，可以按基本义、常用义等频率梯度进行排列。

（3）一个义项内部的义素成分也可按梯度排列，可分出核心的词义本体义素群、外围的语法功能义素群、边缘的语用义素群的梯度，也可分为核心的类义素，表义素再按区别性特征的区别度大小的梯度递减原则排列，边缘则是游移的个性义素，最后由编者根据词典类型以及编纂宗旨和定位进行选择，组配成完整的义项。

原型范畴的研究思路可以解决词典编纂中的很多传统难题，比如词典兼类义项的界定难题，用原型语义场理论就可以较圆满解决，可以将一个多义词的多个义项分出典型成员、一般成员，而一些词类活用问题则是边缘成员，活用只是词语运用的一种量变，等到一定程度，活用功能被交际者所接受，就会产生质变，质变的标志是其由范畴的边缘成员转变为一般成员。通过对原型范畴的观察，可以较清晰地把握量变的词类活用到质变的兼类义项的临界点，为新义项的分立提供依据。

再如，认知语义学的原型范畴理论对词典释义也有重要的影响。原型范畴是词汇系统的一种体现，只是不同于结构语义学的语义场系统：语义场是基于词与词之间共同语义因子与区别因子而系联的；原型范畴基于共同因子的数量，数量越多，语义相似度越高，越是典型成员，然后向边缘逐级减少，到边缘成员时，共同的因子很少，而且这些位于边缘的成员往往具有与别的词汇小系统的边缘成员的交叉性，拥有别的词汇系统成员的因子，所以其词义往往是综合的。因而这些边缘成员虽然针对原有义场典型成员来讲是边缘的，但本身的属性却又是最丰富的。这种边缘成员义项在描写时需要词典编者给予更高的关注，处理好其与其他范畴的交叉特征的描写问题。

结　语

　　总之，在释义指导理论方面，我们认为仍要肯定成分分析和关系分析在词典释义中的可操作性。

　　结构语义学派的成分分析与关系分析最利于全面探讨词汇语义的宏观和微观系统，最具操作性，所以必须以此为核心研究方法。但近些年，随着认知语义学派的兴起，有人觉得词汇系统研究法、语义关系研究法有些落伍，这一点，要消除两个认识误区：

　　一是不能因为结构语义派成分分析和关系分析的不足而否定它，后期的成分分析走向了与语义关系分析相结合的成熟发展道路，已经弥补了很多不足。它把结构语言学的对比原则运用到词义内部，对词义进行分解，使对词义的笼统分析深入了词义的微观层次，实现了词义的微观程度的可视化呈现，在此基础上，探讨词义之间的有机联系，建构词汇语义的层次系统，这一价值是巨大的。

　　二是正确处理与认知语义派的关系。很多人害怕提结构语义派的方法，怕被人认为落伍，而提认知语义就代表时髦，这种认识是极其错误的。认知语义的语义形式分析思路确实有很大的合理性，但作为一种主流的操作性强的分析方法还欠成熟。例如将"母亲"根据社会性和百科性，详解为生母、继母、养母等多个义项，虽然符合认知规律，但这种释义理论上是无限的，因此语境类型是无限丰富的，无法具体把握其概括度，仅限于一些小型的收词量有限有探索性词典，在词典释义中并不具有普适价值。

　　结构语义的成分分析法和关系分析法已经发展得非常成熟，操作性强，在工程语义学、词典释义等方面具有不可替代的作用。词典是工具，工具需要有明晰性，易操作性。对于词典释义，成分分析和关系分析可以直接将义位的义值和义域显化和明晰化，将其语义特征提取出来，实现词义间的对比系联，系统描写词义，而单纯使用认知语义学的方法很难实现这一效果。结构语义的分析法和认知语义的分析法应该是互补的，而不是互相替代。

在当前的辞书理论二次转型期，我们更关注基于计算机信息处理应用的知识本体等语义网理论、原型范畴理论与辞书释义的紧密结合，更关注智能检索、数据挖掘等计算机技术在处理大数据语料等方面的优势——往往能辅助辞书编者发现传统人工无法发现的语义、语法、语用规律和特点，大大提升词典内容的丰富性及新颖性。

第六章　汉语辞书评论的发展

我国有着悠久的辞书评论史，如果从《汉书·艺文志》对我国辞书萌芽时期的《仓颉篇》《凡将篇》等的评价算起，我国辞书评论已有近两千年的历史。在两千年的历史长河中，辞书评论在进行辞书推广，促进辞书进步，总结辞书编纂经验和理论等方面都做出了很大的贡献。近年来，随着我国辞书出版事业的蓬勃发展，各种规模各种类型的辞书大量涌现，虽然优质辞书占了绝大多数，但也不乏粗制滥造之辈，诸如《党政干部大词典》《语言大典》之类的伪劣辞书在市场经济大潮中仍时有出现，所以面对良莠不齐、鱼龙混杂的辞书市场，需要我们不断地加深对辞书评论的研究和认识，进一步总结和发挥辞书评论的规范与指导作用；密切关注辞书市场，及时发现粗制滥造、抄袭剽窃的辞书并予以揭露，对辞书界的歪风邪气发挥应有的震慑作用；澄清辞书编纂中的是非对错，引导辞书编纂在市场经济大潮中不断发展和前进。

现阶段我国汉语辞书评论虽取得了不少成绩，但仍存在诸多不足，如偏重学习国外经验，忽视总结我国自己的辞书评论历史；方法上只评不论、评多论少；态度上重褒扬、轻贬抑、多无原则的吹捧；形式上千篇一律的论文式评论等现象和问题还比较多。在辞书评论的理论研究方面，虽然很多文章都在积极地构建或运用某种辞书评价标准，但仍处在"探索时期"[1]，成熟系统的辞书评价理论体系仍有待于

---

① 罗思明、曹杰旺：《词典批评类型与理论构建》，《山东外语教学》，2006 年第 5 期。

进一步总结。所以我们有必要在以往研究的基础上，进一步开拓探索，实现我国汉语辞书评论实践和理论两方面的发展进步。

辞书编纂、语言学理论及相关学科理论的发展为辞书评论的进一步发展提供了坚实的理论支撑。辞书学学科地位的确立，辞书分类研究的逐步完善，辞书编纂理论的不断进步，为汉语辞书评论的发展提供了坚强的理论后盾。语言学，特别是汉语词汇学的发展，直接促进了汉语语文辞书编纂及其评论的发展。而认知语言学、计算语言学与语料库语言学等的发展，则更为汉语辞书的编纂和评论提供了新的视角和方法。其他相关学科如逻辑学、计算机科学、文化学等，也在辞书编纂和评论的实践中扮演着越来越重要的角色。

基于以上几个方面，我们认为要充分发挥当代汉语辞书评论的作用，就有必要从辞书理论史的角度，对我国各个时期汉语辞书评论的内容和评论标准等方面做进一步的梳理和研究，在继承传统辞书评论优点的基础上，借鉴国外经验，创新我国自己的辞书评论理论与方法，以促进我国汉语辞书评论的不断进步以及我国整个辞书事业的不断发展。

第一节　辞书评论的内涵及我国辞书评论史概况

一、辞书评论的内涵

我国辞书界目前对汉语辞书评论内涵的界定并不统一，大体说来，主要有两派观点。一派认为辞书评论的含义非常宽泛，不仅要对各种辞书，而且还要对各类辞书现象进行研究和评估。代表人物如邹酆，他在《论我国辞书评论的现状、任务和改进途径》一文中首先把辞书评论定义为"以社会文化需求为依据，以辞书学理论为指导，对各类辞书的编纂实践、辞书理论与批评著作、辞书历史研究以及辞书事业发展概况与趋势，作出目标明确而方式灵活的评估论述"①。后来在《辞书评论的原则、标准和方法》一文中，邹先生对此定义又进行了进一步的补充和完善，认为辞书评论"除以辞书为评估对象外，还包括对辞书学、辞书史著作的评价；辞书编纂、研究的现状和发展的评估、展望；辞书编纂体制、辞书机构建制、辞书人才培养状况的评估；辞书社会效益、使用价值与辞书评论的实际效果的检测性概括评述等方面"②。另一派则主要把辞书本身作为辞书评论的对象。代表人物如何华连，他说："辞书评论是对辞书的内容和形式进行全面分析后所作的价值判断。"③ 徐祖友："辞书评论是对辞书的高下优劣作出评价论述。它既可包含对辞书的内容（包括收词立目、注音、释义、书证、附录、插图等）所作出的评论，也可包含对辞书的形式（包括体例、编排、检索、装帧设计、印刷等）的评论。"④ 罗思明、曹杰旺："词典批评是词典学理论研究的一个重要领域，它主要指按照一定的评论标准、方法、程序原则，从某个视角对词典的内容、形式、编纂等多层面进行科学的描述和评估。"⑤

　　通过比较可以看出，在把辞书本身的内容和形式作为辞书的评论对象问题上，两派的学者并无异议，分歧主要在于是否把与辞书有关的现象也作为评论的内容。我们认为，就现阶段而言，让汉语辞书评论直接承担对包括辞书本身在内的整个辞书现象进行宏观把握的重任仍有一定的难度；而仅把辞书本身内容、形式作为评论对象的做法虽

① 邹酆：《论我国辞书评论的现状、任务和改进途径》，《辞书研究》，1994 年第 1 期。
② 邹酆：《辞书评论的原则、标准和方法》，载《中国辞书论集 2002》，成都：四川辞书出版社，2003 年。
③ 何华连：《概说辞书评论》，载《中国辞书论集 2001》，西安：陕西人民出版社，2002 年。
④ 徐祖友：《辞书评论漫议》，《辞书研究》，2003 年第 1 期。
⑤ 罗思明、曹杰旺：《词典批评类型与理论构建》，《山东外语教学》，2006 年第 5 期。

易于操作和实现，但无疑也会遗漏一些重要的内容，如辞书的地位、作用和类型等。

综合上述两派观点，并结合本章研究的实际需要，我们将汉语辞书评论界定为：辞书评论是辞书学理论研究的重要组成部分，它主要指按照一定的评论标准和原则，从不同角度对汉语辞书的内容、形式以及辞书的类型、地位、作用、编纂者的素质等方面做出学术价值判断的文献评价方法。形式上既包括比较系统的论文式评论和专书式评论，也包括辞书序跋、读者来信、专门针对读者对辞书的评价和使用的调查报告、各种形式的辞书评奖总结等。它在促进汉语辞书编纂、指导读者使用选择以及总结发展辞书编纂理论等各方面发挥着重要的推动作用。

二、我国辞书评论史概况

根据我国汉语辞书评论从古到今各个时期发展的不同特点，我们将其划分为四个主要阶段：第一个阶段是古代辞书评论（汉至清末）；第二个阶段是近代辞书评论（清末至新中国成立前）；第三个阶段是现代辞书评论（新中国成立至改革开放前）；第四个阶段是当代辞书评论（改革开放至今）。

第一个阶段为我国汉语辞书评论的萌芽时期。这个时期的辞书评论主要以辞书的序跋、史书中"艺文志"等为载体，形式上多为一句话或一段话，很少单独成文，也很少从理论上进行概括，缺乏系统性。代表作如《汉书·艺文志》中对《凡将篇》等的评价、汉许冲《上〈说文解字〉表》、魏张揖《上〈广雅〉表》、北魏江式《进〈古今文字表〉》、唐陆德明《经典释文·序录》、清钱大昕《与晦之论〈尔雅〉书》等。

第二个阶段为我国汉语辞书评论的成型时期。这个阶段的辞书评论一方面继承了中国古代辞书评论的形式多样化等优良传统，另一方面在借鉴国外经验的基础上变革了古代辞书评论的一些不足，使评论更加自觉和系统，其标志就是在原有序跋、凡例等形式评论的基础上，出现了论文形式的辞书评论，并逐渐成型，成为辞书评论的主要形式。如 1922 年白熊发表的《看了周铭三先生底国语词典之后》(《国语月刊》第 1 卷第 9 期)，"标志着我国汉语辞书评论完全摆脱了古代辞书评论偏于实用、只评不论的窠臼，加强了理论的系统性和科学性，实现了由古代向近代的转变"[①]。20 世纪 40 年代，王力《理想的字典》(《国文月刊》1945 年第 33 期) 和洪焕椿《读书治学的工具书——字典和词典》(《读书通讯》1948 年第 150 期) 两篇文章的发表，则进一步表明我国辞书评论已经彻底完成了从古代向近代的转型，并不断走向现代的发展成熟。

第三个阶段为我国汉语辞书评论的进步时期。这个阶段的汉语辞书评论以周祖谟《〈新华字典〉评介》[②] 和郑奠等《中型现代汉语词典编纂法》[③] 等论文为代表，标志着我国辞书评论在不断吸收国内外辞书学和语言学理论的基础上，取得了不断的进步和发展，有力地推动中国辞书的现代转型，为我国当代辞书事业的辉煌奠定了坚实的基础。

第四个阶段为我国汉语辞书评论的繁荣发展期。这个时期的辞书评论不但随着辞书市场的繁荣，在辞书质量监督、辞书市场规范和引导等方面发挥了越来越重要的作用；而且还通过评论的实践有力地促进了我国辞书编纂和评论由编者为中心到读者和市场兼顾的转型。其繁荣的标志性事件就是《辞书研究》的创刊以及其中"辞书评论"专栏的开设。

当然，这些阶段之间并没有绝对的界限，必然有许多交叉和重合，我们的划分也只是以各个时期的主要特点来说的。由于第二和第

①　高兴:《论我国辞书评论的历史及现状》,《辞书研究》, 1997 年第 4 期。

②　参见《中国语文》, 1954 年第 1 期。

③　参见《中国语文》, 1956 年第 7—9 期。

三阶段的材料内容和特点比较接近，所以为了方便起见，我们在下文中把它们合在一起进行论述。

第二节　萌芽与开创——我国古代汉语辞书评论

一、我国古代汉语辞书评论简况

我国古代虽无辞书评论的概念，但很早就开始了对辞书的评论。如《汉书·艺文志》中对《凡将篇》"无复字"收词思想的称赞；许慎《说文解字·叙》对《训纂篇》"凡五千三百四十字，群书所载，略存之矣"的肯定，以及许冲对《说文解字》"世间人事，莫不毕载"的力荐等。而且汉以后随着语言文字研究的进步和辞书编纂的发展，我国辞书评论不仅形式更加多样，突破了奏章、书表等的限制，评论的内容也更加丰富，由主要对辞书的收词进行评价，发展到对辞书的词义训释、编排检索、注音方式和性质作用等都有所关注。①

具体的如魏张揖《上〈广雅〉表》、晋郭璞的《尔雅注·序》等对《尔雅》的评论；北齐颜之推《颜氏家训》②对《说文解字》的推崇；北魏江式《上〈古今文字表〉》对北魏以前的主要字书如《说文解字》《广雅》《字林》等的言简意赅的评价。唐陆法言《切韵·序》、孙恤《唐韵·序》、陆德明《经典释文·序录》、颜元孙《干禄字书·序》、唐玄宗《开元文字音义》等对辞书进行的评论。宋徐铉《说文韵谱·序》《进〈刊定说文〉表》，王安石《字说·序》《进〈字说〉表》，陆宰《埤雅·序》，戴侗《六书故·序》，释智光《龙龛手鉴·序》

---

① 徐成志：《彰瘅督导　共创典常：论辞书评论的作用及其发挥》，《辞书研究》，2003 年第 1 期。

② ［北齐］颜之推：《颜氏家训》，北京：中华书局，2007 年。

等，也都有对各代辞书的论述。明清以来，随着解经训诂的不断发展，关于辞书评论的记载就更多了，而且形式和体裁也更加多样，如梅鼎祚的《字汇·序》、康熙字典的《字典御制·序》、王念孙《说文解字注·序》、钱大昕《与晦之论〈尔雅〉书》、李富孙《说文辨字正俗·自叙》、李慈铭《越缦堂读书记》①《四库提要》、曾国藩给家人的书信②等都记载了对辞书的评论。

古代的这些辞书评论大都比较客观公允，在推崇肯定所评辞书的同时，也指出了其不足和缺陷，有力地推动了汉语辞书编纂实践的发展和理论的总结，促进了辞书的进步发展。但它们多集中于辞书的序跋，无论在评论形式还是内容上都还不成系统，仍处于我国汉语辞书评论发展的萌芽期。

二、我国古代汉语辞书评论的内容和标准

通过对我国古代辞书评论材料的梳理，我们发现从现代辞书学研究的视角来看，我国古人对辞书的评论已经开始逐步涉及辞书编纂的各个方面。

（一）关于古代汉语辞书收词立目的评论标准③

辞书的收词立目是我国古代辞书评论最早关注的内容，如上文提到的《汉书·艺文志》中对《仓颉篇》《凡将篇》的评论以及许冲对《说文解字》的评论等。这也是我国古代辞书评论重实用特点的主要表现，因为古代辞书编纂最主要的动因有两个，一是解经，二是规范。而辞书收什么词，收多少，将会直接影响到这两个目的的实现，

---

① ［清］李慈铭：《越缦堂读书记》，北京：中华书局，2006 年。
② ［清］曾国藩著，邓云生编校标点：《曾国藩全集·家书》（一），长沙：岳麓书社，1985 年。
③ 由于古代汉语字、词不分的特点，古代汉语辞书中的收词其实主要是收字，但为了文章的前后统一，我们也笼统称其为"收词"。

因此辞书的收词也必然首先引起评论者的关注。古人对辞书收词的认识，主要涉及以下几方面内容：

1. 反映汉字形体的发展

汉字产生后的形体经历了一个逐步演变的过程。辞书收词是否反映和适应了这些变化，成为辞书评论所关注的内容，如《汉书·艺文志》中指出，《史籀篇》中字体与孔氏壁中古文有所不同，而秦李斯等人所作《仓颉》等字书，文字虽多取自《史籀篇》，但字体却采用了统一后的秦篆。从评论中可以看出，我国当时这些字书的编纂是直接反映并适应了那时文字的发展的。如果说许慎时代为了纠正人们因字形演变而引起说解文字的谬误，在《说文解字》中以小篆而非逐渐流行的隶书为主要收录对象，对汉字进行了一次正本清源的解释是时代和社会发展的需要，那么魏晋以后随着隶书和楷书的逐渐通行，辞书就不能再固守篆籀之体了，因为"隶书行之已久，习之益工，加以行草八分纷然间出，返以篆籀为奇怪之迹，不复经心"（《进新校定〈说文解字〉表》）了。晋吕忱正是在这种文字发展观的启发下，使《字林》的收词立目适时地反映文字在形体上的发展变化，并因此得到了江式的称赞："按偶章句，隐别古籀奇惑之字，文得正隶，不差篆意"（《进古今文字表》）。到了南朝梁顾野王的《玉篇》则"否定了秦汉以来辞书字头以篆、隶为正体的编纂惯例，首次以楷书取而代之"①，《玉篇》这种全收楷体，以楷书字头立目的做法不仅适应了汉字楷化的历史潮流，增强了辞书的实用性与普及性，对后世辞书的编纂也产生了很好的影响，②后来的辞书（除特别用途的），如《字汇》《正字通》《康熙字典》等都基本沿袭，使楷书成为我国后世辞书的通用字体。

值得注意的是，隋唐以来的学者对辞书的收词立目应随文字的发

---

① 邹酆：《中国辞书学史概略》，武汉：湖北人民出版社，2006年，第63—64页。
② 何九盈：《中国古代语言学史》（新增订本），北京：北京大学出版社，2006年。

展而发展的编纂原则已经有了理性上的认识，如颜元孙曾评论说辞书的收词应随文字的演变而做出调整，不能总据《说文解字》，"若总据《说文解字》，便下笔多碍"，所以"当去泰去甚，使轻重各宜"（《干禄字书》）。唐玄度也指出汉字"古今体异，隶变不同。如总据《说文解字》，则古体惊俗"，所以辞书收录的字体应古今参较，以"取其适中"（《九经字样》）。可以说，这些认识对古代辞书收词起到了直接的引导作用，是古代辞书编者在收词立目时坚持的原则之一。

2. 符合文字规范的要求

语言文字规范自古以来都是人们一直非常关注的问题，春秋战国时期，由于各国之间的地域隔阂，号令不一以及其他原因，造成了"言语异声，文字异形"的局面。为此，秦统一六国后，对汉字进行了一次大规模的整理，以小篆（秦篆）为标准字体，并由李斯等人编了一系列的字书以便进一步的规范。汉朝统治者也比较重视正字工作，并用法律的形式规定"吏民上书，字或不正，辄举劾"（《汉书·艺文志》）。但在字体演变过程中，由于时间空间的变化、人们认识的不同或传写的讹误等原因必然会造成部分别字、错字、异体字的出现，所以辞书如何对待这些别异字，是否收录，如何收录，是否体现了汉字的规范意识，就成了古代辞书评论所关注的内容。

《汉书·艺文志》中已有此类评论："元帝时黄门令史游作《急就篇》，成帝时将作大匠李长作《元尚篇》，皆《苍颉》中正字也。《凡将》则颇有出矣。"批评了司马相如的《凡将篇》中收有和正字相出入的字。而许慎为纠正世人的谬误而编纂《说文解字》，本身就是文字规范意识的体现，所以封演在《封氏闻见记》中说"其鄙俗所传，涉于讹妄者，皆许氏之所不取"，也是对《说文解字》收词规范意识的肯定。用辞书对文字进行规范的思想发展到唐代就出现了颜师古的《字样》、颜元孙的《干禄字书》等一系列辨异证俗的字书，这些辞书大都在字头之后分列俗、正、通等各体，以辞书的形式树立了文字的规范。这一认识在后来的《字汇》《康熙字典》等辞书中也都得以贯彻实施，对后世字典辞书的收词立目产生了极为深远的影响。

3. 体现广收字词的追求

古代辞书的收字范围和数量，一方面要受当时社会语言文字发展的制约，另一方面与编纂者的主观选择也密不可分，而"古今并录""莫不毕载"等广收字词的思想无疑是古代辞书编纂的一贯追求。

中国辞书评论史上最早关注辞书收词数量的是许慎，他在《说文解字·叙》中评价《训纂篇》："凡五千三百四十字，群书所载，略存之矣。"《训纂篇》是扬雄在众多学者说解文字的基础上加以选编而成的，他选词的标准是能否对解读经书发挥解词释义、辨明疑惑的作用，由此可见许慎的评价是对其充分的肯定。而许慎的《说文解字》以"万物咸睹，靡不兼载"为收词原则收录了9353个汉字，相对于《训纂篇》来说，字数大大增加，所以其子许冲高度赞其"天地、鬼神……，世间人事，莫不毕载"。自此，"莫不毕载"几乎成了我国古代辞书收词的不懈追求。

随着社会的进步和语言文字的发展，后来的学者总能发现前代辞书在收词方面的缺漏和不足，为了不断适应社会和读者的需要，他们就会不断地"在前编辞书的基础上进行刊缪补缺"[①]，弥补不足，以促进辞书的完善。如张揖在批评《尔雅》"其包罗天地，纲纪人事，权撰制度，发百家之训诂，未能悉备"的基础上，详录其"不在《尔雅》者"（《上〈广雅〉表》），扩大了《广雅》的收词，促进了《尔雅》系辞书的进步。张参评价吕忱就是因《说文解字》有所漏略，而"著《字林》五篇以补之"，并说"《说文解字》体包古今，先得六书之要，有不备者，求之《字林》"（《五经文字·序例》），称赞了其收词范围

---

① 徐成志：《辞书评论应当与时俱进》，《中国辞书论集 2002》，成都：四川辞书出版社，2003 年。

的扩大。江式对《埤仓》《广雅》"缀拾遗漏，增长事类，抑亦于文为益者"（《进古今文字表》）的高度评价也体现了这一收词思想的指导。自唐陆德明提出"古今并录，括其枢要；经注毕详，训义兼辩"（《经典释文·条例》）的辞书收录原则后，广收字词不但进一步成为历代辞书编纂者追求的目标，而且也成为辞书评论者评价辞书收词的重要标准之一。如宋徐铉就曾在此原则的指导下批评《说文解字》中存在"复有经典相承传写及时俗要用而《说文解字》不载者"（《进新校定〈说文〉表》）。

为了适应社会和语言文字的进步与发展，辞书不断地扩大收词范围，增加收词字数，是辞书进步的必然要求，因为"字者孳也，辗转相生，有非九千旧数所能尽者。《玉篇》已增於《说文解字》，此书（《类篇》）又增於《玉篇》。时会所趋，久则为律，有不知其然而然者，固难以一格拘矣"（《类篇四库提要》）。其实古今真正的常用字不过五六千个，这些辞书中所增收的多是"考之古而无徵，用之今而多骇"的字。明末清初以来，随着辞书通俗化以及读者意识的不断增强，评价辞书收词的评论标准已不仅仅是越多越好，这从《字汇·凡例》"《篇海》所辑怪癖之字，悉芟不录"的做法以及清代江西王赐侯《字贯·序》中对《康熙字典》批评中就可见一斑："《诗韵》不下万字，学者尚多未识而不知用，今《字典》所收数增四万六千有奇，学者查此遗彼，举一漏十，每每苦于终篇，掩卷而仍茫然"。既如此，辞书中为什么还要继续收录一些"未识而不知用"之词？《康熙字典四库提要》一语道出了问题的关键："削之不登，则浅儒疑其挂漏"，因此为了避免"浅儒之疑"，显现编者的广博才识，广收字词成为了辞书编纂的一贯追求。

4. 避免重复收词的弊端

辞书编纂不重复收词，不仅可以有效利用辞书的篇幅，而且可以提高辞书检索的准确性与方便性，所以古代辞书评论很早就开始对辞书的收词"有无复字"有所关注。如《汉书·艺文志》:"武帝时司马相如作《凡将篇》,无复字。"对《凡将篇》不收重复之字的做法给予了积极评价。在此认识的指导下,南北朝时的江式已明确提出要把"文无重复"作为编纂《古今文字》原则之一。到《康熙字典》编纂之时,这种认识已经比较成熟,不仅批评《正字通》"音训每多繁冗重复","有两部叠见者,又有一部叠见者","先后矛盾,不可殚陈";而且提出了"今于音义相同之字止云注见某字,不载音义。庶几详略得宜,不眩心目"(《康熙字典·凡例》)的编纂原则。这些认识无疑对后来辞书收词体例的不断成熟与"参见"体例的不断完善有着极大的促进作用。

总之,辞书的收词立目是古代辞书评论最初也是自始至终关注的主要内容,难能可贵的是古人对辞书的收词还采取了历史发展的态度,不仅认识到辞书的收词要随着语言文字的发展和社会的需要而不断地做出调整和改变,而且认识到对其判断标准也应适时而变。因为随着社会的发展,语言文字与人们生活的关系越来越密切,辞书对人们也越来越重要了。

(二)关于古代汉语辞书编排检索的评论标准

我国古代辞书最初多采用义类编排的方法,后许慎《说文解字》中使用540部的编排方法,开创了我国部首编排法的先河。齐梁以来四声的发现、声韵的分别,更是为辞书的编排提供了新思路,学者们开始按声韵顺序来编排辞书,方便了读者的查检。所以魏晋以来,作为辞书主要组成部分的编排与检索也逐步成为古代辞书评论关注的主要内容,主要包括两方面。

1. 编排要严密系统

《说文解字》之前的字典辞书,如《仓颉篇》《急就篇》《尔雅》等在编排体例上多采取按名物义类分类的方法。但因每个时期事物的发展与人们对事物的认识往往会有很大不同,所以按义类作出的划分，往往很难"究备"，影响了其系统性的形成，因此后世辞书如《广雅》《骈字类编》《佩文韵府》等，虽不断对义类编排进行改进，但其自身存在的一些局限却仍无法避免。

自从许慎继承《急就篇》等字书"分别部居不杂厕"的思想，开创了以部首为纲对汉字进行编排的方法，并在部首内部按照"据形系联"的原则来编次汉字，不仅使辞书的编排更加系统，也给人们检索汉字和了解字义带来了便利。对此后人予以很高的评价，如颜之推称赞"许慎检以六文，贯以部分，使不得误，误则觉之"（《颜氏家训·书证》）。江式肯定"（《说文解字》）可谓类聚群分，杂而不越，文质彬彬，最可得而论也"（《进古今文字表》）。《说文解字四库提要》中也称赞《说文解字》"推究六书之义，分部类从，至为精密"。段玉裁则总结性地评价道："（《说文解字》）五百四十字可以统摄天下古今之字。此前古未有之书，许君之所独创。若网在纲，如裘挈领；讨原以纳流，执要以说详。与《史籀篇》《仓颉篇》《凡将篇》乱杂无章之体例不可以道里计。"[①]正因此许慎开创的部首编排法不仅为后来历代辞书所承袭，并得以不断地革新。如顾野王的《玉篇》在承袭许书始"一"终"亥"编排原则的基础上做出了较大改动，在据形系联原则的指导下，"将意义相关的部首组合在一起分卷编排"，"形成了'卷'→'部'→'字'三级分层制控的部首排列系统"。[②]

宋元以后，辞书编排的科学系统性更成为辞书编纂者的自觉追求。如《类篇·序》中就指出（辞书编排）"有以待之，则千万（字头）若一"，开始主动寻求科学合理的辞书编排方法。明清时期，随着辞书实用性的提高，更是展开了对各类辞书编排法的革新与开创，有力地促进了辞书编排的科学化、系统化进程，为后代辞书排检法的

---

① ［清］段玉裁：《说文解字注》，成都：成都古籍书店，1981年。
② 邹酆：《中国辞书学史概略》，武汉：湖北人民出版社，2006年，第63—64页。

成熟奠定了基础。

2. 检索要简便易查

随着辞书实用性、通俗性的加强，辞书的查阅功能也逐渐凸显，辞书检索的便利与否自然成为辞书评价的重要内容。文字的不断发展，推动了汉字部首和形体的变化。许慎时代以篆书为标准字体归纳出来的五百四十部经过文字的隶定楷化之后，表现出了明显的不适应性。所以连宋代著名的文字学家徐铉都慨叹"（《说文解字》）偏旁奥秘，不可意知，寻求一字，往往终卷"（《说文解字韵谱·序》）。有感于"（以往字书）难用寻求，易生疑惑"（《玉篇·序》）的弊端，南朝梁顾野王对《玉篇》的编排进行了改进，但仍存在着许多不足，所以韩道升在《重编改并五音篇·序》中批评它"部目""文繁"；《康熙字典四库提要》也指出其"字无次序，亦难检阅"。从这些评论中我们可以看出，不断提高辞书检索的便利性已经成为各代辞书编者和使用者的共同追求。

齐梁以来，汉语中四声的发现、声韵的分别，不但为辞书的编排提供了新的方法，而且更便于检索。如徐锴的《说文解字韵谱》就鉴于《说文解字》查检的不便，采取以四声分部，编次成书的方式，以期达到"特取便检阅"的目的。其他的辞书，如《干禄字书》《龙龛手鉴》《复古编》等也都为了适应检索的需要，开始在部首编排的基础上兼采四声或韵部编排的方式。自 12 世纪 80 年代，金代王与秘的《五音篇海》中最先将《玉篇》的单字"区其画段"按笔画数序重新编排以后，笔画编排成为后来辞书都加以效仿的做法。韩道昭根据《五音篇海》改编而成的《五音增改并类聚四声篇海》中甚至尝试了同时融合汉字的形与音的编排方式，即"部属字用笔画数序排列，而部首字却用三十六字母和四声排列"[①]，虽然其"改

---

① 忌浮：《字典史上的一块丰碑——〈四声篇海〉》，《辞书研究》，1987 年第 1 期。

《玉篇》归于五音，逐三十六字母之中，取字最为绝妙。此法新行，惊儒动众"（韩道升《篇海·序》）。但实际却并不成功，造成了混乱，受到了梅鼎祚的批评："本末横决，翻拾棘艰"（《字汇·序》）。由于当时一般人音韵知识的缺乏，对音序检字法不是很习惯，使其易查易检的功能大打折扣，所以梅膺祚批评"《篇海》以字音为序，每苦检阅之烦"（《字汇·凡例》），为了增加辞书查检的便利性，他创造性地进一步简化了《说文解字》以来字典的部首，将其减并为 214 部，并按笔画多少编排汉字，极大地方便了读者的检索。所以其兄梅鼎祚在比较《说文解字》《玉篇》《篇海》等辞书编排的基础上，称赞《字汇》完全按笔画多少排列汉字的做法，为前所未有之创举。《康熙字典》也称赞"《字汇》《正字通》悉从今体，改并成书"，分部虽不及《说文解字》《玉篇》精密，但"总在便于查阅"，并进一步提出不仅要便于检阅，还要做到"义有指归，不失古人制字之意"（《康熙字典四库提要》），即在从形分类的前提下，还要适当考虑义类之所归。另外，《康熙字典》把不易辨识部首的疑难字，按笔画顺序汇编成《检字》，作为附录置于卷首的做法，"也是对方便读者的查检"①，重视辞书检索便利性的表现。

总之，古代的辞书编排无论是以"据形系联"为主，还是以"以义相从"为主；无论是单用部首编排，还是部首、声韵兼顾，编排的科学系统、检索的简易便利一直都是辞书编纂时坚持的主要原则，也是辞书评论者评判辞书质量的重要标准。这些认识也一直影响到后来辞书的排检，成为后来辞书学习的榜样。

（三）关于古代汉语辞书释义的评论标准

释义是辞书的主要组成部分，一部辞书释义的好坏决定了辞书的质量，所以自魏晋以后辞书释义一直都是辞书评论非常关注的内容，

---

① 丰逢奉：《〈康熙字典〉编纂理论初探》，《辞书研究》，1988 年第 2 期。

主要关注点包括：

1. 释义准确不穿凿

辞书作为释疑解惑的工具，其释义首先要做到的就是准确，因为只有做到准确详细而不妄加穿凿才能提供辞书的质量保证。古人对辞书释义的评论也多是在此原则的指导下进行的，如《尔雅注提要》称赞郑樵"通其所可通，阙其所不可通。文似简略，而绝无穿凿附会之失，於说《尔雅》家为善本"。宋叶梦得批评《字说》"字多有义，遂一概以义取之"，"每至于穿凿附会"。宋晁公武在《郡斋书志》提到《字说》时说"元祐中言者指其揉杂释志，穿凿破碎，聋瞽学者，特禁绝之"。严可均则批评《尔雅新义》"率本《字说》，再加穿凿，幻境重重，至不可思议"（陆佃《尔雅新义》）。这些评价对我们今天辞书释义的影响是显而易见的。

2. 释义简练而明白

辞书的释义是否简洁明白，自古以来就是判断一部辞书好坏的一个重要质量标准，如张揖高度赞扬《尔雅》释义"文约而义固"（《上〈广雅〉表》）；颜之推赞《说文解字》"隐括有条例，剖析穷根源"（《颜氏家训·书证》）；江式称《说文解字》"类聚群分，杂而不越，文质彬彬，最可得而论也"（《进古今文字表》）；宋黄庭坚说《字说》"出入百家，语简而意深"；清邵晋涵表郭景纯《尔雅注》"能详其形声，辨其名实，词约而义博，事核而旨远"（《尔雅正义·序》），可以说都是对这一标准的集中反映。辞书要做到释义的简练，就需要对词义进行概括，因为只有经过概括的字义才能"语出而远应"，使词义的适用面更广，涵盖面更宽，而对于未经概括的"喋喋之辞"，是辞书释义时必须"慎之"的（《说文系传·错综》）。清段玉裁《说文解字注》"彻"字注下，对于传笺容许"各随文解之"，而辞书释义则"可以隐括"的论述，"是对我国历代辞书释义经验的集中提炼与科学整理，给近现代汉语辞书编纂提供了义项概括理论构

架的大致轮廓"。^①

但简练不等于简单，如果解释过于简单，让读者不能理解，也是高质量辞书所不允许的。对于《说文解字》中存在的释义过于简单的问题，徐铉曾批评："许慎注解，词简义奥，不可周知"（《进新校定〈说文〉表》）；《说文四库提要》也指出其"训诂简质，猝不易通"。可见释义既要简洁，又不可过于简单，给读者理解造成障碍，是古今辞书编纂的一个通识。

3. 义项收列丰富多样

古代辞书对于义项收列的认识经历了一个逐步发展的过程，《说文解字》中一般只收字的本义，间或收录一些别的意义。所以王念孙评论说："《说文解字》之训，首列制定之本意，而亦不废假借"（《说文解字注·序》）。到《玉篇》的释义已经比较详细，"不仅对每个字都进行释义、注音，还要求对每个字的多种意义都加以训释，并引书证加以证明"^②。孙愐鉴于《切韵》"然苦字少，复阙字义"，因此"辄罄搜闻，敢补遗阙，兼习诸书，具为训解，州县名号，亦据今时，字体从木从才，著彳著亻，施攵施攴，安尔安禾，并悉具言，庶无纰漏"，大大增加了《唐韵》释义的内容，而且对"一字数训"的情况，还提出了"执优而尸之，劣而副之"的处理办法（《唐韵·序》）；后来的辞书则在这些前编辞书的基础上进行了不断的调整和改进，不仅使辞书义项的收列更加丰富，对多义词义项排列的认识也更加科学。如《经籍籑诂·凡例》^③就明确提出了"以本义前列，其引申之义辗转相训者次之，名物、象数又次之"的义项排列方法。《康熙字典》也认为辞书的释义应注意概括有序，所以提出要将其所收义项按"年代先后"次第排列，以使"不致舛错倒置"（《康

---

① 邹酆:《中国辞书学史概略》，武汉：湖北人民出版社，2006 年，第 63—64 页。

② 刘叶秋:《中国字典史略》，北京：中华书局，2003 年。

③ ［清］阮元等:《经籍籑诂》，北京：中华书局，1982 年。

熙字典御制·序》)。

但是义项收列的丰富不等于繁杂,对此古代学者已有清醒的认识。如《重修玉篇四库提要》就批评《重修玉篇》的编者单纯追求注文的繁多,"以多为贵"的思想完全是"当时编纂之无识"的表现,由此可见辞书的优劣并不仅仅在于收列的义项是否繁多,解释是否繁复。集古代辞书之大成的《康熙字典》则既批评以前辞书"或字有数义而不详",认为辞书应多收义项,以使其释义"靡有遗逸","无一义之不详"。同时也批评《正字通》的音训存在"繁冗重复"之弊端,提出辞书释义应注意"详略得宜,不眩心目"(《康熙字典御制·序》)。这种编纂原则和思想对后来大型辞书的义项收列体例形成产生了直接影响。

4. 释义体例完善有序

明清以来,随着学者们开始对辞书释义体例的总结,辞书释义体例的有序与否也成为古代辞书评论关注的内容之一。如《埤雅四库提要》中评价《埤雅》的释义"大抵略於形状而详於名义。寻究偏旁,比附形声,务求其得名之所以然。又推而通贯诸经,曲证旁稽,假物理以明其义,中多引王安石《字说》"。王念孙《说文解字注·序》:"《说文解字》之训,首列制字之本意,而亦不废假借。凡言'一曰'及所引经类多有之。盖以广异闻、备多识,而不限于一隅也"。《康熙字典》对《正字通》异体字往往重复释义,徒占篇幅所做的批评,更是对古代辞书编纂体例的认识不断成熟的表现。

辞书释义体例的完善与释义的质量是息息相关的,二者决不可偏废,所以李慈铭在称赞《文字蒙求》"说解务取简要,多有异于许君者,篆亦间取钟鼎,体例甚善,心得为多"的同时,又批评其"所说亦有臆决支离者"。[①]我国现代辞书释义体例的逐步完善和系统化,与

---

① [清]李慈铭:《越缦堂读书记》,北京:中华书局,2006年。

我国古代学者这些认识的指导作用是分不开的。

（四）关于古代汉语辞书注音的评论标准

我国古代辞书最初是不注音的，《方言》等辞书主要是"考名物之异同，而不显声读之是非"（《颜氏家训·音辞篇》）。后来许慎《说文解字》、刘熙《释名》开始以譬况、假借等方式对辞书进行注音。汉末以来反切的发明、四声的发现，则为辞书的注音提供了更加科学准确的方法。宋元以来，随着音韵学在语言文字研究中地位的不断上升，辞书中的注音也显得更加重要，引起了学者的普遍重视。古代辞书评论对辞书注音的评论标准主要包括以下几个方面。

1. 注音应准确明白

魏晋以来，反切大行于世，使人们逐渐认识到了辞书中譬况、假借等注音方法的缺陷。如颜之推就批评《说文解字》《释名》等采用的"内言外言，急言徐言，读若之类"的注音方法"益使人疑"（《颜氏家训·音辞》）。陆德明也指出"书音之用，本示童蒙，前儒或用假借字为音，更令学者疑昧"（《经典释文·条例》）。所以辞书注音的准确性、易识性要求，逐渐成为辞书编纂科学性的重要一环。

宋元以来的学者对辞书注音准确性的认识进一步提高，如戴侗曾在《六书通释》中开宗明义地提出："夫文，生于声音也"，辞书训释"求诸其声则得，求诸其文则惑"。到清《康熙字典》，对此认识则更加明确，如批评《正字通》因未解字母渊源，"以致帮、滂莫辨，晓、匣不分"，造成注音的不准确，以致"贻误后学，为害匪浅"。李光地《音韵阐微》批评"世传切韵之书，其用法繁而取音难"，并以北方官话为基础对反切进行了改革，也是对辞书注音准确性、科学性追求的表现。这些古代辞书注音原则和思想直接影响到了近现代辞书的编纂。

2. 注音体例渐趋完善

随着古代辞书注音方法的不断改进，注音体例得以不断完善。《说文解字》重在形义，注音主要采用谐声偏旁给形声字注音的方式，体例还不是很严谨。所以《康熙字典·御制序》中评论说："至汉许氏始有《说文解字》，然重义而略于音，故世谓汉儒识文字而不识子母。"北魏江式则在《进古今文字表》中第一次明确提出"音读楚夏之声，并逐字而注"的辞书注音体例，虽然他的《古今文字》最终没有编成，但他提出的注音思想却对后世辞书产生了积极影响。

唐陆德明在《经典释文·条例》中鉴于前编辞书"多不注音"，或因使用譬况等不太准确的注音方法"更令学者疑昧"，提出辞书注音要"众家别读，苟有所取，靡不毕书"，并将字音"标之于首"，以便"较然以求"的主张，同时又鉴于古辞书"全录经义全句，徒烦翰墨"的问题，提出"摘字为音"，即以字为单位，逐字注音释义的体例，为我国古代辞书注音体例的进步作出了突出贡献。《集韵·条例》则从理论上对辞书注音体例进行了总结："凡经典字有数读……今并论著，以椊群说"。

这些辞书注音思想到了《康熙字典》时代，尤其是随着对"开口闭口，音切迥殊。轻唇重唇，字母各别"，"切韵有类隔，通广诸门，最难猝辨"，"字有正音，又有转音"（《康熙字典·凡例》）等音切知识的深入了解，在对《正字通》等辞书注音不足之处批评的基础上，把其辞书注音体例完善为"每字之下，则先列《唐韵》《广韵》《集韵》《韵会》《正韵》之音。次训释其义，次列别音、别义，次列古音"（《康熙字典四库提要》）。不仅进一步继承了江式、陆德明等人逐字注音释义的思想，而且对字的别音、别义也采取了更加科学的处理方法，显示了我国古代辞书编纂注音体例的不断发展，为我国后世辞书编纂注音体例的进一步完善作出了贡献。

（五）关于古代汉语辞书例证的评论标准

对于辞书例证的使用，古代辞书评论关注的主要是辞书使用例证的原则以及所引例证是否广博等问题。

1. 引证体例完善

我国辞书引证体例随着学者对辞书引证重要性认识的加深，经历了一个逐步完善的过程，自从《说文解字》中明确提出"厥谊不昭，爰明以喻"（《说文解字·叙》）的引例原则后，辞书训释中通过引用书证加以补充说明成为辞书编纂的一个通识，比如孙愐就指出辞书编纂者应"考究史籍，广览群书"（《唐韵·序》），以从中找寻证明补充字义的证据。释道宣认为，辞书编纂只有做到"注释训解，援引群籍"，才能使义训做到"证据卓明"（《一切经音义（玄应）·释道宣序》）。邢昺《尔雅疏·叙》中则进一步指出"考案其事，必以经籍为宗"，强调了书证对字典释义的重要性。

正因为对引证重要性的认识，明清以来的学者开始不断地对辞书引证体例的完善与否进行关注，如段玉裁在给《说文解字》"昔"字条下作注时曾说："示部曰《逸周书》，此不言'逸'，或详或略，错见也"。虽然段玉裁不是从批评的角度对许慎前后所引书名不一致的情况进行说明，但是从中却可以看出《说文解字》的引证体例是不严密的。到《康熙字典》时对辞书的引证体例已有严格要求，如在批评"《正字通》援引诸书，不载篇名。考之古本，讹传甚多"的基础上，提出辞书的引证应"俱穷流溯源，备载某书某篇，根据确凿"，而且把引证体例完善为每字音义"均引证旧典，详其始末，不使一语无稽"（《康熙字典四库提要》）。古代学者对辞书引证体例的这些认识为我们今天辞书引证体例的进一步完善奠定了坚实基础。

2. 引例博而不杂

由于认识到例证对辞书训释的重要性，辞书引证是否广博也是古代辞书评论所关注的，如清李富孙评价《说文解字》："依据旧艺，博访通识，搜啧究微，保氏六书之恉赖以仅存。……叙篆文合以古籀，又颇采司马相如、刘歆、扬雄等说，咸信而有证，犹得见三代制作之原，厥功伟矣"，所以为"千载字学之祖"（《说文辨字正俗·自叙》）。

宋陈振孙评价徐铉《说文解字系传》"援引精博，小学家未有能及之者"，都对辞书中引证的精确广博作出了高度评价。《康熙字典》编纂所追求的"切音解义，一本《说文解字》《玉篇》，兼用《广韵》《集韵》《韵会》《正韵》，其余字书一音一义之可采者，靡有遗逸。至诸书引证未备者，则自经、史、百子以及汉、晋、唐、宋、元、明以来诗人文士所述，莫不旁罗博证，使有依据"的思想更是我国古代辞书编纂对辞书例证广博性追求的体现。

但辞书引证广博不等于芜杂，对此古代学者也多有论述，如《四库总目提要》中评论《埤雅》"诠释诸经，颇据古义。其所援引，多今所未见之书。……谓之驳杂则可，要不能不谓之博奥也"，虽称赞了其引证的"博奥"，同时也指出了其存在"驳杂"的弊端。而其对《正字通》的批评："其书视梅膺祚《字汇》，考据稍博，然徵引繁芜，颇多舛驳"，则更体现了这一认识。所以，引证广博但不芜杂是我国古代辞书编纂理论的一个重要方面，同时也是评价古代辞书例证质量的一个重要标准。

（六）关于古代汉语辞书附录的评论标准

古代辞书中附录出现的时间相对较晚，对辞书附录的评价内容不是很多，对字典附录最早的评论见于《龙龛手鉴·释智光序》："《五音图式》附于后，庶力省功倍，垂益于无穷者矣。"这即是说辞书的附录能够大大节省查检者的精力和时间，给辞书使用者带来无穷的益处。今人丰逢奉提到，徐锴在《说文解字系传·系述》中也曾"通过阐发设置附件的目的，间接地论述了各种附录在字典中各司所能、各尽其责的问题"[①]。

明清以后，对辞书附录的评论逐渐增多，如《四库总目提要》评《复古编》："下卷入声之后附录《辨证》六篇，……皆剖析毫，至为精

---

① 丰逢奉：《宋元字典编纂理论扫描》，《辞书研究》，1992 年第 4 期。

密"；评《重修玉篇》"卷末所附沙门神珙《五音声论》及《四声五音九弄反纽图》，为言等韵者所祖"，皆指出了所评辞书的附录内容，并对其质量做出了高度评价。清俞樾则批评宋李从周《字通》"所附纠正俗书八十二字，如'衣裳'必作'衣常'，'添减'必作'沾减'，……不免于好古而泥矣"（《春在堂全书》）。

由以上分析可以看出，古代辞书附录本身就是为补充辞书正文的不足或提高辞书的使用价值而出现的，所以对其评论也主要是围绕质量怎样、是否有利于辞书的使用而展开的。《康熙字典·凡例》对那些"考之古而无徵，用之今而多骇"的生僻字和不可施用之字，采取了"别为附录（殿以《补遗》《备考》各一卷），等诸外篇"的办法，则是对辞书附录作用充分认识的结果。这些都对我们后世辞书设置附录的做法产生了直接的影响。

（七）关于古代汉语辞书地位与作用的评论标准

1. 有利于经学的研究

古代小学属于经学的研究范畴，很多辞书编纂的直接目的就是为经学服务的，所以辞书是否对通释经义或解读经书起到应有的作用，必然成为古代辞书评论首要关注的内容。

汉朝统治者罢黜百家，独尊儒术。经学的地位不断提高，而能"解古今语"的《尔雅》也被认为是经学的羽翼。如东汉王充称"《尔雅》之书，五经之训诂，儒者所供观察也"（《论衡》）。张揖称赞："（《尔雅》）真七经之检度"，"儒林之楷素也"（《上〈广雅〉表》）。陆德明《经典释文·条例》说："《尔雅》之作，本释《五经》。"清黄以周《尔雅释例序》："《尔雅》明，群经亦可治。"对于《说文解字》解读经书的意义，古人也多有论述，如孙星衍《重刊宋本〈说文〉序》："唐虞三代五经文字，毁于暴秦，而存于《说文解字》。《说文解字》不作，几于不知六义，六义不通，唐虞三代古文不可复识，五经不得其解。"

2.有益于促进小学和语言文字学的发展

虽然古代辞书很多都为解读经书服务的，但辞书的编纂同时也是语言学发展到一定阶段的产物，所以辞书的编纂和进步在客观上也反映和促进了古代小学和语言学的发展和进步。如唐张参《五经文字·序例》："《说文解字》体包古今，先得六书之要"；元李文仲《字鉴·自序》："体包古今，首得六书之要；其于字学，处《说文解字》之先者，非《说文解字》无以明；处《说文解字》之后者，非《说文解字》无以法"；清李富孙《说文辨字正俗·自叙》："许祭酒《说文解字》一书为千载字学之祖。依据旧艺，博访通识，搜啧究微，保氏六书之怙赖以仅存"，都高度评价了《说文解字》对六书理论的继承与发展。段玉裁《说文解字注》中更是高度概括了《说文解字》对小学的贡献："许以九千三百五十三文当《尔雅》《史籀篇》《仓颉篇》之字形，以每字之义当《尔雅》《仓颉传》《仓颉故》之训释；以'象某形''从某形''从某声'说其形，以'某声''读若某'说其音，二者补古人所未备。其书以形为主，经之为五百四十部，以义纬之，又以音纬之。后儒苟取其义之相同相近者，各比其类为一书，其条理精密甚于《尔雅》远矣。后儒苟各类其同声者，介以三百篇古音之部分，如是为一书，固秦汉之韵具在此矣。"其他如王念孙对《广雅》保存先秦两汉古义方面的肯定；[1]李慈铭对《文字蒙求》童蒙教学、研读《说文解字》作用的赞赏；周中孚对《康熙字典》"集古今小学之大成，垂昭代同文之至治"地位的推崇等，都是对辞书在推动小学、语言学的进步以及辞书在语言学史上地位的肯定。

3.有助于人类知识和文明的传播

古代辞书收录的内容非常广泛，不仅促进了经学和语言学的发展，对整个人类知识和文明的传播也起到了不可替代的作用，古代辞

---

① ［清］王念孙:《广雅疏证·序》，南京：江苏古籍出版社，1984年影印版，第1页。

书评论对此也多有提及。如张揖称《尔雅》为"学问之阶路"，郭璞则说其"诚九流之津涉，六艺之钤键，学览者之潭奥，摛翰者之华苑也。若乃可以博物不惑，多识于鸟兽草木之名者，莫近于《尔雅》"（《尔雅注·序》）。《晋书·蔡谟传》中记载说蔡谟初到江南，误食蟛蜞以为蟹子，谢尚因笑之曰："卿读《尔雅》不熟，几为劝学死"，则从侧面证明了《尔雅》对丰富人们知识的重要性。颜之推《颜氏家训·勉学》中说："夫学者贵能博闻也。郡国山川，官位姓族，衣服饮食，器皿制度，皆欲根寻，得其原本"，而要做到这些，离开了《说文解字》《尔雅》等辞书是很难做到的。

三、小结

通过以上对我国古代辞书评论内容和评论标准各方面的梳理，我们可以看出我国古代汉语辞书评论主要有以下特点：

1. 历史悠久，形式多样。我国近两千年的辞书评论史几乎全为古代辞书评论所占据，在这悠久的历史中我国出现了各种体裁的辞书评论，既有书表式，又有序跋式，也有书信式、读书笔记式、书目提要式，以及问答式、批注式、语录式等多种多样的辞书评论。

2. 评多论少，注重实用。由于受语言文字研究为经学服务意识的影响，古代学者对辞书的评论多关注其在经学研究方面的实用价值而非辞书学本身的理论总结。而且多评而少论，往往以一句或几句非常抽象的话对辞书做出评论，很少进行具体的分析阐述，理论上的概括则更是少而又少。

3. 评论语言精深，书卷味浓。由于受社会发展条件的限制，我国古代的辞书评论主要局限于文人雅士阶层。由于他们知识渊博，学问高深，对辞书评论的用语也多比较典雅精辟，颇具书卷意味。如郭璞对《尔雅》的评价语："诚九流之津涉，六艺之钤键，学览者之潭奥，摛翰者之华苑也"（《尔雅注·序》），就颇为典雅。

总之，通过以上对我国古代汉语辞书评论特点的分析，可以看出我国古代汉语辞书评论虽然在很多方面都有它的优点和长处，但仍存在很多的不足，仍处在我国辞书评论的萌芽开创期。认识到这一点，将会加深我们对古代汉语辞书评论的理解，对我们进一步分析和总结我国古代辞书编纂理论的精华，并在今后的辞书编纂理论和实践中加以辩证地借鉴和吸收产生积极的指导意义。

第三节　自觉与进步——我国近现代汉语辞书评论

一、我国近现代汉语辞书评论简况

自清末以来，社会政治经济的巨大变革以及西学东渐等潮流的影响，进一步解放了人们的思想，激起了人们学习先进科学知识的热情。我国传统辞书逐渐不能满足人们新时代的学习要求，于是"在较为新型、科学的辞书理论和现代语言学理论的指导下，开始了从古代向近代的转变"[①]，与之密切相关的辞书评论也随之开始了从古代向近代的转型，其标志就是完整而有一定系统性的论文式辞书评论的发表。

具体的如 1912 年蔡元培《新字典·序》（《东方杂志》1912 年 9 卷 5 期）；1915 年陆尔奎《〈辞源〉说略》（《东方杂志》12 卷 4 期），陆费逵《中华大字典·序》（《东方杂志》1 卷 1、2、3 期），檞魂《书〈康熙字典〉后》（《大中华杂志》1 卷 5 期）；1918 年沈兼士《新文学与新字典》（《新青年》2 期），特别是 1922 年白熊的《看了周铭三先生底国语词典之后》（《国语月刊》第 1 卷第 9 期）这篇论文更是"实现了我国辞书评论由古代向近代的转变"[②]。

---

① 　高兴:《我国古代辞书向现代辞书的转变》,《安徽大学学报》(哲学社会科学版),1996 年第 2 期。

② 　高兴:《论我国辞书评论的历史及现状》,《辞书研究》,1997 年第 4 期。

到了 20 世纪三四十年代，这类评论的发表就更多了。如钱玄同《辞通·序》（《师大月刊》1934 年第 10 期），张守白《中国字典通论》（《大学杂志》1934 年第 1 卷第 6 期），杜明甫《评朱起凤〈辞通〉上册》（《图书季刊》1934 年 1 卷 2 期）、《再评辞通》（《大公报》天津版 1934 年 12 月 15 日），黎锦熙《辞海·序》（《世界日报》北平版 1936 年 11 月 21 日），纪洙《评"国难后第六版"的〈王云五大辞典〉》（《益世报》1937 年 4 月 22 日），王文泰《字典和辞典利用法》（《图书展望》1937 年第 2 卷第 5 期），黄季刚《论〈康熙字典〉之非》（《制言》1937 年第 40 期），戆生《评〈辞海〉》（《中国公论》1939 年 1 卷 2 期》，王力《理想的字典》（《国文月刊》1945 年第 33 期），高名《国语辞典论评》（《大公报》天津版 1947 年 6 月 6 日），徐一士、孙崇义等《答高名君〈国语辞典论评〉》（《华北日报》北平版 1947 年 8 月 14 日），洪焕椿《读书治学的工具书——字典和词典》（《读书通讯》1948 年第 150 期）等。

特别值得提到的是王力《理想的字典》和洪焕椿《读书治学的工具书——字典和词典》两篇文章的发表，进一步表明我国辞书评论已经完成从古代向近代的转型，进入了成型自觉的发展阶段。

新中国成立后，作为图书评论重要一环的辞书评论得到相当的重视，组织性也得以加强。1950 年 4 月 5 日，《人民日报》创设了"图书评论"专栏，并发表了长风、王诚的《评几本辞典》，对当时出版的三部辞书（即北新书局出版的《新知识辞典》和《新知识辞典续编》、春明书店出版的《新名词辞典》）进行了切中肯綮的评论。1951年，出版总署、新闻总署还联合发出了《关于全国报纸期刊均应建立图书评论工作》的指示。1954 年 7 月，中共中央宣传部又发出《关于加强报纸杂志上的图书评论》的指示。党和政府的这些举措有力地推动了新时期辞书评论工作的进步。这一时期还以《中国语文》等杂志为主要阵地，评论和介绍了一系列的汉语辞书，如周祖谟《〈新华字典〉评介》(《中国语文》1954 年第 1 期)，郑奠等《中型现代汉语词典编纂法》(《中国语文》1956 年第 7—9 期)，王士襄《对〈中型现代汉语词典编纂法〉的意见》(《中国语文》1957 年第 3 期)，中国科学院语言研究所词典编辑室《〈现代汉语词典〉凡例和样稿》(《中国语文》1958 年第 9 期)，管燮初《评〈学生字典〉关于复词的处理》(《中国语文》1960 年第 1 期)，张涤华《论〈康熙字典〉》(《江淮学刊》1962 年第 1—2 期) 等，有力地促进了我国现代汉语辞书编纂事业的进步和发展。

然而"文革"中，我国的辞书编纂工作几近停滞，辞书评论的写作和发表更是少之又少，只有虞斌《评〈现代汉语词典〉(重印本)》(《北京大学学报》(哲社版) 1974 年第 3 期)，商群《工具书"超阶级"论的破产——再评〈现代汉语词典〉》(《教育革命通讯》1974 年第 9 期) 等为数不多的几篇。

二、我国近现代汉语辞书评论的内容和标准

近现代以来，应社会发展的迫切需要，一些学者在继承中国传统辞书编纂优良传统和吸收借鉴外国编纂经验的基础上，编纂了一系列在中国辞书史产生重要影响的辞书，如《中华大字典》《辞源》《辞海》《国语辞典》《新华字典》《现代汉语词典》等，并以这些辞书的编纂为基础，运用当时新的语言学理论和辞书学理论对辞书各个方面的原则和标准进行了系统的论述，不仅为后来辞书编纂提供了有益的借鉴，也对辞书编纂理论的总结做出了突出的贡献。

（一）关于近现代汉语辞书收词立目的评论标准

1. 在广收字词的基础上，追求实用

广收字词，特别是新字词，既是这一时期辞书服务读者、追求实用的主要表现之一，也是学者对辞书评论时参照的一个重要标准。清末以来，随着西学东渐潮流的不断影响，我国的科学文化发展取得了

很大的进步，出现了很多科技新词和外来词及翻译用字，而我国原有的辞书，如《康熙字典》因其收词的局限，已经不能满足人们学习新的科学知识的需要，蔡元培因此批评其"行世已二百余年，未加增改，不特科学界新出之字，概未收入，即市井通用者，亦间或不具"（《新字典·序》）。因此在广收字词思想的指导下，《中华大字典》《辞源》《辞海》等辞书都开始广泛收录当时社会新出的字词。《辞海》的编纂者提出了"自当体察用者之需要，恰如其所需以予之"（《辞海·编辑大纲·要旨》）的收词原则。丁宵汉《辞源简评》中一方面称赞《辞源》中既"包含了中国经典中最古的名辞；同时又掇取欧美日本诸国舶来的各种科学上的术语"，适应了当时社会发展的需要，为中国读书界"正式的开了一条新辞书的路"。另一方面批评其对新名词的收录并不十分广泛，还存在不足，"连许多应知道的最普通的新名辞也摈弃了"，甚至有些"重要的旧名辞"也未加收录。

　　辞书收词注重实用性的另一表现，是"正俗兼收"原则的确立。如《中华大字典·凡例》中明确提出了"除正文本字外，其籀古省或俗伪诸字，并皆甄录"的编纂原则，在《康熙字典》的基础上纠缪补缺，扩大了收词范围，出版后受到当时教育界和学术界的称道，被誉为"古今之字，靡不赅载""现在唯一之字书""近世未有之作"（《中华大字典·叙六》）。虽不免过誉，但就某些新字和俗字的查阅来说，"确实比当时许多其他的字典更具有实用价值"[①]。在正俗兼收思想的指导下，《辞海》不仅从书刊报纸中大量收录当时出现的新词新语，而且也开始收录古代白话戏曲、小说中的俗词俗语，这是近代辞书的进步之处，正如黎锦熙所评价的："常俗用字，每为旧时字书所不屑道，近今辞典偶道之而不能探其源，……现在读《元曲选》或《水浒》等旧白话小说的，从此才算有了辞典可查。《辞海》总算能担负起一部

---

① 杨文全：《近百年的中国汉语语文辞书》，成都：巴蜀书社，2000年。

分的任务了。"(《辞海·序》)

2. 对辞书收录内容和单位的重视

近现代以来，语言学的快速发展，使人们对各种语言单位的分类更加详细，也更加准确，这对汉语辞书，特别是语文辞书的收词和类型划分问题产生了直接影响，也为辞书评论提供了新的理论依据。

汉语中字、词、语的区分，"词"观念的建立对辞书收词产生了直接影响。20 世纪 20 年代以来，随着汉语书面语形式发生的巨大变化以及国外语言学研究的影响，学者们更加注意到汉语字、词的不一致，比如黎锦熙就曾明确提出"必须从国语的本质上找出我们语言中表示整个观念的真正单位来"，而不能"一味率循旧章，把一个一个方块的单字，比照他们（西方）的 words，……来解决（汉语）的基本词汇问题"。[①] 这种认识很快就在辞书编纂和评论中得以体现，如辞书编纂主要表现为单字字头下兼列复音词体例的创立，如《中华大字典》"志"字头下兼释"志士""远志"的意义，"丈"字头下兼释"丈人""方丈""岳丈"等复音词的意义。评论方面如 1922 年白熊（《看了周铭三先生底国语词典之后》）就批评《国语词典》的收词与书名不符："既称了国语词典，当然不同字典一样，而里面应该都是通用的词类；即使有多少成语，也不过是附带条件，不属于正项，不料这本书里面所收入的多是语句；单个儿独立的复音词和单音词，全书里不到二分之一。"高名在《国语辞典论评》一文中批评古代以《说文解字》为代表的字典辞书，因不顾复音词的存在，以单字为字头的做法，"湮灭了许多的古代语词"，指出这"也许也是我国辞典产生不出来的主要原因"，对《国语辞典》以词位收列单位的做法进行了肯定。30 年代，郭后觉认为："就在白话文通行以后，一般人还打破不了这种（拿一个个方块字作观念的单位）传统观念，所以所谓的国音、国

---

① 黎锦熙：《国语中基本语词的统计研究》，《国文学会丛刊》，1922 年 1 卷 1 号。

语字典，内容多是一个个的单音字"①，对当时辞书的收词提出了批评。叶籁士则在《谈字典》一文中明确提出了词典"要不用字作单位，而用词儿作单位"的原则。

进入 50 年代以来，随着对"词"认识的不断深入，"一些学者开始明确提出要树立词的观念的看法"②。如 1953 年王力指出"至于汉语，它一向不是用拼音文字的，咱们用的是'字典'而不是'词典'。书报上没有用词连写的办法，一般大众对于词儿的概念是很模糊的"。所以"要把词的概念建立起来"，并提出应区分词和仂语的界限，认为二者的区分，"对于语法、词典和拼音汉字都毫无害处"，而且会"便于词典收词"。③ 词本位思想的逐步确立直接影响了辞书的编纂和收词，如《新华字典》（1954 年）的凡例中就指出其编写的目的"主要是想让读者利用这本字典，对祖国语文的词汇能得到正确的理解，并且知道词汇现代化和规范化的用法，在书面上和口头上都能正确地运用"。周祖谟在《〈新华字典〉评介》一文中高度赞扬了其收词理念，并明确提出了应在字词典中"建立'词'的观念"的理论主张。④ 孙崇义在《关于词典的选词工作》一文中也提出"要突破方块字的局限，树立起从语言出发的词本位观念"⑤。1956 年，国务院责成社科院语言所编纂《现代汉语词典》时，"以'词'为单位，不以汉字为单位"，从"词"的观念出发选词收词，已成为词典编纂直接理论原则和指导方法。

语言学中对汉语词汇构成内容研究的不断深入，也给辞书的编纂和评论提供了新的指导。如词汇学研究中共同语、方言、古语、外来

① 参见《中国新语文的"词"底问题》，《语文》，1937 年 1 卷 3 期。
② 周荐：《汉语词汇研究百年史》，北京：外语教学与研究出版社，2006 年。
③ 王力：《词和仂语的界限问题》，《中国语文》，1953 年第 9 期。
④ 参见《中国语文》，1954 年第 4 期。
⑤ 参见《中国语文》，1955 年第 12 期。

语等的区分，使辞书的类型更加多样化，辞书编纂者在根据辞书编纂宗旨收词时的范围也更为明确。在这些认识的基础上，须尊在《国语大辞典之楷模》中批评《康熙字典》"包罗不得谓不广博，但是徒有生死不明的语言若千万，不如《小字典》一部中之数千活言语可以放心运用"，并在借鉴西方辞书编纂经验的基础上提出"国语范围决不能限于谈话语、里俗语，国语大辞典实可以概括一国所有之有活生命的言语与有其历史性的言语"。《辞海》1936 年版《编辑大纲》中，能比较系统地论述《辞海》兼收普通词语和专科词语的收词原则，也与词汇学研究的进步息息相关。新中国成立后，语言学特别是词汇学研究的进展，都对汉语语文辞书的编纂起到了极大的促进作用。如郑奠等《中型现代汉语词典编纂法》中提出的"以普通话词汇为主"[①]，兼收相关文言、方言与外来词的收词标准，就是对词汇学研究成果的积极运用。

3. 对收词体例系统性的要求

辞书编纂理论的不断总结和成熟，使辞书的收词体例得以不断的完善，辞书编纂中对辞书收词体例完善的要求也越来越高。

如白熊就批评《国语词典》的收词不够系统全面，包括：（一）这部有，而那部里没有的，如："一"部有［一张床］［一句话］——而"二""三"部则没有；（二）有了这一面而没有那一面的，如：有了［大不大］，而没有［小不小］；有了［更多］，而没有［更大］［更好］；（三）普通的词语没有，如：［不］［不错］等。这对我们今天的辞书编纂产生了直接影响，比如"见词明义"的词收不收，收词的平衡性等问题。另外，白熊还指出《国语词典》存在"注解里的词类没有另列的"的毛病，"如【上车】，解作登车，而【登车】又没有"（《看了周铭三先生底国语词典之后》）。檩魂也曾批评《康熙字典》"又有义证

---

① 参见《中国语文》，1956 年第 7 期。

引用之字而正文不收令阅者无由得其音义者"(《书〈康熙字典〉后》）。可见，近现代时期，虽然还没有收词的"闭环性"这一概念，但对这方面的认识却是早已存在的。

新中国成立之初，郑奠等结合计划中的《现代汉语词典》编纂，对收词立目作了理论表述，确立了"以普通话词汇为主"（兼收相关文言、方言与外来词），以"词"为主（兼收词素、词组、成语）的收词标准，并草拟了复词、儿化词选收，词的定型，词目确立等编纂原则。这些阐论，"为汉语词典收词论的建立起到了培土扶本的作用"①。

（二）关于近现代汉语辞书释义的评论标准

释义水平是判断辞书优劣最主要的评论标准之一。近代以来，随着现代词汇语义学的进步，改进辞书的义训系统，创立现代辞书的释义模式成为这时期辞书释义的主要追求。学者们在批评《康熙字典》"解释欠详确"，"讹误甚多"（《中华大字典·序》）；释义多"直录古代字书"，不周乎世用，不合乎学理，且多"正名百物，不求甚解"（蔡元培《新字典·序》）的基础上，开始主张建立更加科学有据、义例相合、层次分明的辞书释义模式。

1. 对义项收列的关注

首先是义项的收列是否全面，丁宵汉先生指出"一个名辞，每有几个不同的解释，以一义而赅括一切，固不可；以用于表甲辞之义而释乙辞则尤有未当。故在辞书之中，关于名辞之诠释，最好应多列辞义，繁举例证"（《辞源简评》）。这样才不会出现陆费逵所说的"人之怀疑而来者，原因不同，若所疑在此，所释在彼，则负阅者之意，无异有问不答，或答非所问"（《中华大字典·序》）的问题，并在这种评论原则的指导下批评《辞源》"辞义太简，例证寥寥"（《辞源

_____

① 邹酆:《近百年来汉语词典编纂法研究的新发展》,《辞书研究》, 1999 年第 5 期。

简评》)。

其次是义项的排列是否明晰，为了实现辞书不仅要尽可能地多收义项，而且避免"旧字书往往迭列数义，类引诸证，抄纂连篇，卒难截取"的弊端，《中华大字典》还开创了"每字诸义，分条列证"，并"依次编数"，以"不相混函"的义项排列方式（《中华大字典·凡例》）。与《康熙字典》等字书一字多义的编纂方式相比，义项间的条理显得更加清晰，"开创了现代辞书义项排列的新范例"。①

最后是义项历时顺序排列的提出，王力在《理想的字典》中指出，虽然"近代字书在释义上取得了很大的进步，但存在着两个最大的缺点"，其一就是"古今字义杂揉"，并提出理想的字典释义应是可以"明字义挚乳"，"分时代先后"的，王先生这一思想的提出为现当代辞书特别是大型语文辞书的义项排列理论和实践产生了直接的影响。

2. 对释义水平的关注

首先，释义是否简洁明白。辞书的释义追求简洁明白，是中国辞书编纂的优良传统。近现代辞书编纂对此加以传承，而且认识更加深刻。如 1915 年，陆尔奎在《辞源说略》中就明确提出"辞书注释，必须以简明为主"。1922 年，白熊在《看了周铭三先生底国语词典之后》一文中则通过举例批评了《国语词典》释义的不足，其中就包括释义用词难于被释词、解释得太过文言、不易于理解等方面。

其次，释义是否科学准确。辞书的释义担负着为读者释疑解惑的重要任务，所以辞书释义的准确与否，将直接影响辞书的质量。释义的准确性是辞书评论关注的主要内容之一，近现代辞书在大量吸收语言学理论成果的基础上，在释义的准确性上取得了很大的进步。但正如王力指出的，近代字书在释义上的第二个最大的缺点就是"以一字释一字，其结果是注释不确，或出现'互训'或'递训'的毛病"

① 杨文全:《近百年的中国汉语语文辞书》，成都：巴蜀书社，2000 年。

（《理想的字典》）。所以，辞书释义的准确性是辞书编纂一直追求的目标。

第三，随着辞书编纂的不断进步，学者们对辞书释义体例也更为关注。如丁宵汉批评《辞源》释义存在"该诠释而不诠释"的弊端（《辞源简评》）。白熊则指出《国语词典》的释义中存在"解等于不解""解而不像解"的不足（《看了周铭三先生底国语词典之后》）。40年代，王力先生《理想的字典》一文，更是对自《说文解字》到《康熙字典》再到《辞源》等辞书释义的成败做了综述性的评论，王先生认为古代字书（《说文解字》为代表）的释义存在着以下缺点：一是"文以载道"，有些字的解释完全不要定义，而以哲理去代替；二是滥用"声训"；三是注解中有被注的字；四是望文生义。近代字书在释义上取得了很大的进步，但存在着两个最大的缺点，一是古今字义杂揉；二是以一字释一字，其结果是注释不确，或出现"互训"或"递训"的毛病。所以理想的字典释义，应一是明字义孳乳；二是分时代先后；三是尽量以多字释一字。这些评析为建立现当代辞书科学的释义体例奠定了坚实的理论基础，充分显示了我国辞书释义理论的逐步成熟与进步。

20 世纪五六十年代，郑奠、孙德宣等学者对中型现代汉语词典编纂法的探讨，对辞书立项释义等问题的研究，为《现代汉语词典》以及后来语文辞书的科学释义，起了很好的指引作用。[①]

（三）关于近现代汉语辞书编排的评论标准

辞书编排检索的好坏直接影响辞书的质量。鉴于以往字书"体例不善，不便查检"（陆费逵，《中华大字典·序》）的弊端，辞书编排法成为近现代时期辞书界讨论的热门话题之一，并掀起了两次讨论的热潮。如何让辞书的编排更加合理，检索更加便捷，引起了人们的热切关注。

---

① 林玉山：《20 世纪的中国辞书研究》，《辞书研究》，2001 年第 1 期。

1. 对古代汉语辞书编排的全面总结

这一时期人们首先对以往字典辞书编排的优缺点进行了总结和评论。如蔡元培概括古代辞书"按义排列的，有《尔雅》《广雅》中之《释诂》《释言》等篇，大抵适于记诵，而不适于检查"。"按声排列的，有《广韵》《集韵》以至最近通行之《佩文韵府》，清代有《经籍籑诂》，虽专为检查字义而设，然不熟于韵的，检查颇难"，而清《说文声类》《说文声系》《说文通训定声》等作，虽"为便于应用，然未习古韵的，检查也是不方便"。按形排列的字书，如《说文解字》《玉篇》《康熙字典》，"为探求字原起见，与按义、按声的差不多；若为检查便利起见，就差胜一筹。又专就按形排列的讲起来，为探求字原计，自然用《说文解字》；若为检查楷书计，却以《康熙字典》是一部不彻底的书"（蔡元培《四角号码检字法·序》）。高名也评论说："吾国字典向用部首为显序，以笔画之多少为检查之标准，而某字应隶某部，往往猝不易辨，笔画之计算，又时感困难。"（《国语辞典论评》）从中我们可以看出，在对古代辞书排检进行评论时，近现代学者关注的内容与古代辞书评论也基本一致，主要是编排方法的科学性和查检的便利性问题，而且把辞书查检的便利性放到了首要位置。

2. 对近现代汉语辞书编排法的新探索

在充分认识到以往字典辞书编排长处与不足的基础上，为了方便读者的查检，增强辞书的使用价值，近现代学者开始积极探索新的辞书编排检索方法。如王云五所创的四角号码检字法"变通永字八法的旧式，而归纳笔划为十种，仿照平上去入四声的圈发法，而以四角的笔画为准标，又仍用电报号码的形式，以十数代表十笔，而以〇兼代表无有笔画之角"，"这种勾心斗角的组织，真是巧妙极了"（蔡元培《四角号码检字法·序》）。对于林语堂所创制的汉字索引法，蔡元培称其"仿西文字母之例，立十九母笔，以为华文最小之分子；其两分子或三分子之接触，则更以交笔、接笔、离笔别之。而接笔之中，又别为内笔、外笔两类。以次为部，则无论何字，第取其最初三笔之异同，而准之以为先后"，并称赞："其明白简易，遂与西字之用字母相等；而检阅之速，亦与西文相等。苟以之应用于字典、辞书，及图书、名姓之记录，其足以节省吾人检字之时间，而增诸求学与治事者，其功效何可量哉？"（《汉字索引制·序》）

这些认识反映在辞书编纂中，则表现为新编辞书纷纷采用新的编排法，以使辞书的编排更加科学，方便读者的检索。如《中华大字典》虽沿用 214 个部首，但提出"同画数各部首字样，遇有意致可联属者，必令相蒙为次"，"两部并收之字今悉删正"，对于"旧字书收字，有义与本部无涉者"，也"分别移置，律从其类"。同时，为了弥补部首法之不足，还采取了"列新式检字一卷，不同偏旁部首，按字画数检之"的方法提高检索的便利性（详见《中华大字典·凡例》）。

而《国语辞典》为节省辞书使用者的时间，开始采用以注音符号之声母为纲，韵母为目的次第排列词目，同时为了方便不熟悉注音符号或想就字形检查音韵的使用者，还在书中附有部首检字表，以供参考。因此，高名称赞其为"可靠的工具"（《国语辞典论评》）。

（四）关于近现代汉语辞书注音的评论标准

1. 注音方法逐渐科学

近代时期辞书注音采用的方法主要有反切、直音、注音字母等。《辞源》《中华大字典》等多采用反切加直音的方法，虽比以往辞书的注音有所改进，但正如丁宵汉所说的，这两种注音的方法都有缺陷："第一种的缺陷有二：（1）反切之上下字如系生僻字则有困难；（2）读者非通音学，有时不能直接得音。第二种的缺陷也有两种：（1）所音之音只能相近，并不能完全如一；（2）所音之字往往比原字还难认"（《辞源简评》）。高名也指出："从来字书注音多用反切之法，不解音韵的学者，实不可辨；更以音有变迁，所切不协合于今，在应用上殊感扞格。"相比之下，民国时新出现的注音符号注音方式，则更为科学、简单、易记。所以高名对《国语辞典》采用注音符号的注音方法给予了高度赞扬，说其不但方便了读者的查阅，而且"抓住了语文工具书的要领，名副其实的推行了国音"(《国语辞典论评》)。新中国成立后，《汉语拼音方案》的颁布为辞书注音提供了更加科学准确的方法，并随着教育的普及成为后来辞书最为通行的注音方法。如《新华字典》作为一本供中小学文化程度读者使用的工具书，最初版本采用的是注音字母注音排序，《汉语拼音方案》公布后及时修订为拼音字母的音序本，适应了时代的发展和读者的需要。

2. 注音体例不断进步

注音方法是否科学对辞书很重要，注音体例的完善与否也是评价辞书质量优劣的重要标准之一，是辞书评论关注的主要对象。

近现代时期，辞书注音体例的进步主要体现在两个方面：一是对多音字注音方式的改进；二是开始给复音词加注读音。其中第一个方面的具体表现为，这时期的辞书不仅改变了过去辞书中在一个字头下同时罗列多个反切的做法，而且对多音字还开始采用分列字头分别注音的方式，注音体例更加科学。如《中华大字典》中"与"有四个读音，就分列四个字头分别注音；《辞源》"朝"有两个读音，则分别列出后再各加解释。《国语辞典》则不仅对多音义字进行了分列，而且还对那些因音义不同而不在一处的字进行了标识，并给出了其他音所在的页码，充分体现了我国近现代辞书编纂体例的进步与发展。

给辞书中复音词加注读音的体例经历了一个逐渐认识的过程，如作为新式词典的《辞源》《辞海》在注音时也"只给词头的单字注音，不注词头以下各复词的音读，仅个别的条目在注文里注明某字读某"。对此，高名批评道："一般辞典之注音，多停留于单字，而复词、成语中各字，除同有特别说明应读何音者外，率置不顾，阅者甚觉不便。"(《国语辞典论评》)而《国语辞典》一改以往辞书的注音方式，采用注音字母对各部各词逐字而注（旧入声及尖团等之分亦为罗列）的注音体例，开了"近代词典中注音改革的先导"，"对古代字书的反切作了一个突破"①。

20世纪50年代，正如郑奠等《中型现代汉语词典编纂法初稿》中提到的，辞书的编纂按国家颁布的汉语拼音、简化字等语文法规，以北京语音为准标注汉语拼音，并制定异读、方言、外来语、误读与变调等语音处理原则，为中小型汉语词典注音提供了理论依据②，使我国辞书注音体例走向了更加科学化的进程。

3. 注音准确性不断提高

注音方法的好坏和注音体例的完善与否将直接影响辞书注音的准确性。通过近现代学者对辞书的评论，我们可以看到，这时期的辞书编者在追求辞书注音准确性方面做出了应有的贡献。如《中华大字典》为追求注音的准确性，一改《康熙字典》"一字之下，罗列诸切"的注音方式，而采取"形体虽同，而音义并异者，另为一字，复列其次；其义同音异者，止列一字，兼存诸音；至叶韵……于古音今音皆无当，兹悉不录"（《中华大字典·凡例》）的注音方式，有效地简化了辞书的注音，增强了辞书注音的准确性与简明性。

再如《辞源》为了使其注音更为准确，单字注音全面改用李光地《音韵阐微》中的反切，陆尔奎因此评价其："音则悉从《音韵阐微》，改用今声，以其取音较易，而又为最近之韵书，不至如天读如汀，明读如茫，古音今音之相枘凿也"（《辞源说略》）。再如我们知道普通话（包括北京话）中两个或多个上声连读时，除最后一个音节声调不变外，其他的都变阳平，而这些在20世纪初早已成为人们的常识，所以白熊说"这是一个自然的定例"。那么辞书注音对此如何处理，也成为辞书评论关注的方面。白熊依据对语言中语音应如实描述

---

① 刘叶秋：《中国字典史略》，北京：中华书局，2003年。

② 邹酆：《近百年来汉语词典编纂法研究的新发展》，《辞书研究》，1999年第5期。

的原则，对《国语词典》"语句里凡是两个上声字连在一块儿的，仍是各点上声"（《看了周铭三先生底国语词典之后》）的做法进行了批评，也进一步显示了这个时期学者对辞书注音准确性的不断追求。

（五）关于近现代汉语辞书例证的评论标准

辞书中引用的例证在补充词义、说明词的用法等方面都会起到积极的作用。正如苏联语言学家契科巴娃曾说的："词义成为实际上可感觉到的，释义只是在下文中才是令人信服的，没有作为例证的成语，没有古文献的文字记载，词义一般会使人产生假的、牵强附会的、非真实的感觉"[①]，所以"引文是辞书中最重要的工夫，作者在从事编纂之际，应罗列群书，审慎的去作才是"（《辞源简评》）。近现代时期，辞书中以例证补充词语的释义已成为辞书编纂的共识，在此基础上，辞书例证的质量问题与体例的完善与否就成为辞书评论者考察辞书例证质量时关注的主要方面。

1. 引证质量可靠

辞书引证的质量直接关系到辞书释义水平，甚至影响到全书的水平，所以例证的质量一直是辞书评论者们评论的对象，其中又主要包括以下几方面：

首先，引证是否准确无误。辞书是学习者无声之师，如果所引例证错讹过多，不仅影响辞书的质量，而且也会误导读者，所以辞书应保证辞书引证的准确无误。对此，近代辞书评论者也多有论述，如樨魂《书〈康熙字典〉后》一文中就通过举例批评了《康熙字典》对所引之书存在"书名舛误""引书敚误""以他字之训阑入此字"等缺点。丁宵汉也批评《辞源》的编者因"一味贪便当；以致许多的引文都有了错讹"，"引文原书不符的地方，颇不乏例"（《辞源简评》）。

---

① 中国科学院少数民族语言研究所：《词典编纂法论文选译》（第一集），北京：科学出版社，1959 年。

其次，引证是否注明出处。辞书引用例证，详载出处，则"不特表明作者的根据确凿，且读者欲检对原书，亦可一查即得"（《辞源简评》）。但很多辞书所引例证并没有做到这一点，如丁宵汉就批评《辞源》中存在要么"根本不注出处"；要么"所引各书不注篇目"等不足。后来编纂的《辞海》在吸取《辞源》此教训的基础上，大加改进，引证不仅注明书名，还注明篇名；引自古代戏曲、小说的，则注折、回数。对于《辞海》这一改进，黎锦熙称赞说："这是所谓朴学，是'正名辨物'的基本态度，要办到这个，多少不免要查对一些原书。有这种'不惮烦'的精神，才能够超过类比、罗列而有折衷、归纳之言。……《辞海》对于'正名辨物'的工作，总算有相当的贡献了。"（《辞海·序》）

再次，引证是否是始见例。语文辞书，尤其是历时性语文辞书的编纂，一般要尽量引用"时代最古而比较可靠"的用例，以帮助读者了解和学习词语的发展源流。但在辞书的实际编纂中经常出现所引非始见例的情况。如丁宵汉就指出《辞源》中存在编者"舍本求末"，"不引较古注述"，"而独取晚出之记载"。（《辞源简评》）

最后，引证是否具有趣味性。例证的趣味性并不是每个类型的辞书都应遵守的原则，但辞书举例若能做到丰富有趣，能极大地提高学习者的学习兴趣，提高辞书的吸引力。以此为标准，白熊称赞《国语词典》的举例"大都很有趣味"，"并且有好些句子，在普通语体文里难得见到"，这对于非官话区人们学习北京话会大有裨益（《看了周铭三先生底国语词典之后》）。

2.引证体例统一

辞书引证体例的统一主要包括两个方面的内容：一是具体的词条中义例是否统一，辞书引用例证本是为了补充释义的不足，但如果引用的例子与词语的意义不相一致，就不但起不到补充的作用，还会给人们带来理解上的困难。所以高名对《国语辞典》中存在的如【没有】

解作"完了",而举例是"自从有了煤油灯,点柴油灯的就没有了。"
【下作】解是"下等的人,又有贪的意思",而举例"东西多的很,不必下作"等义例不合或例不明确,"让读者不甚明确"的情况进行了批评。二是全书引例是否一致、统一。是否有樽魂在《书〈康熙字典〉后》一文中指出的《康熙字典》存在"同引一书,前后违异"等问题。

（六）关于近现代汉语辞书功能作用的评论标准

对于辞书在帮助和促进人们的学习和研究等方面的作用,我国古人已有比较明确的认识。到了近现代,人们对辞书各方面功能作用的认识则更加全面和成熟。

1. 辞书反映和促进社会学术文化的发展

近代以来,人们对辞书在学术文化方面的重要性有了更加充分的认识。陆尔奎《辞源说略》一文曾有"国无辞书,无文化可言""一国之文化,常与其辞书相比例"的说法,把辞书提到了影响一国文化的高度。蔡元培在《新字典·序》中说辞书能对当时及后世的思想学术产生重大的影响,"其影响于语言思想者,固未尝不重且大也"。在《植物学大词典·序》(东方杂志,1917 年 14 卷 10 期)中,蔡先生不仅指出:"一社会学术之消长,观其各种辞典之有无与多寡而知之",认为辞书与社会学术文化密切相关,字典辞书的数量与质量直接反映了一个社会的学术发展状况;更可贵的是蔡先生还精辟地论述了辞书与辞书评论、社会学术发展之间互为因果的促进关系:

盖学术发展之期,专门学术之名词与术语,孳乳浸多,学者不胜其记忆,势不得不有资于检阅之书。既得检阅之书,则得所节之心力与时间,增进其研究,而学术盖以进步;学术愈进步,而前此所检阅者,又病其简浅而不适于用,则检阅之书,又不得不改编,互为因果,流转无已,此学术进步之社会,所以有种种专门之辞典也。

蔡先生的这些论断"在中国近现代辞书评论史上可以说是绝无仅有的，正是辞书与社会学术的这种互为因果的推动作用，才促使了我国近现代学术文化的不断繁荣与昌盛"[①]。

2. 辞书可以传播知识、辅助学习

辞书以其对知识的广博收录，可以使人们在查阅的过程中不断实现对知识的学习和传播，对于辞书的这一作用，学者也多有论述。陆尔奎在《辞源说略》中说："国家之掌故，乡土之旧闻"，一本词典在手，"可以展卷即得"。所以通过查阅辞书，不仅可以"求得知识之增广"（林纾《中华大字典·叙》），而且能够"渐通夫人物天地之始，而周知当世之务"（梁章钜《中华大字典·叙》）。另外，辞书在备忘查考、辅助人们学习方面也发挥着重要的作用。随着科学技术的不断进步和发展，各类新名词、新术语不断出现，"而人之脑力有限，不能尽数记忆"（陆费逵《中华大字典·叙》），但如果我们有了好辞书，则"可以无师的摸索一切，可以自动的钻研种种；它（辞书）虽是一言不语，一声不发的被置在案头，然而它对于自修人们的辅助，往往强于十几位高明的良师"（丁宵汉《辞源简评》）。所以我们看到，辞书的编纂和使用使学者"得以节之心力与时间，增进其研究"，而最终实现"学术益以进步"的目标（蔡元培《植物学大词典·序》）。

3. 辞书具有保存和规范语言文字的作用

辞书是语言文字规范的有力工具是自古以来就有的认识。近代蔡元培（《新字典·序》）的论述可算精辟："人类所以轶出于他动物者，由其有应变无穷之语言；语言之所以能应变无穷者，由其浩博，有文字以为之记载。文字之记载，所以能互通晓而无误，则字典之功也。"

民国时期，为配合白话文和国语运动而编纂的一大批字典、词典，如《国语新字典》（方志新，上海会文堂书局，1922年）、《（国际

---

① 潘树广：《蔡元培的辞书学理论与实践》，《辞书研究》，1983年第1期。

音标）国语正音字典》（赵元任、赵虎廷等，商务印书馆，1926 年）、《文字辨正》（周天籁，上海华文书店，1934 年）、《字辨》（顾雄藻，商务印书馆，1933 年，1947 年增订版）、《标准国音中小字典》（刘复，上海北新书局，1937 年）、《国语辞典》（商务印书馆，1937—1945 年）等都是对辞书具有规范语言文字作用认识的结果。《国语辞典》的前身《国音普通辞典》的编辑大旨曾规定："惟其主旨在于正音"（中国大辞典编纂处，1929 年《第一次报告书》），明确提出要以词典来推广和规范当时的评论标准国音，而从高名对其"抓住了语文工具书的要领，名副其实的推行了国音"的评论中，也可看出辞书对语言文字的规范所发挥的重要作用。

新中国成立后，辞书在普及人民文化知识和促进语言文字的规范统一等方面更是发挥了不可替代的作用。当时为了满足人民大众对各种知识以及统一规范的语言学习的热情，在国家各种语文政策的指导下编辑出版了一大批中小型辞书，如《新华字典》《同音字典》《农民词典》《小学生字典》《学文化字典》《汉语成语小词典》《现代汉语词典》等辞书，在推广普通话、促进语言规范化等方面所起的作用是不言而喻的，而且当时辞书"从新的语言学观点出发来编写"，"自觉运用现代语言学观点审视入典词汇的现象"，[1] 对普及人民语言学知识、促进语言全民性方面也发挥了不小的作用。

（七）关于近现代汉语辞书类型和编纂者素质的评论

1. 对辞书类型方面的评论

近现代以来，社会的急遽变化，科学的快速发展以及分支学科的不断涌现，再加上人们对学习新知识、新文化的迫切需求，以往的《说文解字》类字典与《尔雅》类词典已远远不能满足大家查阅的需要。在这种新形势之下，新的辞书种类应运而生。相应地，辞书的类

---

① 周祖谟：《〈新华字典〉评介》，《中国语文》，1954 年第 4 期。

型问题在这一时期也成为辞书评论和理论关注的对象。

首先，初步总结了古代辞书的类型。如蔡元培在《植物学大辞典·序》中认为我国古代辞书"分为义理、考据、辞章三类。自义理一门不尚强记外，其属于考据者，训诂则有自《尔雅》《说文解字》，以至《字典》《经籍籑诂》诸书，掌故则有《通典》《文献通考》《五礼通考》，以至《姓纂》《地理韵编》等书。其属于辞章者，有《北堂书钞》，以至《骈字类编》《佩文韵府》诸书。至于《永乐大典》《图书集成》之类，则亦毗于考据者，虽其书纯驳不同，体裁杂出，要皆辞典之属也"。在《汉字索引制·序》中从辞书的编排角度认为其"部类文字而训释之者，亦有三种，以义为部者，《尔雅》《广雅》释名之属是也；以声为部者，如《经籍籑诂》用今韵、《说文通训定声》用古韵之属是也；以形为部者，如《说文解字》依据六书、《康熙字典》及《新字典》标准画数之属是也"。1936 年，蔡元培（《辞海题词》）更明晰地把我国古代辞书分析为两大系统："吾国最古之辞书为《尔雅》，其后一方面演而为《广雅》《骈雅》等小学书；一方面演而为《初学记》《太平御览》等类书。"

其次，认识到了辞书类型划分对学术文化等的重要性。如 1912 年蔡元培在《新字典·序》中指出"方今图书浩博，识职分功，科学释名，类有专籍。我国作者，且别出辞书于字典之外，则字典之范围，狭于往者"，开始认识到传播学科专门概念和知识的专科辞典同传递语词知识的语文字词典是有区别的。须尊（《国语大辞典之楷模》）则认识到"辞典之性质与百科全书不同。辞典在说明言语文字，而百科全书在叙述事物，故无论如何，专门科学上的语言皆须考其是否已经译成国语，否则宁付阙如"。所以如"新计划之国语大辞典不明了这个区别，亦必成为不伦不类之百科辞典矣"。另外，陆费逵（《中华大字典·序》）的"欧美诸国之字典，体例内容之精善，固不待言；其种类之多，亦非吾人所能梦见。即日本区区五岛，近年词书之发行，大有一日千里之观。独吾国寂然无闻。斯亦文野盛衰所由判欤"的感叹，蔡元培（《植物学大辞典序》）"一社会学术之消长，观其各种辞典之有无、多寡而知之。各国专门学术，无不各有其辞典，或繁或简，不一而足。……学术进步之社会，所以有种种专门之辞典也"的认识，都对我国辞书种类的增多和发展起到了一定的促进作用。

最后，对汉语字典和词典有了严格的区分。如洪焕椿在《读书治学的工具书——字典和词典》一文中提出，"字典和词典两个名词，英语都是 Dictionary，词典也可以认为它是字典的一种。但严格言之，词典是解释两字以上词语为主的，字典是解释单字为主的"，并评论"吾国多出版的《辞海》《辞源》以及美国的《世纪字典》等，单字以外，兼载复词，含有字典和词典的两种作用"。同时指出，词典的种类，平常可分为普通与专科两种。如《辞通》《中华百科大辞典》《现代语辞典》等，是包括一切名词加以解析的，称为普通性的词典。至于专门辞典，其内容是专收某种科学方面的词语的，如商务印书馆出版的《教育大辞书》《动物学词典》《哲学辞典》等。

2. 对辞书编纂者素质的重要性的认识

一部辞书质量的高低往往与其编纂者的努力息息相关，所以辞书编纂者的素质会直接影响辞书的质量。

一个高素质的辞书编纂者应具备以下两个条件：一是懂得辞书编纂和语言学知识，最好有比较高的语言学造诣；二是有肯为辞书编纂吃苦的精神，能够耐得住寂寞。对此，须尊（《国语大辞典之楷模》）早有论述，他指出："记载言语的生命史为国语大辞典的中心内容，但是非先认识言语的生命的人是无从下手的。"并通过举英国《牛津新英语辞典》从 1857 年发起，到 1928 年完成的 70 多年间，先后 4 位主编不仅自身有着很高的语言学造诣，还都有着为词典编纂鞠躬尽瘁死而后已的精神，这一典型事例有力地证明了辞书编纂者的素质对辞书的重要性。

　　关于这一认识，从我国辞书史上也可得到很好的证明，从古至今的优秀辞书，无论是古代的《说文解字》《康熙字典》，还是近现代的《中华大字典》《辞源》《辞海》《新华字典》《现代汉语词典》，它们的编纂者无不是中国当时最先进的语言学理论代表者，正是他们的努力，才造就了这些辞书的历久不衰。以黎锦熙为例，黎先生不仅是我国著名的语言学家，而且为辞书的编纂奉献了自己的大半生。从 20 世纪 20 年代开始主持《中国大辞典》编纂，为了使辞书编纂能顺利进行，甚至以减薪助纂、以稿酬助纂，即便在战乱中历尽沧桑仍痴心未改，虽社会等原因造成了终生的遗憾，但黎锦熙无疑是我国近现代辞书编纂史上一位合格的辞书编纂者。而在新中国成立后，我国另一位语言学家丁声树，因"四人帮"把《现代汉语词典》试用本诬蔑为"封资修的大杂烩"，在自己受批判的同时，仍孜孜不倦地收集资料，把修改意见一条条记到"试用本"上的感人情景，则再次展现了一位高素质的辞书编纂者的应有风范。①

三、小结

　　通过以上对我国近现代辞书评论内容和标准的总结和梳理，我们可以得到以下几点认识：

　　首先，近现代时期随着社会的进步和语言学的发展，我国学者已经明确地认识到辞书评论对辞书编纂的指导作用，开始有意识地为辞书而评论。如丁宵汉在《辞源简评》一文中指出他发表此篇评论的目的，一是要"使读者知道《辞源》这部辞书是不可靠的辞书，万勿过于依重它"；二是"盼望好的辞书快快出来，救我国读书界的贫困"。白熊在《看了周铭三先生底国语词典之后》中也指出他之所以对《国

---

① 　徐成志：《尊重前人，追踪时代——中国辞书百年回顾》，《辞书研究》，2001 年第 3 期。

语词典》进行评论，"一则是提出来和周先生研究讨论，周先生本有'恐怕还有许多不妥当的地方，需要大家指教'的话；二则想贡献于后来编纂词典的先生们之前，作为一些参考的意见"。从中可以看出，近代以来我国学者对辞书的评论是自觉的有意行为，有意地指出辞书的不足并从中总结辞书编纂的经验，以为后来辞书的编纂提供某些借鉴，有力地推动了我国辞书的进步，为我国当代辞书事业的辉煌奠定了坚实的基础。

其次，在继承古代与借鉴外国辞书编纂理论的基础上，对辞书编纂各方面的评论标准和原则进行了更为系统的总结和整理，如洪焕椿《读书治学的工具书——字典和词典》一文不仅论述了工具书对于治学的重要性，区分了字典和词典的不同，介绍了各自的代表作，更为可贵的是提出了从辞书编辑人员素质，到辞书收词、注音、辞书样式、纸张装订等 14 条鉴别与选择辞书的评论标准，这些标准在七八十年后的今天，也仍不失其实用性价值，充分展现了我国近现代学者对辞书编纂认识的发展。

再次，形式上，在原有的序跋、凡例和一些辞书的编纂计划等基础上，开始出现了论文形式的辞书评论，并逐渐成型，成为辞书评论的主要形式，一定程度上改变了我国古代辞书评论只评不论的弊端，使评论的理论性和系统性得到进一步增强。到新中国成立后还出现了专书性质的探讨，如刘叶秋的《中国的字典》（商务印书馆，1960 年）、《中国古代的字典》（中华书局，1963 年），对中国古代主要辞书的内容、体例、优缺点、价值等都进行了集中评述，显示了我国近现代辞书评论的不断进步。

最后，我国辞书评论在向现代转型的过程中，随着论文式辞书评论的出现，虽然在理论性、系统性等方面得到了加强，但也丢失了其在发展初期的一些优点，如形式的灵活性、体裁的多样性等，这为我国当代辞书评论写作模式化倾向的出现埋下了伏笔。

第四节　繁荣与深入——我国当代汉语辞书评论

改革开放以来，随着社会政治经济文化的快速发展，我国辞书编纂出版事业也得到了长足发展，各种各样的辞书如雨后春笋般问世，对辞书编纂理论和实践进行探讨的文章也大量出现，特别是《辞书研究》的创刊，则直接引领我国辞书研究进入一个全新的阶段。作为辞书研究"中坚力量"的辞书评论的发展也不言而喻，更是进入了一个繁荣发展的时期。不仅辞书评论的实践取得了巨大的进步，对辞书评论理论的研究也逐渐展开并不断走向成熟，在引导与监督我国现阶段辞书编纂、修订，总结辞书编纂经验和理论等方面发挥了积极而重要的作用。

一、我国当代汉语辞书评论简况

我国当代汉语辞书评论在继承近现代辞书评论的基础上，不仅形成了以论文为主的评论形式，序言式、书信式评论也时有出现，更可喜的是还出现了专著或论文集性质的评论，如《说文解字通论》[①]、《中国辞书论集 2001》[②]《中国辞书论集 2002》[③] 等。而《辞书研究》中"辞书评论"专栏的开设，不仅体现了当代辞书研究对辞书评论的重视，而且其发文数量及内容的变化也一定程度上反映了我国当代辞书评论的总体状况。据此，我们以《辞书研究》自 1979 年创刊到 2008 年 30 年间所发表的"辞书评论"专栏中的文章为研究材料，主要通过对其中所包括的近 300 篇汉语语文辞书评论的分析来探讨我国当代

---

① 陆宗达:《说文解字通论》，北京：人民出版社，1981 年。
② 中国辞书学学术委员会:《中国辞书论集 2001》，西安：陕西人民出版社，2002 年。
③ 中国辞书学学术委员会:《中国辞书论集 2002》，成都：四川辞书出版社，2003 年。

汉语辞书评论实践的数量、队伍、读者意识、评论标准和内容的多样化进展。

（一）当代汉语辞书评论数量的增加和对象的扩大

1. 汉语辞书评论数量的总体面貌及发展趋势

据不完全统计，仅从 1991 年到 2007 年，我国各大报刊发表的辞书评论文章在数量上已有 2800 多篇，[①] 评论对象上更是涵盖了古今中外的各种辞书，既包括汉语、外语、双语、专科、百科辞书，也包括了各种综合的百科全书以及年鉴、索引、手册等各类工具书。这其中又以《辞书研究》为主要阵地，从 1979 年创刊到 2008 年的 30 年间，《辞书研究》发表的主题为"辞书评论"的文章共计约 648 篇。[②] 形式上以学术论文为主，偶有序言式评论出现，但数量很少，30 年共有 11 篇，约占其总评论文章数的 1.7%。评论对象涉及的范围很广：既有单语辞书，又有双语辞书，其中评论单语辞书的文章约为 586 篇，评双语辞书的为 62 篇。既有中国辞书，又有外国辞书，其中评论中国辞书的文章约有 548 篇，评论外国辞书的文章有 100 篇。既有语文辞书[③]，又有百科辞书[④]，评论语文辞书的文章共 486 篇，评论专科、百科类辞书的约有 162 篇。既有古代辞书，又有现当代辞书，其中评论古代辞书的文章有 28 篇，评论现当代的有 620 篇。具体见下表。

---

① 数据主要参考徐成志《彰瘅督导　共创典常：论辞书评论的作用及其发挥》（《辞书研究》2003 年第 1 期）和方宝花、何华连关于 2001 到 2007 年间我国辞书学研究的述略，分别见载于《辞书研究》2002 年第 6 期、2004 年第 1 期、2005 年第 1 期、2006 年第 1 期、2007 年第 6 期、2008 年第 6 期和 2009 年第 3 期。

② 由于 1979—1981 年间的《辞书研究》有的期卷没有明确标识"辞书评论"专栏，所以这几年的数据统计可能会有误差。

③ 这里的语文辞书是从广义上来说的，其中既包括普通语文辞书，也包括了方言类、专书语言类等。

④ 这里的百科辞书也是广义概念，既包括专科辞书，也包括百科全书等。

表 6-1　当代汉语辞书评论的对象

分类 分期 （年）	各期 总数 （篇）	语种		国别		内容		时代	
		单语 （篇）	双语 （篇）	中国 （篇）	外国 （篇）	语文 （篇）	百科 （篇）	古代 （篇）	现代 （篇）
1979—1988	227	211	16	180	47	160	67	23	204
1989—1998	227	210	17	215	12	169	58	5	222
1999—2008	194	165	29	152	42	168	26	0	194
合计	648	586	62	547	101	497	151	28	620

通过上表可以看出，《辞书研究》创刊 30 年来，如果以 10 年为一阶段进行考察，可以说：（1）辞书评论文章发表和收录的整体情况非常平稳，前后 3 个 10 年收录的评论文章数量相差不大，基本持平，但最近 10 年有趋减之势。（2）30 年来，语文辞书、百科辞书、双语辞书、外国辞书一直都是辞书评论重点关注的对象，其中语文辞书更是评论的重中之重。（3）近些年来，对专科、百科辞书的关注程趋减态势，对古代辞书的关注评论则更为稀少。①

2. 当代汉语语文辞书评论的状况

从 30 年来《辞书研究》所发表的辞书评论文章来看，汉语语文辞书一直以来都是辞书评论的主要关注对象，无论在评论数量还是质量都要较其他辞书略胜一筹，所以我们主要以 30 年来对汉语语文辞书的评论为例，来探讨我国当代辞书评论的发展状况。

30 年间《辞书研究》刊出的汉语语文辞书的评论文章有近 300 篇之多，② 这些文章类型多样，既有对某部辞书的介绍，又有对具体辞书优劣的分析评价，也有融辞书理论与编纂实践为一体的更高层次的

---

① 当然，这可能与《辞书研究》其他专栏的设置有关，本章不再讨论。
② 为了研究的便利，我们这里统计的汉语语文辞书是狭义的，只包括中国人编写的汉语类语文辞书，而不包括双语、外语、专书类语文辞书在内。

评论与总结。它们不仅通过对辞书的分析介绍与评论，净化了辞书市场，为后编辞书的编纂与修订提供了经验和借鉴，也充分反映了语言学的新进展在辞书理论与编纂中的巨大促进作用，为我国辞书理论的进一步总结和发展做出了突出的贡献，具体的情况如下。

表6-2　当代汉语语文辞书评论的形式和对象

分类 分期 （年）	各期 总数 （篇）	文章形式		评论对象	
		序言式 （篇）	论文式 （篇）	现代辞书 （篇）	古代辞书 （篇）
1979—1988	91	4	87	70	21
1989—1998	96	3	93	91	5
1999—2008	90	0	90	90	0
合计	277	7	270	251	26

表6-3　当代汉语语文辞书评论对评论对象的态度

分类 分期 （年）	各期 总数 （篇）	全文 批评 （篇）	全文 褒扬 （篇）	褒贬皆有		无褒贬 （篇）
				褒为主 （篇）	批为主 （篇）	
1979—1988	91	14	24	42	6	5
1989—1998	96	31	17	39	3	6
1999—2008	90	20	15	47	6	2
合计	277	65	56	128	15	13

表6-4　当代汉语语文辞书评论的方法

分类 分期（年）	各期总数 （篇）	举例介绍式 （篇）	理论总结式 （篇）	详细评析式 （篇）
1979—1988	91	34	26	31
1989—1998	96	32	34	30
1999—2008	90	24	36	30
合计	277	90	96	91

通过以上数据，我们可以看出，30 年来《辞书研究》发表的关于语文辞书的评论文章在总体数量上，30 年间如以 10 年为界，基本保持平稳，变动不大；形式上，以论文为主，偶有序言式出现；评论对象上，以现代辞书为主，古代辞书为辅；对评论对象的态度上，以褒贬兼而有之为主，全文批评与全文褒扬为辅，也偶有客观介绍，无所谓褒贬的，但为数不多；就评论展开的方法而言，既有举例介绍式的，也有理论总结式的，也有详细评析式的，[①] 各种方法的使用在总体数量上基本持平。不过值得注意的是，近十几年来，随着语言学和辞书学理论的发展，辞书评论中单纯举例介绍式的数量在逐渐减少，而紧密结合语言学和辞书学理论的评论则在不断增加，这也在一定程度上反映了我国当代辞书评论的进步。

（二）当代汉语辞书评论队伍的壮大

当代以来，我国进行辞书评论的人员越来越广泛，人数也越来越多。不仅有专门从事语言学和辞书学的研究人员，更有一些普通的辞书使用者也开始对辞书进行评论。专业的人员主要包括一部分辞书理论研究者、辞书编纂者出版者以及一些高校从事辞书学研究的师生，他们往往以辞书学或语言学理论为出发点，对辞书进行理性的评析，为我国辞书编纂经验和理论的总结做出了直接的贡献。

非专业人员，则是一些普通的辞书使用者，他们或为多年从事教学的教师，或为经常使用辞书的学生，或为其他的辞书使用者。他们对辞书的评论多为自己的切身体验，虽然没有专业人士的评论那么科学、

①　我们这里提到的三种辞书评论展开方法，是根据对近 300 篇汉语语文辞书评论主要特点的分析而划分的，它们之间是相对而言的，并无绝对的界限。举例介绍式的，是指评论中主要对某部或某几部辞书的作者、内容、体例、特色等做简单的介绍，并不展开具体的评析；理论总结式的，则是评论者虽也对某部或某几部辞书进行评论，但主要目的却是进行融辞书理论与编纂实践为一体的更高层次的探讨；详细评析式的，则介于二者之间，既有对辞书具体内容的举例介绍，又有运用各种理论对辞书优劣的具体评析，是辞书评论中极具说服力的一种方式。

系统，但是他们的意见却直接反映了辞书使用者的真实需求，对辞书编纂、出版等工作具有极大的指导意义，值得我们对其进行关注和总结。

但是，我们应该看到的是，虽然现在我国的辞书评论人员无论在数量，还是整体素质上都有了很大提高，但由于我国专门从事辞书学研究的人员本来就不多，辞书评论的专门人员更为数极少，学者们对辞书的评论多是"兼职"①而行。再加上各高校、科研单位对辞书评论学术地位的认识不一、普通民众对辞书评论认识不足等问题，使得我国辞书评论的影响力大打折扣，所以要建立高质量、高水平的专门化辞书评论队伍我们还有很长的路需要走。

（三）辞书编纂以读者为中心意识的逐步树立

改革开放以来，随着我国市场经济的不断发展，辞书作为一种高档文化产品的认识不断深入人心，因此摒弃编者为中心，树立辞书编纂为读者服务意识成为时代的必然。李行健在回顾了中国辞书编纂的历史后，指出在不同的语言学思想指导下必然编出不同的辞书，并提出现行辞书的编纂应贯彻"以人（读者）为本"的理念，以切实满足读者的实际需求。②这种重心的转移在辞书评论实践中得以充分的显现，其主要标志就是辞书编纂是否体现了实用性，是否以读者为中心，处处为读者着想，成为评论者评论辞书优劣的一个至关重要的评论标准。具体例子如下。

表6-5　当代汉语语文辞书评论举例

作者	年期	论文题目	评论语句
刘韵玲	1981.1	《不怕"四不像"，但求能实用——〈汉语小词典〉编写上的一点尝试》	我们体会到，为广大群众着想，从实际情况出发，是编纂词书时应该考虑的一条原则。

① 方宝花、何华连:《我国2005年辞书学研究述略》,《辞书研究》,2007年第6期。
② 雷华:《2009年中国辞书高层论坛总结发言》,《辞书研究》,2010年第1期。

续表

作者	年期	论文题目	评论语句
颜景孝	1982.4	《〈小学生字典〉评介》	《小学生字典》从编纂的内容和方法来看，适合中小学生的需要，不受现行字典编纂体例的限制，想得周到，可见他们用心之苦，对孩子们来说真是雪中送炭。
鲍克怡	1991.4	《〈同义词反义词对照词典〉自序》	本词典对每个词目的意思都仔细体会，力求把握准寻求反义词的角度，尽可能多地向读者提供反义词语。本词典书题用"对照"二字，意在突出本书的实用性。
徐莉莉	1995.4	《〈汉语通用字字典〉评介》	从《通》的收字、释义及体例设计来看，该书确实充分注意到其服务对象的实际需要。
谷楷	2000.5	《功夫不到家　释义难确切——读〈实用双向汉语大辞典〉随记》	《实用双向汉语大辞典》的问题很多，如词目严重缺漏与重复，编排也较为混乱，这些且不去细说，最突出的、最贻误读者的问题，乃是其释义严重不确。
黄理兵	2001.6	《〈现代汉语词典〉词性显性标注的失误》	其中尤其是以"这"和"那"开头的很多代词，或标或不标，或显标或隐标或辗（转）标（注），体例混乱，有的用于辗转释义的词语则未收，影响了读者的查阅。
甘于恩等	2004.4	《方言正音字典的定位与体例问题——读〈广州话正音字典〉》	《正音字典》兼备音、形两种索引方式，并有不同拼音方案附录，这样既便于粤语使用者查找，也便于其他方言区的读者对照学习，充分体现了实用性的特点。

续表

作者	年期	论文题目	评论语句
杨彦宝	2004.5	《从 H 部看〈当代汉语词典〉的特点》	《当代》的这种处理显然是把人们的使用需要摆在了第一位，这也避免了许多词典追求规范而实用性差的不足。
孙道功	2007.6	《〈新华同义词词典〉评介》	综观《新华》，不难发现作者始终把"为读者服务"作为根本出发点。在编排体例、编排方式、差别项安排、词目索引等诸多细节问题上，《新华》都把方便读者的查阅和使用作为着眼点。

从学者们的论述中我们不难发现，辞书编纂是否充分考虑读者的需求，把为读者服务放在首要位置，已经成为判断辞书优劣首先关注的内容。因为辞书编纂只有始终关注读者的实际需求，把为读者服务作为主要目标，才有可能成为受人们欢迎的优质辞书，而那些不顾读者的使用需求，瞎编一气的辞书必然会受到人们的摒弃而最终在市场经济的大潮中变得湮没无闻。

二、我国当代汉语辞书评论的内容和标准

从《辞书研究》30 年刊出的汉语语文辞书评价的论文中，我们可以看出在辞书编纂以读者为中心的思想指导下，当代汉语语文辞书的评论实践几乎涵盖了辞书编纂的各方面，对语文辞书编纂各方面的评论标准和编纂原则的运用和总结进入了一个新纪元。

（一）关于辞书的编纂宗旨和体例设计

1. 编纂宗旨明确

明确的辞书编纂宗旨的制定是编纂一部高质量辞书的首要保证。因为辞书的编纂宗旨直接决定着辞书的性质：描写还是规范、内向型

还是外向型、历时还是共时、规模如何、读者为谁等等，将直接对辞书编纂的其他方面产生决定性的影响。所以考察、评论一部辞书的质量，最先关注的是其编纂宗旨的明确与否，只有在明确的编纂宗旨的指导下才能编出比较成功的辞书。如刘韵玲等在编纂《汉语小词典》的过程中，之所以不怕辞书出现"四不像"，就是因为他们有一个明确的编纂宗旨："实用和大众化"，在这个宗旨的指导下，他们的词典才得以编成并取得了不错的实用性效果。①

2.体例设计完善

任何一部辞书在明确了编纂宗旨之后，首先要做的就是"制定出具体而详细的编写体例"，"体例就是一部词书的总体编写格式，每一个参加编写者都必须严格遵守，否则，一部词书就会乱七八糟、质量低劣"。② 所以制定科学完善的辞书编纂体例是任何一部优秀辞书的必做工作，同时也是评价一部辞书质量优劣的重要标准之一。

韩敬体指出"一部辞书，必须有全书统一又易于掌握的体例。体例已经确定，就是词典的'宪法'，编者必须严格遵守"③，并据此对《新世纪现代汉语词典》中存在的从略语的使用、字条的排列，到词典的收词、释义，再到例句的选用等各方面体例的严重失误进行了严厉批评。高兴从"同类词目编写形式各异""成套词目不配套""立目形式混乱""交叉形式混乱"四个方面批评《新编新华字典》的"体例非常混乱，乱到了一塌糊涂的程度"。④ 柳凤运则称赞《现代汉语词典》因十分重视体例，在条目安排、字形词形、注音、释义等方面都规定了不少的符号，如离合词中间用"//"标识，例句中以"～"代

---

① 刘韵玲:《不怕"四不像"，但求能实用——〈汉语小词典〉编写上的一点尝试》，《辞书研究》，1981 年第 1 期。

② 高兴:《评〈新编新华字典〉》，《辞书研究》，1994 年第 3 期。

③ 韩敬体:《评〈新世纪现代汉语词典〉》，《辞书研究》，2002 年第 1 期。

④ 高兴:《评〈新编新华字典〉》，《辞书研究》，1994 年第 3 期。

替被释词等做法，"不仅省去了不少繁言絮语"，"节省了大量篇幅，而且使词典的注音、释义、例句更加的简单明了"，^①体现了词典编者对辞书体例创新和完善的追求。杨起予通过对我国古今古汉语虚词词典编纂的梳理总结，认为现行古汉语虚词词典的体例仍"很不一致、很不完善"，如有的词典为异体字分立字头，有的词典则把繁体字和异体字同时附于字头之后等，"很有改进的必要"^②。

（二）关于辞书的收词立目

如何选词立目，是辞书编纂中非常重要的环节。因为它不仅反映和体现出一部辞书的性质、规模，而且还往往关系到辞书的科学性和实用性。虽然辞书的收词会因为辞书编纂宗旨、种类、规模等不同而有所差别，但存在相通之处。通过学者们对语文辞书收词立目所做的评论，我们可以概括出以下几个原则：

1.收词内容符合辞书的编纂目的

辞书的收词内容和范围，主要是由辞书本身的编纂宗旨和辞书类型决定的，所以辞书在收词时必须以辞书编纂目的和辞书的类型为标准进行取舍，只有符合辞书的编纂目的、有助于辞书编纂目的实现的词语才会有入选的可能。如《学生造句词典》以"常用"和"有一定难度"为收词标准，"选收了5100余条词语"，实现了它旨在满足中小学生提高遣词造句能力的编纂目的，而受到了颜景孝的称赞。^③而《简明古汉语词典》也因其收词分寸掌握得比较得体，无论在数量还是质量上都基本满足了一般读者阅读古代典籍的需要，适应了其编纂的目的而得到了蒋宗许的认同。^④

---

① 柳凤运：《〈现代汉语词典〉与〈简明牛津英语词典〉》，《辞书研究》，1997年第1期。
② 杨起予：《泛论古汉语虚词词典》，《辞书研究》，1991年第3期。
③ 颜景孝：《〈学生造句词典〉评介》，《辞书研究》，1990年第2期。
④ 蒋宗许：《新颖、实用的古汉语词典——〈简明古汉语词典〉》，《辞书研究》，1986年第6期。

2. 收词全面妥当

辞书收词是否全面是相对而言的，因为它不仅要受辞书规模和读者对象的限制，而且随着社会的发展和语言文化的进步，任何辞书的收词如不随之进行修订都有落后和失收的可能。在既定的辞书编纂宗旨和收词规模的条件下，辞书评论对语文辞书收词的全面性问题，主要关注两个方面：一为是否失收、漏收；二为是否多收、滥收。

辞书收词中出现的失收、漏收情况，主要表现在对一些成套或相关词语的收录上。辞书在收录一些成套或同属于一个底层义场的词语时，收甲词，而不收乙词（或丙词），往往会引起辞书的失收。所以辞书中对成套词或成对词的收录是否有疏漏，成为辞书评论者判断辞书收词质量的一个重要标准。如对于《新编新华字典》中只随意的收录我国 55 个少数民族名中的 20 几个，而失收另外 30 多个的带有政治性的错误，陆福庆[1]和高兴[2]在文章中都对其进行过严厉的指责。《新世纪现代汉语词典》中存在的将"五岳"中的"南岳""西岳""中岳"独立出条，却不出"东岳""北岳"等问题也受到了韩敬体[3]的批评。另外，一般说来，普通语文辞书对新词语和百科词语的收录大多都采取比较审慎的态度，只有那些产生后被全社会大多数人广泛接受、共同理解并能够长久使用的新词语和一些比较常用的、与日常社会生活紧密相关的百科词语，才会从便于读者实用的角度出发酌情收录，因此对于《词谏》批评《现代汉语词典》收词不够全面，而建议收录一些不太定型或比较专业的词语，诸如"红雨""雄起""二噁英""贝利"等违背科学的做法，是我们所应该避免的。[4]

[1] 陆福庆：《辞书不容玷辱：评〈新编新华字典〉》，《辞书研究》，1994 年第 4 期。
[2] 高兴：《评〈新编新华字典〉》，《辞书研究》，1994 年第 3 期。
[3] 韩敬体：《评〈新世纪现代汉语词典〉》，《辞书研究》，2002 年第 1 期。
[4] 张春新：《提高词典评论的理论水平——〈词谏〉读后有感》，《辞书研究》，2002 年第 3 期。

辞书漏收某些词条，使读者查而不得，影响了辞书的实用价值。相反，如果辞书收词过于宽泛，滥收了许多读者绝不可能查检的条目，则不仅会造成资源的浪费，还影响了读者的查检速度，同样有损于辞书的实用性。所以辞书的收词是否过于宽泛也是评论辞书收词的一项重要指标。

造成辞书收词过滥的最主要原因是违背辞书收词原则，收录了与辞书名字不相符的条目。一般来说，辞书的名字往往直接昭示了辞书收录单位的内容，比如成语词典收录成语，典故语词典收典故，外来词词典收录外来词，新词语词典收录新词语，现代汉语词典主要收录现代汉语词语等，这些都是辞书收词的基本要求，即便对某些语言单位的内涵在学界可能存在不同意见，但一些共识性的东西却是辞书编纂必须遵守的。如果新词语词典中却收录了很多旧词语，必然会造成辞书收词的宽泛。徐祖友就曾批评一些新词语词典因错误地收录一些"旧词""老词"而无端扩大了词典的收词范围。一些词典又由于"对自由短语大开方便之门"，使"一些结构松散并无特定意义的语言单位大量进入新词词典"，^①使词典的收词露了破绽。再如对《古书典故辞典》（江西人民出版社 1984 版）在"一"字头下 141 个词语中，滥收"一刀两断""一夫""一贫如洗"等 60 个一般词语的不当做法，管锡华提出了批评，并指出"典故语辞典只能收典故词语而不能收他类词语"^②。另外，现代汉语词典就应该收录现代汉语词语为主，如果书名为现代，书中却收录大量的古汉语词语，就不仅会造成辞书收词范围的扩大，而且还会使辞书看起来不伦不类，"甚不得体"。所以戴建华批评《现代汉语大词典》虽名为"现代"，却在诸如"一""三"字头下收录了大量古汉语词语和例证，"几乎是一部地道的古汉语词

① 徐祖友：《初创既成，更待提高——汉语新词词典综评》，《辞书研究》，1995 年第 1 期。
② 管锡华：《典故辞典编纂中的几个问题》，《辞书研究》，1995 年第 1 期。

典了"，同时指出该词典还收录了"许多不当收而误收滥收的所谓的'词目'"，如"好哇！"等。[①]

总之，上文中提到的辞书条目的漏收和多收这两种情况都能引起辞书收录的失衡，是辞书追求收词均衡性和协调性需充分注意的。

3. 立目合理规范

立目是指辞书对所收字词做的条目的安排，它安排得合理与否也是判断辞书质量好坏的一个重要评论标准。由于汉语中存在大量同形、同音、异体、繁体、简体，字、词、语的区分与交叉等语言现象，使得语文辞书的立目显得颇具难度，并容易引起失误和混乱，所以如何选词立目，就成为语文辞书编纂中至关重要的一环，它将直接反映辞书的科学性与实用性。[②] 如上文提到的陆福庆和高兴二位先生在文章中都对《新编新华字典》中混乱的立目形式进行了批评，对其把本应并列出条的两个或多个词目，如"镆铘、莫邪""胥民、胥人""缥缈、缥乎、缥缥"等立为一个条目的荒谬做法发出了"实属见所未见"的感叹。闵龙华[③] 对《现代汉语词典》中存在的一些不当立目而立目的情况也提出了异议，如《现代汉语词典》为"吵子"立目，释文却为"见〔打吵子〕"，但因方言中只有"打吵子"的说法，从来不单说"吵子"，这样就平白增加了读者的负担。另外对《现代汉语词典》中存在的有些同音词应分立词头而未立和把有些多义词当同音词分立词头的情况也提出了批评。如认为"平年"的①②两个义项之间没有什么内在的联系，应作为同音词处理而未得。"平地"被词典分作两个词条的意义之间其实是有一定联系的，没有必要分为两个词头。

立目不合理的另一个常见情况是重复收录的问题。现代汉语语文

---

① 戴建华：《〈现代汉语大词典〉质疑》，《辞书研究》，1994 年第 6 期。

② 陈增杰：《〈中文大辞典〉的优点和问题》，《辞书研究》，1982 年第 1 期。

③ 闵龙华：《〈现代汉语词典〉收词立目商榷》，《辞书研究》，1996 年第 2 期。

辞书对异形词一般采取区分主条和副条的形式，副条一般作为参见条出现，不再具体出示例释，以节省词典的篇幅，增加词典的简明性，但《新世纪现代汉语词典》却违反这一基本认识，对很多异形词都未区分主条和副条，如对"瑕疵""疵瑕"这两个异形词都进行了立目出条，造成了重复。①

（三）关于辞书的释义

释义是辞书编纂的主要环节，"是词典编纂的灵魂"②，"是决定辞书质量的最重要的关键"③，所以辞书释义的质量必然成为人们关注的对象。语文辞书的释义因编纂宗旨、读者对象以及规模的大小等因素的差异，往往会各具特色。但在市场经济大潮中，在以读者为中心，辞书编纂为读者服务的思想的指导下，语文辞书的释义原则也有其一致的地方。主要包括：

1. 科学地划分和收列义项

语文辞书义项的划分和收列问题主要是就多义词来说的。根据辞书编纂宗旨、规模等的不同，辞书中多义词义项的划分、释义的详略肯定会有差别，我们绝不能以一部大型词典的义项划分为标准去评判一部中小型词典的义项划分情况。因为大型语文词典对义项的划分一般比较精细，会尽可能地收列一个词语从古到今的全部意义而无所遗漏；而对于一部中小型汉语语文词典来说，它的多义词义项则划分得比较粗，一般只要求列出一些比较通行的、常用的意义即可。比如《新华字典》（1992 年重排本）作为一部中小型现代汉语语文词典，对一些词语比较生僻的古义或不太稳定的新义可以不予收列，但对于日常社会经常见到的常用意义，如"啊"的"用在列举的事项之后"的这一常用义项，"爆"的"突然发生"义，"炒"的"倒买倒卖""解

---

① 周明鉴:《〈新世纪现代汉语词典〉评析》,《辞书研究》, 2002 年第 1 期。

② 赵振铎:《有关释义的几个问题》,《辞书研究》, 1991 年第 2 期。

③ 杨祖希:《词典学试论》,《辞书研究》, 1979 年第 1 期。

雇、辞职"义等则不应漏而不列。①

汉语语文辞书对多义词义项划分的科学性要求我们在编纂辞书时，对多义词的义项概括，不能过于笼统，过于笼统则可能导致对多义词的义项当分而合的失误。比如《中文大辞典》中对"市语"一词，只列一个义项："市井中流行之语"，并举了两个例子加以说明，而实际上"市语"意义有二：一为其所列之义；另一个则是指"行话、隐语"，其所举的两个例子也正好印证了两个意义的区别，只不过由于其对义项划分得过于笼统而将二者合二为一，影响了释义的科学性。②

同时对义项的划分也不可过于烦琐，因为如蒋宗许所说，就同一个词的每个义项来说，它们在整个词义系统中具有相对的独立性，但是每个义项之间的界限并不十分明确，它们之间难免有一定的联系，而所谓的界限，不是绝对的，而是相对的。所以划分多义词义项的时候，"假如没有比较明显的差异，切忌划分过细，不然的话，既有难以概括之弊，又会使读者感到繁琐细碎，无法把握"。如《简明古汉语词典》中的"之"：①［动］往，到。②［动］直到。两个义项"之间的差别甚微，甚至可以说没有什么差别，而似此强生分别，多列义项，实在没有必要"③。

总之，语文辞书对多义词的义项划分和收列应"侧重综合，避免繁琐"④，注意义项的概括性，又要避免烦琐，使读者难以把握，力争做到"合不失于笼统模糊，分不失于零碎繁琐"⑤。

---

① 胡中文、金欣欣：《关于〈新华字典〉（1992 年重排本）修订的几点意见》，《辞书研究》，1998 年第 4 期。

② 陈增杰：《〈中文大辞典〉的优点和问题》，《辞书研究》，1982 年第 1 期。

③ 蒋宗许：《新颖、实用的古汉语词典——〈简明古汉语词典〉》，《辞书研究》，1986 年第 6 期。

④ 周祖谟：《略论近三十年来中国语文词典编纂法的发展》，载《辞书和信息》，上海：上海辞书出版社，1985 年。

⑤ 参见《汉语大字典·编写体例》。

2. 合理地排列义项

我国现行语文辞书编排义项的方式主要有三种，一是按照历史的原则；二是按照词义的引申规律；三是按照意义的使用频率原则。辞书因编纂类型和规模的不同，往往会选用不同的义项排列方式。一般来说，大型语文辞书多采用历史原则排列，中小型则多采用词义引申顺序或频率的顺序。但每部辞书对其所收多义词的义项排列顺序必须与自己的编纂体例相一致，不能前后交叉，互相矛盾。在义项的排列上，应尽量"体现出词的本义、基本义、引申义、比喻义，做到源流清楚，脉络分明"①。以大型语文辞书多义词义项编排为例，要做到编排的科学合理，就要通过义项排列，不仅能从内容上说明词义运动的实质，还要尽可能展现与之相关联的外部关系，使读者能根据义项的内涵和上下义项的环节关系，正确理解和运用每一义项。②

3. 客观准确地释义

辞书是向读者提供知识，帮助他们解疑释惑的工具，所以辞书的释义首先要做到的就是科学准确。辞书编纂者只有通过对其所收词语进行客观正确的概括，才能给读者以正确的指导，不至于贻误读者。据此，胡中文等批评《新华字典》（1992 重排本）的部分条目因释义不符合事物科学客观的情况而影响了其释义的准确性和科学性。如，"鳔：……鱼上浮后气囊涨，鱼下沉后气囊缩"，"实际上正好相反：气囊涨时鱼上浮，气囊缩时鱼下沉等等"③。韩敬体批评《新世纪现代汉语词典》中的释义"错误百出、不胜枚举，"如"［草帽缏］也称'草帽辫'，即草帽"。把制作草帽的材料和草帽画等号实在是荒唐可笑，

---

① 徐成志：《〈语言大典〉"打"字条评析》，《辞书研究》，1996 年第 1 期。

② 张孝纯：《〈汉语大字典〉一、二卷的义项排列》，《辞书研究》，1989 年第 4 期。

③ 胡中文、金欣欣：《关于〈新华字典〉（1992 年重排本）修订的几点意见》，《辞书研究》，1998 年第 4 期。

严重地损害了词典的准确性、科学性，贻害读者。①

追求释义的准确性，还应注意释义的客观性，即不在释义中任意加入编者的主观感想。"词义是客观的，没有阶级性，但是进行释义的词典编纂者，由于受时代、观点、思想等方面的制约会自觉或不自觉地使释义发生主观片面性，不能正确地解释词义。"② 因此张春新对《词谏》中表现出的随意"借题发挥，阑入自己的见解"的做法进行了批评，认为其不顾意义的客观性，而将"鞭"解释为"民间对某些动物阴茎的俗称，古代中医认为可供食用或者药用，缺乏科学依据"。这种"论断本身才是没有科学依据的，而且使得释文变得冗长"③。

4. 概括简明地释义

释义的概括简明包括两个方面的内容，一是就某个词条的一个义项来说的；二是对一个多义词词条的所有义项而言的。多义词义项的切分如果过于烦琐，必然会影响到整个词条释义的概括性问题，这在上文中对义项分列的科学性问题进行论述时已有涉及，这里不再展开。

对一个词条的一个义项来说，其概括与否，主要是看其释义范围的宽窄与释义是否周延。如果辞书的释义肆意扩大词目的外延，往往会造成"窄义宽释"④的错误；如释"获利"为"产生利润或产生亏损"，释"公野猪"为"泛指猪科的各种动物"。相反，如果过分缩小词义的外延和所指范围，则又会造成"宽义窄释"的错误。如释"辞书"为"为一种语言的词提供另一种语言里对等词的参考书"，"把

---

① 韩敬体：《评〈新世纪现代汉语词典〉》，《辞书研究》，2002 年第 1 期。

② 韩敬体：《论规范性词典释义的一般原则》，《〈现代汉语词典〉学术研讨会论文集》，北京：商务印书馆，2004 年。

③ 张春新：《提高词典评论的理论水平——〈词谏〉读后有感》，《辞书研究》，2002 年第 3 期。

④ 高兴：《评〈新编新华字典〉》，《辞书研究》，1994 年第 3 期。

'辞书'缩小为双语词典，而把字典、单语词典和百科全书全都排斥在辞书之外"。①

辞书释义的简明性也可从两个方面来说，一是一个词条内的一个或多个义项释义的简明与否；二是两个或多个紧密相关的词条的释义处理简明与否。

语文辞书主要对所收条目进行语词性释义，"是一种'不完全'释义"，以能表明语词的基本意义以及其语法和语用属性、能将其与同一范畴的其他成员区分开来为准，所以其对条目的解释尽量地追求简洁明快，避免烦琐，"不能像百科释义那样细致而又全面，不能像科学术语定义那样深刻而又精确"②，因为语文辞书如果"把词条写得像百科全书那样，与简洁明了则相去甚远了"③。

对于汉语中存在的不少异形同名词、同形异义词等情况，辞书释义时如果能从简明性角度考虑它们之间的相互配合、相互呼应，不仅可以"节约不少篇幅，减少读者的经济负担，"而且"也能从释义上表现出词语之间的聚合关系，便于读者了解词汇的系统性"。但《现代汉语词典》（修订本）中却存在对如"套近乎"与"拉近乎"、"拉后腿"与"扯后腿"、"打哈欠"与"哈欠"等很多意义相同或相近的成对词全部或部分重复释义的情况，极大地破坏了辞书的简明性。④同样，《新编新华字典》中对于相关主附条的释义，如【冒】：冒顿，汉初匈奴一个单于的名字。【顿】："冒顿"，汉匈奴族的单于。【桅】：同"舵"。船舵。如：桅楼（大船后仓的楼）。【柁】：同"舵"。如：柁工（柁师，船上掌舵的人），也是违反语文辞书释义简明性的一种表现。

辞书释义追求概括和简明，既是辞书提高质量的必然要求，也是

① 徐庆凯：《〈语言大典〉释义谬误类型》，《辞书研究》，1995 年第 5 期。
② 章宜华、雍和明：《当代词典学》，北京：商务印书馆，2007 年。
③ 余富林：《汉语缩略语词典的现状及对策》，《辞书研究》，2002 年第 1 期。
④ 曾大力：《给〈现代汉语词典〉（修订本）体例挑刺》，《辞书研究》，2003 年第 4 期。

辞书编者为读者服务的一种表现，因为字典辞书的词条往往"动辄成千上万"，如果不注重简明性，在释义时任意增添字数，最终势必会增大了辞书的篇幅，"给读者带来时间、精力和经济上的损失"①。

5.贯彻科学的释义方式

影响语文辞书释义科学性的表现主要有：以被释词释义，词语对释，循环释义等。所以要想提高辞书释义的科学性，应努力做到释义时不用字头字，因为大多数辞书使用者，正是因为不认识某个字或词才去查辞书的，而如果还以字头字进行释义，则是使用者陷入了查而白查的境界。如苏培成就指出"《应用汉语词典》的释义中使用了较多的字头字"，给读者了解字义可能造成了困难。如"尘"第一义项的释义是"尘土；灰尘"，"灰尘"的释义是"尘土；细土"；"尘埃"的解释是"灰尘；尘土"；而"灰尘"的释义是"尘土"。这样"绕了个大圈子，循环论证，使用者最后还是不明白什么是'尘'"②。

辞书释义时以被释词释义、简单的词语对释等方式还会造成辞书对某些词条的解释略等于无，解而无解。如《新编新华字典》中，鞋：鞋子。如：雨鞋；皮鞋；布鞋。烟：烟草。如：烟叶（烟草的叶子）等词条的释义，"对读者能有什么帮助呢？编者写了等于没写，读者读了等于没读，简直可说是一纸废话"③。

6.通俗易懂的释义用语

语文辞书，尤其是中小型语文辞书的释义用语，应避免过文、过深，应选取一些比较通俗的现代词语进行解释，以利于读者理解。具体表现为辞书释义时应尽量不用生僻字、难字，多音字要注音，有时还要释义。如相对于《现代汉语词典》"碻：砺石"的解释来说，《应

---

① 高兴：《评〈新编新华字典〉》，《辞书研究》，1994 年第 3 期。

② 苏培成：《汉语学习词典的特点及其编写——〈应用汉语词典〉评析》，《辞书研究》，2003 年第 4 期。

③ 高兴：《评〈新编新华字典〉》，《辞书研究》，1994 年第 3 期。

用汉语词典》将其解释为"磨刀石"的做法还是值得赞扬的。①

7. 释义的系统性与一致性

语文辞书释义的系统性，包括了辞书释义方式、释文风格、释文详略、释词与被释词词性等各方面的统一和协调问题。

要保证释义方式的系统性，起码要做到"同场同模式""同类同模式"，即对于同一最小语义场的词或同一类的词应共用同一释义模式，如有违背则会损害辞书释义的系统性。② 如《现代汉语词典》（修订本）中对有关疾病的一些条目：白癜风、白喉、白血病、白内障等的第一句释义，虽然都有用"××病"概括出了这个词归属的大类，但内部的行文却不一致，造成"同类词语释文风格不统一"③。《新华字典》（1992 年重排本）中同为鱼类名词，有的标注"鱼名"，有的却只注"×鱼"；有的先说明生活、分布区域，有的则放在后边，表现出明显的行文方式不统一。④

为了追求辞书释义的系统性，释文的详略也要讲究统一平衡，不能有的释文很简单，有的则很繁杂。比如《广州话正音字典》中把"鸡"仅释为"常见家禽的一种"这 7 个字，而对"鳢"的解释则有近 80 字之多就严重违背了辞书释义的平衡性问题。⑤ 而《新华字典》（1992 年重排本）中相对于"餺飥：古代食品名"5 个字的释文而言，"辩证法"100 余字的释文显然是过繁了。对于同是金属元素，"钯"

---

① 苏培成：《汉语学习词典的特点及其编写——〈应用汉语词典〉评析》，《辞书研究》，2003 年第 4 期。

② 冯海霞、张志毅：《〈现代汉语词典〉释义体系的创建与完善——读现代汉语词典（第 5 版）》，《中国语文》，2006 年第 5 期。

③ 曾大力：《给〈现代汉语词典〉（修订本）体例挑刺》，《辞书研究》，2003 年第 4 期。

④ 胡中文、金欣欣：《关于〈新华字典〉（1992 年重排本）修订的几点意见》，《辞书研究》，1998 年第 4 期。

⑤ 甘于恩等：《方言正音字典的定位与体例问题——读〈广州话正音字典〉》，《辞书研究》，2004 年第 4 期。

的 50 余字的释文相比"铕"9 个字的释文来说，也"显得不够平衡"①。

另外，对于释词与被释词词性的统一性问题，近年来，随着语法学研究的不断进步，也越来越引起学者的关注。如徐复岭就曾指出《汉语大词典》中存在着很多词目释义与词目词性不对应的情况，如将"干系（係）"释为："犹关系。谓对某事有责任牵连。"将"苍黄"释为"黄而发青；暗黄色"等都存在不一致的问题。②

最后，与辞书释义的系统性紧密相连的，还有辞书释义用语的闭环性问题，即一部辞书释文中出现的所有词语都能够在同一本辞书中查到它的释义，以尽量减少辞书读者查而不解的情况。而要实现辞书释义的闭环性，就必须要控制使用释义词汇，使释义用词能够被辞书的收词范围所覆盖。近年来，辞书界对释义等级词，释义元语言的研究则体现了对这一原则的追求，如张志毅《语文辞书元语言的规则》③、安华林《现代汉语释义基元词研究》④ 等。

（四）关于辞书的编排检索

辞书的编排是指辞书按照一定原则把所收录的内容进行一定的排列，以形成一个系统。⑤ 作为供查检的工具书，读者对辞书的编排有着很高的期望，要求其编排既要科学合理，又要简单醒目、方便查检。⑥ 尤其是在现在的商品经济时代，各种辞书林立，竞争十分激烈的情况下，辞书编排的科学性与检索的便利性显得尤为重要。因为即便一部辞书的内容再好，参考价值再大，如果没有一个科学实用的编

---

① 胡中文、金欣欣：《关于〈新华字典〉（1992 年重排本）修订的几点意见》，《辞书研究》，1998 年第 4 期。

② 徐复岭：《〈汉语大词典〉语法问题指瑕》，《辞书研究》，1999 年第 6 期。

③ 姜岚、张志毅：《语文辞书元语言的规则》，《辞书研究》，2004 年第 5 期。

④ 安华林：《现代汉语释义基元词研究》，北京：中国社会科学出版社，2005 年。

⑤ 宋惠德：《〈现代汉语词典〉的编排》，《〈现代汉语词典〉学术研讨会论文集》，北京：商务印书馆，2004 年。

⑥ 陈楚祥：《词典评价标准十题》，《辞书研究》，1994 年第 1 期。

排方法，不利于读者的查检，最终也会因为受不到读者的青睐而无法立足。

就汉语语文辞书的编排来说，既有宏观方面的，也有微观方面的。宏观方面主要是指整部辞书所有条目的排列问题，微观方面则既包括了上文已经提到的一个词条内部各个义项之间的排列顺序，也包括了几个相关条目之间的互相参见、协调的情况。通过对当代辞书评论的分析，我们可以看出学者们在以下几方面已经形成比较一致的认识。

1. 编排科学合理

在悠久的汉语辞书编纂史中，汉语语文辞书的编排也主要根据汉字的要素特点形成了三大主要编排类型：一是根据汉字形体结构特点编排的形序法；二是根据汉字的语音特点编排的音序法；三是按照汉语字、词意义特点编排的义序法。① 这三种编排法虽各有长处和不足，但一直为我国历代辞书编纂者所使用，是我国辞书编排的主要方法，当代的辞书编纂者也往往根据辞书编纂宗旨和类型的不同，从这三种方法中加以选择。

从宏观方面来说，辞书编纂时根据编纂宗旨选择一种主要的编排方法，并在编纂中自始至终地加以贯彻，是辞书编排科学性的首要条件。如林玉山就指出，《绘图小学生实用字典》的科学准确性首先就体现在编排上，其"编排体例能够划一"，把按音序的编排原则"一贯到底"，"不仅字头排列顺序，而且义项下所列复词、短语、顺序、逆序也均依汉语拼音排列"。② 现代辞书编纂时，从读者实用性角度出发，往往还会在主要编排方式的基础上有所改进和加工。如《常用反义词语手册》就在"目录及正文条目均按汉语拼音字母顺序排列"的基础上，"匠心独具地设计了'单序列和双序列相结合'的编排方

---

① 宋惠德：《〈现代汉语词典〉的编排》，《〈现代汉语词典〉学术研讨会论文集》，北京：商务印书馆，2004年。

② 林玉山：《规范实用的〈绘图小学生实用字典〉》，《辞书研究》，2001年第4期。

式"，即在"目录中采取双序"，而在"正文采取单序排列"的方式。如目录中 A 部列"哀—乐"，L 部列"乐—哀"；而正文中只在 L 部收"乐—哀"，而不在 A 部同时收"哀—乐"，为示区别，在目录 A 部"哀—乐"条加"＊"号以为标识，既方便了读者查检，又节省了词典的篇幅。①而如果辞书的编者选取的编排方法与辞书的编纂宗旨不相协调，则会严重阻碍辞书指导作用的发挥，影响辞书的质量。如《广州音字典》"作为一部指导读音为己任的字典"，"在字条的编排上"却仅采用部首排列，"就不能不认为是一大不足"。②

从微观方面来看辞书的编排，则除了上文中涉及的对一个词条各个义项之间排列的科学性问题外，随着汉语语文辞书编纂的日益进步，有关词条之间的排列的科学性问题，也成为学者关注的内容。如苏培成就提出《应用汉语词典》中对同形字先分列字头进行讲解之后，再混列出由这个"字"构成的词语的编排方法，给词语的学习和使用都带来了某种不便，应当加以改进。同时通过对《现代汉语词典》和《应用汉语词典》中对"虏"释义编排的对比，认为从方便读者的角度出发，应尽量采用《应用汉语词典》的办法，直接列出条目的意义，以减少读者的查检之力。③赵振铎则称赞《简明古汉语字典》"以繁体字作为字头"，而把与之相关的"简体字、异体字等加圆括号附后"的排列法，"是一个考虑到读者实际需要的好办法"。④

辞书中的参见内容，也往往涉及两条或多条词目之间的交叉问题。这些交叉的条目可能因为语文辞书中编排方法的限制而分布在辞

① 仲鑫：《别开生面 独树一帜——介绍〈常用反义词语手册〉》，《辞书研究》，1991 年第 3 期。
② 卜东新：《读〈广州音字典〉（普通话对照）所想到的》，《辞书研究》，1985 年第 1 期。
③ 苏培成：《汉语学习词典的特点及其编写——〈应用汉语词典〉评析》，《辞书研究》，2003 年第 4 期。
④ 赵振铎：《〈简明古汉语字典〉评述》，《辞书研究》，1987 年第 5 期。

书的不同地方,"这就产生了检索性问题"①。如果辞书中由于编排的疏忽或释义的重复等问题,就会给读者带来"参"而"不见",无从检索,或"见"而"辗转"、浪费时间和精力等问题。所以在辞书编纂中只有像《辞源》《辞海》等优秀辞书那样"互相照应、详略有致地处理互见条目,才能既使辞书节省篇幅,又使读者通过翻检,触类旁通,掌握更多的知识"②。

2. 检索方式多样

为了满足读者查检便利的要求,辞书编纂在一部辞书中设置多种检索方式,已逐渐成为一种共识。如杨起予所说:"在现阶段,无论哪一种中文排检法都不无缺陷。为了不使读者因不熟悉某种排检法而望书兴叹,附上一两种辅助性的检字表,就成了许多新版工具书所不能不采取的一项补救措施了。"③

所以如果当代的辞书编纂不顾读者的使用需求,只简单地制定一种检索方式,势必会造成读者的查检不便,影响辞书的使用。如《广州音字典》就因"只采用了唯一的部首检字法"而极大地限制了它的实用性。④而《广州话正音字典》为了方便读者的检索,不仅在词典中设置了多种形式的索引,而且对全书8781条单字条目,每条都进行了编号,如"曲",在"部首检字表""广州话音序索引""普通话音序索引"及正文字目前均标明它的编号"100",使读者可以在词典正文查找时实现以数找字,更加简单,也更加快捷。⑤

在追求辞书检索方式多样性的同时,还应注意辞书中所附的检

---

① 陈楚祥:《词典评价标准十题》,《辞书研究》,1994年第1期。
② 李俊:《〈辞源〉与〈辞海〉的比较》,《辞书研究》,1995年第2期。
③ 杨起予:《〈三角号码字典〉得失小谈》,《辞书研究》,1985年第6期。
④ 卜东新:《读〈广州音字典〉(普通话对照)所想到的》,《辞书研究》,1985年第1期。
⑤ 杨蔚:《一部深具特色的方言正音字典——评〈广州话正音字典〉》,《辞书研究》,2004年第4期。

索方法最好与全书正文中的编排方式有所不同，这样才能更好地适应不同读者的检索需求。因为"辞书学基本观点认为，索引与词典正文应采用异序方式"，"这就能为读者多增加一个（通向词典正文的）入口"。而"现在出版的不少新词词典有的未附索引，只在正文中列有目录，有的所附的索引仍是同序索引"①，极不方便读者的查阅使用。文汇版的《现代汉语略语词典》（1998 年）全书按笔画排列，附录又为笔画索引，"而无音序索引，很不合理，查阅起来也很不方便"②。

3. 查检方便便利

从上我们可以看出，各种编排方法的使用和各种检索方式的设置，最终的目的都是实现读者检索的方便性。所以为读者服务，方便读者查检，是辞书编排检索追求的最高目标，也是判断一部辞书科学、实用与否的一个重要标准。从实用性出发，很多语文辞书的部首或四角号码检字表中都采用了"多开门"的办法，以方便读者的查检。这种做法可能"给汉字的归部或编号造成一定的混乱"③，但对于读者对辞书的查检确实是起到了便利的作用。比如林玉山就认为《绘图小学生实用字典》对部首处理时采用的如"百"一、白互见，"孛"十、子互见，"币"丿、巾互见的方法，"非常方便读者查检"④。

（五）关于辞书的注音

注音是汉语语文辞书中的一个很重要的部分，因为读者查找语文辞书"不仅是为了写，也是为了说。如果字词典没有注音，或者注音

---

① 徐祖友：《初创既成，更待提高——汉语新词词典综评》，《辞书研究》，1995 年第 1 期。

② 余富林：《汉语缩略语词典的现状及对策》，《辞书研究》，2002 年第 1 期。

③ 宋惠德：《〈现代汉语词典〉的编排》，《〈现代汉语词典〉学术研讨会论文集》，北京：商务印书馆，2004 年。

④ 林玉山：《规范实用的〈绘图小学生实用字典〉》，《辞书研究》，2001 年第 4 期。

不正确、不规范，就满足不了读者在读音方面的需要，甚至还会贻误读者"①，所以辞书注音方面的水平也是评价辞书编纂质量的一个重要方面。当代辞书评论对辞书注音关注的内容主要包括：

1. 注音科学准确

语文辞书注音的科学准确包括内容和形式两个方面。内容的准确是保证整部辞书注音质量的基础，而注音形式即注音体例的科学，则是最终实现辞书科学注音的必要条件。

内容上的科学准确要求语文辞书的注音必须准确无误，不能犯根本性的错误。在这一点上，随着近现代语言学、语音学的发展，汉语语文辞书都处理得比较好，因此也不是当代辞书评论关注的主要对象。

当代辞书评论对语文辞书注音关注的主要是形式方面的得失。比如辞书中注古音还是现代音，复合词、例证中的疑难字、多音字注不注音，对异读字、个别的姓名、地名用字如何注音，同类条目的注音是否统一等等。如王金鑫认为《现代汉语词典》中成语注音的拼写存在"该连写的分写""该分写的连写""成语中专有名词的大小写"等现象，其实就是注音不够科学的一种表现。②而《辞源》和《辞海》中对复音词中多音字注音采用的"第一音不注，第二音以下"③加以注音的方法，则充分反映了两部辞书注音的科学性和准确性。另外，《绘图儿童成语词典》中"对于生僻的字（或多音字）分别在释文中注音"的做法，不仅为"小朋友使用这本词典提供了方便，避免读错了字音"④，而且在提高辞书注音科学性方面也起到了很大的作用。

---

① 刘庆隆：《现代汉语字词典的注音》，《〈现代汉语词典〉学术研讨会论文集》，北京：商务印书馆，2004 年。
② 王金鑫：《〈现代汉语词典〉中的成语注音问题》，《辞书研究》，2000 年第 4 期。
③ 李俊：《〈辞源〉与〈辞海〉的比较》，《辞书研究》，1995 年第 2 期。
④ 许振生：《〈绘图儿童成语词典〉简评》，《辞书研究》，1983 年第 3 期。

2. 注音符合规范

中国自古以来的汉语语文辞书无不在推广标准语、促进汉语规范化等方面起着举足轻重的作用，现当代汉语语文辞书则更"是语言文字规范标准的集中体现者，是语言文字规范的重要表现形式"。"辞书的收字、注音、收词、释义、设例等操作能全面体现国家的语言文字规范。"① 当代汉语语文辞书的注音主要以国家教委、语委等部门制定的各种拼音拼写的规则为规范的依据，但在辞书编纂或修订时"有时未能全面照顾法定性规范体系的全部内容细节"，"出现有抵牾的内容"② 而引起学者对辞书注音规范性问题的批评。如张军就指出"'以确定词语规范为目的'的《现代汉语词典》，对'字和词语的音'，除了注音审音的准确性外，也应注意注音拼写的规范性"，并批评《现代汉语词典》中存在的注音拼写不够规范的地方，如同为"头角"，其注音在"头角""露头角""崭露头角"中有的分写，有的连写，很不统一。③ 王金鑫也以《汉语拼音正词法基本规则》为据，对《现代汉语词典》中存在的成语注音不规范的地方进行了批评。如根据《汉语拼音正词法基本规则》，像"背井离乡"这样的"四言成语可以分为两个双音来念，中间加短横"，《现代汉语词典》却没有遵守，注音拼写仍实行了分开来写的做法，违背了规范。④ 因此，加强汉语语文辞书注音的规范工作，努力协调人们实际使用与法定规范之间的矛盾也成为提高辞书编纂质量的一个方面。

3. 注音方式灵活多样

注音同时采用多种方式不是辞书编纂的必然要求，但从满足于不

---

① 王东海、王丽英:《开放式辞书编纂与共享模式初探》,《语言文字应用》, 2008 年第 4 期。

② 王丽英、王东海:《谈规范性词典规范体系中的干扰因素》,《辞书研究》, 2009 年第 6 期。

③ 张军:《〈现代汉语词典〉注音拼写的连写分写问题》,《辞书研究》, 2000 年第 2 期。

④ 王金鑫:《〈现代汉语词典〉中的成语注音问题》,《辞书研究》, 2000 年第 4 期。

同读者各方面的需求来说，现当代汉语语文辞书在编纂时采用灵活多样的注音方式已成为时代的趋势。因为如果辞书中只采用了一种读音标注方式，很可能造成一部分读者无法使用。如史建桥通过对比《简明古汉语字典》和《古汉语常用字字典》对"参"的注音，指出后者在字头之下既用汉语拼音字母注音，又用注音字母注音的方式，无疑对我国港澳台同胞及海外华侨、华人有着一定的使用价值，会受到他们的欢迎。而前者在注音上同时采用可供参考的旧读和又读，并在标注的汉语拼音之下，用三角符号"△"表示入声字的做法则为一些需要这方面知识的读者提供了方便。① 再如修订本《辞源》采用的单字下既标注汉语拼音，又加注《广韵》的反切、标出声钮的多样注音方法，不仅为熟悉现代汉语拼音的人利用《辞源》提供了方便，对保存古代的音切材料也做出了自己的贡献。②

（六）关于辞书的例证

例证作为汉语语文辞书不可或缺的部分，在语文辞书中起着重要的作用，它使词典中处于静态描写的词义，进入了动态的使用，完成了由语言中的词到言语中的词的过渡，实现了词汇语义和句法模式的统一。③ 对此，林语堂在《我所得益的英文字典》中评价《简明牛津字典》和《袖珍英文字典》时所做的概括可算生动："字典有定义而不举例，犹如画像有轮廓而无眉目，空空洞洞，令人疑神疑鬼，某字在某句果此义也，果彼义也，捉摸莫定。一有例句，则前之所谓轮廓者，骨肉丰盈眉目毕现矣"④。正是由于例证的这些功用，使得它必然

---

① 史建桥：《两部有特色而实用的古汉语字典——评〈简明古汉语字典〉和〈古汉语常用字字典〉(修订版)》，《辞书研究》，1995 年第 6 期。
② 李俊：《〈辞源〉与〈辞海〉的比较》，《辞书研究》，1995 年第 2 期。
③ 陈楚祥：《词典评价标准十题》，《辞书研究》，1994 年第 1 期。
④ 转引自柳凤运：《〈现代汉语词典〉与〈简明牛津英语词典〉》，《辞书研究》，1997 年第 1 期。

成为语文辞书评论中所关注的主要内容，当代汉语语文辞书评论对辞书例证使用关注的主要方面可概括为：

1. 例证具有典型性

典型的例证能对词义的说明起到重要的补充作用，能显示词的主要的用法，所以这就要求辞书编纂时要尽量选择最为典型的例句，以提高辞书准确性、科学性。

如《简明古汉语字典》和《古汉语常用字字典》（修订版）两本字典中为了更加贴切地说明词义，而选取一些为一般读者所熟悉和喜爱的出自名家名作的典型语句作为例证，不仅使"读者可以通过这些例证领会词的意义，而且还可以品味、欣赏这些例证中的诗境文意"①。而1996版《现代汉语词典》中"包藏"条中举的"他的眼神包藏着抑郁之情"例，"就不够典型，不能很好地体现'包藏'的贬义色彩"，②不利于读者的了解。

2. 例证追求充足性

语文辞书为了全面揭示词义的复杂性，往往需要列举一定数量的例证，以显示词义在不同组合中所显示出的各种特点。但应注意的是，例证的充足不等于重复，辞书中选择的每一个例证都应该代表着词的一个典型的用法，而不应该只是简单的重复。如朱积孝就批评《联绵字典》宀部"容貌"条从《札记》《论语》《国策》等书中所引的例子有37条之多，但"例文多系重复，无多新意"，并指出辞书"释词之明确与否，不在摘句之多少，往往摘句愈多则其义愈含混不明"。③胡中文等也批评《新华字典》（1992年）中例证存在重复较多，缺乏多样性的弊端。如"爱"字条就举了诸如像"爱祖国""爱

---

① 史建桥：《两部有特色而实用的古汉语字典——评〈简明古汉语字典〉和〈古汉语常用字字典〉（修订版）》，《辞书研究》，1995年第6期。

② 张妍：《〈现代汉语词典〉第5版配例的改进》，《辞书研究》，2007年第2期。

③ 朱积孝：《符定一〈联绵字典〉辨误》，《辞书研究》，1992年第5期。

人民""爱劳动"这样简单而重复的例子。[①]

3. 例证体现统一性

辞书例证统一包括两个方面内容：一是辞书宏观引例体例的统一，二是一个词条内部义例的统一。

（1）宏观引例体例的统一与否

语文辞书引例体例的统一协调对增强辞书的科学性、系统性有着重要的作用，一旦破坏了这种协调，将会对辞书的质量产生直接影响。如《汉语谚语词典》虽比其他同类辞书不设例证的做法要更加进步，但其引例体例的不统一，有的谚语有例证，有的没有；有的部分有例证，部分没有例证等不协调情况，使其有了"明显的缺陷"[②]。

（2）微观义例的统一与否

例证是对释义的直接证明和补充，所以词条内部义例是否统一至关重要。如果义例不能达到统一协调，不仅不能起到例证应有的作用，还会破坏辞书的统一性和科学性。义例是否统一在语文辞书中主要表现在意义、词性、风格等方面。如《新华字典》（1992年）中"包：⑨保证：～在我身上"，就属于例义和词义不一致的情况，而"比：①比较：生活一天～一天好"，则属于义例的词性不一。[③]《中文大辞典》中的"予，我也"。引例之一为"《诗·卫风·河广》：'跻予望之'。"也是义例不合的典型例子。[④]而1996年版《现代汉语词典》中"以为"词条中举的"不以为苦，反以为乐"例，也是义例不合的表现。[⑤]

---

① 胡中文、金欣欣：《关于〈新华字典〉（1992年重排本）修订的几点意见》，《辞书研究》，1998年第4期。

② 周启付：《评〈汉语谚语词典〉》，《辞书研究》，1983年第3期。

③ 胡中文、金欣欣：《关于〈新华字典〉（1992年重排本）修订的几点意见》，《辞书研究》，1998年第4期。

④ 陈增杰：《〈中文大辞典〉的优点和问题》，《辞书研究》，1982年第1期。

⑤ 张妍：《〈现代汉语词典〉第5版配例的改进》，《辞书研究》，2007年第2期。

总之，除了以上三点之外，辞书例证的语言是否通俗易懂，例证的内容、包含的思想是否健康有益，同一例证是否在同一词目或不同词目中反复引用等，也是判断辞书例证质量的重要标准。

（七）关于辞书的附录

近现代以来，随着辞书为读者服务意识的不断增强，为了增加实用性，辞书在编纂时经常会附加一些与辞书紧密有关又能进一步补充辞书收录不足的内容，这些附录内容如果得当而有新意，往往会大大提升辞书本身的实用价值。当代辞书评论对附录的评论主要包括以下方面。

1. 附录设置的必要性

对辞书中的附录首先要看其是否有必要设置，因为附录的设置应给读者提供一些在辞书正文中没有涉及或只是有所涉及而不系统的内容，这些内容的增添，不仅给读者带来更多的知识和便利，对辞书本身的内容也应进行有机的补充，增加辞书的实用价值。

如果辞书附录提供的内容在辞书中已有详细的介绍，那只会造成辞书的重复，而不会给读者带来任何有用的东西，那么这样的附录是没有必要设置的。比如《汉语谚语词典》的两个附录：《社会谚语古例引书作者表》《汉语拼音方案》，就“对读者很有用，值得称道”，因为词典在正文中采用分类编排的方式，增加了拼音方案就等于给读者增加了另一种检索的途径，很有必要；而“《古例引书作者表》也很必要，（它）能给读者提供进一步研究的线索”[①]。同样，如果辞书设置的附录与辞书内容相差很远，没有任何联系，对读者也没有任何帮助，那也是没有必要的。所以汉语语文辞书的附录应该既不能与正文的内容有过多的重复，也不能与辞书没有任何联系，而应该与辞书的内容形成有机的补充，提升辞书的作用。据此，周行健、周荔裳对《古汉语常用字字典》中所附的三个附录：《难字表》《古汉语语法简介》

---

① 周启付：《评〈汉语谚语词典〉》，《辞书研究》，1983 年第 3 期。

《我国历代纪元表》，进行了高度赞扬，认为"三个附录与正文组成了一个学习古汉语必不可少的知识整体，使这本小型字典充分发挥了工具书的作用"①。张惠英也称赞《明清吴语词典》后附的《苏州方言音系》和《苏州方言同音字表》，"极大地方便了读者，为读者的进一步分析研究提供了尽可能好的条件"，并说她作为一名读者，也为"编者的这份好心这份细心而深深感动"。②

2. 附录设置的创新性

高质量的辞书在附录的设置上，应该有自己的创建，不能人云亦云，别人附什么，它也附什么，照抄别人的附录或附加没有任何新意的附录，都是不具有创新性的表现。

汉语语文辞书附录追求创新的例子，如《新编汉语多功能词典》在其附录中开列了辞书编纂的主要参考书目，不仅反映了编纂者实事求是的精神，也在一定程度上增强了词典的学术性和创新性。③《新编小学生字典》中的四个附录:《拼音字母歌》《我国历史朝代顺序歌》《我国省级行政区简称别称歌》《二十四节气歌》，为了适应小读者的认知特点，全以"歌"命名，也可见编者们的"用心良苦"。④再如《汉语通用字字典》附录中收的《汉字部首读音表》，更是"其他字典所无而《通》独有的"⑤，创新的意识更加明显。

另外，语文辞书的附录在追求必要性和创新性的基础上，还应注意其"质"和"量"的问题，"质"即附录的质量，辞书应该努力保证其附录内容的直观、简洁和准确无误，避免发生与正文内容相冲突的情况。"量"即附录的数量，一般来说，辞书附录的数量必须与辞

---

① 周行健、周荔裳:《〈古汉语常用字字典〉简评》，《辞书研究》，1981 年第 1 期。
② 张惠英:《读〈明清吴语词典〉》，《辞书研究》，2006 年第 3 期。
③ 李文明:《〈新编汉语多功能词典〉评介》，《辞书研究》，1992 年第 1 期。
④ 颜景孝:《〈新编小学生字典〉评价》，《辞书研究》，1988 年第 3 期。
⑤ 徐莉莉:《〈汉语通用字字典〉评介》，《辞书研究》，1995 年第 4 期。

书的规模相适应，大型的可以多附加一些，小型、袖珍型的则要尽量简省，甚至省略。①

（八）关于辞书的插图

汉语语文辞书有时为了辅助读者的理解，增加释义的形象性，会使用一些插图以为辅助。近年来出现的专门的绘图词典则更是以其图文并茂的优势，而受到了读者尤其是青少年读者的欢迎和喜爱，因此语文辞书插图的质量问题也成为判断辞书质量的一个标准。

1. 插图的质量

辞书中插图的质量问题至关重要，逼真、形象、直观的插图，能"起到与解说文字异途同归的作用。拙劣的插图不可能为辞书生色而只会适得其反"②。如《应用汉语词典》中对一些难以用文字直接准确表达的事物、概念，如"鞍""帮""卤""甑"等字条目下配置了插图，"使原本不易理解的释义文字变得生动、直观，帮助读者掌握了所注事物的形态特征"，并"增强了词典的可读性"。③ 而《绘图小学生实用字典》中具有创意而通俗简明的插图"不但增强了（字典）的形象性"，也使字典显得"非常通俗简明"，增强了字典的实用性特色。④

2. 插图的数量

普通语文辞书中插图的数量问题也是辞书评论关注的内容。辞书中的插图不仅可以帮助读者更好地理解一些仅有文字解释不好理解的事物，而且"还可以活跃辞书的版面"，使辞书看起来更加活泼又有吸引力，但普通语文性辞书要不要附加插图、附多少合适，则是一个让无数编者头疼的问题。如"旧版《新华字典》有各类插图 370 余幅，

---

① 章宜华、雍和明：《当代词典学》，北京：商务印书馆，2007 年。

② 何华连：《辞书质量的评价标准》，《辞书研究》，2003 年第 3 期。

③ 马志伟、金欣欣：《〈应用汉语词典〉的新意和不足》，《辞书研究》，2002 年第 4 期。

④ 林玉山：《规范实用的〈绘图小学生实用字典〉》，《辞书研究》，2001 年第 4 期。

而 92 版中却只有 9 幅"①，这样做虽然可能节省了字典的不少篇幅，但却无疑会对读者的理解和使用产生一些影响。

三、小结

总之，除了以上八个方面的内容，我国当代汉语辞书评论还对语文辞书中各种注释符号的使用规范性、统一性问题，辞书的装帧、印刷质量问题，辞书中字体、字号设置的合理性问题，编纂方法、手段、技术的先进性问题等各方面也都进行了讨论，但是很多讨论得还不够充分，比如对辞书中存在的印刷、校对等各种编辑问题，就没能引起当代辞书评论实践的普遍重视。但总的来说，我国当代学者通过对汉语语文辞书的评论实践，发现和总结了语文辞书编纂中存在的问题与长处，对语文辞书编纂的经验、理论都进行了很好的总结，对我国辞书事业的发展起到了巨大的指导作用。主要表现为：

1. 以读者和市场为中心意识的逐步树立。改革开放以来，随着我国市场经济的不断发展，辞书作为一种高档文化产品的认识不断深入人心，因此摒弃以编者为中心，树立辞书编纂为读者服务意识成为时代的必然。这种认识反映到辞书评论中就表现为：辞书编纂的各方面是否处处以读者为中心、为读者的使用需求着想，这成为判断辞书质量优劣的一个至关重要的评论标准。

2. 辞书评论为辞书编纂和修订提供指导的认识在评论者意识中得以进一步深化。如果说近现代时期评论者为辞书而评论的意识开始成为一种自觉行为，那么当代辞书评论中对这一认识则更为自觉。当代以读者为中心的辞书评论不仅总结概括出了要成为优秀辞书的各个方面的原则，而且在一定程度上也反映出了读者对各种辞书的新需求，

---

① 胡中文、金欣欣：《关于〈新华字典〉（1992 年重排本）修订的几点意见》，《辞书研究》，1998 年第 4 期。

对辞书的编纂修订工作产生了直接的指导作用，对不断提高我国汉语语文辞书的整体质量起了巨大的促进作用。而可喜的是，对辞书评论的这些认识已经很好地贯穿到了我国语文辞书的评论实践中，辞书评论者在对各种辞书的评论中都纷纷表现出了辞书评论对辞书编纂与修订指导作用的重视。

3. 汉语辞书评论理论性的增强。随着当代语言学理论和辞书学理论的不断发展和成熟，我国辞书评论开始逐渐摆脱就辞书论辞书的传统模式，评论的理论性不断增强。这主要表现在很多评论者在对辞书进行评论时，开始有意识地寻求以某种语言学理论或辞书学理论或某种公认的辞书质量评价标准作为自己评论的依据，而不是简单地就辞书而论辞书，开始了向融语言学、辞书理论与编纂实践为一体的更高层次的探求。

结　语

一、古今汉语辞书评论的对比分析

通过以上对不同发展阶段汉语辞书评论的分析，我们可以看到，我国汉语辞书评论已经从古代的零散、不成系统逐步走向了成熟和完善，无论从评论的思想还是内容上都取得了巨大的进步。

（一）评论内容及标准的对比

从评论的内容及标准上来说，古代辞书评论主要围绕《说文解字》《尔雅》及其系列辞书而展开，对其他类的辞书也有评论，但数量不多。古代辞书评论多偏重于实用，虽然对辞书的收词、注音、释义等各方面都有所涉及并提出了不少辞书编纂和评论的原则和标准，但其最主要关注的还是辞书对攻读经书的作用，对小学、文字学研究的帮助及在其中的地位等方面，而且评论材料相对比较零散，还处于我国辞书评论的初步萌芽发展状态。

近现代时期，随着社会的发展和西学东渐的影响，我国现代语言学建立，新的辞书学理论也不断传入，使得我国汉语辞书评论得以快速成型发展，对辞书的评论开始变为一种自觉的行为，不仅开始自觉地以不断发展的语言学和辞书学理论作为评论的理论支撑，还开始有意识地对辞书编纂理论进行总结和概括。不仅继续关注古代辞书编纂的得失，而且以当时几部重要辞书的编纂为基础，对辞书编纂法、辞书类型以及辞书编纂者素质等问题展开了热烈的讨论，很好地总结了近现代辞书编纂的经验和教训，为我国当代辞书的繁荣以及辞书评论的发展奠定了良好的基础。

改革开放以来，随着社会政治经济的快速发展，我国辞书出版事业也取得了巨大进步，各种辞书如雨后春笋般得以大量出版，与之相适应的，我国辞书评论在这个时期也得以快速发展。对辞书的评论，或推荐、或指摘错误、或理论总结，评论的目的性更加明确，评论也更成系统，并开始明确地把辞书评论置于语言学和辞书学理论的指导之下，不仅以《现代汉语词典》《汉语大词典》《汉语大字典》等重头辞书为中心，对我国现当代辞书编纂各方面进行了更为细致的评价和总结，而且对古代辞书和其他各类辞书也给予了充分的关注，为促进我国辞书事业的不断进步，实现我国辞书评论的不断繁荣和发展做出了贡献。

（二）评论形式及方法的对比

从评论形式和方法上来说，我国古代辞书评论形式多样，体裁各异，有序跋式、笔记式、书信式、书目提要式等，多比较灵活，但不足在于很少单独成篇，不利于评论的展开和系统性；评论的方法，古代也比较单调，多就某部辞书而展开，偶尔也有对两部辞书之间的比较，但数量不是很多。

近现代时期，现代语言学理论的指导以及国外经验的借鉴，使我国辞书评论在方法上大为改进，逐渐摒弃古代只评不论的窠臼，开始有评有论有举例，向更加科学、系统发展；形式上也开始出现了单篇论文式的评论，并逐渐发展成熟。不过可惜的是，在追求系统性的同时，我国辞书评论在形式上也开始走向同一，这一时期序跋式评论虽仍是评论的主要形式之一，书信式、笔记式评论也时有出现，但已有式微之势。

到了当代，在形式上，除了少数的序跋、书信、辞书评奖说明等形式，则开始以千篇一律的论文形式出现，丢掉了我国古代辞书评论形式多样性的优良传统，一定程度上影响了辞书评论的普及性与大众化；不过当代辞书评论在评论方法上更为进步，不仅以语言学或辞书学理论为指导，对辞书进行有理有据的评析，而且越来越多地开始运用比较的方法，通过对辞书的比较、鉴别，以发现辞书的优点和特色，总结辞书的编纂经验和理论。

（三）评论者及评论语言的对比

从辞书评论的作者及所运用的语言上来说，古代辞书评论的参与者多为知识渊博的儒雅之士，他们在小学、语言学等方面无不有着深厚的根基，评论的用语也大多比较简洁、抽象，少理论阐发，比如《汉书·艺文志》对《凡将篇》收词的评论只有 3 个字"无复字"，而张揖对《尔雅》释义的评论则只有 5 个字"文约而义固"，今天如要对其进行认识往往需要重新解读。

近现代时期，随着教育体制的改革，文化知识不断普及，辞书评论的人员更加广泛，除了语言学研究者和辞书编纂者之外，一般的知识分子也开始对使用的辞书进行评论。而且随着民国时期白话文运动的开展，口语、书面语的逐渐统一，评论的用语也更加通俗易懂，比如丁宵汉《辞源简评》中评论辞书具有辅助人们学习的作用时说："它虽是一言不语，一声不发的被置在案头，然而它对于自修人们的辅助，往往强于十几位高明的良师。"语言生动明白，一般的知识民众也能看懂。

到了当代时期，随着人们对辞书评论在辞书推介、提高辞书编纂质量以及总结辞书编纂理论等方面重要作用的认识的不断加深，辞书评论引起了越来越多的人的重视，撰写辞书评论的队伍也得以不断壮大，使得我国辞书评论事业开始逐渐从博儒之士的高雅书斋走向了普通的人民大众。在大众的参与下，辞书评论变得更加贴近现实，更具有现实的指导意义。同时，当代汉语辞书评论所用的语言也更加平实简洁，在句法上多使用陈述句、祈使句，偶尔使用疑问句和感叹句，一般也不使用各种修辞手段，以增加表达的科学性与客观性。比如我们曾以《辞书研究》2007 和 2008 两年中发表在"辞书评论"专栏的 30 篇文章为语料进行了统计，发现在近 15 万字的评论语料中使用到的疑问句一共有 30 句，这 30 句分别出现于 11 位先生的文章之中，但值得注意的是，其中有 9 句是出自一位先生的文章，所以我们可以说当代汉语辞书评论为了追求评论的客观性，一般很少使用疑问句，偶尔使用也主要是为了启发读者的思考，而如果一篇文章中较多地使用疑问句，也仅与个人行文风格有关。但我国现今的辞书评论仍有点学院派的味道，辞书评论在社会上的影响力还不够大，一定程度上限制了它各方面作用的发挥。

二、对汉语辞书评论与辞书编纂及语言学理论关系的初步认识

张志毅先生曾说过"理念的不断更新，推动了辞书的不断发展"[①]。这句话同样适用于辞书评论，辞书评论的不断进步也离不开各种新理论体系的指导，而且取得进步的辞书评论又往往成为阐发新理论的重要源泉。与汉语辞书评论关系最为密切的主要为辞书编纂理论和语言学理论，所以我们在前文讨论的基础上，试对我国汉语语文辞

———————

① 张志毅：《理念演绎辞书》，《辞书研究》，2007 年第 5 期。

书评论与辞书编纂理论和语言学理论之间的关系谈一下自己的初步
认识。

　　第一，汉语辞书评论是总结和阐发汉语辞书编纂理论的重要媒
介。由于我国古代学者重实践而轻理论的研究特点使得我国古代没有
形成专门的辞书学理论论述，但毫无疑问的是即便是在汉语辞书编写
的最初阶段，这种理论的指导也是无处不在的，只不过是以辞书编纂
实践的形式来体现的。所以说汉语"辞书本身就是特定辞书观念与条
例的具体化与实践化，就是一座座理论含量很高的富矿"①。而在对辞
书中蕴含的各种理论进行挖掘和阐发的过程中，辞书评论起了重要的
媒介作用，评论者们通过对辞书的评论，不仅总结了以往辞书的编纂
经验，而且"将辞书编者所创造、通过辞书体现出来又经过实践检验
的经验、方法和构想，上升到理论高度"②，促进了辞书学理论的丰富
和发展。如魏张揖通过对《尔雅》的研究和评论，称赞《尔雅》的释
义"文约而义固"，并将其提高到理论的高度，认为所有的"儒林"
都应将其作为"楷素"而学习（上《广雅》表）。

　　第二，从辞书评论中总结出来的辞书理论又进一步指导了辞书
评论实践的进行，使学者对辞书的评论更加科学。如近代时期，学者
们通过对《康熙字典》收词已经不能满足人们学习新科学知识需要的
批评，提出了辞书的收词必须坚持实用性的编纂原则，而正是这一原
则的指导，才使得丁宵汉在《辞源简评》中对《辞源》收词的优点和
不足作出了科学而准确的评价。科学准确的辞书评论又将会进一步促
进辞书编纂理论的总结和阐发，而总结出的辞书编纂理论又能更好地
指导辞书评论的实践，并在这种循环往复的"理论总结——实践指

---

① 邹酆：《发展辞书原理是辞书评论的天职——论〈说文解字通论〉对汉语辞书学的
理论阐发》，载《辞书学丛稿》，武汉：崇文书局，2004 年。
② 徐成志：《彰瘅督导　共创典常：论辞书评论的作用及其发挥》，《辞书研究》，
2003 年第 1 期。

导——理论总结——实践指导"过程中，实现我国汉语辞书评论和辞书编纂理论的螺旋式上升。

第三，汉语语文辞书的评论需要语言学理论的指导，语言学理论的新进展将为辞书评论提供新视角和方法。因为汉语语文辞书可以说是汉语言文化知识的宝库，如果没有一定的语言学知识素养，是很难对其做出科学而又准确的判断的，假如颜之推对古汉语音切知识一无所知，那他根本不可能对《说文解字》《释名》等的注音作出任何判断，更不要说对其采用的"内言外言、急言徐言、读若之类"的注音方法，作出"益使人疑"的科学评价了（《颜氏家训·音辞》）。所以在对汉语语文辞书进行评论时，评论者语言学理论的素养将直接影响其评论的质量和水平。

第四，汉语语文辞书评论促进语言学理论的发展。因为汉语语文辞书编纂总是落后于语言文字的发展，造成辞书编纂与语言文字发展之间的矛盾，这就需要辞书评论不断地发挥其沟通协调的作用。一方面在对辞书评论的过程中，要不断引导辞书编纂吸收借鉴语言学发展的最新成果，适应语言学发展的新需求，实现辞书编纂的进步；[1] 另一方面辞书评论中遇到的诸多辞书编纂的实际问题，又需要语言文字学的解答，这就客观上促进和推动了语言学研究的发展进步。如对汉语辞书收词中经常出现的失收、漏收的情况，语义场理论的提出为其问题的解决找到了新的出路；而汉语语文辞书中出现的同音词、多义词立目的失误和混乱问题，则又要求用语言学的最新研究成果予以解决。

---

[1] 徐成志:《彰瘅督导 共创典常：论辞书评论的作用及其发挥》,《辞书研究》,2003 年第 1 期。

参考文献

一、工具书

［汉］许慎撰，［宋］徐铉校定：《说文解字》，北京：中华书局，2009 年。

［清］段玉裁：《说文解字注》（十五卷下），郑州：中州古籍出版社，2006 年。

［清］阮元等：《经籍籑诂》，北京：中华书局，1982 年。

［清］沈家本：《历代刑法考》，北京：中华书局，1985 年。

［清］王筠：《说文解字句读》，北京：中华书局，1988 年。

［清］张玉书、［清］陈廷敬：《康熙字典》，上海：上海古籍出版社，1996 年。

［清］张玉书等编纂：《康熙字典（标点整理本）》，上海：汉语大词典出版社，
    2002 年。

丁福保：《说文解字诂林》，北京：中华书局，1988 年。

冯契主编，《哲学大辞典》（修订本）编纂委员会：《哲学大辞典》（修订本），上海：
    上海辞书出版社，2001 年。

高凤谦等：《新字典》，上海：商务印书馆，1915 年。

谷衍奎：《汉字源流字典》，北京：华夏出版社，2003 年。

李学勤：《中华汉语工具书书库》，合肥：安徽教育出版社，2002 年。

陆费逵、欧阳溥存：《中华大字典》，北京：中华书局，1978 年。

马文熙、张归璧等：《古汉语知识辞典》，北京：中华书局，2004 年。

《商务印书馆百年大事记（1897—1997）》，北京：商务印书馆，1997 年。

吴文祺、张世禄：《中国历代语言学论文选注》，上海：上海教育出版社，1986 年。

吴泽炎等：《辞源》，北京：商务印书馆，1983 年。

张斌、许威汉：《中国古代语言学资料汇纂——文字学分册》，福州：福建人民出

版社，1993 年。

张斌、许威汉：《中国古代语言学资料汇纂——训诂学分册》，福州：福建人民出
　　版社，1993 年。

张斌、许威汉：《中国古代语言学资料汇纂——音韵学分册》，福州：福建人民出
　　版社，1993 年。

张志毅、张庆云：《反义词词林》，上海：上海辞书出版社，2001 年。

中国社会科学院语言研究所词典编辑室编：《现代汉语词典五十年》，北京：商务
　　印书馆，2004 年。

中国社会科学院语言研究所词典编辑室：《现代汉语词典》，北京：商务印书馆，
　　2016 年。

宗福邦、陈世铙、萧海波主编：《故训汇纂》，北京：商务印书馆，2003 年。

二、著作

1. 国内著作

安华林：《现代汉语释义基元词研究》，北京：中国社会科学出版社，2005 年。

曹先擢、杨润陆：《古代词书讲话》，上海：上海教育出版社，1990 年。

陈炳迢：《辞书编纂学概论》，上海：复旦大学出版社，1991 年。

陈淑梅：《东汉碑隶构形系统研究》，上海：上海教育出版社，2005 年。

陈原：《辞书和信息》，上海：上海辞书出版社，1985 年。

陈原：《语言和人》，上海：上海教育出版社，1994 年。

戴昭铭：《规范语言学探索》，上海：上海三联书店，1998 年。

丁忱：《尔雅毛传异同考》，武汉：武汉大学出版社，1988 年。

窦秀艳：《中国雅学史》，济南：齐鲁书社，2004 年。

范可育、王志方、丁方豪：《楷字规范史略》，上海：华东师范大学出版社，2000 年。

冯海霞：《语文词典语义类别释义的多维研究》，北京：中国社会科学出版社，
　　2017 年。

符淮青：《词义的分析和描写》，北京：语文出版社，1996 年。

符淮青：《汉语词汇学史》，合肥：安徽教育出版社，1996 年。

高更生：《现行汉字规范问题》，北京：商务印书馆，2002 年。

高小方:《中国语言文字学史料学》,南京:南京大学出版社,2005 年。

管锡华:《尔雅研究》,合肥:安徽大学出版社,1996 年。

郭良夫:《词汇与词典》,北京:商务印书馆,1990 年。

郭芹纳:《训诂学》,北京:高等教育出版社,2005 年。

郭聿楷、何英玉:《语义学概论》,北京:外语教学与研究出版社,2002 年。

郭在贻:《训诂学》,长沙:湖南人民出版社,1986 年。

何九盈:《中国古代语言学史》(新增订本),北京:北京大学出版社,2006 年。

洪诚:《训诂学》,南京:江苏古籍出版社,1984 年。

胡明扬等:《词典学概论》,北京:中国人民大学出版社,1982 年。

胡朴安:《中国训诂学史》,北京:商务印书馆,1998 年。

黄建华:《词典论》(修订本),上海:上海辞书出版社,2001 年。

黄建华等:《英俄德法西日语文词典研究》,北京:商务印书馆,1992 年。

黄俊贵、倪波:《汉字与汉字排检方法》,北京:书目文献出版社,1990 年。

黄侃述,黄焯编:《文字声韵训诂笔记》,上海:上海古籍出版社,1983 年。

贾彦德:《汉语语义学》,北京:北京大学出版社,1999 年。

孔仲温:《类篇研究》,台北:台湾学生书局,1987 年。

李尔钢:《现代辞典学导论》,上海:汉语大词典出版社,2002 年。

李尔钢:《词义与辞典释义》,上海:上海辞书出版社,2006 年。

李开:《现代词典学教程》,南京:南京大学出版社,1990 年。

李恕豪:《中国古代语言学简史》,成都:巴蜀书社,2003 年。

李幼蒸:《理论符号学导论》,北京:社会科学文献出版社,1999 年。

李运富:《汉字汉语论稿》,北京:学苑出版社,2008 年。

林玉山:《中国辞书编纂史略》,郑州:中州古籍出版社,1992 年。

林玉山:《辞书学概论》,福州:海峡文艺出版社,1995 年。

林玉山:《中国辞书排检史》,呼和浩特:远方出版社,2000 年。

刘庆隆:《辞书编纂工艺导论》,武汉:崇文书局,2008 年。

刘叔新:《汉语描写词汇学》,北京:商务印书馆,1995 年。

刘延玲:《魏晋行书构形研究》,上海:上海教育出版社,2004 年。

刘叶秋:《中国字典史略》,北京:中华书局,2003 年。

刘中富:《〈干禄字书〉字类研究》,济南:齐鲁书社,2004 年。

陆宗达：《说文解字通论》，北京：人民出版社，1981 年。

陆宗达、王宁：《训诂与训诂学》，太原：山西教育出版社，1994 年。

吕冀平、戴昭铭：《当前我国语言文字的规范化问题》，上海：上海教育出版社，2000 年。

吕叔湘：《〈现代汉语词典〉编写细则》，《吕叔湘全集》(12)，沈阳：辽宁教育出版社，2002 年。

吕叔湘：《语文散论》，《吕叔湘全集》(12)，沈阳：辽宁教育出版社，2002 年。

倪波、顾柏林：《俄语语义学》，上海：上海外语教育出版社，1995 年。

潘钧：《日本辞书研究》，上海：上海人民出版社，2008 年。

潘文国：《字本位与汉语研究》，上海：华东师范大学出版社，2002 年。

启功：《古代字体论稿》，北京：文物出版社，1964 年。

钱剑夫：《中国古代字典辞典概论》，北京：商务印书馆，1986 年。

裘锡圭：《文字学概要》，北京：商务印书馆，2012 年。

齐佩瑢：《训诂学概论》，北京：中华书局，1984 年。

苏宝荣：《词义研究与辞书释义》，北京：商务印书馆，2000 年。

苏培成：《现代汉字学纲要》，北京：北京大学出版社，2001 年。

苏新春：《汉语词义学》，广东：广州教育出版社，1992 年。

苏新春：《汉语释义元语言研究》，上海：上海教育出版社，2005 年。

唐兰：《中国文字学》，上海：上海古籍出版社，2001 年。

陶原珂：《词位与释义》，北京：高等教育出版社，2004 年。

王东海、王丽英：《汉语辞书理论史热点研究》，北京：商务印书馆，2013 年。

王东海：《古代法律词汇语义系统研究——以〈唐律疏议〉为例》，北京：中国社会科学出版社，2007 年。

王凤阳：《汉字学》，长春：吉林人民出版社，1989 年。

王力：《康熙字典音读订误》，北京：中华书局，1988 年。

王力：《中国语言学史》，上海：复旦大学出版社，2009 年。

王力：《汉语史稿》，北京：中华书局，2011 年。

王立军等：《汉字应用通则》，沈阳：春风文艺出版社，1999 年。

王宁：《训诂学原理》，北京：中国国际广播出版社，1996 年。

王宁：《汉字构形学讲座》，上海：上海教育出版社，2002 年。

王宁:《训诂学》,北京:高等教育出版社,2004年。

吴国华、杨喜昌:《文化语义学》,北京:军事谊文出版社,2000年。

伍谦光:《语义学导论》,长沙:湖南教育出版社,1988年。

向熹:《简明汉语史》,北京:高等教育出版社,1993年。

徐超:《中国传统语言文字学》,济南:山东大学出版社,1996年。

徐烈炯:《语义学》,北京:语文出版社,1995年。

徐时仪:《汉语语文辞书发展史》,上海:上海辞书出版社,2016年。

杨琳:《小尔雅今注》,上海:汉语大词典出版社,2002年。

杨薇、张志云:《中国传统语言文献学》,武汉:崇文书局,2006年。

杨文全:《近百年的中国汉语语文辞书》,成都:巴蜀书社,2000年。

杨正业:《语文词典编纂史》,北京:中国文联出版社,2006年。

姚孝遂:《许慎与说文解字》,北京:中华书局,1983年。

雍和明等:《中国辞典史论》,北京:中华书局,2006年。

于屏方:《动作义位释义的框架模式研究》,北京:中国社会科学出版社,2007年。

语言学名词审定委员会:《语言学名词》,北京:商务印书馆,2011年。

张博:《汉语同族词的系统性与验证方法》,北京:商务印书馆,2003年。

张家骅、彭玉海、孙淑芳、李红儒:《俄罗斯当代语义学》,北京:商务印书馆,
    2003年。

张明华:《中国字典词典史话》,北京:商务印书馆,1998年。

张其昀:《"说文学"源流考略》,贵阳:贵州人民出版社,1998年。

张永言:《训诂学简论》,武昌:华中工学院出版社,1985年。

张志毅、张庆云:《词和词典》,北京:中国广播电视出版社,1994年。

张志毅、张庆云:《词汇语义学与词典编纂》,北京:外语教学与研究出版社,
    2007年。

张志毅、张庆云:《词汇语义学》(第三版),北京:商务印书馆,2012年。

章琼:《现代汉语通用字对应异体字整理》,成都:巴蜀书社,2004年。

章宜华:《语义学与词典释义》,上海:上海辞书出版社,2002年。

章宜华、雍和明:《当代词典学》,北京:商务印书馆,2007年。

赵诚:《中国古代韵书》,北京:中华书局,2003年。

赵振铎:《古代辞书史话》,成都:四川人民出版社,1986年。

赵振铎：《辞书学纲要》，成都：四川辞书出版社，1987 年。

赵振铎：《字典论》，上海：上海辞书出版社，2001 年。

赵彦春：《认知词典学探索》，上海：上海外语教育出版社，2003 年。

周斌武：《汉语音韵学史略》，合肥：安徽教育出版社，1987 年。

周大璞：《训诂学要略》，武汉：湖北人民出版社，1980 年。

周大璞等：《训诂学初稿》（第 3 版），武汉：武汉大学出版社，2007 年。

周建设：《中国逻辑语义论》，长沙：岳麓书社，1996 年。

周荐：《汉语词汇研究史纲》，北京：语文出版社，1995 年。

周荐：《汉语词汇研究百年史》，北京：外语教学与研究出版社，2006 年。

周祖谟：《问学集》，北京：中华书局，1966 年。

朱葆华：《原本玉篇文字研究》，济南：齐鲁书社，2004 年。

邹酆：《中国辞书学史概略》，武汉：湖北人民出版社，2006 年。

邹晓丽：《基础汉字形义释源（修订本）——〈说文〉部首今读本义》，北京：中华书局，2007 年。

2. 译著

〔德〕哈杜默德·布斯曼著，陈慧瑛等编译：《语言学词典》，北京：商务印书馆，2003 年。

〔俄罗斯〕阿普列相著，杜桂枝译：《语言整合性描写与体系性词典学》，北京：北京大学出版社，2011 年。

〔法〕A. J. 格雷马斯著，吴泓缈译：《结构语义学——方法研究》，北京：生活·读书·新知三联书店，1999 年。

〔法〕A. J. 格雷马斯著，蒋梓骅译：《结构语义学》，天津：百花文艺出版社，2001 年。

〔法〕贝朗（Bejoint H.）著，张伯然注：《现代词典学入门》，北京：外语教学与研究出版社，2002 年。

〔法〕亨利·贝戎著，裘安曼译：《英语词典编纂史》，北京：商务印书馆，2016 年。

〔捷〕拉迪斯拉夫·兹古斯塔主编，林书武等译，胡明扬校：《词典学概论》，北京：商务印书馆，1983 年。

〔美〕兰多（Landau S. I.）著，章宜华、夏立新译：《词典编纂的艺术与技巧》（第二版），北京：商务印书馆，2005 年。

〔瑞士〕费尔迪南·德·索绪尔著，高名凯译:《普通语言学教程》，北京：商务印书馆，1980年。

〔意〕翁贝尔托·埃科著，王天清译:《符号学与语言哲学》，天津：百花文艺出版社，2005年。

〔英〕B. T. 休·阿特金斯（B. T. Sue Atkins）、〔英〕迈克尔·朗德尔（Michael Rundell）著，章宜华、田兵译:《牛津词典编纂指南》，北京：商务印书馆，2021年。

〔英〕D. A. 克鲁斯:《词汇语义学》，剑桥大学出版社，1986年。中译本见汪榕培等编译:《八十年代国外语言学的新天地》，沈阳：辽宁教育出版社，1992年。

〔英〕R. R. K. 哈特曼、〔英〕F. C. 斯托克著，黄长著、林书武、卫志强、周绍珩译:《语言与语言学词典》，上海：上海辞书出版社，1981年。

〔英〕约翰·辛普森著，田兵译:《词语侦探:〈牛津英语词典〉编纂回忆录》，北京：商务印书馆，2020年。

3. 外文专著（编著）

Cruse, D. A. 1986. Lexieal Semantics. Cambridge: Cambridge University Press.

Eco, U: A Theory of Semiotics, Indiana U pr. 1976.

Fillmore, Charles J. 1982, Frame Semantics. In Linguistics in the Morning Calm, Seoul: Hanshin Publishing Co.

Grandy R. E. Semantic Fields, Prototypes, and the Lexicon. In Lehrer, A. & E. Kiitay (ed.) Frames, Field, and Contrasts. Hillsdale, NJ: Lawrence Erlbaum, 1992.

Hartmann, R. R. K. Teaching and Researching Lexicography, London：Pearson Education Limited, 2001.

Jackendoff, R. Language of the Mind: Essays on Mental Representation. Cambridge, MA.: MIT Press. 1995.

Lakoff G. Women, Fire and Dangerous Things. What Categories Reveal about the Mind. Chicago, Press, 1987.

Langacker R. W. Foundations of Cognitive Grammar Vol. II. 北京：北京大学出版社，1991.

Lyons J. Semantics vol. I. Cambridge University Press. 1977.

Nielsen, S. "Cross-reference Structure", in Bergenholtz & Tarp (eds.), Manual of Specialized Lexicography: The Preparation of Specialized Dictionaries, Amsterdam/Philadelphia: Jonh Benjamins Publishing Company, 1995.

Saeed, John. 1997. Semantics. Beijing: Foreign Language Teaching and Research Press, 2000.

Schaeder, B. "Mediostrukturen in Fachwörterbüchern", Lexicographica, No.11, 1995.

Taylor R. Linguistic Categorization: Prototypes in Linguistic Theory. New York: Oxford University Press, 1995.

Wiegand, E. (ed.) "über die Mediostrukturen bei gedruckten Wörterbü-chem", In Symposium on Lexicography VII. Proceedings of the Seventh Symposium on Lexicography, 1994.

Wierzbicka, 1992. Semantic Primitives and Semantic Fields. In Lehrer, A. & E. Kiitay (ed.) Frames, Fields, and Contrasts. Hillsdale, NJ: Lawrence Erlbaum.

三、论文

1. 期刊论文

包楠生:《笔画索引泛论》,《辞书研究》, 1994 年第 1 期。

鲍克怡:《汉语类义词典探索——〈同义词词林〉编后》,《辞书研究》, 1983 年第 2 期。

卜东新:《读〈广州音字典〉(普通话对照)所想到的》,《辞书研究》, 1985 年第 1 期。

蔡声镛:《〈尔雅〉与百科全书》,《辞书研究》, 1981 年第 1 期。

蔡枢衡:《刑法名称的由来》,《政法论坛》, 1981 年第 3 期。

蔡勇飞:《检字法与汉语词典的编纂》,《辞书研究》, 1983 年第 1 期。

曹聪孙:《词典释义的规范化进程》,《辞书研究》, 1980 年第 2 期。

曹继春:《编制〈汉语大字典〉四角号码索引的必要性》,《辞书研究》, 1993 年第 3 期。

曹乃木：《统一部首查字法需要解决的主要问题》，《文字改革》，1985 年第 1 期。

曹乃木：《部首查字法的历史演进》，《语文建设》，1993 年第 2 期。

曾大力：《给〈现代汉语词典〉（修订本）体例挑刺》，《辞书研究》，2003 年第 4 期。

晁继周：《关于〈现代汉语词典〉修订的几点认识》，《辞书的修订与创新》，商务
印书馆，2003 年。

晁继周：《语言规范、辞书编纂与社会语言生活》，《辞书研究》，2005 年第 2 期。

陈楚祥：《词典评价标准十题》，《辞书研究》，1994 年第 1 期。

陈建裕：《〈玉篇〉部首说略》，《阴山学刊》，1999 年第 1 期。

陈庆武、林玉山：《20 世纪的中国辞书》，《辞书研究》，2001 年第 1 期。

陈淑梅：《试论王筠对汉字学的贡献——读王筠〈说文释例〉》，《古汉语研究》，
2001 年第 1 期。

陈燕：《〈字通〉在部首法转变过程中的地位》，《古汉语研究》，2006 年第 1 期。

陈宜民：《〈康熙字典〉的异体字及其整理》，《四川师范学院学报》（哲学社会科学
版），1991 年第 1 期。

陈增杰：《〈中文大辞典〉的优点和问题》，《辞书研究》，1982 年第 1 期。

程琪龙：《Jackendoff 的概念语义学理论》，《外语教学与研究》，1997 年第 2 期。

程荣：《语文辞书修订工作的基本特点——从〈新华字典〉的多次修订想到的》，
《语言文字应用》，2002 年第 8 期。

程养之：《谈谈统一部首查字法》，《杭州师院学报》，1982 年第 2 期。

程养之：《谈谈〈汉语大词典〉的部首排检法》，《辞书研究》，1986 年第 6 期。

崔枢华：《说文部分 540 辨疑——兼论〈周易〉对〈说文〉的影响》，《内蒙古民族
师院学报》，1991 年第 1 期。

邓明：《泛指义、特指义与成语释义》，《晋中学院学报》，2014 年第 4 期。

董秀芳：《词语隐喻义的释义问题》，《辞书研究》，2005 年第 4 期。

董振邦、吕明臣、耿文琦：《现代汉语的释词方法》，《学术探索》，2014 年第 12 期。

杜桂枝：《俄语多义词转义过程的认知语义分析》，《解放军外国语学院学报》，
2002 年第 5 期。

范崇俊：《部首改革的趋势》，《辞书研究》，1986 年第 5 期。

范春媛：《陆佃〈埤雅〉评述》，《宁夏大学学报》，2005 年第 3 期。

方宝花、何华连：《我国 2005 年辞书学研究述略》，《辞书研究》，2007 年第 6 期。

方厚枢:《中国辞书史话》(上),《辞书研究》,1979 年第 1 期。

方厚枢:《中国辞书史话》(下),《辞书研究》,1979 年第 2 期。

丰逢奉:《〈康熙字典〉编纂理论初探》,《辞书研究》,1988 年第 2 期。

丰逢奉:《两汉字典编纂理论概观》,《辞书研究》,1992 年第 2 期。

丰逢奉:《魏晋隋唐字典编纂理论概观》,《辞书研究》,1992 年第 3 期。

丰逢奉:《宋元字典编纂理论扫描》,《辞书研究》,1992 年第 4 期。

冯海霞、张志毅:《〈现代汉语词典〉释义体系的创建与完善——读〈现代汉语词典〉(第 5 版)》,《中国语文》,2006 年第 5 期。

冯雪冬:《汉语异形词历时研究与大型语文辞书编纂》,《学术交流》,2013 年第 5 期。

冯志伟:《科技术语古今谈》,《术语标准化与信息技术》,2005 年第 2 期。

符淮青:《词的释义方式》,《辞书研究》,1997 年第 3 期。

甘于恩等:《方言正音字典的定位与体例问题——读〈广州话正音字典〉》,《辞书研究》,2004 年第 4 期。

杭州师范学院字词检索方法研究小组:《论统一汉字检字法的原则和具体选择问题》,《杭州师院学报》,1982 年第 3 期。

高兴:《评〈新编新华字典〉》,《辞书研究》,1994 年第 3 期。

高兴:《我国古代辞书向现代辞书的转变》,《安徽大学学报》(哲学社会科学版),1996 年第 2 期。

高兴:《论我国辞书评论的历史及现状》,《辞书研究》,1997 年第 4 期。

顾之川:《俗字与〈说文〉"俗体"》,《青海师范大学学报》(哲学社会科学版),1990 年第 4 期。

管锡华:《〈尔雅〉篇内分类情况探索——〈尔雅〉研究之一》,《淮北煤师院学报》,1986 年第 3 期。

管锡华:《论义类词典的发展》,《辞书研究》,1986 年第 6 期。

管锡华:《论〈尔雅〉的实用性》,《安徽教育学院学报》,1993 年第 2 期。

郭芹纳:《〈汉语大词典〉评略》,《古汉语研究》,1996 年第 4 期。

韩敬体:《〈现代汉语词典〉(修订本)介绍》,《中国语文》,1996 年第 6 期。

韩敬体:《〈现代汉语词典〉修订概况》,《语言文字应用》,1997 年第 1 期。

韩敬体:《评〈新世纪现代汉语词典〉》,《辞书研究》,2002 年第 1 期。

何飞、罗三定、沙莎:《基于领域本体的知识关联研究》,《湖南城市学院学报》,

2005 年第 1 期。

何华连：《辞书质量的评价标准》，《辞书研究》，2003 年第 3 期。

何瑞：《宋本〈玉篇〉与现代常用字表、通用字表对比分析》，《渤海大学学报》（哲学社会科学版），2007 年第 3 期。

胡锦贤：《〈康熙字典〉关于处理异体、通假字术语的运用》，《湖北大学学报》（哲学社会科学版），1993 年第 3 期。

胡明扬：《规范化和标准化》，《语文建设》，1997 年第 4 期。

胡中文、金欣欣：《关于〈新华字典〉（1992 年重排本）修订的几点意见》，《辞书研究》，1998 年第 4 期。

黄怀信：《一部很有价值的古典辞书——〈小尔雅〉》，《辞书研究》，1988 年第 1 期）。

黄孝德：《文化的长城　汉语的丰碑——评八卷本〈汉语大字典〉》，《武汉大学学报》，1990 年第 4 期。

黄孝德：《从〈康熙字典〉到〈汉语大字典〉》，《辞书研究》，1990 年第 5 期。

黄易青：《同源词义素分析法——同源词意义分析与比较的方法之一》，《古汉语研究》，1999 年第 3 期。

黄宇鸿：《对〈说文解字〉重文的再认识及其价值》，《广西大学学报》，2003 年第 4 期。

忌浮：《字典史上的一块丰碑——〈四声篇海〉》，《辞书研究》，1987 年第 1 期。

江蓝生：《〈现代汉语词典〉第 6 版概述》，《辞书研究》，2013 年第 2 期。

姜岚、张志毅：《语文辞书元语言的规则》，《辞书研究》，2004 年第 5 期。

姜雯洁：《〈现代汉语词典〉连词释义元语言规律探索》，《语文教学与研究》，2010 年第 5 期。

蒋绍愚：《词义的发展和变化》，《语文研究》，1985 年第 2 期。

蒋绍愚：《关于汉语词汇系统及其发展变化的几点想法》，《中国语文》，1989 年第 1 期。

金欣欣：《略论〈新华字典〉的规范性》，《淮南师范学院学报》，2008 年第 6 期。

康国章：《〈说文解字〉的字典编纂成就》，《殷都学刊》，2001 年第 2 期。

雷冬平：《〈现代汉语词典〉古词语释义中的括注及始见书括注的不足》，《晋中学院学报》，2011 年第 1 期。

雷华：《2009 年中国辞书高层论坛总结发言》，《辞书研究》，2010 年第 1 期。

李葆嘉：《汉语元语言系统研究的理论建构及应用价值》，《南京师大学报》（社会
　　科学版），2002 年第 8 期。

李国英：《论汉字形声字的义符系统》，《中国社会科学》，1996 年第 3 期。

李国英：《异体字的定义与类型》，《北京师范大学学报》，2007 年第 3 期。

李行建：《面向未来，必须加强语文规范化工作》，《语言文字应用》，1995 年第 1 期。

李建国：《语文词典释义中的"等"字用法》，《辞书研究》，1998 年第 3 期。

李建国：《论语文词典收词释义的系统与平衡》，《辞书研究》，2005 年第 3 期。

李健康、张春辉：《本体研究及其应用进展》，《图书馆论坛》，2004 年第 6 期。

李俊：《〈辞源〉与〈辞海〉的比较》，《辞书研究》，1995 年第 2 期。

李禄兴：《从静态释义到动态释义——〈当代汉语学习词典〉释义方法的新探索》，
　　《辞书研究》，2008 年第 3 期。

李美京：《义素分析法在词典释义中的作用》，《辞书研究》，2001 年第 2 期。

李亚军：《〈说文解字〉述评》，《陕西广播电视大学学报》，2004 年第 1 期。

李永秋、郭时海：《Jackendoff and Langacker 的认知观点比较》，《成都教育学院学
　　报》，2005 年第 4 期。

李宇明：《辞书与语言文字规范》，《辞书研究》，2004 年第 4 期。

李运富：《论汉字职能的变化》，《古汉语研究》，2001 年第 4 期。

李运富：《中学语文教材文言文注释应注意的几个问题》，《课程·教材·教法》，
　　2002 年第 11 期。

李运富：《论汉字结构的演变》，《河北大学学报》，2007 年第 2 期。

李志江：《关于汉字排检规范化的两点意见》，《语文建设》，1996 年第 2 期。

李志江：《第 5 版〈现代汉语词典〉科技条目的修订》，《辞书研究》，2006 年第
　　1 期。

梁春胜：《从〈类玉篇海〉到〈四声篇海〉——我国字典编纂史上的一个转折点》，
　　《中国典籍与文化》，2004 年第 2 期。

梁梅：《试评〈汉语大字典·异体字表〉》，《广西大学学报》，1998 年第 5 期。

林玉山：《辞书编纂四十年综述》，《编辑学刊》，1989 年第 4 期。

林玉山：《试谈工具书的索引》，《辞书研究》，1989 年第 4 期。

林玉山：《关于辞书性质的思考》，《辞书研究》，1992 年第 2 期。

林玉山:《明清时期——中国辞书编纂进一步发展期》,《辞书研究》, 1996 年第 2 期。

林玉山:《近现代时期——中国辞书编纂成熟期》,《辞书研究》, 1997 年第 5 期。

林玉山:《20 世纪的中国辞书研究》,《辞书研究》, 2001 年第 1 期。

林玉山:《规范实用的〈绘图小学生实用字典〉》,《辞书研究》, 2001 年第 4 期。

刘彩霞:《中国古代字典排检法的演变》,《阴山学刊》, 2002 年第 1 期。

刘桂芳:《义素分析之我见》,《语言教学与研究》, 1996 年第 1 期 1).

刘鹤云:《论〈康熙字典〉的历史贡献》,《华中师范大学学报》(哲学社会科学版),
　　1986 年第 1 期。

刘金凤:《〈现代汉语词典〉(第 5 版)介词收词与释义研究》,《语文教学通讯》,
　　2011 年第 7—8 期。

刘庆隆:《语文词典的条目编排》,《辞书研究》, 1983 年第 4 期。

刘如水:《检字法笔形顺序要规范化》,《辞书研究》, 1982 年第 1 期。

刘叶秋:《魏晋南北朝的几部辞书》,《辞书研究》, 1982 年第 4 期。

刘叶秋:《略谈辞书体例的创新——〈辞源〉修订例话》,《辞书研究》, 1984 年第
　　2 期。

刘叶秋:《略谈汉语辞书的演进》,《辞书研究》, 1985 年第 3 期。

刘韵玲:《不怕"四不像",但求能实用——〈汉语小词典〉编写上的一点尝试》,
　　《辞书研究》, 1981 年第 1 期。

柳凤运:《〈现代汉语词典〉与〈简明牛津英语词典〉》,《辞书研究》, 1997 年第 1 期。

龙遂碧:《检字法、字序、索引》,《辞书研究》, 1995 年第 5 期。

卢润祥:《浅论"同中求异"——评介〈简明同义词典〉》,《语文研究》, 1983 第 2 期。

陆嘉琦:《浅议汉语辞书排检法的标准化》,《辞书研究》, 1998 第 6 期。

陆锡兴:《论辞书评论在辞书学中的作用》,《辞书研究》, 2003 年第 1 期。

陆宗达、王宁:《文献语义学与辞书编纂——古代文献词义的探求》,《辞书研究》,
　　1982 年第 2 期。

陆宗达:《从段玉裁的〈说文解字注〉谈辞书编纂》,《辞书研究》, 1982 年第 3 期。

陆宗达:《继续走理论与实践相结合的道路》,《辞书研究》, 1982 年第 5 期。

陆尊梧:《语义场浅谈》,《中国社会科学院研究生院学报》, 1981 年第 5 期。

罗思明、曹杰旺:《词典批评类型与理论构建》,《山东外语教学》, 2006 年第 5 期。

罗伟达:《汉字字序法研究》,《辞书研究》, 1995 年第 5 期。

罗卫东:《汉字字际关系的界定与表述析论——以王力主编〈古代汉语〉注释为考察对象》,《语文知识》,2008 年第 2 期。

罗宪华:《读朱骏声的〈说雅〉》,《四川大学学报》(哲社版),1981 年第 3 期。

罗禹:《专科词典的排检法》,《辞书研究》,1990 年第 6 期。

吕叔湘:《语言和语言学》,《语文学习》,1958 年第 2、3 期。

吕叔湘:《关于汉语词典的编辑工作》,《中国语文》,1961 年第 3 期。

吕永进:《现代汉字左声右形结构析得》,《语言文字应用》,1994 年第 2 期。

吕永进:《现代汉字部件异称例析——兼谈汉字部件名称的规范》,《烟台师范学院学报》,1999 年第 1 期。

马英新:《浅析古今字、异体字、通假字的定义及区分》,《语文学刊》,2008 年第 18 期。

马增芳:《规范化简称、统称略说》,《应用写作》,2002 年第 3 期。

马志伟、金欣欣:《〈应用汉语词典〉的新意和不足》,《辞书研究》,2002 年第 4 期。

冒怀辛:《论方以智的〈通雅〉》,《苏州大学学报》,1982 年第 1 期。

梅家驹等:《编纂汉语类义词典的尝试——同义词词林简介》,《辞书研究》,1983 年第 1 期。

梅家驹、高蕴琦:《语义形式化的研究》,《外国语》,1990 年第 5 期。

梅家驹:《词义关系的纵横分析——〈写作语库〉的编纂尝试》,《辞书研究》,2001 年第 1 期。

闵龙华:《〈现代汉语词典〉收词立目商榷》,《辞书研究》,1996 年第 2 期。

聂玮:《〈现代汉语词典〉"同'某'"参见体例的疏漏》,《商洛学院学报》,2009 年第 3 期。

潘树广:《〈艺文类聚〉概说》,《辞书研究》,1980 年第 1 期。

潘树广:《蔡元培的辞书学理论与实践》,《辞书研究》,1983 年第 1 期。

裴芹:《谈〈古今图书集成〉的"参见"》,《内蒙古民族师范学院学报》,1994 年第 2 期。

裴芹:《漫说〈艺文类聚〉的"事具……"》,《文教资料》,1997 年第 5 期。

钱剑夫:《〈说文解字〉概述》,《辞书研究》,1979 年第 1 期。

钱亚新:《试论汉字笔画排检法的标准化问题》,《四川图书馆学报》,1985 年第 3 期。

乔永：《〈辞源〉编修一百年》，《辞书研究》，2010 年第 4 期。

曲文军：《〈汉语大词典〉漏收词目调研报告》，《浙江树人大学学报》，2005 年第 1 期。

阮锦荣：《〈汉语大词典〉编纂出版工作的回顾》，《辞书研究》，1994 年第 3 期。

尚丁：《术语标准化与辞书编纂——一个辞书现代化的议题》，《辞书研究》，1984 年第 6 期。

申小龙：《汉代〈方言〉的经学超越与范式更新》，《学术月刊》，1998 年第 12 期。

申小龙：《雅学史论纲》（下），《南京社会科学学报》，1998 年第 8 期。

沈岳如：《〈辞源〉修订史略》，《辞书研究》，1996 年第 4 期。

施安昌：《唐人对〈说文解字〉部首的改革》，《辞书研究》，1981 年第 4 期。

施安昌：《唐代正字学考》，《故宫博物院院刊》，1982 年第 3 期。

史建桥：《两部有特色而实用的古汉语字典——评〈简明古汉语字典〉和〈古汉语常用字字典〉（修订版）》，《辞书研究》，1995 年第 6 期。

苏宝荣：《汉字部首排检法规范化试探——"论切分、定位（定序）"归部法》，《辞书研究》，1995 年第 5 期。

苏宝荣：《汉语字典的编排、查检与计算机编码》，《辞书研究》，2000 年第 5 期。

苏宝荣：《树立辩证的规范观，妥善处理语言文字规范的相关问题——再谈语文辞书规范的原则与方式》，《辞书研究》，2005 年第 2 期。

苏宝荣：《大型汉语语文辞书音序编排的处理原则》，《辞书研究》，2007 年第 5 期。

苏宝荣、李智：《词义的动态考察与现代语文辞书释义》，《河北师范大学学报》（哲学社会科学版），2008 年第 6 期。

苏宝荣：《辞书学与语言学、辞书研究与辞书编纂沟通的桥梁》，《辞书研究》，2012 年第 5 期。

苏培成：《汉语学习词典的特点及其编写——〈应用汉语词典〉评析》，《辞书研究》，2003 年第 4 期。

苏培成：《略议〈汉语大字典〉的修订》，《辞书研究》，2008 年第 5 期。

苏新春等：《再论义类词典的分类原则与方法》，《世界汉语教学》，2010 年第 2 期。

孙崇义：《关于词典的选词工作》，《中国语文》，1955 年第 12 期。

孙公望：《汉字查字法的回顾》，《辞书研究》，1980 年第 3 期。

孙公望：《辞书检索方法的统一及其途径》，《辞书研究》，1983 年第 1 期。

孙炜:《浅谈〈辞源〉与〈辞海〉》,《语文知识》, 1998 年第 7 期。

孙玉文:《浅谈〈故训汇纂〉的价值》,《武汉大学学报》(人文科学版), 2004 年
　　第 6 期。

谭景春:《词典释义中的语义归纳与语法分析——谈〈现代汉语词典〉第 6 版条目
　　修订》,《中国语文》, 2012 年第 6 期。

唐尚斌:《辞书参见系统的设计和运用》,《辞书研究》, 1992 年第 2 期。

涂建国:《近年来汉字排检法研究综述》,《辞书研究》, 1988 年第 5 期。

涂建国:《关于汉字检字法研究的思考》,《辞书研究》, 1990 年第 6 期。

涂建国:《汉字排检法现状研究及其反思》,《辞书研究》, 1997 年第 2 期。

万献初:《〈故训汇纂〉的语义研究价值》,《武汉大学学报》(人文科学版), 2004
　　年第 6 期。

汪家熔:《〈辞源〉〈辞海〉的开创性》,《辞书研究》, 2001 年第 4 期。

汪维辉:《新版中学课本文言文注释商兑拾补》,《古汉语研究》, 1992 年第 3 期。

汪耀楠:《大型语文词典释义的特点和要求》,《辞书研究》, 1982 年第 3 期。

汪耀楠:《相关条目解释的平衡问题》,《辞书研究》, 1985 年第 1 期。

汪耀楠:《〈说文解字〉的产生及其由来》,《辞书研究》, 1986 年第 1 期。

王东海:《汉语同义语素编码的参数和规则》,《中国语文》, 2002 年第 2 期。

王东海:《应用训诂学的训释与语文辞书的释义》,《辞书研究》, 2005 年第 3 期。

王东海:《核义素与辞书的义项描写》,《辞书研究》, 2006 年第 4 期。

王东海:《汉语辞书辅助表达功能的发展演变研究》,《励耘语言学刊》, 2014 年第
　　1 期。

王东海、杜敏、陈淑梅:《简评〈通用规范汉字表〉简繁字的处理原则》,《陕西师
　　范大学学报》, 2009 年第 6 期。

王东海、王丽英:《词汇语义系统的研究方法》,《广西师范学院学报》(哲社版),
　　2007 年第 1 期。

王东海、王丽英:《开放式辞书编纂与共享模式初探》,《语言文字应用》, 2008 年
　　第 4 期。

王东海、王丽英:《基于术语教育的术语学习词典释义研究》,《辞书研究》, 2010
　　年第 2 期。

王东海、张晖、张志毅:《辞书强国梦正圆——谈新辞书规划的推进措施》,《中国

编辑》，2014 年第 5 期。

王东海、张志毅：《术语语义学的三个理论基点》，《语文研究》，2009 年第 4 期。

王光汉：《词典释义与训诂》，《安徽理工大学学报》（社会科学版），2006 年第 2 期。

王红旗：《"指称"的含义》，《汉语学习》，2011 年第 6 期。

王化鹏、林玉山：《中国辞书编纂奠基期——两汉魏晋南北朝》，《辞书研究》，1992 年第 6 期。

王金鑫：《〈现代汉语词典〉中的成语注音问题》，《辞书研究》，2000 年第 4 期。

王立军：《从无序到有序 既对立又统一——谈汉字发展的两条重要规律》，《新乡师范高等专科学校学报》，2007 年第 5 期。

王立军：《汉字的自然发展规律与人为规范——兼谈〈规范汉字表〉研制的科学理念》，《语言文字应用》，2008 年第 2 期。

王丽英、王东海：《谈规范性词典规范体系中的干扰因素》，《辞书研究》，2009 年第 6 期。

王楠：《用语不同，作用有别——谈〈现代汉语词典〉释义中的"也作""也叫""也说"》，《语文研究》，2004 年第 1 期。

王宁：《汉语词源的探求与阐释》，《中国社会科学》，1995 年第 2 期。

王宁：《汉字构形理据与现代汉字部件拆分》，《语文建设》，1997 年第 3 期。

王宁：《单语词典释义的性质与训诂释义方式的继承》，《中国语文》，2002 年第 4 期。

王宁：《论汉字规范的社会性与科学性——新形势下对汉字规范问题的反思》，《中国社会科学》，2004 年第 3 期。

王宁：《汉语词汇语义学的重建与完善》，《宁夏大学学报》，2004 年第 4 期。

王宁：《论辞书的原创性及其认定原则——兼论〈现代汉语词典〉的原创性和原创点》，《辞书研究》，2008 年第 1 期。

王宁、黄易青：《词源意义与词汇意义论析》，《北京师范大学学报》，2002 年第 4 期。

王群：《论词典释义的几个问题》，《辞书研究》，1998 年第 1 期。

王铁琨：《关于〈规范汉字表〉的研制》，《语言文字应用》，2004 年第 2 期。

王义耀：《从〈辞海四角号码查字表〉说起》，《辞书研究》，1983 年第 3 期。

王自强：《部首查字法需要统一》，《文字改革》，1983 年第 8 期。

王作新：《类义系统的文化观照》，《华中师范大学学报》（哲学社会科学版），1995 年第 5 期。

魏励:《汉字部首排检法的改革》,《辽宁大学学报》,1984 年第 1 期。

魏励:《张参的〈五经文字〉》,《辞书研究》,1984 年第 5 期。

魏励:《〈中华大字典〉述评》,《辞书研究》,2008 年第 6 期。

吴崇康:《谈语文词典的释义》,《中国语文》,1978 年第 3 期。

吴泽炎:《〈辞源〉修订本 1976—1983——回顾和前瞻》,《辞书研究》,1984 年第 2 期。

吴泽炎、刘叶秋:《〈辞源〉修订本与其前后》,《读书》,1984 年第 4 期。

夏南强:《〈汉语大字典〉部首法试评》,《辞书研究》,1995 年第 5 期。

肖惠兰:《〈骈雅〉探综》,《文献》(丛刊)第一辑,1979 年。

谢明:《汉语词汇系统:网络性、层级性、平面性》,《扬州大学学报》,2001 年第 6 期。

谢自立:《汉字查字法说略》,《语文研究》,1980 年第 1 期。

解正明:《词义研究与语文词典释义》,《辞书研究》,2002 年第 3 期。

徐成志:《〈语言大典〉"打"字条评析》,《辞书研究》,1996 年第 1 期。

徐成志:《尊重前人,追踪时代——中国辞书百年回顾》,《辞书研究》,2001 年第 3 期。

徐成志:《彰瘅督导 共创典常:论辞书评论的作用及其发挥》,《辞书研究》,2003 年第 1 期。

徐庆凯:《论专科词典的分类编排》,《辞书研究》,1995 年第 2 期。

徐庆凯:《〈语言大典〉释义谬误类型》,《辞书研究》,1995 年第 5 期。

徐时仪:《我国最早以"字典"命名的辞书考辨》,《上海师范大学学报》(哲学社会科学版),1988 年第 3 期。

徐时仪:《古代语文辞书释义特征探微》,《上海师范大学学报》,1997 年第 1 期。

徐时仪:《西学东渐与中国近代辞书编纂》,《辞书研究》,2010 年第 3 期。

徐文堪:《略论〈汉语大词典〉的特点和学术价值》,《辞书研究》,1994 年第 3 期。

徐祖友:《王云五与四角号码检字法》,《辞书研究》,1990 年第 6 期。

徐祖友:《初创既成,更待提高——汉语新词词典综评》,《辞书研究》,1995 年第 1 期。

徐祖友:《辞书评论漫议》,《辞书研究》,2003 年第 1 期。

薛克谬:《论非形声字的归部及〈说文解字〉部首的形成》,《河北大学学报》(哲社版），1987 年第 3 期。

杨超：《〈玉篇〉在辞书编纂史上的贡献》，《辞书研究》，2005 年第 4 期。

杨端志：《训诂学与现代词汇学在词汇词义研究方面的差异与互补》，《文史哲》，
　　2003 年第 6 期。

杨起予：《〈三角号码字典〉得失小谈》，《辞书研究》，1985 年第 6 期。

杨起予：《泛论古汉语虚词词典》，《辞书研究》，1991 年第 3 期。

杨蔚：《一部深具特色的方言正音字典——评〈广州话正音字典〉》，《辞书研究》，
　　2004 年第 4 期。

杨小卫：《〈集韵〉和〈类篇〉的俗字初探》，《湖南工业大学学报》（社会科学版），
　　2009 年第 4 期。

杨祖希：《词典学试论》，《辞书研究》，1979 年第 1 期。

叶复兴：《词义引申的层次性》，《岳阳大学学报》，1992 年第 1 期。

叶籁士：《谈字典》，《太白》，1934 年一卷六期。

易敏：《在对译与比较中观察汉语词义系统》，《北京师范大学学报》，2000 年第 2 期。

应雨田：《比喻型词语的类型及释义》，《中国语文》，1993 年第 3 期。

应雨田：《〈现代汉语词典〉某些比喻义献疑》，《辞书研究》，2009 年第 4 期。

雍和明：《关于中国辞典史研究的思考》，《辞书研究》，2004 年第 2 期。

于红：《现代汉语义征研究述评》，《江海学刊》，2005 年第 3 期。

余富林：《汉语缩略语词典的现状及对策》，《辞书研究》，2002 年第 1 期。

张标：《〈汉语大字典〉部首排检得失谈》，《语文建设》，1994 年第 12 期。

张标：《稳步前进，功绩卓著——评〈汉语大字典〉部首检字法》，《河北师范大学
　　学报》，1997 年第 4 期。

张博：《〈现代汉语词典〉第 6 版释义修订的类型及特征》，《辞书研究》，2013 年
　　第 2 期。

张春泉、刘雪芹：《〈现代汉语词典〉宜收"致哀"条——兼谈词典收词的词语竞
　　争原则》，《汉语学习》，2004 年第 2 期。

张春新：《提高词典评论的理论水平——〈词谏〉读后有感》，《辞书研究》，2002
　　年第 3 期。

张阆凡：《关于辞书的类目》，《辞书研究》，1981 年第 2 期。

张金忠：《试论词典的分层次释义法》，《辞书研究》，2002 年第 6 期。

张军:《〈现代汉语词典〉注音拼写的连写分写问题》,《辞书研究》,2000 年第 2 期。

张联荣:《词义引申中的遗传义素》,《北京大学学报》,1992 年第 4 期。

张联荣:《词典释义中的词义和语素义》,《辞书研究》,2001 年第 2 期。

张鹏翔:《曲径通幽意蕴浓厚——试议"借指"修辞格》,《枣庄学院学报》,2009 年第 4 期。

张普:《信息处理用现代汉语语义分析的理论与方法》,《中文信息学报》,1991 年第 3 期。

张庆云、张志毅:《反义词词典的编排》,《辞书研究》,1988 年第 3 期。

张万有等:《语文辞书的历时原则》,《辞书研究》,2000 年第 6 期。

张孝纯:《〈汉语大字典〉一、二卷的义项排列》,《辞书研究》,1989 年第 4 期。

张新华:《论词典释义》,《辞书研究》,2007 年第 3 期。

张新民:《〈古今图书集成〉之特征及其编者》,《农业图书情报学刊》,2006 年第 11 期。

张妍:《〈现代汉语词典〉第 5 版配例的改进》,《辞书研究》,2007 年第 2 期。

张志公:《词义分类的可喜成果——〈简明汉语义类词典〉序》,《汉语学习》,1987 年第 5 期。

张志毅:《〈现代汉语词典〉释义的语文性》,《辞书研究》,1981 年第 3 期。

张志毅:《理念演绎辞书》,《辞书研究》,2007 年第 5 期。

张志毅、苏向丽:《辞书的原型论——祝贺〈辞书研究〉而立华诞》,《辞书研究》,2010 年第 1 期。

张志毅、张庆云:《现代语文性辞书的整体观》,《中国语文》,1999 年第 4 期。

章琼:《谈汉字统一部首的立部与归部》,《语文建设》,1997 年第 8 期。

章宜华:《学习词典释义结构与释义方法初探——英、法、汉语学习词典的对比研究》,《外国语》,1999 年第 3 期。

章宜华、黄建华:《语言学理论对词典释义的影响》,《现代外语》,2000 年第 1 期。

章宜华:《西方词典释义类型和释义结构研究》,《辞书研究》,2001 年第 1 期。

章宜华:《认知语义结构与意义驱动释义模式的构建——兼谈外汉双语词典的释义性质与释义结构》,《现代外语》,2006 年第 4 期。

章宜华、黄群英:《词典释义研究的沿革与发展趋向》,《现代外语》,2000 年第 4 期。

赵伯义：《〈小尔雅〉概说》，《古籍整理研究学刊》，1993 年第 1 期。

赵恩柱：《部首和单字归部问题》，《辞书研究》，1995 年第 5 期。

赵克勤、金欣欣：《1992 年汉语语文辞书编纂述评》，《辞书研究》，1994 年第 3 期。

赵学清：《古汉语辞书编纂的继承与创新说略》，《辞书研究》，2005 年第 2 期。

赵振铎：《有关释义的几个问题》，《辞书研究》，1991 年第 2 期。

赵志峰、秦永龙：《由隶到楷的字体演变浅探》，《兰州学刊》，2006 年第 7 期。

郑奠、孙德宣：《中型现代汉语词典编纂法》，《中国语文》，1956 年第 7—9 期。

郑述谱：《词的语义结构试析》，《外语学刊》，1989 年第 3 期。

郑振峰：《"六书"理论在当代的发展——兼评王宁先生的汉字构形理论》，《湖北师范学院学报》，2002 年第 3 期。

郑振峰：《从汉字构形的发展看汉字的性质》，《古汉语研究》，2002 年第 3 期。

郑振峰、李冬鸽：《关于古汉语同义词研究的几个问题》，《语文研究》，2006 年第 3 期。

知辛：《部首查字法需要统一》，《辞书研究》，1982 年第 2 期。

仲跻祥：《义素分析及词汇结构体系》，《中国俄语教学》，1990 年第 3 期。

仲鑫：《别开生面 独树一帜——介绍〈常用反义词语手册〉》，《辞书研究》，1991 年第 3 期。

周国光：《略谈〈龙龛手鉴〉》，《辞书研究》，1984 年第 5 期。

周国光：《〈四声篇海〉琐论》，《信阳师范学院学报》（哲学社会科学版），1986 年第 1 期。

周荐：《词典释义、出处溯源和引例的借鉴与抄袭的分野刍议》，《辞书研究》，1998 年第 2 期。

周荐：《连绵词问题零拾》，《语文建设》，2001 年第 2 期。

周荐、杨世铁：《汉语辞书研究的热点与展望》，《辞书研究》，2010 年第 3 期。

周明鉴：《〈新世纪现代汉语词典〉评析》，《辞书研究》，2002 年第 1 期。

周启付：《评〈汉语谚语词典〉》，《辞书研究》，1983 年第 3 期。

周绍珩：《几本关于语义学的新著》《欧美语义学的某些理论与研究方法》，分别载《当代语言学》，1978 年第 2、4 期。

周玉秀：《宋代几部重要字书中的字说理论》，《辞书研究》，2006 年第 3 期。

周祖谟：《〈新华字典〉评介》，《中国语文》，1954 年第 4 期。

周祖谟:《"伍记"与〈新华字典〉》,《辞书研究》,1983 年第 4 期。

朱积孝:《符定一〈联绵字典〉辨误》,《辞书研究》,1992 年第 5 期。

朱祖延、杨薇:《辞书的继承和发展》,《辞书研究》,1994 年第 5 期。

邹酆:《〈字汇〉在字典编纂法上的创新》,《辞书研究》,1983 年第 5 期。

邹酆:《论我国辞书评论的现状、任务和改进途径》,《辞书研究》,1994 年第 1 期。

邹酆:《近百年来汉语词典编纂法研究的新发展》,《辞书研究》,1999 年第 5 期。

邹晓丽:《论许慎的哲学思想及其在〈说文解字〉中的表现》,《北京师范大学学
　　报》,1989 年第 4 期。

邹晓丽:《从文化学的角度看汉字构形的史料性》,《北京师范大学学报》,2000 年
　　第 2 期。

邹玉华:《语义场研究述评》,《湘潭大学社会科学学报》,1987 年 S1 期。

2. 学位论文

常晓芳:《新旧版〈现代汉语词典〉双音节动词释义对比研究》,河北师范大学硕
　　士学位论文,2009 年。

丛琳:《〈现代汉语词典〉双音节动词释义括注研究》,华东师范大学硕士学位论
　　文,2007 年。

东方:《〈现代汉语词典〉第四、五版多音节同音同形词比较研究》,山东大学硕士
　　学位论文,2010 年。

何瑞:《宋本〈玉篇〉历史汉字传承与定型》,华东师范大学博士学位论文,2006 年。

胡丽珍:《〈现代汉语词典〉古词语释义研究》,浙江大学博士学位论文,2006 年。

李红印:《现代汉语颜色词词汇——语义系统研究》,北京大学硕士学位论文,
　　2001 年。

李健:《〈玉篇〉对〈说文〉部首的改革与改进》,河北师范大学硕士学位论文,
　　2004 年。

李润生:《〈齐民要术〉农业专科词汇系统研究》,北京师范大学博士学位论文,
　　2006 年。

梁芳:《〈现代汉语词典〉全喻指人词语探析》,曲阜师范大学硕士学位论文,2008 年。

梁红:《〈小尔雅〉述评》,辽宁师范大学硕士学位论文,2006 年。

梁平:《〈现代汉语词典〉78 版和 05 版称谓词对比研究》,山东大学硕士学位论文,

2010 年。

刘宝恒：《〈类篇〉重文研究》，福建师范大学硕士学位论文，2008 年。

刘美霞：《〈汉语大字典·异体字表〉研究》，福建师范大学硕士学位论文，2009 年。

刘敏：《由〈尔雅〉〈方言〉〈说文〉〈释名〉看汉代训诂学的发展》，暨南大学硕士学位论文，2003 年。

刘艳娟：《〈现代汉语词典〉研究三十年》，山东大学硕士学位论文，2010 年。

刘元春：《唐代字样学研究》，华东师范大学博士学位论文，2009 年。

卢骄杰：《〈现代汉语词典〉动词释义模式元语言研究》，华东师范大学硕士学位论文，2007 年。

罗墨懿：《〈现代汉语通用字表〉和〈说文解字〉的对比研究》，北京语言大学硕士学位论文，2009 年。

孟广洁：《〈现代汉语词典〉释义中的括注问题研究》，中国社会科学院研究生院硕士学位论文，2005 年。

石燕燕：《〈现代汉语词典〉（第 5 版）新增名词考察》，黑龙江大学硕士学位论文，2010 年。

宋扬：《〈康熙字典〉对〈字汇〉〈正字通〉的继承和发展》，天津师范大学硕士学位论文，2006 年。

唐余俊：《〈现代汉语词典〉收词原则与收词范围研究》，南京师范大学硕士学位论文，2007 年。

王彩琴：《扬雄〈方言〉用字研究》，华东师范大学博士学位论文，2006 年。

王卫英：《名词的借代义及其在语文词典中的释义研究》，河北师范大学硕士学位论文，2012 年。

魏永召：《鲁教版高中语文教材文言文注释研究》，河北师范大学硕士学位论文，2012 年。

翁晓玲：《〈现代汉语词典〉形容词释义模式的元语言研究》，华东师范大学硕士学位论文，2006 年。

吴汉江：《〈现代汉语词典〉三字词语研究》，苏州大学硕士学位论文，2005 年。

薛晓楠：《词类转变与辞书编纂》，山东师范大学硕士学位论文，2014 年。

杨洋：《〈现代汉语词典〉（第 5 版）形副兼类词研究》，河北师范大学硕士学位论文，2010 年。

张清:《〈现代汉语词典〉"形容"义类研究》，厦门大学硕士学位论文，2006 年。

张树清:《古汉语泛指与特指研究》，内蒙古师范大学硕士学位论文，2010 年。

赵林江:《〈现代汉语词典〉第一版与第五版双音节形容词释义对比研究》，河北师
范大学硕士学位论文，2009 年。

赵艳平:《〈现代汉语词典〉所收词缀探析》，河北大学硕士学位论文，2005 年。

郑春兰:《〈说文解字〉或体研究》，华中科技大学硕士学位论文，2004 年。

邹茜茜:《〈新华字典〉与〈现代汉语词典〉字头释义的比较》，广西大学硕士学位
论文，2006 年。

图书在版编目（CIP）数据

汉语辞书理论专题史研究 / 王东海等著. — 北京：商务印书馆，2022
ISBN 978-7-100-21071-3

Ⅰ.①汉…　Ⅱ.①王…　Ⅲ.①汉语—辞书学—思想史—研究　Ⅳ.① H16

中国版本图书馆 CIP 数据核字（2022）第 068298 号

汉语辞书理论专题史研究

王东海　袁世旭 等著

商 务 印 书 馆 出 版
（北京王府井大街36号　邮政编码100710）
商 务 印 书 馆 发 行
北京顶佳世纪印刷有限公司印刷
ISBN 978-7-100-21071-3

2022 年 6 月第 1 版　　开本 710×1000　1/16
2022 年 6 月北京第 1 次印刷　印张 27

定价：128.00 元